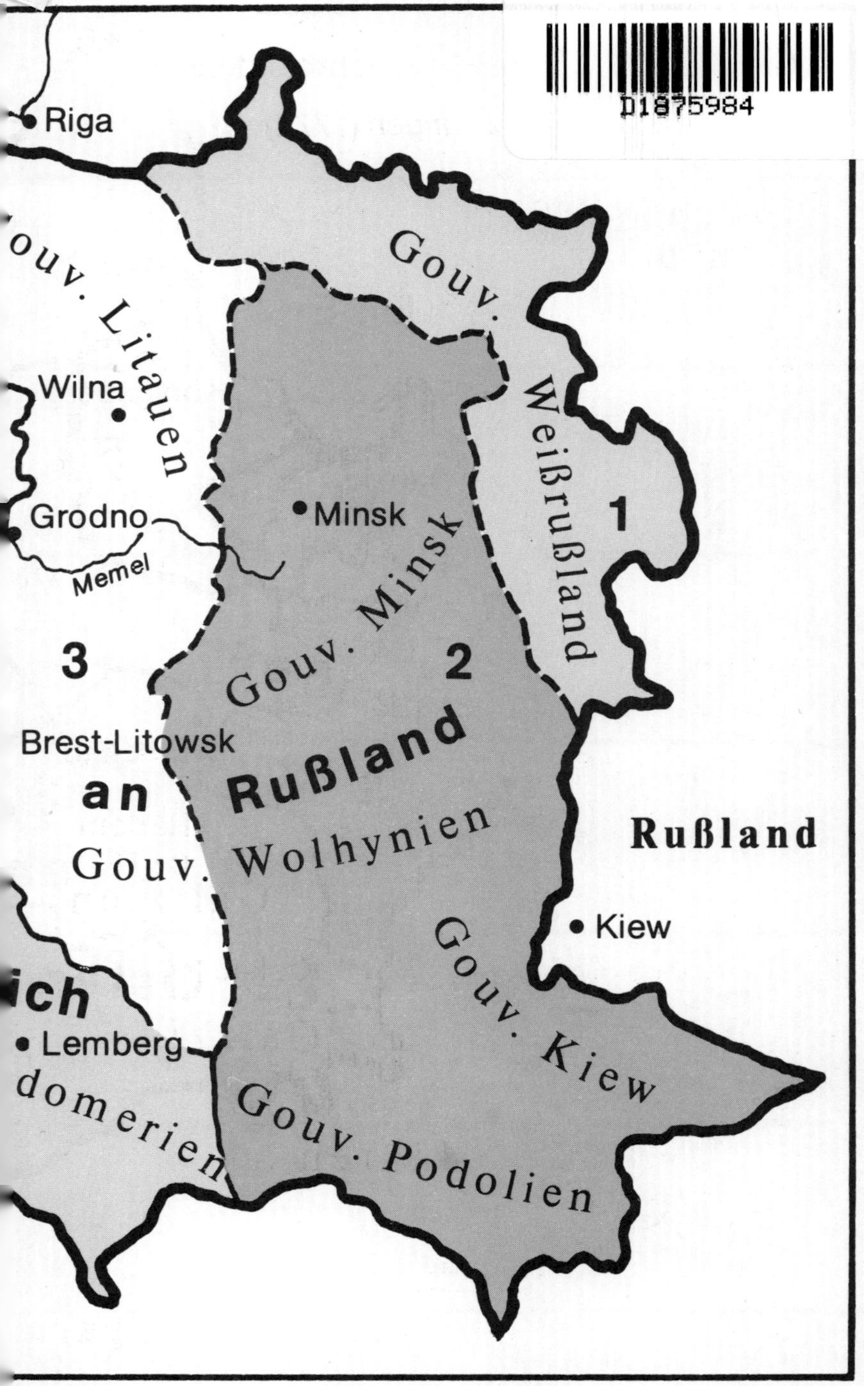
Riga
ouv. Litauen
Gouv. Weißrußland
Wilna
Grodno
Memel
Minsk
Gouv. Minsk
1
2
3
Brest-Litowsk
an
Rußland
Gouv. Wolhynien
Gouv.
Rußland
Kiew
Gouv. Kiew
ich
Lemberg
domerien
Gouv. Podolien

Geri Nasarski

# NOCH IST POLEN NICHT VERLOREN

## Die Tragödie einer stolzen Nation

*Mit 35 Abbildungen und 2 Karten*



VERLAG FRITZ MOLDEN
WIEN-MÜNCHEN-ZÜRICH-NEW YORK

1. Auflage



Verlegt vom Verlag Fritz Molden München GmbH
Lektor: Günter Woltmann-Zeitler
Schutzumschlag: Hans Schaumberger
Satzherstellung: Compusatz GmbH, München
Gesamtherstellung: Freiburger Graphische Betriebe

ISBN 3-217-01235-6

# Inhaltsverzeichnis

# Vorwort

Am schwarzen Brett der Warschauer Universität hing eine Notiz: „Tausche wenig gebrauchte Souveränität gegen bessere geographische Lage“.

Annonciert wurde dieses Angebot nicht in den dramatischen Dezembertagen des Jahres 1981, als das Militär in Polen die Macht übernahm, sondern 1956. Damals waren die Posener Arbeiter aus Protest gegen die schlechte Versorgungslage und das „sowjetische Herrschaftssystem“ auf die Straße gegangen. Das polnische Drama des Winters 1981/82, das seinen Anfang ebenfalls mit einer Protestaktion der Bevölkerung gegen die schlechte Versorgungslage im Sommer 1980 genommen – und dann die Hoffnung auf eine Reformierbarkeit des Systems geweckt hatte, war vorläufiger Höhepunkt eines Krisenzyklus der Volksrepublik Polen, der immer kürzer wurde.

Nach dem Posener Arbeiteraufstand von 1956 und dem Protest der polnischen Intelligenz gegen den „importierten naiven Fortschrittsglauben“ waren 1968 Studenten und Professoren für ein größeres Maß an Freiheit auf die Straße gegangen. Zwei Jahre später, am 14. Dezember 1970, brach nach der Ankündigung von Preiserhöhungen der folgenschwere Arbeiteraufstand in Danzig aus.

1976 löste das Stichwort „Preiserhöhung“ die Arbeiterstreiks in Warschau und Radom aus, und schließlich war auch 1980 die Anhebung der Preise für Grundnahrungsmittel der auslösende Faktor für eine langanhaltende Streikbewegung, die ganz Polen erfaßte und nach politischen Reformen drängte.

Das schon von Chruschtschow propagierte Programm einer „Entpolitisierung durch Wohlstand“ war auch in Polen Makkulatur geblieben. Als sich die Risse in den Potemkinschen Dörfern des Gierek-Regimes durch den wirtschaftlichen Zusammenbruch des Landes nicht mehr verbergen ließen, kam es zur politischen Krise. Die Rebellion gegen das System begann.

Gebannt, wie bei einer besonders gefährlichen Raubtierdressur, verfolgten Ost und West den Verlauf der polnischen „Erneuerung“, die Auseinandersetzungen um die Registrierung der unabhängigen Gewerkschaft „Solidarnosc“ und ihren Kampf um die Realisierung der Ende August 1980 mit der Regierung getroffenen Vereinbarungen. Im Westen wurde mit Bewunderung und auch Besorgnis beobachtet, wie „Solidarnosc“ der Partei Schritt für Schritt ihre Forderungen abrang und auf alle subtilen Versuche einer „Umkehr“ übersensibel reagierte. Die sozialistischen „Bruderstaaten“ reagierten erwartungsgemäß mit Entrüstung, sie beließen es vorläufig dabei, ihre Empörung durch verbale Kraftakte auszudrücken.

Viele Beobachter hatten etwas ungläubig die Duldsamkeit der Sowjetunion registriert, die demonstrativ Polen Wirtschaftshilfe bot, deren System aber das eigentliche Ziel des polnischen Protestes war. Immer häufiger kam es zu antisowjetischen Aktionen, immer mehr Polen machten kein Hehl mehr aus ihren antirussischen Ressentiments. Das alte kulturelle Überlegenheitsgefühl der Polen den Russen gegenüber paarte sich mit dem Bewußtsein, ungerechterweise und ungewollt nach dem Zweiten Weltkrieg durch die Konferenz von Jalta dem sowjetischen Einflußbereich zugeordnet worden zu sein. Die polnische Reformbewegung war begleitet von einer Rückbesinnung auf die nationalen Werte. Eine nennenswerte kommunistische Tradition hatte es vor dem Krieg nie gegeben, eher eine sozialistische nationaler Prägung. Für deren Vertreter, Jozef Pilsudski, war der Feind Nr. 1 stets Rußland gewesen.

Von Churchill ist der visionäre Ausspruch überliefert,

die Sowjets würden über diesen Teil der Kriegsbeute, die „unverdauliche polnische Gans", nie froh werden. Die polnischen Unruhen der Nachkriegszeit geben ihm Recht. Aber bis 1980 hatte keine Krise das Herrschaftsmonopol der Partei ernsthaft erschüttern können. Folgt man Lenins Revolutionsbegriff, so war im August 1980 die Zeit für einen politischen Wechsel reif: „Für den Ausbruch der Revolution genügt es gewöhnlich nicht, daß man ‚unten nicht mehr wie bisher weiterleben will', es ist außerdem erforderlich, daß ‚man es oben nicht mehr kann'". Diese Ausgangssituation war 1980 gegeben, als sich die Partei ihren Autoritätsverfall eingestehen mußte: Die Bevölkerung hatte das Vertrauen in die Führung verloren. Das Dilemma der Partei wurde noch offenkundiger, als die Bevölkerung den Personenwechsel in der Parteiführung gleichgültig aufnahm und Lech Walesa ihn mit den bezeichnenden Worten kommentierte: „Mich interessiert der Austausch von Personen nicht, im übrigen kenne ich diese Männer gar nicht." Den Vertrauensschwund konnte die Partei – mit welchen Personen auch immer an der Spitze – nicht mehr aufhalten.

Dafür beschritt die Gewerkschaft „Solidarnosc" einen Weg, der weit über die Ziele einer gewerkschaftlichen Organisation hinausging. Sie übernahm die Rolle des Anwalts für das ganze Volk und blieb in der Tradition des romantischen Heroismus. „Würde zählt mehr als Leben", erklärte Lech Walesa einem ausländischen Journalisten im Herbst 1980. Die Danziger Docker, die sich am 14. Dezember 1981 auf der Lenin-Werft aus Protest gegen die Verhängung des Kriegsrechts verbarrikadiert hatten, forderten auf einem Spruchband: „Kein gerechtes Europa ohne unabhängiges Polen", eine Losung, mit der die Polen schon 1830 in ihren großen Freiheitskampf gezogen waren. „Solidarnosc" war in kürzester Zeit zu einer oppositionellen Massenbewegung geworden, die sich in Richtung eines alternativen pluralistischen Staatswesens entwickelte. Als die Machtfrage immer deutlicher gestellt wurde, reagierte die angeschlagene Partei mit einer abrupten Notbremsung:

Sie übergab die Macht dem Militär. Damit manifestierte sich die polnische Tragödie, die sich zunächst aus einer Wirtschaftskrise entwickelt hatte und an deren Anfang ein Wunder stand: Der Glaube der Polen an sich selbst, an die Reformierbarkeit des politischen Systems und an die Aufhebung geopolitischer Zwänge.

*Januar, 1982* *Geri Nasarski*

# I. Solidarität auf polnisch

*„Klopft an, so wird Euch aufgetan. Zur Not könnt Ihr die Tür auch aufbrechen." (Boguslaw Wojnar, 1927 – 1962)*

„Das, was bei uns im August passiert ist, nennen wir das Wunder an der Weichsel, oder besser, das Wunder an der Ostsee. Es hat uns alle näher zusammengebracht. Die Menschen sind nicht mehr so gleichgültig, wenn dem anderen Unrecht geschieht; sie sind fähig zum Opfer. Wir Arbeiter haben zwar mit dem Streik angefangen, aber wir wurden von Intellektuellen, Ärzten, Anwälten, Künstlern, unterstützt. Das ist der beste Beweis dafür, daß die Arbeiter gesiegt haben." Das stellte die ansonsten bescheidene, mütterlich wirkende Anna Walentynowicz, bis März 1981 Vorstandsmitglied der unabhängigen Gewerkschaft „Solidarnosc" (Solidarität), in einem Gespräch mit dem Zweiten Deutschen Fernsehen fest.

Damals hatte die 52jährige einen neuen Job und viel zu tun. Sie beriet Betriebsdelegationen, hörte sich die Sorgen von Arbeitern und Angestellten an, sprach vor Belegschaften und zählte manchmal auch Zloty, Hartgeld und Scheine: Spenden, die ihr in ihrem Büro in der Gewerkschaftszentrale, dem ehemaligen Arbeiterhotel Morski in Danzig (Gdansk), auf den Schreibtisch geschüttet wurden.

Bis zum Sommer 1980 war Anna Walentynowicz Arbeiterin auf der Danziger Lenin-Werft – mit politischer Erfahrung. Bei den Arbeiterunruhen an der Ostseeküste von 1970, die 49 Tote und über tausend Verletzte forderten, gehörte sie zum Streikkomitee und 1978 zu den Mitbegründern der „Freien Gewerkschaften", die sich illegal auf der Lenin-Werft konstituierten.

Ausgezeichnet mit Verdienstkreuzen in Bronze, Silber

und Gold, arbeitete sie 30 Jahre auf der größten Werft Polens, einem nationalen Paradebetrieb, bei einem für polnische Verhältnisse guten Durchschnittsverdienst von 6000 Zloty im Monat.

Als die engagierte Gewerkschaftlerin Anfang 1980 zur Hilfsarbeiterin degradiert wurde, weigerte sie sich, ihren neuen Posten anzutreten. Daraufhin wurde sie im August aus „disziplinarischen Gründen" entlassen, zu einem Zeitpunkt, an dem – als Folge wirtschaftlicher Schwierigkeiten – aus verschiedenen Regionen Polens Warnstreiks und Arbeitsniederlegungen von wechselnder Intensität gemeldet wurden. Die Entlassung der Anna Walentynowicz war der zündende Funke am Beginn einer Kraftprobe zwischen streikenden Arbeitern und dem Staat, die Polen an den Rand einer Katastrophe bringen und Europa und die ganze Welt beunruhigen sollte. Dabei hatte zunächst noch alles relativ harmlos ausgesehen: Am 14. August 1980, um sechs Uhr morgens, hatten Kollegen auf dem Werftgelände Plakate angebracht, auf denen sie die Wiedereinstellung der Anna Walentynowicz, 1000 Zloty Lohnerhöhung und einen Teuerungszuschlag forderten. Es wurde diskutiert, und ein Dutzend Arbeiter formierte sich zu einer Kolonne, die über die Werft marschierte und zur Arbeitsniederlegung aufrief.

Danach versammelten sie sich auf dem Werftgelände, um dort mit der Betriebsleitung zu verhandeln. Zunächst allerdings wurde – mit dem Dienstwagen des Direktors – Anna Walentynowicz von zu Hause abgeholt, gegen den Willen des Direktors. Und auch ein anderer wurde fieberhaft gesucht: der ehemalige Elektromonteur Lech Walesa, der schon 1976, im Rahmen von „präventiven Maßnahmen", wegen seines Eintretens für die Bildung freier, unabhängiger Gewerkschaften entlassen worden war. Als Lech Walesa schließlich auf dem Werftgelände ankam, stieg er zum Direktor hoch, der gerade von einem Bagger aus eine Rede halten wollte, und meinte: „Erkennen Sie mich? Ich habe zehn Jahre auf der Werft gearbeitet, und ich fühle mich noch immer als Werftarbeiter, weil ich das

Vertrauen der anderen besitze. Wir beschließen einen Streik.“ Mit diesen Worten Walesas und dem anschließenden Jubel der Arbeiter begann die Arbeitsniederlegung. Die Arbeiter organisierten sich daraufhin und bildeten ein Streikkomitee unter dem Vorsitz von Walesa. Am nächsten Tag schlossen sich dann die Belegschaften der Gdinger Werft „Pariser Kommune“ und die Belegschaften fast aller anderen Werften und Hafenbetriebe dem Streik an, außerdem die Mitarbeiter der städtischen Verkehrsunternehmen und der sonstigen mit dem Schiffsbau kooperierenden Betriebe.

Die Regierung reagierte zunächst nur mit einer Telefonblockade. Die Werftleitung hingegen bemühte sich, rasch einzulenken. Anna Walentynowicz und Lech Walesa wurden wieder eingestellt, die Errichtung eines Denkmals für die Opfer der Unruhen von 1970 sowie eine Lohnerhöhung versprochen. Man unterzeichnete ein entsprechendes Übereinkommen. Der Direktor der Werft und der Vorsitzende der Streikleitung tauschten im Verlaufe verschiedener Ansprachen Ergebenheitsadressen aus und versicherten sich ihrer gegenseitigen Wertschätzung. Schließlich erklärte Lech Walesa den Streik für beendet. Die Arbeiter jedoch waren nicht alle mit dem Ergebnis einverstanden. Es kamen Vorwürfe aus den Belegschaften der anderen Betriebe, die noch nicht zu einem Abschluß ihrer Verhandlungen gekommen waren. Lech Walesa wurde überstimmt, und das Streikkomitee für die Danziger Werft trat zurück. Dies bedeutete die entscheidende Wende zum politischen Streik. Wie auch in späteren Auseinandersetzungen beugte sich Walesa der Mehrheit, vertrat jedoch nach außen deren Forderungen: noch weitergehende Lohnerhöhungen und Bildung freier, unabhängiger Gewerkschaften. Ein neugegründetes überbetriebliches Streikkomitee (MKS), zu dessen Vorsitzenden wieder Walesa gewählt wurde, formulierte einen 16-Punkte-Katalog, in dem drei entscheidende politische Postulate enthalten sind: Das Recht auf Streik, die Bildung freier, unabhängiger Gewerkschaften, und die Abschaffung der Zensur. Bei der Forderung nach freien

Gewerkschaften berief sich das Komitee auf die von der Volksrepublik Polen ratifizierte Konvention 87 der Internationalen Arbeitsorganisation, die die Gewerkschaftsfreiheit behandelt. Die Forderung nach Abschaffung der Zensur begründete das MKS mit der in der Verfassung von Volkspolen garantierten Freiheit des Wortes, des Druckes und der Publikation. In diesem Zusammenhang wurde auch der Zugang zu den Massenmedien für alle Konfessionen gefordert.

Einzelne Streiks, zu denen es an der Ostseeküste zuvor schon einmal gekommen war, ausgelöst beispielsweise durch eine staatlich verordnete Fleischpreiserhöhung, hatten in der Regel nur soziale und wirtschaftliche Verbesserungen zum Ziel gehabt. Jetzt, im Sommer 1980, gewannen die Arbeiterunruhen eine politische Dimension. Zum ersten Mal standen sich in einem sozialistischen Staat Tarifpartner gegenüber; Betriebsdirektoren und Funktionäre der staatlichen Gewerkschaften mußten dabei mit eigentlich illegalen, spontan gewählten Arbeiterdelegierten verhandeln. An der Frage, sind unabhängige Gewerkschaften in einem sozialistischen Staat tragbar, entbrannte in Ost und West eine Diskussion um das „Ende des Kommunismus“ oder über die „Chance für den Sozialismus“. Nach marxistischer Theorie verfügen nämlich die Arbeiter im Bereich des real existierenden Sozialismus über die Macht. Sie regieren durch kommunistische Parteien und benötigen folglich keine besonderen Klassenvertretungen in Form von unabhängigen Gewerkschaften, wie sie in kapitalistischen Staaten notwendig sind. Im sozialistischen System haben die staatlichen Gewerkschaften die Aufgabe, als Massenorganisation den Willen der Partei von oben nach unten zu übertragen; eine Funktion, die Lenin als die eines Transmissionsriemens bezeichnet hat. So ist nach marxistischer Theorie auch ein Streikrecht überflüssig, und deshalb bezeichnete die polnische Regierung den Streik an der Ostseeküste etwa einen Monat lang als Ausstand oder Arbeitsniederlegung: so lange, bis sich die Situation auf den Werften zuspitzte, so daß schließlich auch offiziell von streikenden Belegschaften und von Arbeitsniederlegung die Rede war.

Der spätere Vizeministerpräsident und damalige Chefredakteur der Zeitschrift „Polityka", Mieczyslaw Rakowski, vertrat schließlich sogar die Meinung, daß Streiks durchaus mit dem Sozialismus vereinbar seien: „Der Auffassung, daß Streiks in unserem System etwas Exotisches seien, läßt sich nicht zustimmen, denn ihr liegt so etwas wie eine Heiligsprechung unserer Gesellschaftsordnung oder auch eine unhistorische Auffassung zugrunde, nach der der Sozialismus seinem Wesen nach von vornherein ausschließt, daß in seinem Schoß Widersprüche auftreten können. Wenn es in unserer Gesellschaftsordnung zu solchen Erscheinungen kommt wie jenen, wie wir sie gegenwärtig in Polen haben, dann ergibt sich daraus, daß etwas nicht in Ordnung ist."

## Wurzeln des Konfliktes

Bevor aber in Polen so deutliche Worte möglich waren und es zu einer öffentlichen Auseinandersetzung um grundlegende Fragen des Sozialismus kam, hatte den polnischen Arbeitern ein sehr viel prosaischeres und dringlicheres Problem am Herzen gelegen, ein Problem, das aber zum Auslöser eines politischen Umdenkungsprozesses wurde.

Zu Beginn der Streikbewegung hatte es so ausgesehen, als ob es den Polen nur um ihren Fleischtopf ginge, das heißt um das leidige Problem der Fleischversorgung und -verteilung. Die polnischen Arbeiter in den Städten, von denen viele auf dem Land aufgewachsen waren, sahen in der Fleischversorgung eine Art Gradmesser für steigenden oder sinkenden Lebensstandard. 1980 lag der Pro-Kopf-Fleischverbrauch der Polen bei 71 kg (1970 hatte er noch bei 53 kg gelegen), genauso hoch wie in Ungarn, niedriger als in der DDR (85 kg) und sehr viel höher als in der UdSSR (55 kg).

Am 1. Juli 1980 wurden – ohne offizielle Ankündigung – verschiedene Fleischsorten (zum Beispiel Rindfleisch ohne Knochen, Eisbein, Speck, Puten, Enten und Gänse) aus den staatlichen Läden herausgenommen und jetzt nur noch in den sogenannten Handelsmetzgereien verkauft, deren Preise nicht subventioniert sind und die daher bis zu 100 % über den staatlich festgesetzten Preisen liegen können. Die polnischen Arbeiter reagierten, wie schon so oft, wenn es um ihre Fleischtöpfe und um verschleierte Preiserhöhungen ging, empfindlich. Aus Protest legten sie im Traktorenwerk Ursus, in einem Warschauer Stahlwerk und in Betrieben in Lodz und Trzew die Arbeit nieder. Ihnen schlossen sich die Kollegen in weiteren 30 großen Betrieben an. Die Streikenden stellten Lohnforderungen. Erst nachdem ihnen eine Steigerung von 10 % zugestanden wurde, nahmen sie die Arbeit wieder auf. Mitte Juli griff die Streikbewegung dann auch auf andere Gebiete über. In Lublin streikten das erste Mal Arbeiter der städtischen Verkehrsbetriebe und forderten als Ausgleich für die Fleischverteuerung außer den Lohnerhöhungen eine Angleichung an jene Familienzulagen, wie sie Angehörigen von Polizei, Sicherheitsdiensten und Militär zusteht. Im Juli kam es zu den ersten Warnstreiks in der sogenannten Dreistadt Danzig, Gdingen, Zoppot (Gdansk, Gdynia, Sopot). Um Streiks von vornherein auszuschließen, hoben manche Betriebe die Löhne von sich aus um 15 – 30 % an. Dennoch legten Anfang August die Angestellten der Warschauer Müllabfuhr die Arbeit nieder, nach ihnen die Straßenbahn-, Bus- und Taxifahrer Warschaus. Auch diesen Warnstreiks lagen fast ausschließlich wirtschaftliche Forderungen zugrunde, die durch Absprachen mit den Betriebsleitungen schnell beseitigt werden konnten. Nur in Lublin schaltete sich das Politbüro ein. Interessant ist in diesem Zusammenhang, daß bei den Verhandlungen innerhalb der Betriebe die Vertreter der staatlichen Gewerkschaften nicht präsent waren; ein Hinweis darauf, daß auch den Betriebsleitungen klar war, wie wenig Vertrauen die staatlichen Gewerkschaftsfunktionäre bei den Belegschaften genossen. Bezeichnend war auch, daß Jerzy Lukaszewicz, Chef des Propagandaapparates und ungeliebter Stalinist, vor ausländischen Journalisten versicherte, die Arbeiterunruhen hätten rein wirtschaftliche Ursachen, die keine größeren politischen Veränderungen nach sich ziehen würden. Gleichzeitig aber wies er auf die Vorbereitungen für einen Kongreß des staatlichen Gewerkschaftsverbandes hin, auf dem über eine Ausweitung der Kompetenzen der seit 1957 bestehenden, in der Praxis aber keine wirkliche Rolle spielenden Arbeiterselbstverwaltung diskutiert werden sollte. Selbstbewußt gab Lukaszewicz seinem Optimismus Ausdruck, als er meinte, die Unruhewelle hätte ihren Höhepunkt bereits überschritten. Das war ein Irrtum, denn die entscheidende Phase mit dem Streik auf der Danziger Lenin-Werft hatte noch nicht begonnen.

Es half bald nicht mehr, daß die Regierung besondere Kommissionen bilden ließ, die für eine bessere Belieferung der Arbeiterkantinen sorgen und die unzufriedenen Arbeiter in Gesprächen beschwichtigen sollten. Immer mehr Polen erkannten, daß die chronische Versorgungskrise nicht durch Lohnerhöhungen gelöst werden konnte. Jacek Kuron, einer der bekanntesten polnischen Bürgerrechtler, sprach sich in einem Spiegel-Interview deutlich gegen die fortgesetzten „prophylaktischen" Lohnerhöhungen aus: „Diese Methode kann überhaupt nichts bewirken, denn, wenn man an einer Seite der Decke zieht, um sich zuzudekken, so legt man zwangsläufig die andere Seite bloß." Am deutlichsten könne man dies bei der Versorgung mit Lebensmitteln beobachten. Weil die Arbeiter in den Betrieben mehr Fleisch verlangten, würde mehr davon in die Betriebskantinen geschafft, mit dem Resultat, daß es in den Läden fehle.

Nach diesem Muster verfuhr die Regierung jedoch überall im Land. Wenn sich in einem Gebiet Streiks ankündigten, wurden sofort in den örtlichen Geschäften mehr und bessere Lebensmittel angeboten, die aber aus einer anderen Region abgezogen worden waren. Polens Planungschef Tadeusz Wrzaszczyk mußte zugeben, daß sich die wirtschaftliche Situation krisenhaft verschärft hatte. Die gesamtwirtschaftliche Produktion, die nach Plan um 3 % hätte ansteigen müssen, war zum ersten Mal seit 1945 um 20 % zurückgegangen. Die Leistungssteigerung in der Industrie hatte mit nur 2,8 % das gesetzte Ziel von 5 % nicht erreicht. Die Landwirtschaft hatte um 1,4 % weniger produziert als im Vorjahr. Die ungünstigen Witterungsverhältnisse hatten bewirkt, daß nur 19 Millionen Tonnen Getreide, 5 Millionen Tonnen zu wenig, geerntet worden waren. Die offiziell bekanntgegebene Inflationsrate betrug 6,7 %, so daß die Kaufkraft der Bevölkerung nur um 2 % zugenommen hatte. Das reichte nicht aus, um den 1978 eingetretenen Rückgang des privaten Lebensstandards um 2,5 % wieder wettzumachen. Das Handelsbilanzdefizit gegenüber den westlichen Industrieländern konnte nur um ein Drittel auf 1,4 Millionen US-Dollar reduziert werden. Dadurch hatte auch die Verschuldung Polens weiter zugenommen, sie erreichte nun 19 Milliarden US-Dollar. Unter allen Ostblockstaaten war damit Polen im Westen am höchsten verschuldet. Allein an die Bundesrepublik Deutschland hatte Polen 1980 für Zinsen und Kredittilgung 2,7 Milliarden DM zu zahlen. Der damalige Erste Sekretär der „Vereinigten Polnischen Arbeiterpartei", Edward Gierek, sah sich gezwungen, in den westlichen Industrieländern um neue Kredite zu bitten, um mit diesen die aufgelaufenen Raten der alten Schulden bezahlen zu können.

## Warnungen aus den eigenen Reihen

Dabei hatte es in den letzten Jahren nicht an warnenden Stimmen und an deutlicher Kritik an den Zuständen in Staat und Gesellschaft gefehlt, nicht nur von seiten der Bürgerrechtler. Scharfe Kritik war auch aus den Reihen hoher Parteimitglieder gekommen. Schon 1977 hatten 14 Parteifunktionäre, darunter Edward Ochab, der frühere Erste Vorsitzende der „Vereinigten Polnischen Arbeiterpartei“ (PZPR), einen „Offenen Brief“ an Edward Gierek gerichtet, in dem sie auf die tiefe Bewußtseins- und Verhaltenskrise in der Gesellschaft als Folge einer bürokratischen, verknöcherten und unehrlichen Parteipolitik hinwiesen. Sie forderten eine Abkehr vom autoritären, auf Privilegien gestützten Parteiapparat und entwarfen ein wirtschaftliches und soziales Reformprogramm, in dem demokratische Führungsmethoden, ein Rückzug der Partei aus dem staatlichen und sozialen Bereich und eine neue Rolle für die Gewerkschaften zu den wichtigsten Forderungen gehörten. Die Gewerkschaften sollten Partner der Arbeiter und nicht Vollzugsorgane der Partei sein. Das war damals die erste deutliche Kritik an der Funktion der staatlichen Gewerkschaften.

Ein Jahr später fanden sich kritische Intellektuelle, Parteimitglieder und Parteilose im Diskussions-Club „Erfahrung und Zukunft“ (DIP, „Doswiadczenie i Przyszlosc“) zusammen, vereint in der Überzeugung, daß die Situation in Polen katastrophal sei. Von den mehr als 100 Mitgliedern gehörte ein Drittel der PZPR an, unter ihnen der nach Reformen drängende Mieczyslaw Rakowski und auch der ehemalige Gierek-Berater Antoni Rajkiewicz. Im Unterschied zu den polnischen Dissidentengruppen setzte sich der DIP-Kreis ausdrücklich für das Verbleiben im Bündnissystem des Warschauer Paktes ein und sprach sich auch für die führende Rolle der kommunistischen Partei aus. Aber man forderte auch mehr Souveränität für die polnische Nation. Der DIP-Vorsitzende Stefan Bratkowski, Redakteur der Tageszeitung „Zycie Warszawy“ (Warschauer Leben) und neuer Vorsitzender des polnischen Journalistenverbandes, beschrieb Motivation und Zielsetzung dieser informellen Gruppe: „Wir sind nur Intellektuelle, wir wollen keine Macht. Wir können nur nachdenken, analysieren und vorschlagen. Unsere Vorschläge zielen auf eine Verbesserung des Systems, nicht auf seine Abschaffung. Aber das russische System, wie wir es heute haben, paßt nicht zur polnischen Mentalität.“ 1979 spielte der DIP-Kreis dem Zentralkomitee der PZPR eine Denkschrift zu mit dem

Titel „Bericht über den Zustand der Republik und Wege zu ihrer Reform“, in der von einer Vertrauenskrise in der Gesellschaft die Rede ist, als Folge der in der polnischen Herrschaftsstruktur gegebenen Mängel. In einer zweiten Denkschrift „Wie kann man da herauskommen?“ verlangten sie eine Änderung des Planungssystems, die Trennung von Kompetenzen, die Abschaffung unverdienter Privilegien der Bürokratie und eine Überprüfung der sozialen Fragen sowie eine Revision der Landwirtschaftspolitik. Weitere Zusammenkünfte dieser Gruppe wurden dann von offizieller Seite verhindert.

Eine mögliche und erhoffte Reaktion der Parteispitze auf die Denkschriften dieser engagierten Sozialisten blieb aus. Parteichef Gierek, über den der polnische Bürgerrechtler Adam Michnik polemisierte, er habe den Bezug zur Wirklichkeit verloren, er sei „Produkt der gesellschaftlichen Verhältnisse“, „Bezwinger und Opfer des Parteiapparates“, und er werde „von dem ihn umgebenden Hofstaat völlig manipuliert und desinformiert“, setze auf technokratischen Pragmatismus – und auf Finanzspritzen aus dem Westen. Mit der Absetzung des in Polen als „Russe“ verachteten Ministerpräsidenten Piotr Jaroszewicz auf dem achten Parteitag im Februar 1980, glaubte Gierek Herr der Lage zu werden. Sein engster Vertrauter und neuer Ministerpräsident Edward Babiuch war daher nicht zu beneiden.

Das Vertrauen der Bevölkerung konnte auch er nicht mehr zurückgewinnen. Schon lange vor dem 1. Juli, dem Stichtag der so folgenschweren Fleischpreiserhöhung, glaubte niemand mehr, daß die Partei und die Regierung mit den Schwierigkeiten fertig werden könnten. Das allgemeine Gefühl von Ungleichheit und Ungerechtigkeit war inzwischen zu stark. Die Masse der Bürger fühlte sich nicht an den Entscheidungsprozessen beteiligt, nicht ernst genommen in ihren Sorgen, zum reinen Objekt entmündigt, unzureichend oder in manipulierter Weise informiert. Ironisch fragten die Polen: „Wann wird es denn endlich besser?“, um sich selbst die Antwort zu geben: „Es war schon...“

Der polnische Soziologe Wladyslaw Markiewicz sah in der „mit trostloser Beharrlichkeit jahrelang betriebenen, genauer: zelebrierten Erfolgspropaganda“ den Nährboden für die Arbeiterunruhen. In einem Interview mit der polnischen Zeitschrift „Kultura“ erklärte er: „Am schlimmsten war es, daß diese zuckersüße, überschwenglich didaktische und – was am wichtigsten war – langweilige Propaganda eine Verhöhnung der Intelligenz des Volkes war und gegen den gesunden Verstand und die Tugend des Maßhaltens verstieß. Es ist schade um die vielen begabten Journalisten, Publizisten und Kommentatoren, die ihr Talent im Dienst einer so engstirnig verstandenen Sache vergeuden mußten.“

## Hinwendung zu traditionellen Werten

Die gegängelten Polen suchten sich Ventile für ihre Unzufriedenheit. Weil man sich nicht mit dem Staat identifizieren konnte und wollte, vertraute man den traditionellen Identifikationsmodellen. Einen entscheidenden Akzent auf alle resignativen und oppositionellen Tendenzen im Lande setzte dabei der Besuch des Papstes im Sommer 1979. Die Regierung, die nicht wußte, wie sie einen Besuch des „ersten polnischen Papstes“ hätte verhindern können, bemühte sich, ihm alle politische Schärfe zu nehmen. Umsonst, Papst Johannes Paul II., der ehemalige Krakauer Erzbischof Karol Wojtyla, versteht sich als polnischer Patriot. In keiner seiner Ansprachen fehlte die Forderung nach voller Souveränität Polens. Jedesmal, wenn er die Polen aufrief, die historisch begründete Identität all dessen, was polnisch ist, zu bewahren und zu verteidigen, meinte er auch die Unabhängigkeit Polens. Damit ärgerte er zwar die Parteiführung, sprach aber den meisten seiner Landsleute aus der Seele. Sein Besuch hatte eine große moralische Wirkung auf das Selbstbewußtsein und Selbstverständnis der Polen.

Ausgangspunkt aller großen Kundgebungen des Jahres 1979 waren immer Gottesdienste. Jeden Jahrestag, ob den zum Gedenken an den Warschauer Aufstand (August 1944), oder den in Erinnerung an den Ausbruch des Zweiten Weltkrieges (1. September 1939), nahmen die polnischen Bürgerrechtler der unterschiedlichsten Gruppierungen zum Anlaß, um für Freiheit und Unabhängigkeit zu demonstrieren. Am 11. November 1979, dem Jahrestag der Gründung des polnischen Staates von 1918, nach 120 Jahren der Teilung, zogen in Warschau nach einem Gedenkgottesdienst mehrere tausend Menschen zum Grab des Unbekannten Soldaten auf den Siegesplatz. Es kam zu einer emotional geladenen Kundgebung, auf der wieder „Freiheit, Unabhängigkeit, Wahrheit" gefordert wurden. Transparente mit Losungen wie „Kein Brot ohne Freiheit" und „Kein gerechtes Europa ohne ein unabhängiges Polen" tauchten auf. Am selben Platz hatte der Papst ein halbes Jahr zuvor erklärt, der polnische Soldat habe durch seinen Tod an vielen Orten der Welt bezeugt, „daß es ohne ein unabhängiges Polen kein gerechtes Polen" geben könne. Auch in anderen Städten fanden Demonstrationen statt, die Losungen ähnelten sich: „Freiheit, Wahrheit, Brot". 1979, am neunten Jahrestag der historischen Arbeiterunruhen von 1970 demonstrierten in Danzig rund 5000 Menschen vor der Lenin-Werft. Sie gedachten der 49 erschossenen Arbeiter, die damals bei Nacht und Nebel auf dem Friedhof bestattet worden waren; nicht als Opfer der damaligen tragischen Ereignisse, sondern, nach offizieller Lesart, als Rowdys, Plünderer und Marodeure. Ein Jesuitenpfarrer hielt eine Predigt; Hauptredner aber war, wie schon im Jahr zuvor, der arbeitslose Elektromonteur Lech Walesa.

Diesmal forderte der redebegabte Elektriker „die Solidarität aller Polen im Kampf um ihre Rechte". Die Betriebsleitung der Werft versuchte einer Konfrontation aus dem Wege zu gehen, indem sie den Arbeitern für die Teilnahme an der unerlaubten Demonstration frei gab. Die wirtschaftlichen Parallelen zu der Krise von 1970 waren zu offensichtlich, als daß die durch die Ereignisse der letzten Jahre sensibilisierte Werftleitung auf Kollisionskurs gehen mochte.

Selbst die Regierung wich zu diesem Zeitpunkt einer drohenden Kraftprobe aus. Rund hundert Bürgerrechtler, die Anfang Dezember wieder einmal verhaftet worden waren, ließ man, ohne Anklage zu erheben, frei. Die Bürgerrechtler hatten sich nicht einschüchtern lassen und die von ihnen 1980 organisierten Kundgebungen nahmen dann auch in ihrem politischen Charakter immer klarere, nationale Konturen an.

Am 3. Mai, dem Tag des Festes der Muttergottes, das in jedem Jahr von der katholischen Kirche im Kloster Tschenstochau (Czestochowa) mit großem Aufwand als nationales Pilgerfest gefeiert wird, versammelten sich auch in Danzig rund 7000 Menschen. Auf Transparenten wurde „Freiheit und Demokratie“, eine „Erziehung ohne Lügen“ und die „Bildung freier Gewerkschaften“ gefordert. Darüber hinaus wurde es eine antisowjetische Kundgebung. Die Demonstranten erinnerten an das „Massaker von Katyn“, bei dem die Rote Armee zu Beginn des Zweiten Weltkrieges Tausende von polnischen Offizieren liquidiert hatte. Sie kritisierten die Politik der „sowjetischen Eindringlinge“. Die Kundgebung fand am Denkmal des polnischen Königs Jan Sobieski statt, auf den die Polen besonders stolz sind, da 1683 in der Schlacht bei Wien unter seiner Führung auch polnische Truppen die Türken besiegten. In polnischen Dissidentenkreisen hatte man eine Verbindung zwischen König Sobieski, dem „Befreier Europas vom türkischen Joch“, und dem „Wunder an der Weichsel“, dem 1920 errungenen polnischen Sieg über die junge Sowjetunion, konstruiert. Der gleiche Tenor herrschte drei Monate später bei einer Kundgebung in Warschau vor. 5000 Menschen nahmen dort an einem Gottesdienst teil, in dem der Priester das „Wunder an der Weichsel“ als Meilenstein in der Geschichte Polens bezeichnete und es mit der Rettung des Abendlandes durch den Sieg über die Türken verglich. Anschließend nahmen die der Geschichte und der Tradition verpflichteten Demonstranten den gewohnten Weg zum Grabmal des Unbekannten Soldaten. Sie sangen patriotische Soldaten- und Kirchenlieder, und an einer Marienstatue legten sie einen Kranz nieder. Auf der Schleife stand: „Der siegreichen Mutter Gottes – Die polnische Nation".

Das war am 14. August 1980, dem Tag, an dem ein anderer selbstbewußter Teil der polnischen Nation, die Arbeiter der Danziger Lenin-Werft, ihre Arbeit niederlegten, um, nach Absingen der Nationalhymne „Noch ist Polen nicht verloren", mit der Betriebsleitung zunächst einmal nur über die Wiedereinstellung der entlassenen Arbeiterin Anna Walentynowicz zu verhandeln.

## Reaktion der Regierung

Die Parteiführung glaubte zu diesem Zeitpunkt noch, die Arbeiter durch Gewährung von Lohnerhöhungen im wesentlichen zufriedenstellen zu können und nur gegen die Bürgerrechtler mit Disziplinierungsmaßnahmen durchgreifen zu müssen, um so die Ruhe im Lande wiederherzustellen. Im Mai waren dementsprechend der Bürgerrechtler Tadeusz Szczadlowski und der Leiter des Untergrundverlages „Nowa", der Kernphysiker Miroslaw Chojecki, verhaftet worden. Ab August machten die Sicherheitsorgane dann auch nicht mehr vor prominenten Bürgerrechtlern halt. Adam Michnik, Jacek Kuron und eine Anzahl weiterer Dissidenten, die sich bei Kuron zu einer Sitzung zusammengefunden hatten, wurden eingesperrt, nachdem sich die Situation an der Ostseeküste zugespitzt hatte. Offiziell wurden die Verhaftungen mit dem Anwachsen der Zahl der Delikte gegen öffentliches Eigentum und mit der Notwendigkeit exemplarischer und präventiver Maßnahmen „gegen ein allgemeines Phänomen" begründet. Aber die Offiziellen hatten sich in der Bestimmung des Phänomens geirrt. Dem sollten sie erst noch im „Wunder an der

Ostsee“, wie Anna Walentynowicz das Ereignis analog zum „Wunder an der Weichsel“ nannte, begegnen.

Nicht die intellektuellen Bürgerrechtler, sondern die Arbeiter bewegten die polnische Geschichte, die damit ja eigentlich ihren planmäßigen sozialistischen Gang nahm. Gierek brach zwar seinen Urlaub auf der Krim ab, wo er mit dem Generalsekretär der KPdSU, Leonid Breschnew, zusammengetroffen war, und sein Ministerpräsident Babiuch forderte die Arbeiter auf, ihre Aktionen einzustellen. Die Arbeiter aber nahmen keine Notiz von seiner Rede. Der biedere Ministerpräsident glaubte zu Unrecht, die Arbeiter nach altem Muster auf die Interessen des Staates einschwören zu können, indem er ihnen erklärte, sie könnten nur durch Besonnenheit und Disziplin bei ihrer täglichen Arbeit beweisen, daß sie eine Nation seien, die klug und selbständig ihre schwierigsten Probleme lösen könne. Und er machte sich zudem bei den streikenden Arbeitern unglaubwürdig, als er von den Gegnern Polens sprach, die sich bemühten, die Spannungen und Emotionen für ihre Ziele auszunutzen, indem sie Losungen und Forderungen aufstellten, die nichts mit den Bestrebungen der Arbeiterklasse zu tun hätten und die den Interessen der Nation widersprächen. Die Arbeiter ließen sich nicht irre machen. Immer mehr Betriebe solidarisierten sich mit den Forderungen der Danziger Werftarbeiter; jeden Tag kamen weitere Delegierte auf die Lenin-Werft, um sich beim überbetrieblichen Streikkomitee MKS registrieren zu lassen. Es kamen Vertreter der Ölraffinerie, des Schwefelverarbeitungswerkes, der Maschinenfabriken, der Schiffsbauzulieferer, Abgesandte der Stettiner Adolf-Warski-Werft und der dortigen Düngemittelfabrik. 80 000 Arbeiter befanden sich inzwischen im Ausstand. In Stettin hatte sich eine eigene zentrale Streikleitung gebildet; 25 000 Arbeiter standen hier im Streik und mehrere Tausend in Swinemünde (Swinoujscie), Kolberg (Kolobrzeg) und Elbing (Elblag).

Große Schiffe lagen in den polnischen Ostseehäfen fest und wurden nicht gelöscht. Ausländische Vertragspartner drohten mit Konventionalstrafen bei Nichteinhaltung der Verträge. Die Streiks an der Küste kosteten den Staat täglich 360 Millionen Zloty (21 Millionen DM). Die Regierung verhängte in Danzig eine Telefon- und Nachrichtensperre und rationierte das Benzin. Aber selbst die vorübergehende Konzentration von Milizeinheiten aus anderen Teilen Polens in der Umgebung Danzigs machte auf die streikenden Arbeiter keinen Eindruck. Da reagierte Parteichef Gierek persönlich und sagte kurzerhand das Hamburger Treffen mit Bundeskanzler Schmidt ab. In einer Fernsehansprache wandte er sich am 18. August direkt an die Bevölkerung. Nicht ohne Selbstkritik stellte er fest: „Wir sind uns bewußt, daß neben vielen unvermeidbaren Faktoren, Fehler in der Wirtschaftspolitik eine wichtige Rolle gespielt haben. Auf vielen Gebieten ist die Führung von den Grundsätzen der Nach-Dezember-Politik der Partei abgewichen. Wir haben das nicht rechtzeitig gesehen und sind dem nicht wirksam entgegengetreten."

Gierek bekannte sich nicht nur zu Fehlern in der Wirtschaftspolitik, sondern kündigte auch personelle Veränderungen in der Regierung an. Zudem versprach er eine allmähliche Lohnerhöhung für alle Berufszweige, das Einfrieren der Preise für Fleisch und Fleischerzeugnisse bis zum Herbst 1981, eine bessere Lebensmittelversorgung und mehr Selbständigkeit und Selbstverwaltung für die Wirtschaft. Aber auch die stereotype Drohung vor antisozialistischen Elementen war in seiner Rede enthalten: „Es ist jedoch unsere Pflicht, mit ganzer Entschlossenheit zu sagen, daß keine Aktivität, die gegen die politische und gesellschaftliche Ordnung in Polen gerichtet ist, zugelassen werden kann. Nur ein sozialistisches Polen kann ein freier und unabhängiger Staat mit unantastbaren Grenzen sein." Auffällig und bezeichnend an dieser Gierek-Rede war die Betonung des „guten Verhältnisses" zwischen Kirche und Staat. Abschließend appellierte der Parteichef an die „einigende Zusammenarbeit" aller Patrioten: „Wir wollen eure immer größere, immer weitergehende und tatsächliche Beteiligung am öffentlichen Leben. Bauen wir gemeinsam unser Vaterland." Doch gemeinsam mit Gierek wollten die Arbeiter nicht mehr an ihrem Vaterland bauen. Gierek besaß kein Vertrauen mehr bei denen, durch die er 1970 an die Macht gekommen war. Sie warfen ihm jetzt vor, vieles versprochen und nur wenig gehalten zu haben. Die Solidarisierungsbewegung unter den Arbeitern an der Ostseeküste ging dagegen immer weiter, und der Streik nahm allmählich den Charakter eines lokalen Generalstreiks an.

Als der Enkel von Anna Walentynowicz auf der Lenin-Werft anrief, um seine Großmutter zu fragen, wann sie denn endlich nach Hause käme, antwortete sie: „Wenn der Streik zu Ende ist, mein Lieber." Öffentlich erklärte sie: „Wir wollen den Sieg, und wir werden so lange warten, bis jemand aus Warschau kommt und ernsthaft mit uns redet."

Ganz so ernst wollte die Warschauer Führung dieses Arbeiterselbstbewußtsein aber immer noch nicht nehmen. Sie versuchte es erst noch einmal mit einem Trick, bemühte sich, einen Keil zwischen die einzelnen Belegschaften der streikenden Betriebe zu treiben. Der nach Danzig entsandte stellvertretende Ministerpräsident Pyka ignorierte das überbetriebliche Streikkomitee und versuchte, durch separate Gespräche in den einzelnen Betrieben eine direkte Verbindung zwischen den Arbeitern und den staatlichen Gewerkschaften zu schaffen. Ohne Erfolg. Ein Danziger Werftarbeiter spottete:

*„Mit yk... pyk... Pyka's Gefasel –*
*damit täuscht man uns die ganze Zeit –*
*uns die Arbeiter.*
*Doch die Danziger Werftler haben wieder das Wort,*
*und schlecht steht es um die Regierenden.*
*Schade um Worte und Tränen.*
*Eure Herrschaft geht zu Ende!"*

Inzwischen hatte die Streikbewegung auch auf Oberschlesien übergegriffen, wo es bisher ruhig geblieben war. In Warschau meldeten sich 64 prominente Intellektuelle, Künstler und Schriftsteller öffentlich zu Wort, alle in hochprivilegierten Positionen. Sie wollten der Regierung die absolute Notwendigkeit und Dringlichkeit einer offenen Diskussion mit den streikenden Arbeitern deutlich machen:

„Dringlichstes Erfordernis im Interesse der polnischen Staatsräson ist es, durch eine Regierungskommission sofort Gespräche mit den in den Küstenstädten gewählten überbetrieblichen Streikkomitees aufzunehmen. Man darf sich heute keine Stunde des Zögerns mehr gönnen; das könnte bedrohliche Tatsachen schaffen, die nicht wieder rückgängig zu machen sind."

Als überall im Land die Unruhe wuchs und Gierek sich aus den verschiedensten Bevölkerungskreisen scharfe Kritik anhören mußte, versuchte er, nach eingeübtem Muster, seine Haut zu retten. Am 24. August wurden auf der IV. Plenarsitzung der PZPR einschneidende persönliche Veränderungen in der Parteiführung und in der Regierung bekanntgegeben. Dabei sah sich Gierek gezwungen, auch die engsten Vertrauten aus seiner oberschlesischen Gefolgschaft zu opfern. Am überraschendsten wirkte der Rücktritt von Ministerpräsident Edward Babiuch. Er hatte keine offensichtlichen Fehler gemacht; durch sein sparsames Haushalten, durch die strengen Importrestriktionen war sogar zum ersten Mal in Polen ein Zahlungsbilanzüberschuß von 140 Millionen Dollar erzielt worden. Kenner der politischen Situation sahen in seinem Ausscheiden ein Zeichen für den allmählichen Abstieg von Edward Gierek selbst. Neuer Ministerpräsident wurde Jozef Pinkowski, im Ausland und auch in Polen noch ziemlich unbekannt, ein klassischer Verwaltungsmann. Als bedeutsamste Konsequenz der Arbeiterunruhen wurde die Rückkehr des ehemaligen Außenministers Stefan Olszowski (1971-1976) gewertet, der nun als der „kommende Mann" galt, beziehungsweise immer schon gegolten hatte. Olszowski, der auch das Vertrauen der Sowjets besaß, hatte schon 1978 vor einer drohenden Wirtschaftskatastrophe gewarnt und einschneidende Reformen verlangt. Im Februar 1980 war er plötzlich, ohne Angabe von Gründen, aus dem Politbüro und dem ZK-Sekretariat ausgeschlossen und als Botschafter nach Ost-Berlin entsandt worden, womöglich auch, um Gierek nicht als potentieller Nachfolger im Weg zu sein. Sein Sturz und seine „Verbannung“ hatten am deutlichsten gezeigt, daß die Parteiführung im Februar 1980 die Lage völlig falsch eingeschätzt, die wirtschaftlichen Probleme verkannt und die Stimmung in der polnischen Bevölkerung einfach ignoriert hatte. Denn Olszowski war die Hoffnung aller pragmatischen und maßvollen Kräfte in Polen gewesen, er hatte früher einmal das Vertrauen aller auf Reformen drängenden Polen besessen. Er war auch stark publizistisch unterstützt worden vom Chefredakteur der „Polityka“, Mieczyslaw Rakowski. Ihm hatte eine Dezentralisierung der Wirtschaft nach ungarischem Modell vorgeschwebt, eine sozialistische Marktwirtschaft. Staatliche Unternehmen sollten den Regeln des Marktes unterstellt, das heißt, kostengerechte Preisgestaltung und Konkurrenz zwischen den Unternehmen sollten praktiziert werden. Schon 1970 hatte Olszowski die Meinung vertreten: „Das polnische Volk ist so hoch entwickelt, so gebildet, daß der Mangel an demokratischen Strukturen zu einer unerträglichen Karikatur geworden ist.“

Mit dieser Meinung stand er im Gegensatz zu dem Stalinisten Jerzy Lukaszewicz, der behauptete: „Bei einem Volk wie dem polnischen kann man nur die Schrauben anziehen.“

Der ZK-Sekretär und Propaganda- und Pressechef Lukaszewicz verlor jetzt seine Ämter. Ungeniert hatten ihn auch polnische Funktionäre als Stalinisten bezeichnet. Ein polnischer Publizist hatte die Amtsausübung von Lukaszewicz so beurteilt: „Kein einziger interessanter Roman mehr, ein schrecklich langweiliges, verdummendes Fernsehen, langweilige Zeitungen, keine politischen Diskussionen, verblasene Ideologie.“ Zurücktreten mußten der Chef der kompromittierten staatlichen Gewerkschaften, der stellvertretende Ministerpräsident Jan Szydlak sowie der stellvertretende Ministerpräsident Tadeusz Pyka und der Vorsitzende der Planungskommission Tadeusz Wrzaszczyk.

Neben der stark beachteten Berufung des Allround-Politikers Olszowski konzentrierten sich damals noch die Hoffnungen der reformwilligen Polen auf den neuen Vize-Ministerpräsidenten Tadeusz Grabski, der für seine Kritik an der bisherigen Wirtschaftspolitik der Partei bekannt war. Von ihm hatte sich Gierek 1978 persönlich attackiert gefühlt, und folgerichtig war Grabski dann auch im März 1979 von seinem Posten enthoben worden. Auch die Berufungen von Marian Krzak zum neuen Finanzminister und von Henryk Kisiel zum neuen Chef der Planungskommission sollten neue Signale setzen. Beide galten als Finanzexperten und verfügten seit Jahren über gute Kontakte zu westlichen Finanz- und Regierungskreisen, so daß ihr Einsatz von westlichen Kreditgebern als beruhigende Geste verstanden wurde.

Gierek selbst war bei dieser Regierungsumbildung nur durch sein internationales Ansehen und das noch nicht gebrochene Vertrauen der sowjetischen Führung geschützt worden. Moskau hatte ihm eine Schonzeit eingeräumt, die allerdings ablief, als den streikenden Arbeitern Ende August Zugeständnisse gemacht wurden, die nach Ansicht der führenden Kommunisten in Moskau, Ostberlin und Prag mit der Grundordnung einer sozialistischen Gesellschaft und eines sozialistischen Staates nicht zu vereinbaren waren. Als die Streiks nach den in Danzig und Stettin erzielten Vereinbarungen immer noch nicht aufhörten, war auch ein großer Teil des Parteiapparates der Ansicht, daß Gierek versagt habe. Sein Sturz war nun eine beschlossene Sache. Das kümmerte die Arbeiter wiederum wenig, denn Gierek hatte sie schon lange zuvor enttäuscht. Giereks Verhältnis zur Bevölkerung war die Geschichte einer zunehmenden Entfremdung, verbunden mit dem Versuch, sich an der Macht zu halten. 1970 hatten ihn die Arbeiterunruhen an die Spitze gebracht. In den ersten Jahren hatte Gierek auch das direkte, persönliche Gespräch mit den Arbeitern gesucht und war in die Fabriken gegangen. Bald aber wurden ihm nur noch ausgewählte Arbeiter vorgeführt. Seine Rolle als besorgter Hausherr und Landesvater sahen viele Polen nun als Fassade. Man nahm ihm auch übel, daß er zum Zentrum eines Personenkultes wurde, sich täglich mit einer Staffage im Fernsehen zeigte: mal mit Bergleuten, mal mit Ärzten oder einer einfachen Arbeiterin. Plötzlich ließ er sich in den Medien als „Führer der Nation“ (Przywodca narodu) titulieren, und man glaubte ihm auch nicht, daß er nicht mehr schlafen könne, weil es dem Volk so schlecht gehe. Dafür erzählte man sich folgenden Witz: Der Parteichef empfindet ehrliches Mitleid, als er Hunderte von Menschen vor einem Fleischerladen in Warschau anstehen sieht. „Genossen, ich werde euch helfen“, ruft er im Vorbeifahren aus dem Fenster. Eine halbe Stunde später kommt ein Lkw – voll mit Sitzbänken.

Als die Arbeiter auf der Lenin-Werft von den Umbesetzungen in der Parteiführung und in der Regierung erfuhren, mit denen Gierek vorerst nochmal seine Haut retten konnte, reagierten sie gelassen. „Kosmetische Operationen“ interessierten sie nicht, sie wollten eine grundlegende Veränderung der Politik. Auch als lange vor dem Sturz Giereks auf der Werft Gerüchte auftauchten, er sei zurückgetreten, bestand für sie kein Grund zur Aufregung. „Dann kommen andere und wieder andere. Die müssen noch viel kleiner werden, so klein“, sagte ein Arbeiter und zeigte dabei auf die Höhe seines Knies. Mit naiver Schlauheit behauptete Lech Walesa zu jener Zeit: „Ich bin Gewerkschaftler, Politik interessiert mich nicht; auch nicht der Austausch von Personen. Im übrigen kenne ich diese Männer nicht.“

Der Vertrauensschwund gegenüber den Herrschenden hatte die Begriffe Politik und Politiker bei den Arbeitern und einem großen Teil der übrigen Bevölkerung in Mißkredit gebracht. Mieczyslaw Jagielski, der nun anstelle des abgelösten Tadeusz Pyka mit einer 20köpfigen Delegation nach Danzig gekommen war, um die Verhandlungen mit dem überbetrieblichen Streikkomitee aufzunehmen, sollte es schwer haben, dieses angestaute Mißtrauen zu überwinden. Seine Geschicklichkeit hatte Jagielski allerdings bereits durch die Tatsache unter Beweis gestellt, daß er sich in der neuen Regierung halten konnte, obwohl er als Vorsitzender der staatlichen Planungskommission während der entscheidenden Jahre von 1971 bis 1975 mitgeholfen hatte, die Fundamente für die jetzige Krise zu legen. Elf Jahre war er auch Landwirtschaftsminister gewesen und damit verantwortlich für die Versäumnisse in der Landwirtschaft. Für seine Anpassungsfähigkeit an alle Verhältnisse sprach, daß er sich nun bereit erklärte, mit dem von der Regierung ignorierten Streikkomitee eine Woche lang in der Danziger Lenin-Werft zu verhandeln und sogar in die Werft zu gehen. Den anderen „Gang nach Canossa“, den Weg zum überbetrieblichen Streikkomitee in Stettin, ging Kazimierz Barcikowski, der noch unter Babiuch stellvertretender Regierungschef geworden war. Mit dem Verhandlungsbeginn zwischen Regierungskommission und selbstgewählten überbetrieblichen Streikkomitees am 23. August 1980 war der Höhepunkt der polnischen Streikwelle erreicht. Die ganze Welt sah jetzt nach Danzig.

## „Arbeiter 80“

Während ein paar Touristen durch die Danziger Altstadt spazierten, standen Hunderte von Danzigern vor den Toren der Lenin-Werft, wo die streikenden Arbeiter seit über einer Woche darauf gewartet hatten, daß sich die Regierung bereit erklärte, mit ihnen über ihre Forderungen zu verhandeln. Die Losung hieß in diesen Tagen „Solidarität“. Aber auch „Disziplin“. Alles auf der Danziger Werft hatte seine strikt eingehaltene Ordnung. Das Werftgelände war rund um die Uhr besetzt. Streikposten sorgten dafür, daß sich jeder, der das Werftgelände betrat oder verließ, auswies. Wenn die streikenden Arbeiter Besuch bekamen, warteten sie drinnen, bis sie über Lautsprecher aufgerufen wurden. Dann erst durften sie hinaus zu ihren Frauen und Kindern – und ihre Pakete in Empfang nehmen, die dann allerdings wieder beim Versorgungschef abgegeben wurden. Und wenn sich doch einmal ein Fläschchen Wodka unter dem Mitgebrachten befand, wurde der sonst so beliebte Tropfen konsequent weggeschüttet. Schon am ersten Streiktag waren alle „Trinknester“ ausgehoben worden, nach ein paar Stunden hatte es keinen Tropfen Alkohol mehr auf der Werft gegeben. Auf Verlangen der Streikenden hatten die Behörden in Danzig, Gdingen und Zoppot schließlich ein allgemeines Verkaufsverbot für Alkohol erlassen.

Die Arbeiter hatten aus den Unruhen der letzten Jahre gelernt. Geradezu spürbar war die Angst, Fehler zu machen, die zu einem gewaltsamen Eingreifen der Miliz hätten führen können. Solche Fehler mußten vermieden werden. Grundprinzip war, in Ruhe und mit viel Disziplin auf dem Betriebsgelände abzuwarten, wie die Regierung reagieren würde. Als auf der Gdinger Werft „Pariser Kommune“ zwei Frauen des Küchenpersonals von Streikposten dabei ertappt wurden, wie sie Lebensmittel, Wurst und Fleisch aus der Werft schmuggeln wollten, wurden sie der Streikleitung übergeben, die den Fall an die Miliz weiterleitete. Der Kommandant war so überrascht, daß er das Streikkomitee zum Kaffee einlud.

Der Soziologe Markiewicz sah in der Tatsache, daß sich die streikenden Arbeiter um das Volkseigentum kümmerten und möglichen Ausschreitungen vorbeugten, eine völlig neue Entwicklung. Er stellte fest, daß in allen Städten und Betrieben, in denen gestreikt wurde, obwohl das normale Leben dort also entscheidend desorganisiert war, die Kriminalität erheblich sank. Eine polnische Journalistin, die den offiziellen Auftrag hatte, über die Ereignisse auf der Lenin-Werft zu berichten, glaubte sich in einem „fremden, ungewöhnlichen Land“: „Ich weiß nicht, wann ich das letzte Mal eine Atmosphäre so ohne Wut und Haß erlebt habe. Ich habe auch keine Flüche gehört, vor denen man sonst seine Ohren kaum schützen kann. Es gibt keine Oberflächlichkeit, keine Floskeln und auch keine Gemeinheit, sondern Entspannung. Im gewissen Sinn sogar eine psychische Erholung.“

Westliche Beobachter waren ebenso überrascht und beeindruckt von der Disziplin, dem hohen Grad an Organisation unter diesen Arbeitern, und der ungeheueren Unterstützung und Sympathie, die aus der Bevölkerung kam. Auch die polnische Art der Frömmigkeit war für sie ungewöhnlich. Kaum vorstellbar, daß junge Arbeiter in der Bundesrepublik ihren Gewerkschaftsführern so willig in die Messe folgen oder gemeinsam mit ihnen beten würden, wie die Polen es mit Lech Walesa taten. Es kursierte aber auch der Witz: „Wenn man Leszek (Koseform von Lech) fragt, wie spät es ist, fragt er erst einmal zurück: ‚Was wird wohl der Papst meinen?'"

Das Gebet und die offen demonstrierte Frömmigkeit in Polen war nicht Ausdruck von Selbstaufgabe und Flucht aus der Wirklichkeit in die Religion, sondern Kraftanstoß, Besinnen auf die politische Realität, und Unabhängigkeit. Alle Teilnehmer der Messen sangen immer laut mit, wenn Walesa das alte polnische Kirchenlied anstimmte, das aus der Zeit der polnischen Teilungen stammt:

*„Gott, der Du Polen*
*über viele Jahrhunderte hinweg*
*umgeben hast mit dem Glanz*
*der Macht und des Ruhmes,*
*der Du Polen beschützt hast*
*mit dem Schild Deiner Obhut*
*vor Unglück, welches*
*es entmutigen sollte.*
*Vor Deinen Altären*
*bringen wir unser Flehen vor:*
*Das Vaterland, das freie*
*gib uns zurück, Herr!"*

Und alle sangen auch mit bei der täglich verordneten Singübung: „Noch ist Polen nicht verloren."

So haben sich die westlichen Linken, die in Sachen Anschauungsunterricht die Werft besuchten, rebellierende Proletarier wohl nicht vorgestellt. Besonders verblüfft registrierten sie, wie Arbeiter ihren Mitstreiterinnen morgens bei der Begrüßung die Hand küßten.

Heftig wurde an der Journalistenbörse diskutiert, am häufigsten die Frage: „Kommen die Russen oder kommen sie nicht?“ Die westlichen Journalisten waren beeinflußt durch die heimischen Presseerzeugnisse, die ihnen nachgeschickt wurden und in deren Schlagzeilen alle Varianten einer möglichen sowjetischen Invasion durchgespielt wurden.

Die auf dieses Thema angesprochenen Polen reagierten mit Unverständnis. „Bei jedem Konflikt der letzten zwanzig Jahre hat man uns gedroht: die Russen kommen“, sagte ein Werftarbeiter. Und auch Walesa reagierte mit dem ihm gegebenen Optimismus und Selbstvertrauen: „Warum Angst vor den Russen? Wir wollen ja nichts von ihnen. Außerdem haben die Angst vor uns. Die wissen ganz genau, daß wir keine Tschechen sind.“

Angst schienen nur die zu haben, die von draußen kamen. Eine Polin, Mitglied der Bürgerrechtsorganisation KOR, die einige Tage auf der Werft verbrachte, kam zu dem Schluß, Angst müsse eine Art Krankheit sein, von der jeder Neuankömmling auf der Werft bald geheilt wäre. Während in der ganzen Welt ein militärisches Eingreifen der Sowjetunion diskutiert, gefürchtet oder gar erwartet wurde, blieb die Stimmung auf der Werft meist entspannt.

Walesa verließ das Werftgelände während des ganzen Streiks nicht ein einziges Mal. Das war keine übertriebene Vorsichtsmaßnahme, denn in den vergangenen vier Jahren war er an die hundertmal verhaftet worden. Auch der zweite Held dieser Tage, Anna Walentynowicz, blieb die ganze Zeit über auf dem Werftgelände. Sie hatte ihre Pritsche im Feuerwehrdepot aufgeschlagen und spielte ihre Rolle – anders als extrovertierte, rhetorisch begabte und schlagfertige Walesa – eher im Hintergrund; dadurch blieb sie vor publizistischen Heldenverehrungen verschont.

Ein Zeichen für den hohen Organisationsgrad dieser selbstbewußten Arbeiterschaft waren die Sicherheitsvorkehrungen, die geschaffen worden waren, um Staatsspitzel und Sabotageakte auszuschalten. Die streikenden Arbeiter benutzten keine Sprechfunkgeräte, damit nicht gefälschte Nachrichten auf der entsprechenden Wellenlänge zu Unruhen führen konnten. Stattdessen hatten sich die Arbeiter Lautsprecher beschafft. Auf diese Weise informierten sie ihre Kollegen auf dem Werftgelände und ließen sie an den im Sitzungssaal geführten Diskussionen teilhaben. Ein solches Verfahren verstanden sie als Basisdemokratie. Gleich nachdem der Streik begonnen hatte, war es deshalb beinahe zu gewaltsamen Auseinandersetzungen zwischen der Werftleitung und den Arbeitern gekommen. Der Direktor der Werft hatte die Lautsprecher außer Betrieb gesetzt, mußte dann aber, auf massiven Druck der Belegschaft hin, den Schlüssel zum Betriebsfunk herausgeben.

Starkes Mißtrauen bekamen auch die polnischen Journalisten zu spüren, da die polnischen Massenmedien als Regierungsinstrumente einer psychologischen Kriegführung galten und über den Wert der von ihnen verbreiteten Nachrichten zumeist nur gespottet wurde. Während des Streiks wurde beispielsweise der Witz erzählt, die polnische Presseagentur PAP habe gemeldet, daß „in Danzig, Gdingen und Zoppot die Arbeitspausen weiter eingehalten würden". Verbittert und in seinen Gefühlen verletzt, mußte mancher Vertreter der polnischen Presseagentur oder der sonstigen offiziellen Medien in den ersten Tagen des Streiks vor den Werfttoren bleiben und zusehen, wie seine westlichen Berufskollegen im Werk herzlich empfangen wurden und vom Streikkomitee den hier gültigen Stempel „Solidarnosc" in ihre Akkreditierungsausweise gedruckt bekamen. „Es ist gut, daß Ihr hier seid, damit Ihr sehen könnt, was hier vorgeht", war die Meinung der Arbeiter. Ihnen lag viel daran, die Vorgänge auf der Werft und ihre Ziele möglichst unzensiert und unverfälscht in die Öffentlichkeit zu bringen. So setzten sie auch Übersetzer ein, meist Danziger Pensionäre, die den Korrespondenten die Gespräche mit den Arbeitern erleichterten und ihnen die vielen Flugblätter und Kommuniqués der Streikleitung in den jeweiligen Sprachen erklären konnten.

Während in den westlichen Zeitungen und Zeitschriften die Rede war von Revolte und Rebellion und östliche Medien von antisozialistischen Elementen, von Hitzköpfen und Anarchisten, von „Wölfen im Schafspelz" sprachen, herrschte auf der Werft in Erwartung der Gespräche mit Regierungsvertretern Ruhe und Disziplin. Die Werftarbeiter promenierten auf der „Hauptstraße" der Werft, in der Nähe des Sitzungssaales. Sie saßen auf dem Rasen, an den Bordsteinen oder auf den Elektrokarren. Sie lasen die Flugblätter des Streikkomitees oder die hektographierten Streikbulletins „Solidarnosc", eine Art Werkszeitung, in der die wesentlichen Punkte des Streikverlaufs festgehalten, über Repressalien an oppositionellen Arbeitern und Intellektuellen sowie Verhaftungen berichtet wurde, in der aber auch Grußbotschaften westlicher Gewerkschaften, Witze und Poesie abgedruckt waren. Eine Gruppe von Arbeitern saß neben den mit Blumen geschmückten Bildern des Papstes und der Madonna von Tschenstochau, einer von ihnen spielte Gitarre, die anderen sangen dazu nach der Melodie des Oldies *Que sera* „So lange der Streik dauert, harren wir aus", andere übten das „Lied der freien Gewerkschaften" ein, das einer der Arbeiter geschrieben hatte:

*„Heute gibt es keine echten Gewerkschaften,*
*wo man hinschaut – nur Geschäft.*
*Wo ist die Sorge um das Schicksal der Arbeiter?*
*Sie schwamm fort in eine unbekannte Ferne.*
*Überall geht es nur um die Karriere.*
*Arbeiter! Red' nicht! Halt's Maul!*
*Du hast zu arbeiten, wenn dir auch die Mühe den Rücken krümmt*
*und du als Belohnung lediglich Sorgen und Schmerz empfängst!*

*Wenn Du frei sein willst,*
*komm in unsere Reihen!*
*Mit der freien Gewerkschaft,*
*mit der freien Gewerkschaft,*

*mit der freien Gewerkschaft,*
*mit Freien zusammen leben.*
*Die Fahne der Ideale erheben,*
*sie zu unseren Brüdern tragen.*
*Neu sein wird,*
*neu sein wird,*
*neu sein wird*
*des Lebens Inhalt.*
*Der Arbeiter nimmt das Steuer der Macht in seine Hand,*
*um das Gesicht der Welt zu verändern,*
*damit es keine Falschheit und keinen Verrat mehr gibt,*
*daß jeder jedes Bruder sei,*
*daß die Bürde des Arbeiters geschätzt wird,*
*seine Hände sich über das Land erheben*
*zur gemeinsamen Anstrengung und Arbeit.*
*Bruder, reiche uns deine hilfreiche Hand!*"

## Tauziehen um die Basisdemokratie

In einer Ausgabe der Bulletins stand die Glosse:
„Proletarier aller Länder, ich bitte Euch herzlich um Entschuldigung."(Karl Marx)
„Proletarier vereinigt Euch - ehe es zu spät ist." (Lech Walesa)
„Proletarier vereinigt Euch – freiwillig mit Warschau und dem Land." (Jagielski)
„Proletarier aller Länder, vereinigt Euch" stand auch auf einem Spruchband über dem Tor der Lenin-Werft, das der Regierungsunterhändler Mieczyslaw Jagielski am 23. August mit seiner Delegation passierte.

Das klassische Marx-Zitat hatten die Arbeiter zu Beginn ihres Streiks aufgehängt, und nun standen sich zwei unterschiedliche Interpretationen gegenüber.

Die Regierungsdelegation, die abends mit dem Bus vorfuhr, wurde von Walesa empfangen und durch ein Spalier von Arbeitern geleitet, die alle mit ernsten Gesichtern und erhobenen Fäusten dastanden. Die Fotoapparate blitzten, und die Kameras westlicher Fernsehgesellschaften surrten, als im Sitzungssaal die offizielle Begrüßung stattfand.

Danach zog sich die Regierungsdelegation mit dem Vorstand des Streikkomitees in einen Nebenraum zurück, allerdings in Gesellschaft eines westdeutschen Fernsehteams der ARD. Und auch die Arbeiter auf dem Werftgelände und die interessierten Menschen vor den Toren konnten zuhören, denn der Betriebsfunk übertrug die Diskussion über die Lautsprecher. Es begann ein harter Schlagabtausch von Forderungen und Zugeständnissen.

Der Regierungskommission wurde von dem überbetrieblichen Streikkomitee MKS ein 21-Punkte-Katalog vorgelegt, der sich aus dem 16-Punkte-Katalog der Danziger Lenin-Werft-Arbeiter entwickelt hatte. Als sich der Streik über die Lenin-Werft hinaus ausgeweitet hatte, das überbetriebliche Streikkomitee gebildet worden war und immer noch weitere Delegierte hinzukamen, hatten sich weitere Forderungen ergeben. Dabei waren auch die Wünsche aus den nichtbestreikten Betrieben, die sich aber mit dem Streik solidarisiert hatten, in den Katalog eingegangen. Das überbetriebliche Streikkomitee vertrat jetzt ja nicht nur die Streikenden, sondern auch die nicht streikenden Belegschaften. Die ursprünglichen 16 Punkte waren jedenfalls vollständig in den 21 Forderungen des erweiterten Katalogs enthalten. Es gab auch nur geringfügige Abweichungen zum Stettiner Forderungskatalog, der 28 Punkte umfaßte und der unter anderem in Punkt acht die Veröffentlichung der Schlußakte von Helsinki und der UNO-Charta für Menschenrechte forderte.

Die entscheidenden Faktoren in beiden Katalogen, um die heftig gerungen werden sollte, waren die drei politischen Forderungen:
- Recht auf Streik,
- Bildung freier Gewerkschaften und
- Abschaffung der Zensur.

Außerdem verlangten die Arbeiter die Freilassung aller politischen Gefangenen, die Abschaffung der Privilegien für Miliz, Sicherheitsdienste und Parteiapparat, Zulassung der Kirchen zu den Massenmedien und Veröffentlichung der Verhandlungen und ihrer Ergebnisse in eben diesen Medien. Auf Wunsch der Regierungskommission unterzeichnete die Streikleitung eine Erklärung, in der sie die „führende Rolle" der Partei anerkannte. Sie wollte damit dokumentieren, daß es den streikenden Arbeitern nicht darum ging, die sozialistische Ordnung Polens zu zerstören.

Jagielski zeigte sich ohne alle Bedenken bereit, auf die Diskussion über die wirtschaftlichen Forderungen, die der Katalog enthielt, einzugehen und sie zu erfüllen, ohne darauf hinzuweisen, welche wirtschaftlichen Konsequenzen diese Forderungen auf die Dauer für Polen haben könnten. Im wirtschaftlichen Bereich ging es dem Streikkomitee im wesentlichen um Lohnerhöhungen, eine Lohnfortzahlung für Streikende, einen Inflationsausgleich, sowie eine ausreichende Lebensmittelversorgung und verbesserte Sozialleistungen.

An die direkte Art der Fragen und an den offenen Diskussionsstil mußte sich Jagielski erst langsam gewöhnen, auch an die Skepsis seiner Verhandlungspartner. Als er die Verhandlung damit eröffnete, seine besten Absichten, seinen besten Willen, seine Hochachtung für das überbetriebliche Streikkomitee zu erklären, reagierten die Delegierten mit skeptischem Gemurmel. Für eine Diskussion über die Bildung freier Gewerkschaften konnte sich der Regierungsvertreter nicht erwärmen. Er versuchte dagegen, dem Streikpräsidium eine Reform der staatlichen Gewerkschaften schmackhaft zu machen. Von politischen Häftlingen wollte Jagielski noch nie etwas gehört haben, das Danziger Streikkomitee mußte ihm deshalb drei konkrete Fälle von politischen Häftlingen aufzählen, die wegen angeblicher Schlägereien oder Rowdytums im Gefängnis saßen, in Wirklichkeit aber wegen oppositioneller Betätigung inhaftiert worden waren. Die erste der drei Verhandlungsrunden endete lediglich damit, daß zwischen Regierungskommission und Streikpräsidium vereinbart wurde, weitere Verhandlungsrunden ohne Vorbedingungen zu führen.

## „Wer ist dieser Kerl?"

Jagielski und seine Delegation wurden aus dem Werftgelände geleitet. Sie flogen nach Warschau zurück, um dem ZK-Plenum Bericht zu erstatten. Vor den Werfttoren standen etwa 3000 Danziger, die Walesa und dem Streikpräsidium zujubelten. Und alle einigten sich wieder einmal singend darauf, daß „Polen noch nicht verloren" sei.

„Wer ist dieser Kerl?" soll Parteichef Gierek nach dem ersten Verhandlungstag in Danzig den permanent tagenden Krisenstab seines Politbüros ungläubig gefragt haben, nachdem Jagielski berichtet hatte, daß er noch niemals einem so gewandten Gesprächspartner wie Walesa gegenüber gesessen habe. An diesem Tag wurde die personelle Umbesetzung der Regierung und Parteiführung beschlossen, doch viele Parteimitglieder waren sich darüber klar, daß damit nicht viel erreicht werden konnte. Inzwischen hatte man sich in der Parteispitze auch dazu durchgerungen, die Bevölkerung über die Vorgänge an der Ostseeküste zu informieren. Es kamen nun immer mehr polnische Journalisten auf die Werft. Das zweite Treffen zwischen Regierungskommission und überbetrieblichem Streikkomitee fand am 26. August 1980 statt. Man hatte sich darauf geeinigt, daß die ersten 20 Minuten der Verhandlungsrunde vom Danziger Rundfunk direkt übertragen werden und eine Sondersendung über den weiteren Verlauf der Gespräche informieren sollte. Um elf Uhr saßen sich die Verhandlungspartner wieder gegenüber, nachdem die polnischen Behörden eine Vorbedingung der Streikenden, die Telefonverbindungen von Danzig in alle polnischen Städte wiederherzustellen, erfüllt hatten. „Die Hauptsache ist, daß unsere Forderung nach freier gewerkschaftlicher Betätigung erfüllt wird", erklärte Walesa und deutete damit an, daß danach auch von seiten des Streikkomitees Zugeständnisse zu erwarten seien. Tatsächlich ließen die Streikenden auch ihre zweite Forderung vorerst unauffällig fallen: die Abschaffung der Zensur. Vor zwölf Jahren hatte sich gerade diese Forderung in Prag als lebensgefährlich erwiesen, als Auslöser für den „Einmarsch der Sowjetunion und der übrigen befreundeten Bruderländer“.

Gleich zu Beginn der Verhandlungen erklärte Jagielski, daß alle wirtschaftlichen Forderungen der Arbeiter erfüllt werden sollten. Er versprach Lohnnachzahlungen für die Streiktage unter der Bedingung, daß die Produktionsrückstände aufgearbeitet würden. Er kündigte eine Verbesserung der Lebensmittel- und Fleischversorgung an und eine Erhöhung des Kindergeldes, weiter eine Intensivierung im Wohnungsbau, Verbesserung im Gesundheitswesen und eine Anhebung der Altersrenten.

Schlagzeilen aber machte ein politisches Zugeständnis: Das Recht auf Streik, das in einem neuen Gewerkschaftsgesetz garantiert werden sollte. Die Arbeit sollte niedergelegt werden dürfen, wenn andere Aktionsformen zu keiner Einigung zwischen Unternehmensführung und Belegschaft führten. Das Wort Streik tauchte zum ersten Mal offiziell in den polnischen Medien auf, und nach dem Ausscheiden des Gewerkschaftsvorsitzenden Jan Szydlak aus dem Politbüro übte der staatliche Gewerkschaftsverband sogar offen Selbstkritik. Er habe seine wichtigste Aufgabe „Sprecher und Verteidiger der Interessen der Arbeiterschaft“ zu sein, nicht energisch genug vertreten. Dieses Versäumnis habe zu einer „scharfen und begründeten Kritik an der Tätigkeit der Gewerkschaft“ geführt. Die staatliche Gewerkschaftsführung versprach sich zu bessern. Sie kündigte an, Kommissionen zu bilden, die laufend die Preisentwicklung, das heißt die Lebenshaltungskosten, untersuchen sollte. Doch für einen wirklich erfolgversprechenden Wiederbelebungsversuch an der Staatsgewerkschaft durch freie und demokratische Neuwahlen der Funktionäre, so wie Gierek es sich vorstellte, war es bereits zu spät. Während sich die Regierungskommission im Verlauf der zweiten Verhandlungsrunde auf den Standpunkt versteifte, die bestehenden Gewerkschaften müßten reformiert werden, beharrten die Präsidiumsmitglieder des überbetrieblichen Streikkomitees auf der Forderung nach Bildung freier und unabhängiger Gewerkschaften. „Wir wollen das alte Blut nicht gegen neues austauschen. Wenn wir uns in reformierte staatliche Gewerkschaften integrieren, ändert sich gar nichts", sagte Bogdan Lis, Mitglied des Präsidiums. Sein Kollege Andrzej Gwiazda warf der Regierungskommission vor: „Die Vertrauenskrise kann nicht durch neue Gesetze behoben werden, weil die Menschen auch ihr Vertrauen zu den Gesetzen verloren haben. Aus dieser Tatsache resultiert unser Postulat der Gründung unabhängiger Gewerkschaften. Unabhängige Gewerkschaften werden schließlich zur Wiederherstellung des Vertrauens der Arbeiterklasse beitragen." Selbstverständlich sollte das Recht auf Gründung freier Gewerkschaften für ganz Polen gelten, verlangten die Präsidiumsmitglieder.

Jagielski erklärte, er sei nicht bevollmächtigt, die Verhandlungen für ganz Polen zu führen, sondern nur für Danzig, Gdingen und Zoppot. Er bat, die Verhandlungen zu unterbrechen.

Im Bulletin „Solidarnosc" wurde unter dem Titel „Mit wem sprechen wir eigentlich?" der Verlauf der Gespräche ironisch kritisiert. In dem Kommentar hieß es unter anderem:

„Ihr Herren sprecht mit anderen Menschen; nicht mehr mit denen, die im Dezember 1970 auf die Frage: Helft Ihr? antworteten: Wir helfen. Wir sind inzwischen anders geworden, vor allem deshalb, weil wir zusammenhalten; wir sind nicht mehr schwach. Wir sind auch anders geworden, weil ihr uns in den letzten 30 Jahren gelehrt habt, daß ihr eure Versprechen nicht einhaltet. Es hat sich viel geändert."

Lech Walesa gab sich bei den Verhandlungen unnachgiebig. „Wir warten nicht auf kleine, sondern auf große Erfolge. Notfalls harren wir hier fünf Jahre aus", erklärte er.

Die allgemeine Situation verschärfte sich, als die sowjetische Presseagentur TASS die westliche Polenberichterstattung in harter Form als „verleumderische Propaganda“ und „grobe und unverzeihliche Einmischung in die internen Angelegenheiten eines souveränen sozialistischen Staates“ attackierte. Der TASS-Kommentator Jurij Kornilow sprach sogar von einem „propagandistischen Hexensabbat“, der im Westen wegen der Lage in Polen entfacht worden sei. Im sowjetischen Fernsehen hieß es: „Inspiriert durch gewisse imperialistische Kreise der Vereinigten Staaten und der NATO, bemüht sich diese Propaganda offen darum, die gegenwärtige Situation zwecks Entfachung einer ungezügelten Verleumdungskampagne auszunutzen, deren Ziel es ist, den Sozialismus anzuschwärzen und in Mißkredit zu bringen.“ Auffällig war, daß die TASS-Meldung nicht in den sowjetischen Zeitungen veröffentlicht wurde und ein Sprecher des sowjetischen Außenministeriums vor westlichen Korrespondenten eher beschwichtigte: „Jetzt wie zuvor sind die sowjetisch-polnischen Beziehungen von vollem gegenseitigen Verstehen und von einer Zusammenarbeit auf allen Gebieten gekennzeichnet.“ Daraus läßt sich ableiten, daß Polen die Adresse war, an die sich die sowjetischen Drohungen richteten.

Im polnischen Rundfunk wurde der Bericht eines amerikanischen Journalisten zitiert – ohne Angabe der Zeitung, in der dieser Bericht erschienen sein sollte –, der den Streikenden den Rat gab, die Vorschläge der Regierung anzunehmen, weil sonst Schlimmes drohe. In verhüllter Form wurde die Gefahr einer sowjetischen Intervention an die Wand gemalt. Jetzt wurden auch die Warschauer Top-Journalisten und ZK-Sekretäre Ryszard Wojna und Mieczyslaw Rakowski „an die Front“ geschickt. Beide wandten sich am 26. August im polnischen Fernsehen an die Bevölkerung. Am nächsten Tag erschienen ihre Reden auch in den Zeitungen. Beide Publizisten machten den Versuch, die Streikenden zum Einlenken zu bewegen. Sie befürchteten eine nationale Katastrophe und beschworen die Streikkomitees, ihre Forderungen nicht auf die Spitze zu treiben. Rakowski wies in seiner Rede darauf hin, daß die Partei den Wünschen der Arbeiterklasse und Gesellschaft ja entgegenkomme. Es sei jedoch nicht möglich, gegenüber den Kräften Nachgiebigkeit zu zeigen, die den Grundlagen der Gesellschaftsordnung feindlich gesinnt seien. In einigen streikenden Belegschaften seien Vertreter antisozialistischer Kräfte in Erscheinung getreten, die den Belegschaften Forderungen soufflierten, die eine Destabilisierung des Staates zum Ziel hätten. Wenn aber in den nächsten Tagen der normale Arbeitsrhythmus nicht wiederhergestellt werde, drohe dem Land tatsächlich eine solche Destabilisierung. Rakowski appellierte an die Vernunft seiner Landsleute: „Jedes politische Denken zur Verbesserung unseres Gesellschaftssystems (und das ist eine permanente Tätigkeit, denn es gibt nun einmal keine ein für alle Zeiten fertigen perfekten Formen, Methoden und Mittel) sollte stets die Festigung des Sozialismus in Polen und die Erhaltung der aus der historischen Entwicklung resultierenden politischen Macht im Auge behalten... So übrigens begreifen das auch jene Politiker, die den Sozialismus ganz und gar nicht lieben. Ich meine hier die westlichen Staatsmänner."

Während die Rede Rakowskis eine deutliche Warnung war – die streikenden Arbeiter sollten die Grenzen des Sozialismus nicht überschreiten – klang aus Wojnas Ansprache schon mehr eine Drohung. Wojnas Ton war sehr viel schärfer, als er die antisozialistischen Kräfte ansprach, die sich dem Protest der Arbeiter angeschlossen hätten, um deren Unzufriedenheit für die Verfolgung von Zielen einzusetzen, die mit dem Sozialismus nicht zu vereinbaren seien. Jene Forderungen der Streikenden, die keine Rücksicht auf die geopolitische Lage und die Funktion Volkspolens in dem Ost-West-Machtverhältnis nähmen und die Position und Rolle der Partei im bestehenden gesellschaftlichen und politischen System des Landes in Frage stellten, seien unzulässig. Wojna führte den Polen ganz klar eine Bedrohung ihrer Existenz vor Augen, als er seine Fernsehansprache mit dem Satz schloß, er sehe „Analogien zum Drama gegen Ende des 18. Jahrhunderts".

In der Streikzeitung setzten sich die polnischen Arbeiter mit Wojnas Rede auseinander: „Herr Wojna, wir gratulieren Ihnen! Wir verstehen zwar nicht ganz, mit wem und worüber Sie diskutieren, trotzdem gebührt Ihnen die Gratulation. So viel Demagogie in einem Text, das ist wirklich eine Kunst." Die Arbeiter wiesen den Vorwurf Wojnas, das System der Bündnisse zu gefährden, von sich und beriefen sich in ihren Forderungen auf die polnische Verfassung. Besonders scharf und gleichzeitig auch scharfsinnig griffen sie die Behauptung einer Unterwanderung durch antisozialistische Kräfte an: „Womit befaßt sich Wojna in seinem Artikel noch? Fürwahr, wie jeder anständige PRL-Journalist befaßt er sich mit den antisozialistischen Kräften. So etwas ist schon Tradition. Und wir Polen ehren die Tradition. Wir ehren die Tradition, daß bei jeder sozialen Erschütterung die offizielle Propaganda sich zu diesen Kräften hin flüchtet. O Schreck, wenn man sich vorstellt, wohin sie flüchten würde, wenn es diese antisozialistischen Kräfte nicht gäbe. Wie kann es denn möglich sein, daß eine kleine Gruppe von Leuten, die am Rande der Gesellschaft steht, hunderttausend Arbeiter manipulieren kann, während gleichzeitig die große, straffe, etwa drei Millionen Mitglieder zählende Partei, die über Mittel der Massenlenkung verfügt, auf die Arbeiter keinen Einfluß haben soll? Oder ist es vielleicht umgekehrt, so nämlich, daß sich die Partei, ohne es zu merken, da sie zu sehr im Kampf gegen jene antisozialistischen Elemente verstrickt ist, am Rande der Gesellschaft befindet?" Nachdem die Verfasser dieses Artikels Wojna die Frage stellten, warum er so viel Zeit und Papier für den Versuch verschwende, den Arbeitern ihre Glaubwürdigkeit abzusprechen, statt sich ernsthaft mit ihnen zu befassen, schlugen sie vor, als 22. Punkt in den 21-Punkte-Katalog des überbetrieblichen Streikkomitees die Forderung: „Nie wieder Wojna" aufzunehmen, ein doppeldeutiges Postulat, denn „Wojna" bedeutet in der Übersetzung „Krieg".

Wie schon häufig, wandte sich die Regierung auch in dieser spannungsgeladenen Situation an die Kirche, mäßigend auf die polnische Bevölkerung und die streikenden Arbeiter einzuwirken. Zum ersten Mal sollte, gemäß der Vereinbarungen zwischen Regierungskommission und Streikkomitee, eine Rede von Kardinal Wyszynski öffentlich im Fernsehen übertragen werden. Darauf hatten die polnischen Katholiken seit 35 Jahren gewartet, und sie werteten diese Tatsache jetzt als Triumph der katholischen Kirche. Die polnische Nation drängte an diesem Tage zum Fernsehapparat, um die Rede Kardinal Wyszynskis, der unumstritten einflußreichsten Persönlichkeit Polens, zu hören – und war enttäuscht. Bei der erstmals vom staatlichen Fernsehen übertragenen Ansprache des Kardinals fiel kein Satz, der ein Engagement für die Streikbewegung ausdrückte. Das polnische Fernsehen hatte nur Fragmente der Rede übertragen, in denen von Pflichten, vom Wert der Arbeit, von Fleiß, Sparsamkeit und Redlichkeit gesprochen wurde. Der Kardinal erwähnte zwar das Recht auf Streik, wies dann aber auf die Schäden hin, die ein Streik der Volkswirtschaft zufügt. Die schwarze Madonna von Tschenstochau (Muttergottes und Königin der polnischen Krone, Patriotin der Nation) diene der Verteidigung Polens; aber sie habe den Polen auch auferlegt, jeden Tag all die Pflichten zu erfüllen, die auf allen Menschen lasten, die jede Familie zu erfüllen habe.

Aufgrund der nur in Ausschnitten ausgestrahlten Rede des Kardinals sah es für viele Polen so aus, als ob die Kirche auf Seiten der Regierung stünde. Vielleicht hatte der Kardinal aber auch den Verhandlungsspielraum, den der Staat der Kirche zugestanden hatte, enger gesehen als die Streikenden an der Küste. Die waren jedenfalls enttäuscht. Unter dem Bild der Schwarzen Madonna von Tschenstochau am Tor der Lenin-Werft prangte am nächsten Morgen der Hinweis: „Die Madonna streikt." Die katholische Kirche, in der merkwürdigen Situation, zum ersten Mal von den Arbeitern gemeinsam mit der Regierung in einen Topf geworfen zu werden, reagierte schnell. Noch in der Nacht, nachdem die Ansprache des Kardinals über den Sender gegangen war, trat sie zur Rettungsaktion an. Das katholische Episkopat, die polnische Bischofskonferenz, formulierte ein Kommuniqué, das die Forderung freier Gewerkschaften unterstützte: „Das polnische Volk braucht eine echte Erneuerung, eine moralische und gesellschaftliche, damit es den Glauben an sich und die Zukunft wiederfindet und Vertrauen zwischen ihm und den Regierenden wiederhergestellt werden kann.“ Die streikenden Arbeiter waren mit ihrer Kirche wieder versöhnt und kritisierten heftig, daß Kardinal Wyszynskis Rede zensiert worden war.

Ganze 17 Tage hatte das überbetriebliche Streikkomitee sein auf 200 000 Streikende angewachsenes Arbeiterheer gegen alle Versuchungen diszipliniert zusammengehalten, um in der dritten Verhandlungsrunde schließlich in die entscheidende Kraftprobe mit der Regierung einzutreten.

Als Diktatur des Proletariats verstehen sich die Regierungen in den real existierenden sozialistischen Staaten. In Polen mußte sich eine sozialistische Regierung jetzt dem Diktat ihres Proletariats beugen.

Bis zum Wochenende hatten die streikenden Arbeiter ihr an die Regierung gerichtetes Ultimatum befristet, und am Sonnabend, dem 30. August 1980, kam endlich Jagielski. Wieder wurden die Verhandlungen nach draußen übertragen. Auf dem Werftgelände herrschte aufmerksame Stille. Über Lautsprecher vernahm man die endgültige Fassung des Punktes 1 der von den Arbeitern erhobenen Forderungen: „Gründung neuer, unabhängiger Gewerkschaften.“ Das Präsidium des Streikkomitees erklärte dazu: „Die unabhängigen Gewerkschaften werden die Grundsätze der Verfassung der Volksrepublik Polen beachten, nicht den Anspruch auf die Rolle einer politischen Partei erheben und das Prinzip der Vergesellschaftung der Produktionsmittel anerkennen. Die Regierung hat den unabhängigen Gewerkschaften die Möglichkeiten zu eröffnen, auf allen Stufen zu funktionieren, und wird in keiner Beziehung irgendwelche Diskriminierung vornehmen. Die Streikkomitees werden sich in Gründungskomitees der Unabhängigen Gewerkschaft umwandeln.“

Im Saal ertönte Beifall, draußen jubelten die Arbeiter. Jagielski erwiderte: „Ich stelle mit Genugtuung fest, daß das überbetriebliche Streikkomitee einen ausgereiften Standpunkt vertritt, das heißt, daß es auf dem Boden der Verfassung der Volksrepublik Polen steht und stehen wird. Wir befürworten den Kern der Vorschläge. Einwände beziehen sich nur auf die Form der neuen Institution, auf ihre rechtlichen und politischen Aspekte."

Jagielski flog nach Warschau zurück, um das Dokument des Streikkomitees der Plenarsitzung des ZK vorzulegen, und versprach, am Abend zurückzukehren, um die Vereinbarungen zu ratifizieren und jede weitere Verzögerung zu vermeiden.

Die Werftarbeiter begrüßten Walesa mit Hochrufen und Beifall; sie hoben ihn auf die Schultern und feierten ihn. Und Walesa erklärte: „Wir haben unsere unabhängigen Gewerkschaften, wir haben unser Recht auf Streik; die anderen Rechte werden wir auch durchsetzen."

Am Sonntag, dem 31. August, kam die Regierungskommission zurück. Wieder versammelte man sich im Sitzungszimmer und vor den Lautsprechern der Werft. Die Vereinbarungen zu jedem einzelnen Punkt der Liste der 21 Arbeiterforderungen wurden verlesen. Bei einigen Punkten erfolgte ein kurzer Meinungsaustausch, wurden Korrekturen vorgenommen. Ein Zwischenfall trat ein, als sich Jagielski zwar allgemein mit der Freilassung von politischen Häftlingen einverstanden erklärte, dann aber herauskam, daß er die Liste der verhafteten KOR-Mitglieder, die ihm am Vortag in einem Anhang zu den Forderungen überreicht worden war, unter den Tisch fallen lassen wollte. Hätte das Präsidiumsmitglied Bogdan Lis nicht noch einmal deutlich auf die Liste mit den Namen der Festgenommenen verwiesen, wäre das Abkommen ohne Garantie für eine Freilassung der politischen Häftlinge unterschrieben worden. Als Jagielski zögerte, drohte Walesa: „Wir haben doch jetzt ein verbrieftes Recht auf Streik. Sollten die Leute nicht sofort frei kommen, dann machen wir von diesem Recht auch Gebrauch, und zwar schon am Montag."

Erst als Jagielski am Nachmittag ausdrücklich auch die Freilassung der politischen Häftlinge garantierte, war der Streik im Küstengebiet zu Ende.

Im großen Sitzungszimmer der Lenin-Werft unterzeichneten die Vorsitzenden der beiden Verhandlungskommissionen im Beisein von Korrespondenten aus aller Welt die „Danziger Vereinbarungen", Lech Walesa, der neue Nationalheld, mit einem überdimensionalen Kugelschreiber mit Papstbildnis, und der Regierungsunterhändler Mieczyslaw Jagielski, beide unter der scharfen Beobachtung westlicher Kameras. Nachdem die Männer das Abkommen durch ihre Initialen verabschiedet hatten – umgeben von einem Meer von weißen und roten Nelkensträußen –, sprangen die Delegierten von ihren Stühlen und klatschten Beifall. Begeistert und erleichtert feierten sie den Sieg. Einen Tag zuvor waren auch in Stettin die Verhandlungen zwischen dem Regierungsvertreter Kazimierz Barcikowski und dem Vorsitzenden des dortigen überbetrieblichen Streikkomitees Marian Jurczyk zu Ende gegangen. Auch hier wurden Vereinbarungen über alle 28 Forderungen, die im dortigen Forderungskatalog enthalten waren, unverzüglich abgeschlossen. Wie es die Streikkomitees verlangten, wurden beide Vereinbarungen unmittelbar darauf veröffentlicht. Entsprechend den ursprünglichen Abweichungen in den Forderungen der beiden Streikkomitees unterschieden sich die Abkommen von Danzig und Stettin in einzelnen Punkten. Das größere Gewicht, das man in Danzig den politischen Postulaten beimaß und die merklich größere Sorgfalt, mit der man dort die Absicherung ihrer Erfüllung zu erreichen versucht hatte, führten dazu, daß die Danziger Texte viel umfangreicher waren, als das Protokoll der Stettiner Vereinbarungen. Allein die Ausführungen zu den Punkten 1 bis 3 des Danziger Abkommens, d. h. im einzelnen:

Bildung freier Gewerkschaften,  
Sicherung des Rechts auf Streik und des  
Schutzes der Streikenden und der Personen, die  
die Streikenden unterstützen,

Einhaltung der in der Verfassung der Volksrepublik Polen garantierten Freiheit des Wortes, des Drucks und der Publikation, in Verbindung mit der Zulassung der Kirchen zu den Medien,

nahmen im Danziger Abkommen so viel Raum ein wie die gesamte Stettiner Vereinbarung.

Das Stettiner überbetriebliche Streikkomitee hatte sich erst nach dem Danziger gebildet, und von Anfang an waren es die Ereignisse auf der Lenin-Werft gewesen, die das zentrale Interesse auf sich zogen, nicht zuletzt, weil dort die entscheidende politische Weichenstellung initiiert wurde.

In der Abschlußerklärung, die nach der Unterzeichnung der Danziger Vereinbarungen abgegeben und die vom polnischen Fernsehen übertragen wurde, sagte Walesa: „Wir freuen uns über die Gespräche, die am Anfang schwierig waren, später aber im Geiste eines immer besser werdenden Verständnisses für einander sowie im Geiste des Suchens nach dem besten Ausweg verliefen ... Wir haben gezeigt, daß sich die Polen, wenn sie wollen, immer untereinander verständigen können. Wir haben also einen Erfolg für beide Seiten erzielt. Daran werden wir uns erinnern, und wir rechnen damit, daß das, was unterzeichnet wurde, genau und voll eingehalten wird."

Auch Jagielski legte in seinen Abschlußworten Wert auf die patriotische Feststellung: „Wir haben so gesprochen, wie Polen miteinander sprechen sollten ... Es gibt keine Verlierer und keine Gewinner, es gibt keine Besiegten und keine Sieger." Abschließend appellierte er an die Arbeitsdisziplin: „Nur durch effektive Arbeit können wir die materiellen Güter schaffen, die wir später verteilen."

Walesa erklärte den Streik für beendet: „Ihr wißt alle, wie groß die Solidarität der Arbeiterschaft des ganzen Landes mit unserem Kampf war. Im Namen aller streikenden Belegschaften will ich all denen, die uns unterstützt haben, sagen: Wir haben zusammen gekämpft, wir haben auch für euch gekämpft. Am 1. September kehren wir an die Arbeit zurück. Wir wissen alle, an was uns dieser Tag erinnert, woran wir an diesem Tag denken: an das Vaterland, an die nationale Sache, an das gemeinsame Interesse der Familie, die Polen heißt." Gemeinsam sangen Regierungskommission, Streikkomitee, Delegierte und die vielen Polen vor und hinter den Werfttoren die Nationalhymne „Noch ist Polen nicht verloren". Und wieder hoben die Arbeiter Walesa auf die Schultern und riefen: „Hoch soll er leben." Von einem Elektrokarren aus sprach der polnische Arbeiterführer nicht nur zu den Arbeitern, sondern auch zu den zehntausend Danzigern, die sich an diesem Tag vor den Werfttoren versammelt hatten. Er sprach von der Verantwortung für das Land, von solider Arbeit und vor allem von der Bedeutung der Solidarität, diesem Zauberwort des polnischen Sommers.

Während die Bevölkerung jene Erfolge, welche die streikenden Arbeiter für sie alle errungen hatten, erst einmal verarbeiten mußte, glaubte die Regierung, eine nationale Katastrophe gebannt zu haben.

Mieczyslaw Rakowski, der zum Sprachrohr der kritischen Parteimitglieder geworden war, interpretierte, was für Polen nun notwendig war: „Polen braucht jetzt Ruhe, und wir selbst brauchen jetzt eine Menge Weisheit... Diese Krise war die schwerste, die gefährlichste, die wir in der Geschichte der Volksrepublik Polen erlebt haben. Ich wünsche mir, daß Polen nicht ein Unruheherd in Europa wird. Ich hoffe, daß auch meine Landsleute das begreifen."

## Gemeinsam sind wir stark

Der proletarische Teil dieser Landsleute aber hatte inzwischen zum ersten Mal seine Kraft und seine Bedeutung empfunden. Die Arbeiter waren es ja, die sich für die Rechte der Intelligenz und der Kirche eingesetzt hatten und so eine Erneuerungsbewegung im geistigen und kulturellen Bereich einleiteten. Die Wissenschaftler, Schriftsteller, Künstler, Journalisten und Studenten wollten nicht mehr hinter den Arbeitern zurückbleiben. Die polnische fortschrittliche Intelligenz hatte sich schon früh mit den Streikenden solidarisiert.

Die Danziger Philharmoniker hatten Konzerte auf der Werft gegeben, den streikenden Arbeitern Werke von Moniuszko und Chopin vorgespielt. Im Streikbulletin „Solidarnosc" bedankten sich die Arbeiter auch für den Auftritt des Danziger Theaterensembles „Wybrzeze", das auf der Werft Stücke von Czeslaw Milosz, Adam Mickiewicz, K. C. Norwid und Juliusz Slowacki aufgeführt hatte.

Umgekehrt bekamen die Künstler auch eine Ahnung von der schöpferischen Phantasie der Arbeiter, durch die Vorstellung von Texten anonymer Autoren, die während des Streiks entstanden und als „Streikfolklore" auch im Bulletin „Solidarnosc" abgedruckt worden waren.

Da gab es Gedichte, die die wirtschaftliche Situation Polens glossierten; so z.B. dieses „Polnische Rezept"

*Man nehme das, was es nicht gibt,*
*gebe Salz und Kümmel dazu*
*und mische es mit dem,*
*was zur Zeit auch nicht auf dem Markt ist.*
*Das alles rühre man lange und gründlich.*
*Wenn man es leid ist, aufhören*
*und das darüberstreuen,*
*was man sich absolut nicht leisten kann.*
*Man kann das Ganze backen oder braten,*
*oder auf verschiedene Art schmoren*
*und es dann damit begießen,*
*wovon man nicht einmal zu träumen wagt.*
*Diese Mahlzeit bei uns,*
*sie reicht für jeden.*
*Und auf ihr beruht*
*das polnische Wirtschaftswunder.*

In anderen Gedichten wurden die Klassenunterschiede kritisiert.

*Der Anzug nach Maß,*
*die Krawatte in Streifen,*
*gerötete Wangen*
*und eine Ledertasche.*
*Das Gesicht verschlossen,*
*die „treuen“ Augen grau,*
*die Bankkonten verfügbar*
*und über alle Maße dreist.*
*Wer ist das? fragt ihr,*
*wer ist die Figur?*
*Ich zeichne euch*
*ein Porträt derer da oben.*

*Ich zeichne euch ein anderes Bild,*
*zur Abwechslung:*
*Abgegriffene Baskenmütze,*
*eingefallene Wangen,*
*erzwungene Diät,*
*und ewige Schulden.*
*Die ersten wehren sich*
*vor diesen zweiten.*
*Sie verschließen uns die Augen,*
*mit ihren Händen,*
*von Faulheit dick*
*und ohne Konturen,*
*glatt und weiß,*
*dabei schmutzig von Lügen.*
*Sie wollen nicht verraten,*
*was sie besitzen,*
*glauben, daß es glückt.*
*Glaubt ihnen nicht!*

*Im Volk schlummert*
*eine riesige Kraft,*
*die unaufhörlich drängt,*
*drängt zur Freiheit.*
*Es gelingt bestimmt!*
*Polen! Glaubt es alle!*

*Es wird Gerechtigkeit,*
*endlich Freiheit geben.*

Arbeiterwille und Streikinhalte wurden in Poesie umgesetzt:

*Forderung 22*

*Hört auf damit, euch bei uns zu entschuldigen*
*und zu sagen, daß ihr euch geirrt.*
*Schaut vielmehr in unsere müden Gesichter,*
*grau und zerfurcht, wie unser Leben.*
*Hört auf, an uns zu appellieren*
*für Würde und Arbeitsdisziplin.*
*Beginnt endlich, euch zu besinnen,*
*wenn ihr uns „teure Landsleute" nennt.*
*Hört auf, uns Dummheit einzureden,*
*Anarchie und das Fehlen von Erfahrung.*
*Anstatt zu kleistern, was zerfällt,*
*beginnt, euch selbst zu ändern.*
*Hört auf, von Feindschaft zu reden*
*zur Verfassung und zum Nachbarn.*
*Zählt nach, was wir ertragen*
*und was wir anderen geben.*
*Hört auf, Menschen zu betrügen,*
*die Augen zu verschließen und wegzuschauen,*
*Würde und Kultur*
*in einen großen Monopolladen umzuändern.*
*Hört auf, uns zu trennen und Zwietracht zu säen,*
*unsere Rechte und Privilegien zu spalten,*
*unbequeme Tatsachen zu verschweigen*
*und historische Tatsachen zu verfälschen.*
*Gebt Worten ihren alten Inhalt zurück,*
*damit sie nicht mehr leere Worte sind,*
*damit wir in Würde leben und arbeiten können,*
*in gemeinsamer Solidarität.*

Andrzej Wajda, einer der bekanntesten polnischen Regisseure, der auch auf die Werft gekommen war, zeigte sich sehr beeindruckt von der proletarischen Dichtung und dem regen kulturellen und künstlerischen Leben, das parallel zu den politischen Verhandlungen stattfand. Er erklärte: „Ich hätte mir nie vorstellen können, daß es da hinter den Werfttoren so eine Gesellschaft gibt, die zudem auch noch vorbildlich organisiert ist. Bisher habe ich in meinem Leben noch nie Menschen getroffen, die sich in einer so schwierigen Situation so ruhig, diszipliniert und entspannt verhalten haben. Ich fühle, daß ich Zeuge eines Durchbruchs in unserer Geschichte bin, was ja nicht oft vorkommt. Die Geschichte geht in der Regel an uns vorbei, aber hier spürt man sie, hier sieht man ihre Anwesenheit unmittelbar."

Wajda entschloß sich, eine Fortsetzung zu seinem Film „Der Mann aus Marmor" zu drehen. Der erste Film, der die Geschichte eines bei den Arbeiterunruhen von 1970 umgekommenen Arbeiterführers behandelt, war unter die polnischen Zensurbestimmungen gefallen und kam erst nach dem damaligen Streik, im Herbst 1980, in die polnischen Kinos. Der neue Film hieß jetzt „Der Mann aus Eisen", er hat die politische Entwicklung in Polen während der Jahre 1970 bis 1980 zum Inhalt und endete mit den Ereignissen auf der Lenin-Werft. „Der Mann aus Eisen" ist bei Wajda der Sohn des Mannes „aus Marmor", der die Sache des Vaters weiterführt. Als Motto des neuen Werkes wählte Wajda „Vielleicht auf den Knien, aber vorwärts", einen Ausspruch von Lech Walesa.

Das Engagement Wajdas und der anderen Künstler wurde von den Arbeitern sehr ernst genommen. Der junge Arbeiter Stanislaw Borowczak, Mitbegründer der freien Gewerkschaften, meinte, daß es schon immer gemeinsame Ziele von Intellektuellen und Arbeitern gegeben habe, 1956 und auch 1970, daß dies aber erst 1980 richtig offensichtlich geworden sei, denn „nur durch die gemeinsame Aktion, die Unterstützung der Arbeiter durch Künstler und Intellektuelle, haben wir etwas erreicht. Nur dank dieser Solidarität". Anna Walentynowicz meinte, daß es ohne die Solidaritätsaktionen der Künstler schwerer gewesen wäre, durchzuhalten: „Viele waren schon müde und brauchten diese psychologische, moralische Unterstützung."

Der Verlauf der polnischen Streikbewegung hatte jedenfalls gezeigt, daß sich das soziologische Bild der polnischen Arbeiterklasse gewandelt hatte. Sie bestand nicht mehr aus jenen bäuerlich geprägten Menschen, die in den fünfziger Jahren vom Land in die Stadt geströmt waren und die dies damals als Aufstieg empfunden hatten. Die Arbeiter von heute verstehen sich nicht mehr als Aufsteiger. Sie sind, nicht zuletzt durch ein System, das einen Informations- und Bildungsdruck auf sie ausgeübt hat, selbstbewußter geworden.

Während des Streiks hatten die Arbeiter neben den Künstlern noch andere Lehrmeister, Ratgeber und aktive Helfer. Vom dritten Streiktag an saß zum Beispiel Bogdan Boruszewicz mit im überbetrieblichen Streikkomitee; ein Historiker und Mitbegründer der freien Gewerkschaften im Raum Danzig, der als Aktivist der nicht zugelassenen „Freien Gewerkschaften" von den Behörden als arbeitslos geführt wurde. Seit Verhandlungsbeginn wurde das Streikkomitee zudem durch acht Intellektuelle beraten – sie wurden von den Arbeitern als die „Herren Experten" tituliert –, die ihrerseits wieder mit mehreren Soziologen, Wirtschaftswissenschaftlern, Juristen und Publizisten Kontakt hielten, mit den Beratern der Experten. „Was sagen die Experten?", mit dieser Frage begann und endete jeder Verhandlungstag auf der Werft.

Die Experten halfen beim Aufsetzen der Texte, feilten an der Formulierung der Forderungen, bereiteten Dossiers vor, prüften Vertragsentwürfe und diskutierten mit dem Präsidium des Streikkomitees über alle bedeutenden Fragen. Sie waren allesamt gemäßigte Oppositionelle, die auch heute noch zum Beraterstab der Gewerkschaft „Solidarnosc" gehören. So hat sich beispielsweise der Warschauer Rechtsanwalt Sila-Nowicki, der schon nach den

Studentenrevolten von 1968 die damaligen Angeklagten verteidigt hatte, um die Ausarbeitungen der Arbeiterforderungen sehr verdient gemacht. Aber auch Tadeusz Mazowiecki, Chefredakteur der katholischen Zeitschrift „Wiez“ (Die Fessel) war von Anfang an dabei, ebenso wie einige Mitglieder der Gruppe KOR, deren Beratertätigkeit die Regierung durch Verhaftungen von führenden Köpfen dieser demokratischen Sozialisten zu verhindern gesucht hatte.

Insgesamt waren es im wesentlichen drei Expertengruppen, die Walesa und seinen streikenden Arbeitern zur Seite standen: die KOR-Mitglieder, die Experten der „Klubs der katholischen Intelligenz“ (KIK) sowie die vom Episkopat entsandten Vertreter.

Das Zusammenwirken von Arbeitern und oppositionellen Intellektuellen war neu und eines der interessantesten Phänomene der polnischen Streikbewegung. Erstaunlich war auch der Organisationsgrad der Arbeiter, die gelernt hatten, die Kommunikation zwischen den verschiedenen großen Werksbelegschaften aufrecht zu halten, was bisher bei keiner der Arbeiterunruhen unäter kommunistischen Regimen gelungen war.

Ein anderes Phänomen war die Herausbildung der Persönlichkeit des Arbeiters Lech Walesa. Von einigen Beobachtern wurde seine Ausstrahlungskraft und Originalität mit Bewunderung registriert. In der westlichen Presse feierte man ihn wegen seiner Fähigkeit, Massen zu mobilisieren und zu disziplinieren, sogar emphatisch als Arbeiterführer oder als Held. In Polen wurde etwas nüchterner festgestellt, daß jede Erneuerungsbewegung eine Identifikationsfigur brauche.

Für Walesa, Symbolfigur der neuen unabhängigen Gewerkschaften, begann nach den Danziger Vereinbarungen, dem erzielten Kompromiß zwischen Regierung und Streikenden, allerdings ein dorniger Weg. Die Gefahr, sich in den ständig notwendigen Gesprächen und Verhandlungen mit den Regierungsvertretern der Basis zu entfremden, es schließlich niemandem mehr rechtmachen zu können und damit zwischen „die Stühle“ beziehungsweise die Fronten zu geraten, war groß.

Walesa befand sich auf einer schwierigen Gratwanderung. Er mußte nach zwei Seiten Kompromisse durchsetzen oder vertreten, als Puffer zwischen den Arbeitern, deren Führer er war, und einer Partei, die es schwer hatte, ihn zu ertragen.

# II. Kritische Genossen und widerspenstige Arbeiter

*„Selbst der Stahl zischt, wenn man ihn härtet“*
*(Stanislaw Jerzy Lec 1909 – 1966)*

Die Biographie des Arbeiterführers Lech Walesa ist typisch für die vieler polnischer Familien, die nach dem Zweiten Weltkrieg vor dem Hintergrund der Entwicklung Polens – vom rückständigen Agrarstaat zur immerhin elftstärksten Industrienation der Welt – lebten.

Walesa wurde noch vor Kriegsende geboren, 1943, auf einem kleinen Bauernhof in Popowo, in der Nähe von Bromberg (Bydgoszcz). Sein Vater kam in einem deutschen Vernichtungslager um, seine Mutter bewirtschaftete den kleinen Hof der Familie, dessen Ertrag gerade für die Familie reichte, daraufhin allein. Später heiratete sie einen Bruder ihres Mannes, so daß es der Familie wieder etwas besser ging. Lech (Leszek) besuchte die überfüllte Volksschule. Es gab damals zu wenig Lehrer in Polen, denn die Politik der Nationalsozialisten hatte sich hier vor allem gegen die gebildeten polnischen Schichten gerichtet, die Verluste unter den Lehrkräften betrugen 40 Prozent. Das Bildungssystem mußte weitgehend vom Nullpunkt an wieder aufgebaut werden, und dabei brachte die vulgärmarxistische Agitation der Stalin-Ära anfänglich nur karge Ergebnisse. Wohl auch deshalb behauptete Walesa von sich: „Schon in der Schule habe ich weggehört, wenn sie uns Kommunismus lehrten; fragen Sie meinen Bischof.“

In den übervölkerten Dörfern – von 23 Millionen Polen lebten nach dem Kriege noch über 7 Millionen auf dem Lande – war der Pfarrer die zentrale Figur. Er stellte dort nicht nur die moralische, sondern zugleich auch gesellschaftliche Autorität dar, denn die Religiosität der polnischen Bauern war und ist weniger ein Glaubensbekenntnis im theologischen Sinne, als ein Bekenntnis zum „Glauben der Väter“, zum polnischen Brauchtum.

Auf dem Land wollte man von dem bis 1956 herrschenden Stalinismus und dessen Vertretern, den Funktionären, nichts wissen. Die Bauern, die nach der Landverteilung von 1945 dem Kommunismus zunächst nicht negativ gegenübergestanden hatten, waren nach der später vorgenommenen Zwangskollektivierung tief enttäuscht. Die Kollektivierung des Bodens war für die Bauern identisch mit ihrer Enteignung und Verknechtung. Sie sahen darin die Rückkehr zum Feudalsystem unter anderem Vorzeichen. Früher war es der Gutsherr, dem sie dienen mußten, jetzt waren es die Herren Sekretäre, die aus der Stadt kamen und ihnen Vorschriften machten. Gemäß dem stalinistischen Lehrsatz, daß mit einer sozialistischen Industrialisierung die sozialistische Umgestaltung des Dorfes einhergehen müsse, war auf den Protest der Bauern keine Rücksicht genommen worden. Die Bauern ihrerseits betrachteten alles, was aus der Stadt kam, unwillig und mißtrauisch. Aus Protest hatten manche ihr Vieh geschlachtet oder das Saatgut vernichtet, so daß ihnen gerade genug für ihren eigenen Bedarf blieb. Dadurch lag Polen bald mit seiner Agrarproduktion erheblich hinter den Erträgen der Vorkriegszeit zurück. Die von den Bauern als feindlich empfundene Ideologie der Stadt konnte nicht bis in die Dörfer vordringen, statt dessen trat genau das Gegenteil ein: Immer mehr Leute, in erster Linie junge, zogen vom Land in die Stadt. Unter ihnen war auch Lech Walesa, der früher einmal davon geträumt hatte, Pilot zu werden, und der nun nach Danzig ging, um eine Lehre als Elektriker zu machen. Die Arbeiter bäuerlicher Herkunft bildeten bald eine relativ große Gruppe innerhalb der noch wenig ausgebildeten polnischen Arbeiterklasse, die eigentlich die Grundlage des herrschenden Systems, der „Diktatur des Proletariats“, bilden sollte. Vorerst waren sie nur „Objekt der Diktatur“, der „Diktatur einer Handvoll Berufspolitiker“, wie Rosa

Luxemburg es einmal bezeichnet hatte. In der Bevölkerung kursierte zu jener Zeit der Witz: „Wo gibt es die Diktatur des Proletariats? Dort, wo alles verboten und das Erlaubte Pflicht ist."

Anfang der fünfziger Jahre, als der Prozeß der Industrialisierung und damit auch der Bürokratisierung massiv vorangetrieben wurde, gab es in Polen drei unterschiedlich geprägte Arten von Industriegebieten: Da waren die neu konzipierten oder wiederaufgebauten Industrien, wie zum Beispiel die Braunkohlebergwerke Niederschlesiens, das Stahlkombinat Nowa Huta bei Krakau (Krakow), das Kohlerevier von Waldenburg (Walbrzych), die Metallindustrie Warschaus oder die Werften von Danzig und Stettin. Hierher vor allem kamen die neuen Arbeiter vom Land. Einen anderen Typ von Industriegebiet stellten die teilweise oder vollständig zerstörten Betriebe um Gdingen (das in der Zwischenkriegszeit von den Polen als Konkurrenzhafen zu Danzig errichtet worden war), die Glashütte von Petrikau (Piotrkow Trybunalski) und kleinere Betriebe sowie die Papierfabrik in Leslau (Wloclawek) dar. In diese Gebiete war die alte Arbeiterschaft nach dem Kriege zurückgekehrt und hatte sich anschließend mit neu zugezogenen Arbeitern gemischt.

Einen dritten Typ Industriegebiet bildeten Betriebe, die nicht zerstört worden waren, die nach dem Krieg die Basis ihrer Arbeiterschaft mit ihren überkommenen Traditionen übernehmen konnten. Hierzu gehörten neben der Maschinenindustrie, die Hütten- und Bergwerke in Oberschlesien und die Textilindustrie in Lodz. Hier gab es das im eigentlichen Sinn verstandene Erbproletariat: qualifizierte Arbeiter mit proletarischer Tradition, die vom Kampf um Arbeiterrechte und Arbeiterorganisation wußten.

## Die Entstalinisierung – ein Dammbruch

Bezeichnenderweise war es ein Industriegebiet mit einer alteingesessenen Arbeiterschaft, in dem die ersten Arbeiterunruhen der Nachkriegsgeschichte Polens ausbrachen. Diese Unruhen hatten in erster Linie wirtschaftliche Ursachen.

Nach sowjetischem Muster hatte die polnische Regierung in ihrer Wirtschaftsplanung einseitige Gewichte gesetzt, das heißt, in die Schwerindustrie wurden große Mittel investiert – auf Kosten der Produktion von Konsumgütern. Dadurch sank der Lebensstandard der Bevölkerung, obwohl die Nominallöhne gestiegen waren. Die mangelnde Arbeitsdisziplin im landwirtschaftlichen Bereich, das Fehlen von Maschinen, dort bei gleichzeitiger Abwanderung von Arbeitskräften in die Städte und die schlechten Ernten Anfang der fünfziger Jahre hatten unausweichlich eine landwirtschaftliche Krise zur Folge. Polen, vor dem zweiten Weltkrieg noch Selbstversorger auf dem Agrarsektor, mußte den Inlandsbedarf mit hohen Nahrungsmittelimporten decken, die sehr viel Devisen kosteten. Dadurch wurde auf die Industriearbeiter ein starker Leistungsdruck ausgeübt – ohne daß sich die Lebensmittelversorgung oder gar der Lebensstandard insgesamt besserten.

Als die Parteiführung im Sommer 1956 Preissteigerungen im Lebensmittelbereich verfügte, kam es zum Ausbruch des schon lange gärenden Protestes.

Am 22. Juni beschlossen die Arbeiter der Posener Maschinenfabrik ZIPO einen Streik, um nachhaltig gegen die schlechte Versorgungslage und gegen die erhöhten Arbeitsnormen zu protestieren. Sie verlangten die ihnen längst versprochenen Lohnerhöhungen und gingen mit ihrer Forderung auf die Straße. Immer mehr Menschen schlossen sich an. Sie riefen „Brot“ und „Fort mit den hohen Arbeitsnormen“. Die Kampfmaßnahmen weiteten sich bald immer mehr zu einem Posener Generalstreik aus, der auch zunehmend politischer wurde. Er verwandelte sich schließlich gar in einen bewaffneten Aufstand, der sich gegen das „sowjetische Herrschaftssystem“ und gegen die politische Polizei wandte. Ein spezielles Ziel, gegen das sich der Aufstand richtete, war das Amt für öffentliche Sicherheit. Die Arbeiter versuchten, dieses Amt gewaltsam zu besetzen, wenn auch ohne Erfolg. Dieser allmächtige Kontrollapparat, dem alle öffentlichen und privaten Bereiche unterstellt waren, galt als Symbol für ideologische Gleichförmigkeit, für das aufgesetzte „byzantinische“ System, das von weiten Kreisen der Bevölkerung als wesensfremd und für die nationale Eigenart bedrohlich empfunden wurde. Als Garant dieses „Byzantinismus“ galt für die Arbeiter die politische Polizei, gegen die sich der Aufstand ebenfalls richtete.

Nach sechs Tagen wurde dieser erste Arbeiteraufstand der polnischen Nachkriegsgeschichte mit Hilfe regulärer Armeeinheiten niedergeschlagen. Blutige Bilanz: 48 Tote und 270 Verletzte. Die Partei reagierte hart: mit Entlassungen, Repressalien und Verhaftungen. Offizielle Darstellung: „Imperialistische Agenten“, „feindliche Provokateure und Diversionisten, die in fremdem Sold stehen“, hätten die Arbeiter zum Aufstand verführt. Ein Vorwurf, der von den politischen Machthabern immer wieder stereotyp, in der Wortwahl variierend, im Inhalt gleich, bei Unruhen in der Bevölkerung erhoben wurde.

Daß die Arbeiter Mitte der fünfziger Jahre nicht der einzige Unruheherd waren, zeigte sich schon zwei Monate später sehr deutlich. Über eine Million Menschen nahmen die dreihundertste Wiederkehr der Krönung der Mutter Gottes von Tschenstochau zur „Königin der Krone Polens“ zum Anlaß für eine gewaltige Demonstration gegen die Einengung der Meinungsfreiheit sowie die Beschränkungen, die der katholischen Kirche auferlegt waren. Sie forderten unter anderem die Freilassung des im Kloster Komancza internierten Primas der katholischen Kirche, Kardinal Wyszynski. Die Opposition hatte sich inzwischen auch auf studentische, wissenschaftliche und künstlerische Kreise ausgedehnt; und so heftete denn in jenen stürmischen Oktobertagen 1956 ein Student die folgende Anzeige an das Schwarze Brett der Warschauer Universität: „Tausche wenig gebrauchte Souveränität gegen bessere geographische Lage." Viele Menschen forderten jetzt auch mehr Freiheit und Unabhängigkeit in ihrem Schaffen. Kritische Wirtschaftsexperten drängten auf Reformen, mehr Beachtung der Prinzipien der Rentabilität, und die Kirche wünschte die Aufhebung der Beschränkungen, die ihre erzieherische, seelsorgerische und auch gesellschaftliche Wirksamkeit einschränkten.

Während die Arbeiter über ihren niedrigen Lebensstandard und den Leistungsdruck verärgert waren, für den sie das stalinistische System verantwortlich machten, fühlten sich die Teile der gebildeten Schichten in ihren patriotischen Gefühlen verletzt. Ziel des Stalinismus war es andererseits, sich die Intelligenz nutzbar zu machen, sie seiner Doktrin zu unterwerfen. Das hieß im Falle Polens, die Intelligenz von der traditionellen Bindung an die römisch-lateinische Kultur- und Zivilisationsgemeinschaft zu lösen.

Anfangs war die polnische Intelligenz auch durchaus dazu bereit, mit der Partei zusammenzuarbeiten. Viele Intellektuelle hatten den Wunsch, beim Wiederaufbau des Staates zu helfen. Allerdings verstanden sie darunter mehr die Wiederbelebung des polnischen Nationalstaates, weniger die Errichtung eines kommunistischen Systems, das sie zu Staatsangestellten machte. Zu Beginn der fünfziger Jahre zeigte sich jedenfalls die – für ein sozialistisches System ungewöhnliche – Tatsache, daß ein Rückgang an Parteimitgliedern unter den Arbeitern und Bauern, bei der Intelligenz dagegen ein Zugang zu verzeichnen war. 1954 waren nur noch 13,2% der Parteimitglieder Bauern, der Anteil der Arbeiter war auf 48,3% zurückgefallen; während sich der der Intelligenz mehr als verdoppelt hatte: von 17% auf 36,4%. Die polnische Intelligenz der Nachkriegszeit war allerdings keine homogene Gruppe, und beileibe nicht alle, die ihr zugehörten, waren Kommunisten, eher Patrioten. Ein großer Teil der polnischen Intelligenz gehörte dem ehemaligen Hochadel an, der den altpolnischen, freiheitlichen Traditionen verhaftet war, die mit der Zeit auch von Teilen der sich neu bildenden Intelligenz übernommen wurden. Die polnische Intelligenz hatte sich zwar mit der Integration Polens in das sozialistische Lager sowjetischer Prägung abgefunden, emotional aber fühlten viele von ihnen ihren Stolz verletzt, weil sie sich der Hegemonie eines Volkes unterwerfen mußten, dem sie sich überlegen glaubten. Ihre innere Verbundenheit mit der gesamteuropäischen oder gar westlichen Kultur drückte sich in ihren patriotischen Gefühlen und ihren oppositionellen Forderungen aus, die sie im Bereich Dichtung, Musik, Kunst insgesamt und Recht erhoben.

Der polnische Friedensnobelpreisträger, der Dichter und Diplomat Czeslaw Milosz, verglich Polen mit einer „Provinz des großen Imperiums", einer Provinz, die „durch Edikte aus der Zentrale regiert" werde. Die polnischen Literaten fühlten sich besonders stark von der starren, zum „sozialistischen Realismus" verpflichtenden sowjetischen Kunstdoktrin unterdrückt; zudem berührte die praktizierte Zensur des literarischen Wortes insofern die Grenzen eines fast heiligen Tabus, als die Literatur seit den Zeiten der polnischen Teilungen die politische Realität durch ein geistiges Polen ersetzt hatte.

Die ältere Generation der Intelligenz, aber auch die unter sozialistischer Erziehung aufgewachsene jüngere Generation, fühlte sich von den sich ständig wiederholenden, ermüdenden Parolen und den allzu platten Losungen der stalinistischen Ära enttäuscht. Der junge Dichter Adam Wazyk drückte 1955 seine Einstellung zur politischen Realität in seinem „Gedicht für Erwachsene" aus:

*Sie lebten vom Morgenrot*
*und säten Finsternis.*
*Sie lebten von der Idee*
*und trennten sich von den Menschen.*
*Sie lebten vom Traum*
*und die Lüge ward ihr täglich Brot.*

Witold Wirpsza, der heute in Berlin lebende polnische Schriftsteller, erklärte die Ursachen dieser Enttäuschung, indem er von einem „spezifischen Drehen einer buddhistischen Gebetsmühle“ sprach und von „der Analyse einiger speziell ausgewählter Sätze, die einem Buch entnommen waren, das sich Geschichte der kommunistischen Partei der Sowjetunion nannte“.

Die Kritik beider Generationen richtete sich gegen den importierten naiven Fortschrittsglauben und gegen die aufgeblasene Propaganda. Schriftsteller und Wissenschaftler kritisierten besonders den Dogmatismus und die ideologischen Fesseln im wissenschaftlichen und kulturellen Leben. Sie verlangten nach einer Dezentralisation des bürokratischen Apparates und einer menschlicheren Interpretation des Marxismus-Leninismus. Sie wollten einen Sozialismus, der die Befreiung des Menschen von jeder, wie auch immer gearteten, Unterdrückung zum Ziel hat und nicht einen Monopolbürokratismus. Am eindrucksvollsten manifestierte sich die revolutionäre Stimmung damals unter der intellektuellen Jugend, die ganz unmißverständlich eine Revision des sowjetischen Marxismus forderte. Das Idol jener jungen Generation, der heute mit polnischem Paß in London lebende Philosoph Leszek Kolakowski, stellte „Thesen zum Sozialismus“ auf, in denen er ein Weiterdenken der marxistischen Ideologie in Richtung auf eine pluralistische Philosophie verlangte. Insgesamt ging die Opposition Mitte der fünfziger Jahre durch alle sozialen Schichten. Die einen forderten die Hebung ihres Lebensstandars, die anderen eine stärkere Betonung der polnischen Eigenständigkeit und Souveränität; und beide wandten sie sich gegen eine aufgesetzte, starre, ihnen wesensfremde Bürokratie. Aber die oppositionellen Strömungen liefen nicht ineinander über, sondern nebeneinander her. Interessant ist in diesem Zusammenhang, daß sich die Opposition immer heftiger zu regen begann und sogar ein kritisches Stadium erreichte, als die Regierung sich anschickte, die Zügel merklich zu lockern. Es war während des Zeitraums zwischen Februar und Oktober 1956, im Verlauf der Phase der Entstalinisierung, als die Unruhe unter den Arbeitern und Intellektuellen eskalierte.

Im Februar hatte in Moskau der XX. Parteitag der KPdSU stattgefunden, auf dem Chruschtschow das berühmte Referat hielt, in dem er mit Stalin abrechnete. Dieses Referat war das eindeutige Signal für die „Entstalinisierung". Kurz nach dem Parteitag starb unerwartet der damalige polnische Parteichef Boleslaw Bierut, der als Statthalter Moskaus galt. Auch seinen Tod verstanden die Polen als ein Zeichen für das Ende des Stalinismus. Bieruts Nachfolger Edward Ochab mußte sich nun bemühen, die Schleusen, die sich für die polnische Opposition geöffnet hatten, zu regulieren. Er tat aber genau das Gegenteil, als er das Geheimreferat Chruschtschows in einer Auflage von 80 000 Exemplaren für den „innerparteilichen Gebrauch" drucken ließ. Dabei mußte ihm klar gewesen sein, daß bei einer solchen Auflagenhöhe der Inhalt der Chruschtschow-Rede in Kürze in ganz Polen bekannt sein würde und daß darüber hinaus die Verdammung Stalins als Verurteilung des gesamten polizeistaatlichen Systems interpretiert werden konnte. Gemäß den Weisungen des XX. Parteitages der KPdSU, die eine „begrenzte Vielfalt in der Einheit" vorsahen, wurde unter Ochab eine politische Richtung eingeschlagen, die eine Zeit der Verwirrung und der Auflösungserscheinungen zur Folge hatte, grundsätzlich aber nicht viel veränderte. Jedenfalls wirkte das liberale Einschwenken auf den „neuen Kurs" wie die Lockerung eines Sektpfropfens: Der Druck von unten entlud sich überschäumend. Es kam zu antisowjetischen Demonstrationen und offenen Sympathiekundgebungen für die Entwicklung in Ungarn. Die Opposition forderte den Ausschluß der noch immer recht starken Gruppe der Stalinisten aus der Regierung und eine Reform des wirtschaftlich, politisch und kulturell „verknöcherten" Systems, und der Ruf nach dem Mann, von dem sich die Polen einen nationalen Kurs und die Einlösung ihrer Forderungen versprachen, wurde immer lauter: Wladyslaw Gomulka. Gomulka hatte 1948 im Kampf um die Macht der jungen Volksrepublik Polen gegen die sogenannten „Moskowiter“ verloren. Er hatte sich für einen eigenen polnischen Weg zum Sozialismus, gegen eine Kollektivierung zum damaligen Zeitpunkt und auch gegen den Ausschluß Jugoslawiens aus der Kominform ausgesprochen. 1949 war er wegen seiner Einstellung aus der Partei ausgeschlossen und zwei Jahre später in Haft genommen worden. Dadurch war ihm ein Schicksal erspart geblieben, das so viele seiner Genossen in den anderen Ostblockstaaten getroffen hatte: Schauprozeß und Todesurteil.

Es war ein auffälliges Zeichen des noch intakten polnischen Rechtsgefühls, daß die „Abweichler“ in Polen „nur“ in den Gefängnissen verschwanden.

1954 war Gomulka aus der Haft entlassen und auf dem Höhepunkt der Unruhen in Polen im Sommer 1956 rehabilitiert worden. Die Hoffnungen weiter Teile der polnischen Bevölkerung ruhten nun auf einer Machtübernahme durch Gomulka, der zwar ein orthodoxer Kommunist aber eben kein Stalinist, sondern ein Kommunist nationaler Prägung war. Die Unruhe unter der Bevölkerung hatte zugenommen, als im Oktober 1956 eine sowjetische Delegation unter Chruschtschow unangemeldet in Warschau eintraf und Meldungen über sowjetische Truppenbewegungen in Richtung Warschau bekannt wurden. Edward Ochab trat bei der Wahl zum Parteichef zugunsten Gomulkas zurück. Gomulka gelang es daraufhin, mit Chruschtschow einen Kompromiß zu erzielen, der Polen eine weitgehende innenpolitische Selbständigkeit zusicherte, die engen Bindungen an die Sowjetunion aber nicht antastete. Das künftige polnisch-sowjetische Verhältnis sollte auf den Grundsätzen von Unabhängigkeit und Gleichheit beruhen, und selbst die offizielle Parteizeitung „Trybuna Ludu“ verbreitete die Parole der neuen Politik in der programmatisch wirkenden Reihenfolge „Souveränität, Demokratie, Sozialismus“. Nachdem die Sowjetunion Polen umfangreiche Lebensmittellieferungen zugesagt hatte, reiste ihre Delegation wieder ab. Durch die Einigung auf die Person Gomulkas als neuem Parteichef war Polen um Haaresbreite einer

Katastrophe, ähnlich der des benachbarten Ungarn, entgangen. Innenpolitisch aber hatte die Machtübernahme Gomulkas übergroße Erwartungen freigesetzt, die weit über die Grenzen des Machbaren hinausgingen. In der Bevölkerung wurde Gomulka als polnischer Patriot enthusiastisch gefeiert, und seine für die Zukunft erwartete Kursänderung als „Frühling im Oktober" begrüßt. Auch bei der nichtkommunistischen Bevölkerung hatte Gomulka einen Vertrauensbonus in bezug auf bessere Lebensumstände, Liberalisierung und Demokratisierung. Gomulka versuchte die in ihn gesetzten Hoffnungen vorerst zu erfüllen. Als eine seiner ersten Amtshandlungen ließ er die Internierung von Kardinal Wyszynski aufheben; bald darauf schloß er mit dem Primas der katholischen Kirche Polens ein Abkommen, in dem der Kirche Zugang zu Schulen, Strafanstalten und Militär eingeräumt wurde. Für dieses Zugeständnis war die Kirche bereit, den polnischen sozialistischen Staat zu respektieren.

Gomulka versprach der Bevölkerung das, was sie von ihm hören wollte: Eine Abkehr von der starren Planwirtschaft, den Ausbau der Arbeiterselbstverwaltung, die Schaffung materieller Anreize für die Arbeiterschaft und einen Abbau der Auswüchse der Verwaltung. Von den Bauern wurde die Aufgabe der Zwangskollektivierung begeistert aufgenommen. Zwei Drittel der vorhandenen Kollektivwirtschaften lösten sich auf, bildeten sich wieder in private Einzelwirtschaften um oder gründeten freie Genossenschaften verschiedenster Art, nach alten Traditionen. Das Versprechen, daß der Sejm (das polnische Parlament) künftig zu wählen und nicht nur über eine Einheitsliste abzustimmen sei, stellte einen entscheidenden Schritt dar. Die Ankündigung, dem Parlament seine in der Verfassung verankerte Aufgabe als oberstes Organ der Staatsgewalt tatsächlich zuzugestehen und die Legislative nicht länger durch das bisher vom Staatsrat exzessiv wahrgenommene Recht, Dekrete zu erlassen, auszuschalten, ließen die Rückkehr zu parlamentarisch-demokratischen Formen erwarten. Bei alledem stellte Gomulkas Programm der innenpolitischen Reformen nicht die neuralgischen Punkte, die Zugehörigkeit Polens zum sozialistischen Lager und die führende Rolle der Partei in Frage.

Moralische Unterstützung für sein innenpolitisches Programm erhoffte sich Gomulka auch von der polnischen Intelligenz, der er auch Zugeständnisse gemacht hatte, obwohl er den polnischen Intellektuellen persönlich Vorbehalte und Mißtrauen entgegenbrachte. Gomulka, der aus einer armen Arbeiterfamilie in Krosno (Südpolen) stammte und den Schlosserberuf erlernt hatte, verstand sich in erster Linie als Sachwalter der polnischen Werktätigen.

Das hatte er deutlich auf dem VIII. Plenum des ZK am 20. Oktober 1956 zum Ausdruck gebracht, als er sich auf die Seite der Posener aufständischen Arbeiter stellte: „Die Arbeiterklasse hat kürzlich der Parteiführung und der Regierung eine schmerzhafte Lektion erteilt. Als die Posener Arbeiter an jenem schwarzen Donnerstag im Juni die Waffe des Streiks ergriffen und auf den Straßen demonstrierten, haben sie mit lauter Stimme gerufen: Genug! So kann es nicht weitergehen! Macht auf diesem falschen Weg kehrt! Dabei hat die Arbeiterklasse niemals gedankenlos zur Waffe des Streiks gegriffen. Besonders in Volkspolen, das im Namen der Arbeiter und aller sonstigen arbeitenden Menschen regiert wird, ist dieser Schritt nicht gedankenlos getan worden. Es ist offensichtlich, daß diese Aktion falsch dargestellt worden ist, und man kann niemals etwas ungestraft falsch darstellen. Die Posener Arbeiter haben, als sie auf die Straße gingen, nicht gegen Volkspolen protestiert und nicht gegen den Sozialismus. Sie protestierten gegen das Böse, das sich in unserer Gesellschaftsordnung breitgemacht und sie gequält hat, gegen die Verfälschung der Grundprinzipien des Sozialismus, der ihre Idee ist. Die Arbeiterklasse verbindet mit der Idee des Sozialismus alle Hoffnungen auf ein besseres Leben.... Die Arbeiterklasse ist unsere Klasse, unsere unüberwindliche Kraft. Die Arbeiterklasse, das sind wir selbst. Ohne sie, das heißt ohne das Vertrauen der Arbeiterklasse, könnte keiner von uns mehr als nur sich selbst repräsentieren... Der plumpe Versuch, die schmerzliche Posener Tragödie als Werk imperialistischer Agenten und Provokateure hinzustellen, war wirklich politisch sehr naiv... Nirgends waren und sind Agenten und Provokateure die Inspiratoren des Handelns der Arbeiterklasse, und sie werden es auch niemals sein. Die Gründe für die Tragödie von Posen und die tiefe Unzufriedenheit der Arbeiterklasse liegen bei uns selbst, bei den Führern der Partei und Regierung."

Mit diesen Äußerungen beschuldigte der neue Parteichef Gomulka damals seine Vorgänger all jener Fehler, die er 14 Jahre später selber machen sollte. Als auch er die Sorgen der Arbeiterklasse nicht mehr ernst nehmen wollte, verlor er allmählich ihr Vertrauen, wurde auch ihm die „schmerzliche Lektion", die erzwungene Aufgabe der Parteiführung zuteil. 1956 aber waren zum erstenmal zwei entscheidende Unruheherde aufgebrochen. Dabei existierte in Posen zwar eine traditionsbewußte Arbeiterschaft, ihr fehlte aber die Unterstützung der Posener Intellektuellen. In Warschau war es umgekehrt; dort gab es ein aktives, intellektuelles Zentrum, aber noch keine Arbeiterschaft mit proletarischer Tradition.

Gomulka gelang es zur damaligen Zeit noch, die beiden kritischen Elemente der polnischen Bevölkerung durch eine damals wirkungsvolle Parole in sein Regierungsprogramm einzubeziehen. Die Parole lautete: Kein Klassenkampf, sondern innere Solidarität, Stärkung der sozialen Einheit der Nation.

## Ein sozialistisches Bildungssystem entläßt seine Kinder – kritische Genossen

Der so viele Erwartungen beinhaltende Begriff des „Frühlings im Oktober" reduzierte sich bald auf die weniger anspruchsvolle Bezeichnung „Polnischer Oktober".

Die Novemberereignisse in Ungarn, die mit der brutalen

Niederwerfung des ungarischen Volkes durch sowjetische Panzer endeten, setzten auch für Polen engere Grenzen des politischen Spielraums.

Gomulka verfolgte als nüchterner Pragmatiker eine biedere Politik des gesunden Menschenverstandes, die fast preußisch anmutete. Dementsprechend schuf er sich eine Regierungsmannschaft, die sich aus dem klassenbewußten Arbeiterstand, der in seiner Mehrzahl bäuerlicher Herkunft war, rekrutierte. Und auch die Zusammensetzung der Parteimitglieder, deren Zahl in den sechziger Jahren wieder anstieg, spiegelte die Gesellschaftsschichten wider, auf die sich Gomulka verlassen konnte.

Es war die technische Intelligenz, die jetzt das Gesicht der „Vereinigten Polnischen Arbeiterpartei" prägte: Betriebsdirektoren, Techniker und Ingenieure, Offiziere und Lehrer. Die sogenannte „kreative Intelligenz", Schriftsteller, Universitätsprofessoren oder junge Wissenschaftler, war nur sehr schwach vertreten.

Die Entwicklung entsprach Gomulkas Vorbehalten gegenüber Schriftstellern und Geisteswissenschaftlern, die nach seinem Dafürhalten zu sehr nach einem vollen Ausleben ihrer schöpferischen Phantasie strebten. Der Konflikt zwischen Regierungsführung und „kreativer Intelligenz", den Gomulka übrigens durchaus sah, war also vorprogrammiert. Er versuchte eine Kulturpolitik zu betreiben, die der Intelligenz keine liberalen Zugeständnisse machte, vielmehr ein pragmatisches, utilitäres Erziehungs- und Ausbildungssystem anstrebte, und Gomulka gelang so tatsächlich ein „polnisches Bildungswunder", bei dem ihm das traditionell starke polnische Bildungsinteresse entgegenkam.

Obwohl die Schul- und Hochschulausbildung überwiegend unentgeltlich war, gab während der sechziger Jahre jede polnische Familie im Durchschnitt 12% ihres Einkommens für „Bildung" aus, so viel wie für die Wohnungsmiete. Dazu gehörten zum Beispiel auch freiwillige Spenden für den Wiederaufbau und die Verbesserung der Schulbauten.

Der Aufwand, den die Regierung brachte, stand dem

finanziellen Engagement der Bevölkerung nicht nach. Die vom Staat angestrebte Industrialisierung verlangte ja nachdrücklich nach der Ausbildung hochqualifizierter Wissenschaftler, was für Polen nicht nur ein rechnerisches Kalkül, gerichtet in die Zukunft, sondern auch schmerzliche Erinnerung an die Vergangenheit, an die nationalsozialistische Ausrottungspolitik war, die sich in erster Linie gegen die polnische Intelligenz gerichtet hatte. 28,5% der polnischen Wissenschaftler waren während der Nazizeit umgekommen. Nach der Losung „Bildung für alle" wurde nach dem Kriege ein eindrucksvolles Bildungssystem geschaffen. Polen wandte dabei in den sechziger Jahren für Bildung prozentual doppelt so viel auf, wie die Bundesrepublik. 1967 übertraf der Etat für Bildung und Forschung in Polen mit mehr als 25 Milliarden Zloty sogar den Verteidigungshaushalt. Dementsprechend verdichtete sich das Bildungsnetz, was vor allem den vor dem Kriege stark vernachlässigten Dörfern zugute kam. Im Vorkriegspolen war Bildung ein Privileg der Städter und des Adels gewesen, was den polnischen Soziologen Chalasinski von einem „Intelligenzghetto" innerhalb der übrigen Bevölkerung sprechen ließ. 1967 lag der Prozentanteil der Studenten in Polen weit über dem von 1937, aber auch über dem in der Bundesrepublik Deutschland im gleichen Jahr. 90 von 10 000 Einwohnern studierten 1967 in Polen, während es in der Bundesrepublik nur 44 von 10 000 Einwohnern waren. 1968 setzten allerdings die wirtschaftlichen Schwierigkeiten einem weiteren Ausbau des Bildungsnetzes ein Ende.

Jedenfalls hatte Polen unter Gomulka den Rang erreicht, den es in der Zeit der Renaissance und der Aufklärung einmal innegehabt hatte: den einer der gebildetsten Nationen Europas. Die Qualität der polnischen Hochschulausbildung hält seitdem Vergleiche mit dem sozialistischen oder kapitalistischen Ausland mühelos aus, vor allem in den Fächern Philosophie, Soziologie und Historiographie.

Nun ist aber eine gebildete Nation gleichzeitig auch eine geistig anspruchsvolle, kritikfähige Nation. Je größer demnach die Erfolge Gomulkas auf dem Bildungssektor waren, je qualifizierter die Ausbildung der Studenten wurde, desto mehr hatte es der polnische Parteiführer mit einer kritischen Intelligenz zu tun. Denn ein gut funktionierendes Ausbildungssystem schafft nicht nur qualifizierte Kader mit ökonomisch verwendbarem Wissen, sondern vermittelt darüber hinaus ein intellektuelles Instrumentarium analytischer und emanzipatorischer Möglichkeiten und somit die Grundlage für eine potentiell kritische Einstellung zum System. Gomulka klagte also bald, Nihilismus, Pessimismus und Existentialismus gewännen im Bereich der Kultur einen immer breiteren Raum. Für ihn waren Abweichungen vom sozialistischen Realismus „revisionistische Irrwege"; für die literarischen Formen der Satire, für zynische Parabeln oder Parodien auf die polnische Wirklichkeit hatte er wenig Verständnis. Überhaupt wurde er mit der Zeit zunehmend geistig immobil und starrsinnig. Nach und nach ließ er die letzten liberalen und geistigen Freiheiten des „Polnischen Oktober" abbauen. Die Meinungsfreiheit wurde immer weiter eingeschränkt.

Die Zeitschriften „Neue Kultur" (Nowa Kultura) und „Kulturelle Rundschau" (Przeglad Kulturalny), die als Forum für die theoretisch-ideologischen Auseinandersetzungen zwischen Parteimitgliedern und Parteilosen bestanden hatten, wurden wegen „revisionistischer Tendenzen" eingestellt und der Diskussionsklub „Der Krumme Kreis" (Klub dyskusyjny krzywego kola) geschlossen. Schriftsteller, Wissenschaftler und Künstler begehrten jetzt gegen die rückläufige Entwicklung des Liberalisierungsprozesses auf. Die Diskussionen, die zwischen Intelligenz und Partei geführt wurden, zeigten bald mehr und mehr die Unvereinbarkeit der Positionen. Während die Wissenschaftler wissenschaftliche Toleranz forderten und Fachwissen, hohes Verantwortungsgefühl und völlige Unabhängigkeit als ausschließliche Wertkriterien für die Besetzung einer Position, sah sich Gomulka vor das Problem gestellt, wie er eine freiere Entwicklung der Wissenschaft zum Nutzen des „sozialistischen Aufbaus" zulassen und gleichzeitig die Kontrolle über die Wissenschaften aufrechterhalten könne.

Ähnlich gelagert war sein Problem in bezug auf die Schriftsteller und Journalisten, deren „Zungen und Federn“ er als Informationsinstrumente schätzte, während er das offene Diskutieren politischer Fragen als Quelle für Unruhen fürchtete.

1964 richtete eine Gruppe von 34 prominenten Schriftstellern und Wissenschaftlern eine Beschwerde an den damaligen Ministerpräsidenten Jozef Cyrankiewicz, in der „eine Änderung der polnischen Kulturpolitik“ sowie die „Achtung vor dem Geist der Rechte der Verfassung“ gefordert wurde. Gomulka las daraufhin den Aufrührern der Gruppe auf dem Schriftstellerkongreß vom 19. September 1964 scharf die Leviten und zeigte überhaupt durch seine Reaktion, daß er das Anliegen der Literaten nicht verstand und noch immer glaubte, die Befolgung der von der Partei ausgegebenen Richtlinien würde dem polnischen Geist einen ausreichenden Freiraum zugestehen. Die Parteiführung glaubte denn auch, mit Druck auf die Unterzeichner die Entwicklung stabilisieren zu können. Aber die meisten weigerten sich, ihre Unterschriften zurückzuziehen und eine von der Partei formulierte Gegenerklärung zu unterschreiben. Auch Prozesse gegen angesehene Schriftsteller, wie zum Beispiel gegen Melchior Wankowicz (Oktober 1964) und Jan Miller (September 1965) sowie Sanktionen, wie der Entzug des Reisepasses und das Auferlegen eines Schreibverbots konnten eine Disziplinierung der kritischen Denker nicht bewirken, in deren Namen Kolakowski auf dem Krakauer Schriftstellerkongreß 1965 die „Zonen des Schweigens“ beklagte, die den Literaten durch die Verschärfung der Zensur auferlegt worden seien. Es waren damals, wie auch in anderen modernen Gesellschaftssystemen, besonders die qualifiziertesten Wissenschaftler, die begabtesten Systemanalytiker und Künstler, Söhne und Töchter aus den oberen sozialen Schichten, die aufgrund ihres Selbstbewußtseins, ihrer Phantasie, Intelligenz und Aktivität das unruhigste Element bildeten, das die Politiker um Gomulka irritierte. Die Parteiführung dagegen sah das Zentrum dieser unruhigen Elemente speziell in den

Lehrstühlen der Geisteswissenschaften und vor allem in dem der Philosophie. So kam es zu der Neuregelung, nach der das Fach Philosophie, die „Brutstätte revisionistischer Gedanken“, erst nach abgeschlossenem Studium eines anderen Faches belegt werden konnte.

Im November 1964 wurden zwei Historiker, die Universitätslektoren Jacek Kuron und Karol Modzelewski, letzterer Sohn des zweiten polnischen Außenministers der Nachkriegszeit, verhaftet, weil sie ein als Dissertation bezeichnetes Manuskript ausgearbeitet und herausgegeben hatten, das von der Partei als „Sammlung fast aller antisozialistischer Konzeptionen, die in den letzten Jahren und besonders in jüngster Zeit von ausländischen und einheimischen Revisionisten veröffentlicht worden sind“, verurteilt wurde. Die nach der Methode des historischen Materialismus vorgenommene Analyse hatte in der Aussage gegipfelt: „Angesichts der Unmöglichkeit, die ökonomische und gesellschaftliche Krise im Rahmen des monopolbürokratischen Systems zu überwinden, erweist sich eine Revolution als unvermeidlich.“ Die stärksten Vorwürfe gegen die beiden jungen Wissenschaftler wurden wegen ihres programmatischen Kapitels „Was tun?“ erhoben, in dem sie unter anderem Streikaktionen und die Bildung von Arbeiterzirkeln als Keimzellen einer künftigen neuen Partei befürworteten.

Im gleichen Jahr mußte sich die Parteiführung die Kritik ihres eigenen Chefideologen gefallen lassen. Adam Schaff beschrieb in seinem Buch „Marxismus und das menschliche Individuum“ die Mängel des politisch-wirtschaftlichen Verwaltungsapparates, unter Betonung des humanistischen Aspekts des Marxismus. Schaff vertrat die Ansicht, daß es notwendig sei, den Problemen des Individuums mehr Beachtung zu schenken. Er kritisierte, daß die Parteiführung einen Weg eingeschlagen habe, der eine bevorzugte Regierungselite und eine Klasse von Reichen entstehen lasse, die keinen Kontakt mehr zur Basis entwickeln könne, und er beanstandete, daß in Polen unter dem Deckmantel einer nationalen Ausrichtung der Politik antisemitische Stimmungsmache betrieben werde. Gomulka, der den offiziellen Ausschluß Schaffs aus dem ZK forderte, konnte sich nicht durchsetzen, da ein Viertel der ZK-Mitglieder der Kritik Schaffs zustimmten. Es blieb vorerst bei einer ideologischen Abrechnung, die die Kulturabteilung des ZK in der theoretischen Monatsschrift „Nowe Drogi“ (Neue Wege) vornahm und die Schaff „bourgeoisen Marxismus“ und die „Mißachtung der Parteiführung“ vorwarf.

Die Unruhe unter Wissenschaftlern und Studenten breitete sich weiter aus, als die Partei 1966 gegen die Veranstalter und Teilnehmer einer Gedenkversammlung zum 10. Jahrestag des „Polnischen Oktobers“, der Machtübernahme Gomulkas, vorging. Hunderte von Studenten hatten sich im Historischen Institut der Warschauer Universität versammelt, um den Philosophieprofessor Leszek Kolakowski zu hören, der die Enttäuschung einer ganzen Generation artikulierte: „Ein neues Polen hatte sich erhoben“, erinnerte Kolakowski, „souverän, frei und liberal. Was haben wir heute zu feiern? Nichts, überhaupt nichts.“ Kolakowski übte eine ähnliche Kritik, wie sie auch Adam Schaff in seinem Buch ausgedrückt hatte. Die Regierung fühle sich nicht der Nation gegenüber verantwortlich, meinte er. Es herrsche ein System der Privilegien für einige wenige, die sich über das Gesetz stellten. Die Zensur sei überaus scharf und enge das geistige Leben ein. Es gebe keine Hoffnung mehr, war die Auffassung Kolakowskis: „Der Staat, die Partei und die Gesellschaft werden alle zu Opfern dieser Stagnation. Es gibt nichts zu feiern.“

Auf Anordnung Gomulkas wurde Kolakowski aus der Partei ausgeschlossen, und die Studenten, die an der Versammlung teilgenommen hatten, wurden mit Disziplinarstrafen belegt. Diese unpopulären Maßnahmen verschärften nur das ohnehin gespannte Klima, worauf Gomulka allerdings keine Rücksicht nahm, denn er sah seine Machtposition gefährdet. Die Gruppe der „Partisanen“ unter Innenminister General Mieczyslaw Moczar versuchte, die Unruhe unter den Intellektuellen und die zunehmend schlechte Wirtschaftslage auszunutzen, um einen Machtwechsel herbeizuführen. Die „Partisanen" bildeten damals neben den „Moskowitern" und den „Nationalkommunisten" die dritte politische Gruppierung innerhalb der PZPR. Sie waren nicht, wie die „Moskowiter", unter denen sich viele jüdische Kommunisten befanden, während der Nazi-Okkupation in die Sowjetunion emigriert, sondern hatten, wie die „Nationalkommunisten", während des Krieges dem polnischen Widerstand, der polnischen Partisanenbewegung angehört, sie waren sehr stark nationalistisch ausgerichtet. Diese Gruppierung wurde Ende der sechziger Jahre durch junge, gut ausgebildete Technokraten, wie zum Beispiel den Oberschlesier Edward Gierek, verstärkt, und sie begann, eine wichtige und gefährliche Rolle zu spielen. Innenminister Moczar vertrat eine restriktive Politik, die den geistigen Spielraum noch weiter einengen sollte, um so angeblich die wirtschaftlichen Engpässe überwinden zu können. Gefährlicher und folgenschwerer aber waren die Mittel, mit denen er an die Macht gelangen wollte. Zynisch benutzte er den Antisemitismus als Instrument der innerparteilichen Auseinandersetzungen.

Nach dem israelischen Sechstagekrieg und Sieg im Frühsommer 1967 lancierte Moczar ein Gerücht über wilde Siegesfeiern unter den jüdischen Mitbürgern. Dieses Gerücht lieferte ihm anschließend den langgesuchten Vorwand, um gegen mißliebige Intellektuelle vorgehen und die allgemeine Unzufriedenheit in eine bestimmte Richtung kanalisieren zu können.

Die wenigen in Polen verbliebenen Juden, etwa 25 000 (vor dem Zweiten Weltkrieg zählte die jüdische Bevölkerung 3,2 Millionen), dienten auf makabre Weise als Sündenböcke für die politischen Schwierigkeiten der Volksrepublik während der zweiten Hälfte der sechziger Jahre. Und Gomulka sperrte sich nicht dagegen. Auch als sich die Vorboten des „Prager Frühlings" andeuteten, wurde die antisemitische Kampagne konsequent weiterbetrieben, zur Ablenkung und Disziplinierung der Bevölkerung. Beinahe in der Manier einer Hexenjagd wurden Armee und Verwaltung unter Berufung auf die Gefahren des Zionismus, des Kosmopolitismus und des Revisionismus, von jüdischen Mitbürgern „gesäubert“. Juden hatten angeblich Presse und Rundfunk, Literatur und Film unterwandert und liberalen Tendenzen Vorschub geleistet. Juden saßen angeblich in der Wirtschaftsverwaltung, in den Außenhandelsorganisationen und im Außenministerium. Die „Schuldigen“ für die Wirtschaftsmisere waren gefunden.

Von der Bevölkerung wurde dieses scheinheilige Argument akzeptiert, von der katholischen Kirche wurde es jedenfalls nicht eindeutig verurteilt. Für die Haltung der Bevölkerung gab es mehrere Gründe: Einmal hatten die polnischen Juden in der Nachkriegszeit – wegen der vorangegangenen Verfolgung durch die Nationalsozialisten – gesellschaftliche Privilegien genossen, die ihnen manche neideten. Zweitens galten viele jüdische Kommunisten als besonders moskautreu, da sie während ihrer Emigration in der Sowjetunion geschult worden waren. Drittens gab es schon seit den dreißiger Jahren im polnischen Bürgertum, vor allem bei den Kleinbürgern, antisemitische Tendenzen. So verhielt es sich auch bei den Bauern, deren Antisemitismus in einer grundsätzlichen Fremdenfeindlichkeit wurzelte.

Die antisemitische Kampagne Ende der sechziger Jahre, mit der Moczar den Sturz Gomulkas herbeizuführen versuchte, brachte eine Entmachtung zahlreicher jüdischer Kommunisten, an der Spitze der schon in Ungnade gefallene Chefideologe Adam Schaff. Ein neuer Exodus begann, als Gomulka die Auswanderung für Juden freigab und Polen damit führender Persönlichkeiten beraubte. Rund die Hälfte der jüdischen Einwohner Polens, darunter viele Künstler, Schriftsteller und Journalisten, machten Gebrauch von der Möglichkeit ins Ausland zu gehen. Nur ein verschwindend kleiner Teil dieser Auswanderer ging nach Israel, die Mehrzahl in die skandinavischen Länder, aber auch in die Bundesrepublik Deutschland.

Mit ihrer Aktion gegen die Juden hatte die Partei die unruhigen Geister an den Universitäten aber nicht zur Ruhe bringen können. Im Dezember 1967 kam es in Warschau zu spektakulären Demonstrationen, als das Drama „Dziady“ (Die Totenfeier) des polnischen Klassikers Adam Mickiewicz wegen der angeblich „antisowjetischen Inszenierung“ vom Theaterspielplan abgesetzt wurde. Während der Aufführungen hatte das in historischen Dimensionen und Analogien denkende polnische Publikum allabendlich bei offener Szene eine Aussage mit heftigem Beifall bedacht:

„Ich soll frei sein – ja, ich weiß nicht, woher die Mär kam; doch ich weiß, was Freiheit von des Moskowiter Gnaden heißt. Die Schurken nehmen mir die Fesseln von Händen und Füßen und pressen die Seele hinein.“

Nach dem Aufführungsverbot zogen Studenten und solidarische Intellektuelle zum Denkmal von Mickiewicz und legten Kränze nieder.

Moczar versuchte jetzt die Studentenunruhen für sein Ziel, den Staatsstreich, zu instrumentalisieren, indem er durch Agenten weitere Demonstrationen provozierte. Aber bei diesen Demonstrationen verhielten sich die Studenten so diszipliniert, daß es Moczar wieder nicht gelang eine Staatskrise auszulösen, wenn auch die Unruhen weiterhin anhielten. Anfang März 1968 kam es zu einer Massenkundgebung auf dem Gelände der Warschauer Universität, bei der sich die Studenten und Professoren mit einer Resolution der Warschauer Sektion des Schriftstellerverbandes solidarisieren wollten. Sie unterstützten damit Forderungen nach einem größeren Maß an Freiheit, nach einer Einschränkung der Zensur, einer objektiven Darstellung der Geschichte Polens und einer allgemeinen Liberalisierung in allen geistigen Bereichen. Als Polizei und Sicherheitskräfte die Kundgebung mit brutalen Mitteln auflösten, war dies das Startzeichen für Solidarisierungsaktionen in vielen anderen Universitätsstädten. Die Studenten gingen zwar mit der Parole „Polska czeka na Dubczeka“ (Polen wartet auf Dubček) auf die Straße, dennoch zeigten sie, daß sie eine sozialistisch erzogene Generation waren, die keineswegs das sozialistische System in Polen in Frage stellen wollte. Gomulka reagierte im Hinblick auf den Reformkommunismus Dubčeks in der CSSR außerordentlich hart. Er verstand die Studentenunruhen als Bedrohung der Existenz des sozialistischen Polen und auch seiner eigenen Macht. Protestierende Studenten ließ er verhaften und von den Universitäten relegieren. Als „Hintermänner" und „Drahtzieher" der Märzunruhen machte er oppositionelle Schriftsteller und „revisionistische" Philosophen aus. Leszek Kolakowski verlor nun auch seinen Lehrstuhl und ging ins Ausland. Jacek Kuron und Karol Modzelewski, die gerade seit einem Jahr wieder in Freiheit waren, wurden als angebliche Anstifter der Unruhen zum dritten Mal verhaftet und am 2. Januar 1969 zu je dreieinhalb Jahren Gefängnis verurteilt.

Außer Schriftstellern und Wissenschaftlern hatte sich aus der Bevölkerung kaum jemand dem Protest gegen den Polizeiterror, gegen Verletzung der Autonomie des Universitätsgeländes und gegen die unwahre Berichterstattung in der Presse angeschlossen. In den offiziellen Medien war bezeichnenderweise auch behauptet worden, einige der Unruhestifter seien jüdischer Herkunft gewesen, oder zumindest unterhielten die Eltern trotzkistische Verbindungen. Von den Prominenten, die sich mit den streikenden Studenten solidarisiert hatten, hieß es, sie hätten im blinden Gehorsam die Befehle eines mysteriösen „internationalen Rabbinerrates" ausgeführt. Alle wurden sie Dissidenten genannt, „Lakaien des internationalen Zionismus", dem sie zum Schaden des polnischen Volkes dienten.

Diese Propaganda erzeugte damals in der polnischen Bevölkerung, nicht zuletzt in der Arbeiterschaft, eine eindeutig ablehnende Haltung gegenüber den Studenten. Die Enttäuschung darüber, daß sich die Hoffnung auf mehr geistige Freiheit, die im „Polnischen Oktober" 1956 geweckt worden waren, nicht erfüllt hatten, schuf ein breites Solidarisierungsforum der kritischen Intellektuellen, für das die Arbeiter noch nicht sensibilisiert waren.

Gomulka war noch einmal mit seinen Gegnern innerhalb

der Partei fertiggeworden, und er hatte auch die kritischen Kinder seines Bildungssystems zwischen Anspruch und Wirklichkeit zu unterscheiden gelehrt, sie hatten resigniert. Die Diktatur einer monopolistischen Partei war die Realität, humanistischer Sozialismus im Dienste der Menschheit nur Theorie. Andererseits hatten Kuron und Modzelewski in ihrem „Offenen Brief an die ‚Vereinigte Polnische Arbeiterpartei'" in „Was tun?" festgestellt, daß das Ziel der Produktivität der Arbeiterklasse auf den Konsum breiter gesellschaftlicher Schichten und nicht auf den Luxuskonsum einiger weniger Privilegierter ausgerichtet sein müsse. In Polen existiere jedoch ein Widerspruch zwischen dem geschaffenen Produktionspotential und dem niedrigen Konsumstand der Arbeiter. Nach Auffassung der Autoren müsse sich die Arbeiterklasse deshalb befreien, um danach die gesamte Gesellschaft zu befreien; nur eine Arbeiterdemokratie könne die Voraussetzungen für eine bessere Entwicklung der Wirtschaft und Gesellschaft schaffen. Der von Kuron und Modzelewski 1964 festgestellte Widerspruch zwischen dem ausgebauten Industriepotential und dem niedrigen Konsum zeigte sich in brutaler Deutlichkeit 1970.

## Der Arbeiteraufstand 1970

Die seit den fünfziger Jahren vorhandenen wirtschaftlichen Disproportionen waren nicht abgebaut worden, sondern hatten eher zugenommen. Investiert wurde vor allem in die Schwerindustrie, dagegen wurden die Landwirtschaft und die Konsumgüterindustrie vernachlässigt. Die Folgen waren Preissteigerungen auf dem Konsumgütersektor. Nahrungsmittel mußten importiert werden. Dazu kamen noch Probleme im Wohnungsbau. Die Wartezeit auf eine Wohnung dauerte damals zwischen sieben und zehn Jahren. Auch dies trug dazu bei, die sozialen und politischen Spannungen im Lande zu vergrößern.

Im Sommer 1970 begann sich in der Arbeiterschaft Widerstand zu regen, als Gerüchte über eine Währungsreform und drastische Steuererhöhungen umliefen. Zu offenem Protest kam es, als im Juli die Arbeitsnormen heraufgesetzt wurden. Die Regierung wagte es nicht mehr, eine für Oktober in Aussicht genommene zweite Anhebung der Arbeitsleistung einzuführen. Gleichzeitig mußte der Staat die Grundnahrungsmittel immer stärker subventionieren, da nach zwei schlechten Ernten die Ankaufspreise in die Höhe geschnellt waren. Die Engpässe bei der Versorgung mit Fleisch, Milchprodukten und Gemüse konnten damit aber nicht beseitigt werden. Die Parteiführung versuchte mit einem verblüffenden Trick einen Ausweg zu finden, indem sie zwecks Abschöpfung der Kaufkraft die Preise für landwirtschaftliche Erzeugnisse drastisch erhöhte und gleichzeitig die für einige ausgewählte industrielle Gebrauchsgüter ermäßigte.

Gomulka glaubte, daß ihm die Bevölkerung diesen wirtschaftspolitischen Zauber abnehmen würde. Gestützt auf den außenpolitischen Erfolg, die Normalisierung der Beziehungen zur Bundesrepublik Deutschland eingeleitet zu haben, kündigte Gomulka in der allgemeinen Euphorie nach der Unterzeichnung des Warschauer Vertrages am 12. Dezember 1970 Preiserhöhungen an, die schon am nächsten Tage in Kraft treten sollten.

Danach war eine Anhebung der Preise für Grundnahrungsmittel zwischen 13% und 36,8% vorgesehen, Fleisch und Fleischprodukte sollten um 17,6% und tierische Fette von 11,1% bis 33,4% teurer werden.

Gomulka unterlag mit dieser Aktion einer unverständlichen Selbsttäuschung. Ausgerechnet kurz vor Weihnachten meinte er eine Verteuerung der Lebensmittel anordnen zu können. Die Preiserhöhung zeigte, wie wenig er von der Stimmung unter seinen Werktätigen wußte, die er mit den Preiserhöhungen auf die Straße trieb.

Überall in Polen kam es zu Arbeiterunruhen, in Kattowitz (Katowice), Breslau (Wroclaw), Posen (Poznan), Bialystok, Stolp und Warschau. Nirgends allerdings zeigten sich solch dramatische Folgen wie in den Städten der Ostseeküste.

Daß es ausgerechnet die für polnische Verhältnisse gut bezahlten Werftarbeiter waren, die am vehementesten gegen die wirtschaftliche Situation aufbegehrten, lag daran, daß die Versorgungssituation an der Küste allgemein noch schlechter war, als in den anderen Teilen des Landes. Hinzu kam, daß die Werftarbeiter besser informiert waren, was draußen in der Welt vor sich ging, als ihre Landsleute. Fremde und polnische Seeleute brachten Nachrichten aus dem Ausland und erzählten vom Lebensstandard in den hochentwickelten Ländern. Die entsprechenden Berichte wurden mit Staunen und Neid zur Kenntnis genommen. Schließlich war die Geduld der Arbeiter bis an die Grenzen strapaziert, und die Ankündigung der Preiserhöhungen brachte das Faß zum Überlaufen.

Am 14. Dezember 1970, einem Montag, kam es in vielen Danziger und Stettiner Betrieben zu Protestkundgebungen, die sehr aggressiv verliefen. Viele Arbeiter hielt es nicht auf dem Betriebsgelände, sie zogen in die Stadt zum Parteihaus, um von den zuständigen Parteifunktionären Rede und Antwort zu verlangen. Ihnen schlossen sich unterwegs immer mehr Menschen an, die neben dem Ruf nach „mehr Brot“ auch grundsätzliche Kritik hören ließen. Einige Gruppen skandierten: „Die Presse lügt“, andere riefen: „Wenn ihr nicht versteht, das bisherige System zu ändern, werden wir euch ändern“, oder: „Ihr regiert schlecht“. Die Agressivität nahm von Stunde zu Stunde zu. Scheiben gingen zu Bruch, Geschäfte wurden geplündert und Autos in Brand gesteckt. Die Polizei versuchte die Menge mit Tränengas und Platzpatronen in Schach zu halten. Es kam zu Schlägereien und Verhaftungen. Am folgenden Tag gingen die öffentlichen Auseinandersetzungen weiter, die Streiks hatten sich inzwischen auch auf andere Orte ausgebreitet. In Danzig versuchte eine Menge von 10 000 Demonstranten, die am Vortag verhafteten Kollegen aus dem neben dem Parteihaus gelegenen Gefängnis zu befreien. Das Parteihaus wurde in Brand gesteckt und die ganze Stadt geriet in Aufruhr. Die örtlichen Behörden ließen Truppenverbände in die Innenstadt einrücken und gaben am Ende Schießbefehl, um gegen die „aufwieglerischen Elemente", die „Halbstarken", „Rowdys" und „Langhaarigen", wie es hieß, vorzugehen. Viele Menschen wurden schwer verletzt. Zum ersten Mal seit der Nazizeit gab es in der Stadt wieder eine Polizeisperrstunde.

In Stettin und Danzig hatten sich Streikkomitees gebildet, zu denen Parteimitglieder und Parteilose, unter anderem der damals 27jährige Lech Walesa, Elektromonteur auf der Danziger Lenin-Werft, und seine Kollegin Anna Walentynowicz gehörten. Die Streikkomitees bemühten sich, die Arbeiter innerhalb der Betriebe zu halten. Dennoch verließen immer wieder Arbeitergruppen die Betriebsgelände und demonstrierten auf den Straßen der Stadt, besonders in Danzig. In Stettin, hier ausgehend von der Warski-Werft, war der Organisationsgrad der Arbeiter so weit fortgeschritten, daß es ihnen gelang, mitten in dem Aufruhr eine Selbstverwaltung aufzubauen und eine eigene Behörde einzurichten, die als gleichberechtigter Partner mit der Partei und anderen offiziellen Institutionen, wie dem Woiwodschaftsamt (Bezirksregierung) sowie den offiziellen Gewerkschaften, in Verbindung treten konnte. Auf diese Weise hatte in Stettin praktisch das überbetriebliche Streikkomitee der Warski-Werft die Macht in der Stadt übernommen. Eine Arbeitermiliz sorgte für die Aufrechterhaltung der Ordnung und bewachte die Maschinen. Auf Anordnung des Streikkomitees fuhren die Straßenbahnen, wurde eine Sonderausgabe des „Kurjer Szczecinski" (Stettiner Kurier) herausgegeben und sogar die Bäcker der Stadt buken nach Anweisung des Streikkomitees Brötchen.

Konkret verlangten die Arbeiter der Warski-Werft die Rücknahme der Preiserhöhung, eine Lohnanhebung um 30%, Entschädigungsleistungen für Haft und Verletzungen, den Verzicht auf Disziplinarmaßnahmen gegen streikende Arbeiter und deren Vertreter, das Verbot eines militärischen Eingreifens in den Betrieben, eine ehrliche Informationspolitik, eine Einschränkung der Privilegien und die Verminderung des Verwaltungsapparates. Und nicht zuletzt forderten sie unabhängige Gewerkschaften, die ihre Aufgabe nicht mehr nur als Transmissionsriemen der Partei zu sehen hätten. Die Arbeiter hatten aus der jüngsten Geschichte gelernt. Nach den Unruhen von 1956 waren zwar Arbeiterräte eingeführt worden, die aber hatten dann in der Praxis nichts weiter zu tun gehabt, als Bezugscheine und Ferienplätze zu verteilen, zur Arbeitsdisziplin aufzurufen, und sie waren allzuschnell in die staatlichen Gewerkschaften integriert worden.

Die Regierungsvertreter, die am Abend des ersten Streiktages an die Ostseeküste gekommen waren, lehnten jeden Kontakt mit den streikenden Arbeitern und auch eine Diskussion über deren Forderungen ab. Sie hatten Weisung, einen harten Kurs einzuschlagen und alle Maßnahmen zu ergreifen, um „Gesetz und Ordnung" wieder herzustellen. Für Gomulka waren die Arbeiterunruhen identisch mit einer Konterrevolution. Er stand vermutlich noch voll unter dem Eindruck der sowjetischen Intervention in der CSSR, wo ja im Gefolge der Sowjets auch polnische Truppen einmarschiert waren. Der starrsinnige Parteichef hatte schlicht und einfach vergessen, wie scharf er 1956, nach den Arbeiterunruhen in Posen, das Vorgehen der Polizei und des Militärs verurteilt hatte. Jetzt verlangte Gomulka nach härtesten Repressionsmaßnahmen. Die demonstrierenden Arbeiter wurden als „Banditen" kriminalisiert, und damit war für die Regierung jede Forderung der Streikenden eine von vornherein unberechtigte Forderung. Dieses Verfahren ist ein einfaches Mittel, das nicht nur in Polen, sondern in allen totalitären Systemen, bei allen „Herrschenden" Anklang findet.

Die polnische Parteiführung attestierte den Arbeitern politische Unreife und mangelnden Realitätssinn, als sie von dem Haß, der ihr entgegenschlug, überrascht wurde. Und ihre Reaktion war hart und brutal. In vielen Fällen wären gewaltsame Auseinandersetzungen zu vermeiden gewesen; es schien fast, als legten es manche Parteifunktionäre geradezu darauf an, eine Katastrophe herbeizuführen, um vielleicht auf diese Weise einen Sturz Gomulkas zu erreichen. Vergeblich hatten selbst die Danziger Werftdirektoren gewarnt, es könne ein Unglück geben, wenn die Delegierten der streikenden Arbeiter verhaftet würden und die Arbeiter keine Lohnerhöhung erhielten. Empfehlungen wie Warnungen der ansässigen Betriebsleitungen wurden von den Warschauer Politbüromitgliedern jedoch ignoriert. In diesem Sinne wurde die von den Betriebsleitungen angeordnete Arbeitseinstellung, die weitere Eskalationen verhindern sollte, nicht öffentlich bekanntgegeben. Der Bitte der Werftleitungen, über Rundfunk und Fernsehen die Arbeitseinstellung bekanntzugeben, entsprach man auch nicht, ebensowenig den Bemühungen örtlicher Parteifunktionäre, die öffentlichen Verkehrsbetriebe stillzulegen, um die Menschen aus der Stadt herauszuhalten.

Die Warschauer Abgesandten blieben bei ihrem harten Kurs und machten der Danziger Parteiführung Vorwürfe, die in der Behauptung gipfelten, in Danzig habe die Partei aufgehört zu existieren.

Am dritten Tag der Arbeiterunruhen besetzten Armeeeinheiten die öffentlichen Gebäude in Danzig, Gdingen und Zoppot. Während auf den Straßen die Panzer rollten, erwarteten die Arbeiter Antwort auf die von ihnen erhobenen Forderungen. Wieder drängten sie auf die Straße; da fielen Schüsse und die ersten Opfer waren zu betrauern. In der Nacht darauf besetzte Militär die Danziger und Gdinger Werften und umstellte das Gelände mit Panzern. Die Soldaten hatten Befehl, niemanden auf die Werften zu lassen. Aber die Arbeiter, die am nächsten Morgen zu ihren Arbeitsplätzen kamen, drängten vorwärts, und als man sie aufhalten wollte, versuchten sie, die Panzer zu stürmen. Das Blutvergießen begann. Die Arbeiter zogen ins Stadtzentrum, zum Rathaus. Die letzten führten die Toten mit sich, die sie auf ausgehobene Türen gelegt hatten. Jetzt war also das Rathaus Ziel ihres Ansturms, und wieder wurden sie brutal zurückgeschlagen. Aus Hubschraubern schoß man auf die Menschenmenge. Eine Woche dauerten die Aufstände an der Ostseeküste. Sie forderten insgesamt 49 Tote und über 560 Verletzte. Fast 3000 Personen waren festgenommen worden, meist unter dem Vorwurf der „Plünderung", davon fast zwei Drittel Jugendliche unter 25 Jahren. Bis auf 146 Personen wurden bis zum Januar 1971 alle wieder auf freien Fuß gesetzt.

Nach einer Woche war der Aufstand allmählich zusammengebrochen. Er ließ stillen Zorn, Resignation und Trauer zurück und es dauerte noch Wochen, bis in den Betrieben, wo auf stundenlangen Versammlungen heftig diskutiert wurde, wieder störungsfrei gearbeitet werden konnte.

Wieder waren es Arbeiter gewesen, die einen Regierungswechsel herbeiführten, denn am 20. Dezember 1970 wurde Gomulka aus dem Politbüro abgewählt. Eine vierzehnjährige Ära war vorüber, die mit großen Hoffnungen begonnen hatte und schließlich mit Chaos und Blutvergießen endete. Der Partei war wieder einmal nichts anderes übriggeblieben, als die Führung zu wechseln, was einen Rückzug vor einer nunmehr bereits das Gefüge der Partei bedrohenden Revolte bedeutete sowie das Eingeständnis, daß der bisher verfolgte Kurs falsch gewesen war.

Die Tatsache, daß es wiederum der Protest der Arbeiter gewesen war, der eine Regierungsumbildung bewirkt hatte, entsprach den „Thesen über die Hoffnung auf Hoffnungslosigkeit" des Philosophen Leszek Kolakowski, der behauptet hatte, allein der „permanente Widerstand von unten" sei imstande, einer „Tyrannis stalinistischen Stils" vorzubeugen, die dem „Orwellschen Modell" zustrebe.

Die Intellektuellen hatten sich aus diesem Konflikt herausgehalten. Es gab keine Solidarisierungserklärungen. Kolakowski erklärt diese Tatsache damit, daß sich ein großer Teil der polnischen Intelligenz „die vollständige Starrheit des schändlichen Systems" hatte einreden lassen, was zu einer „bedauernswerten Passivität" führte, in der sich die Intelligenz in dem Augenblick befand, als die polnischen Arbeiter ihren dramatischen Vorstoß unternahmen.

Die Resignation der Intelligenz hatte ihre Ursache in der

harten Unterdrückung ihres Protestes im Jahr 1968. Führende kritische Intellektuelle saßen zudem noch im Gefängnis, wie zum Beispiel Jacek Kuron und Karol Modzelewski. Die intellektuelle Opposition hatte sich 1970 noch nicht wieder konsolidiert.

## Intellektuelle und Arbeiter – eine Annäherung

Als der Nachfolger Gomulkas, Edward Gierek, am Abend des 20. Dezember 1970 vor die Kameras und Mikrofone trat, kündigte er eine „klare und wahrhafte Antwort“ auf die Fragen an, „warum es zu diesem Unglück gekommen ist, weshalb dermaßen akute gesellschaftliche Probleme sich angehäuft haben“.

Wie vor ihm Gomulka 1956, rechnete nun Gierek in aller Öffentlichkeit und schonungslos mit der alten Parteiführung ab, der er selbst während der letzten vierzehn Jahre als Mitglied des Politbüros angehört hatte. Er warf der abgewählten Parteiführung vor, im autokratischen Stil regiert und sich dem Volk und der Arbeiterklasse entfremdet zu haben. Gierek übte nach bewährtem Schema Selbstkritik und gelobte Besserung.

Der „neue Mann“ konnte übrigens keine patriotische Vergangenheit vorweisen. Er hatte weder zur Zeit des Krieges im polnischen Widerstand gekämpft, noch war er in der Sowjetunion ausgebildet worden. Er war ein sogenannter Westler. Seine Familie war 1923 nach Nordfrankreich ausgewandert, wo Gierek im Kohlebergwerk gearbeitet hatte. Er schloß sich seinerzeit der französischen KP an und wurde später einer der Organisatoren des Bergarbeiterstreiks von 1934. Man wies ihn aus Frankreich aus. Sein neues Exil war Belgien. Hier war er dann nicht nur in der belgischen kommunistischen Partei aktiv, sondern engagierte sich auch im „Verband polnischer Patrioten“. Mit seiner Rückkehr nach Polen 1947 begann seine steile Karriere. Gierek wurde nach Oberschlesien, in seine Geburtsstadt Kattowitz geschickt, als Sekretär des Woiwodschaftskomitees, wo er sich eine starke „Hausmacht“ schaffen konnte. Neben seiner Parteiarbeit belegte er damals ein Fernstudium an der Krakauer Bergwerksakademie, das er 1954 erfolgreich abschloß. Zwei Jahre später, nach dem Machtantritt Gomulkas, zog er dann als einer der neuen jungen Männer in das Politbüro ein.

Mit einer neuen Regierungsmannschaft, in der ältere Genossen zugunsten der schon von Gomulka in die Führungsspitze geholten Technokraten zurückgedrängt wurden, stellte Gierek sein politisches Programm auf. Unter dem Schlagwort „Neue Horizonte“ (den Begriff „Neuer Kurs“ hatte Gomulka verschlissen) proklamierte Gierek eine Politik des Wohlstandes. Dem Konsumbedürfnis der Bevölkerung als „stärkster Triebfeder der Wirtschaftsentwicklung“ sollte Rechnung getragen werden. In dem neuen Wirtschaftsplan war ein Gleichgewicht von Schwer- und Konsumgüterindustrie vorgesehen. Die Lohnpolitik sollte verbessert und der Wohnungsbau beschleunigt werden. Die Wirtschaftsbürokratie wollte man dezentralisieren und vereinfachen und die Kompetenz zwischen Partei, Regierung, Wirtschaft und Verwaltung klar abgrenzen. Die Forderungen der Arbeiter nach einer freieren Gewerkschaftspolitik konnte und wollte die neue Regierung aber nicht aufgreifen. Es wurde vielmehr geplant, die Arbeiterräte, wie 1956, wieder zu reaktivieren und ihnen die begrenzte Aufgabe einer Schlichtungskommission für innerbetriebliche Rechtskonflikte zuzuteilen. Giereks nüchterne Art zu sprechen, ohne propagandistische Aufbaulosungen, sein Ruf als fortschrittlicher „Macher“ und auch seine persönliche Ausstrahlung und Kontaktfähigkeit trugen ihm am Anfang Sympathie bei der insgesamt skeptischen und desillusionierten Bevölkerung ein. Einen großen Vertrauensbonus gewann Gierek dadurch, daß er sich nicht scheute, zu den Arbeitern auf die Werften und in die Betriebe zu gehen. In Danzig und Stettin führte er stundenlange Gespräche mit Werktätigen, die über Lautsprecher nach draußen übertragen wurden. Damals saßen ihm in Danzig auch die Arbeiterdelegierten Lech Walesa und Anna Walentynowicz gegenüber. Gierek gab sich geduldig, als er harte Kritik und präzise Forderungen entgegennehmen mußte. Die Arbeitervertreter wollten mit ihm über die Rücknahme der Preiserhöhungen diskutieren, über eine Veröffentlichung ihrer Forderungen in den lokalen Massenmedien, über ordnungsgemäße Wahlen der Gewerkschaftsvertreter und Arbeiterräte, über die persönliche Sicherheit der Arbeiterdelegierten. Es waren mühsame Diskussionen, in denen sich die Arbeiterdelegierten und der Regierungschef durch ein Labyrinth von Zustimmungen und Ablehnungen bewegten.

Gierek lehnte die Rücknahme der Preiserhöhungen und die Veröffentlichung der Arbeiterforderungen ab; ordnungsgemäßen Wahlen in den Betrieben stimmte er dagegen zu. Aber er umging die Frage nach der persönlichen Sicherheit der Arbeiterdelegierten. Von den Arbeitern war bei allen Gesprächen betont worden, daß sie das System nicht in Frage stellen wollten.

Diese ständigen, nicht abreißenwollenden Gespräche zwischen Regierenden und Regierten waren das wesentliche Merkmal des „neuen Stils", den Gierek einführte. Die Arbeiter konnten durch diese „Politik der Gespräche" zwar keine neuen Tatsachen schaffen; aber das Gefühl, von den Verantwortlichen gehört zu werden, ihnen direkt ihre Beschwerden vortragen und ihnen widersprechen zu können, war für sie etwas Neues. Diese Gesten des guten Willens lösten in der Bevölkerung Hoffnungen und Erwartungen aus, besonders bei den Arbeitern, durch die Gierek an die Macht gekommen war und die er für sich zu gewinnen suchte. Dagegen war Giereks Verhältnis zur Intelligenz sehr ambivalent. Er verstand nur die technische Intelligenz, die nicht, wie die humanistische Intelligenz, über eine kämpferische, politische Tradition verfügte. Gierek war deshalb nicht bereit, der schöpferischen Intelligenz große Zugeständnisse zu machen. Er schränkte die Zensurbestimmungen nicht ein und hob auch nur wenige der 1968 gegen die Studenten und Schriftsteller verhängten Maßnahmen auf. Andererseits wußte auch Gierek, daß eine Politik, die von den Schriftstellern nicht mitgetragen wird, in Polen sehr unpopulär ist, da die Schriftsteller als „Künder des polnischen Wortes“ im Lande ungewöhnliches Ansehen genießen. So machte Gierek zu Beginn seiner Regierungspolitik auch einige freundliche Gesten gegenüber den Schriftstellern.

Ein paar Schreibverbote wurden aufgehoben, die Drucklegung von Manuskripten wurde erleichtert, und einige Berufsverbote wurden rückgängig gemacht. Davon profitierte unter anderem der Regisseur Kazimierz Dejmek, der 1968 wegen der angeblich antisowjetischen Mickiewicz-Aufführung die Leitung des Nationaltheaters hatte niederlegen müssen.

Die Lockerungsmaßnahmen hielten sich in Grenzen und konnten keineswegs als Zeichen einer Liberalisierung der Kulturpolitik verstanden werden. Das zeigte sich auch auf dem Lodzer Schriftstellerkongreß im Mai 1971, auf dem zwischen Partei und Schriftstellern lediglich ein Kompromiß erzielt wurde.

Kultusminister Wronski gab zu, daß es „unbegründete Härten“ gegeben habe, er schränkte dieses Eingeständnis aber gleich wieder ein und sprach auch von einem „Mißbrauch der Freiheit des Schriftstellers“, wenn dieser sich für Ziele, die gegen den Sozialismus gerichtet seien, einsetze.

Die Schriftsteller hatten sich auf dem Kongreß zum Teil ungewöhnlich scharf gegen die Zensur ausgesprochen, die die konstruktiven Tendenzen der Literatur beeinträchtige und zur „Nötigung der Autoren, nur Halbwahrheiten zu schreiben“, führe. Die Schriftsteller wollten sich als „Arbeiter der Feder“ verstehen und nicht als „Ingenieure der menschlichen Seele“. Hier lag genau der kritische Punkt im Verhältnis zwischen Parteiführung und Literaten. Gierek hatte durchaus nichts gegen eine breite Entfaltung des künstlerischen Schaffens, aber nur im Sinne eines patriotischen Engagements und „vertieften sozialistischen Bewußtseins“. Er wünschte sich eine positiv motivierende

Literatur der Arbeitswelt. Offiziell wurde der Literatur die Aufgabe zugewiesen, „im Zeitalter der übermächtigen Wirkung der Massenmedien eine größere Rolle als bisher beim Aufbau des Sozialismus in Polen“ zu spielen, an der „vordersten Stelle der ideologischen Front“. Genau damit aber hatten viele der Schriftsteller nichts im Sinn. Sie wollten sich nicht einem ideologischen System dienstbar machen und hörten nicht auf, größere Meinungsfreiheit und die Einschränkung der Zensur zu fordern.

Die Partei reagierte in den meisten Fällen mit Ignoranz und nahm Proteste, so zum Beispiel einen im Dezember 1974 von 15 Vertretern der Intelligenz unterzeichneten Brief an das Kultusministerium, nicht zur Kenntnis. Nach offizieller Darstellung hatte der Brief seinen Adressaten nicht erreicht, aber Durchschläge waren an die in Warschau akkreditierten Auslandskorrespondenten gegangen. Der fortschrittsgläubige Gierek setzte mehr auf die Befriedigung der Konsumbedürfnisse, um die unruhigen Elemente unter der Intelligenz und unter den Arbeitern in den Griff zu bekommen. Ein höherer Lebensstandard und eine bessere Versorgung sollten die Forderungen nach einem größeren geistigen Freiraum und nach mehr Mitspracherecht in den Hintergrund drängen. Im Zuge des wirtschaftlichen Aufschwungs Anfang der siebziger Jahre konnte die Partei dann auch tatsächlich immer mehr Zugeständnisse, die sie den Arbeitern nach den Unruhen gemacht hatte, zurücknehmen oder unterlaufen. Schon 1972 wurden die Gewerkschaften wieder stärker der Kontrolle der Partei unterstellt. Das neue Gewerkschaftsstatut, das die Schaffung von regionalen Gewerkschaftskommissionen in den Woiwodschaften und Großstädten vorsah, schrieb der Gewerkschaft, als „Partner der Betriebsverwaltungen“, wie bisher die Rolle des Transmissionsriemens der Partei zu. Die innerbetriebliche Mitbestimmung war fast ganz aufgehoben worden, so daß die alte Maxime wieder galt: „Gewerkschaft bedeutet nichts anderes als Produktivität.“

Um nicht noch einmal von Streiks in den Großbetrieben überrascht und zu Konzessionen gezwungen zu werden, wurden die Betriebsgruppen der Partei in den größeren Unternehmen direkt dem ZK unterstellt. Der neue „Arbeitskodex“ hatte den Arbeitern keine neuen Rechte gebracht, sondern sie eher stärker in staatliche Pflichten eingebunden.

Giereks Konzept, mit vorher nicht gekannten Konsumprivilegien politische Spannungen zu neutralisieren, hatte bis Mitte der siebziger Jahre Erfolg. Der enorme Wirtschaftsaufschwung Polens weckte großen Optimismus in breiten Bevölkerungskreisen. Die von dem „Westler“ Gierek betriebene Außenpolitik, die Erfolge im Bereich der Industrialisierung, die Polen, hinter der UdSSR aber vor der DDR und der CSSR, norminell zum zweitwichtigsten Wirtschaftsfaktor im sozialistischen Lager hatten werden lassen, machten die Polen stolz und gaben ihnen Selbstbewußtsein. Um so größer war die Enttäuschung, als, infolge der weltweiten Energiekrise, die polnische Nationalökonomie besonders hart getroffen wurde und sich die Regierung im Frühjahr 1975 gezwungen sah, die Bevölkerung um Geduld und Verständnis zu bitten, „wenn wir vorübergehend schwierige Zeiten und Situationen durchstehen müssen“. Als einzigen Ausweg sah die Parteiführung jetzt Preiserhöhungen für Lebensmittel, da nun auf einmal auch die landwirtschaftliche Produktion hinter dem Plansoll zurückgeblieben war.

Das Stichwort „Preiserhöhung“ löste in der Bevölkerung, wie immer, böse Ahnungen und Befürchtungen aus. Die Arbeiter reagierten sehr empfindlich, 1976 kam es zu zahlreichen Unruhen. Am heftigsten waren die Protestaktionen im Warschauer Traktorenwerk Ursus und in der mittelpolnischen Stadt Radom. Die Unruhen weiteten sich zum Aufruhr aus. Funktionäre wurden von den Arbeitern verprügelt, ihre Büros in Brand gesetzt; und auch ein Parteihaus ging in Flammen auf. Auf die massiven Polizeieinsätze folgten Straßenkrawalle.

Gierek vergaß in dieser Situation, ähnlich wie vor ihm Gomulka, wie folgenschwer Arbeiterunruhen sein können. Er suchte auch nicht mehr das Gespräch mit den demonstrierenden Arbeitern, sondern reagierte panisch und ließ hart und brutal durchgreifen. Viele Arbeiter wurden mißhandelt und Repressalien ausgesetzt, anderen wurde gekündigt und ungefähr 2000 Arbeiter kamen in Untersuchungshaft.

In dieser Phase erhielten die Arbeiter unerwartete Unterstützung. Die inzwischen aus dem Gefängnis entlassenen Oppositionellen Jacek Kuron und Karol Modzelewski gründeten am 23. September 1976 ein „Komitee zur Verteidigung der Arbeiter, KOR", unterstützt von einer Gruppe kommunistischer Intellektueller. Unter den rund zwanzig Wissenschaftlern, Schriftstellern und Künstlern fanden sich berühmte Persönlichkeiten wie zum Beispiel Jerzy Andrzejewski, der Autor des Romans „Asche und Diamant", durch dessen Verfilmung der Regisseur Andrzej Wajda auch im Westen bekannt wurde, und Edward Lipinski, ein von der Regierung verfolgter, bei der Intelligenz aber angesehener Wirtschaftswissenschaftler.

Zum ersten Mal brach jetzt eine Gruppe sozialistischer Intellektueller aus ihrem geistigen „Ghetto" aus, um sich auf die Seite der Arbeiter zu stellen.

Schon 1970, nach den blutigen Unruhen an der Ostseeküste, bei denen sich die Intellektuellen noch passiv verhalten hatten, war in Studentenkreisen eine bedrückte Stimmung aufgekommen. In einem Artikel der Zeitung des Studentenverbandes hieß es damals: „Und wie haben wir uns verhalten? Wir saßen in unseren Wohnheimen herum, abgeschnitten, die Telefonapparate mit Partei- und Verbandsaktivisten besetzt. Und jetzt haben wir einen moralischen Kater, weil wir nicht wußten, was vorging und wie wir uns angesichts der Aktionen der jungen Arbeiterklasse verhalten sollten. Wir spürten, daß ihre Grundforderungen berechtigt waren und daß wir sie unterstützen sollten, obwohl wir nicht sicher waren, ob es im allgemeinen Interesse der jungen Generation sei, auf die Straße zu gehen... Haben wir nicht das Recht auf ein Gefühl des Ekels?"

Über derartige Schuldkomplexe wegen fehlender Solidaritätsaktionen brauchten sich die KOR-Leute keine Gedanken zu machen. Innerhalb weniger Tage sammelten sie über 160 000,– Zloty, um die Familien von Verhafteten zu unterstützen. Sie besorgten Anwälte für die Verteidigung der Arbeiter und sammelten Zeugenaussagen über den Demonstrationsverlauf. Außerdem wohnten sie den Prozessen als Beobachter bei. KOR forderte eine Amnestie für alle verhafteten Arbeiter und ihre Wiedereinstellung in die Betriebe. Mit Erfolg: Alle Arbeiter wurden freigelassen, und die meisten erhielten auch ihre Arbeitsplätze zurück.

Nachdem sich KOR so erfolgreich für die Rechte der Arbeiter eingesetzt hatte, änderte es seinen Namen in „Komitee zur gesellschaftlichen Selbstverteidigung, KSS" um. Der Begriff KOR hatte sich allerdings in kurzer Zeit so fest eingebürgert, daß er auch weiterhin für das neubenannte Komitee gebraucht wurde.

Entsprechend der neuen Bezeichnung hatten sich aber auch die Aufgaben und Ziele von KOR/KSS verändert, d. h., um drei Hauptforderungen erweitert: Die Abschaffung der Zensur, die Bildung freier Gewerkschaften und die Beseitigung der Funktionärsprivilegien. In der nächsten Zeit organisierten sich noch andere oppositionelle Gruppierungen, die aber weit rechts von KOR angesiedelt waren und eindeutig antisozialistische Ziele verfolgten. Zu diesen Gruppierungen gehörte die „Bewegung für die Verteidigung der Menschen- und Bürgerrechte" (ROPCIO), die im März je ein Informationsbüro in Warschau und Lodz gründete. Als Vorsitzende fungierten der Rechtsanwalt Andrzej Czuma und der Journalist und Historiker Leszek Moczulski. Sie verfolgten vorrevolutionäre bürgerlich-demokratische Ideale und vertraten einen betont nationalistischen Kurs. Zwei Jahre später, 1978, wurde Moczulski Vorsitzender der „ersten oppositionellen Partei" Polens, der „Konföderation Unabhängiges Polen" (KPN). Als Ziel proklamierte diese Partei ein „unabhängiges, souveränes Polen, frei von der sowjetischen Oberherrschaft und von der totalitären Diktatur der ‚Vereinigten Polnischen Arbeiterpartei'". Ein Bündnis mit den Arbeitern strebten diese

Organisationen nicht an. Dagegen gelang es KOR in kurzer Zeit, feste Solidaritätszirkel in Studenten-, Bauern- und Arbeiterkreisen zu etablieren. Mit Hilfe von Stützpunkten überall im Lande baute KOR ein dichtes Informationsnetz auf, über das Informationen über Mißstände gesammelt wurden. Innerhalb von vier Jahren hatte es KOR auf einen Mitarbeiterstab von etwa tausend Personen gebracht, davon arbeitete jeder fünfte hauptamtlich für KOR; der Arbeitslohn wurde aus Spenden bezahlt. Das Komitee betrieb nicht nur eine breit gestreute Informationspolitik, sondern initiierte auch eine Art inoffizieller Volkshochschule, die in Dörfern und Städten Vorlesungen über die Werke totgeschwiegener polnischer Dichter der Vergangenheit und Gegenwart veranstaltete. Mit ähnlicher Intention wurde zwei Jahre nach der Gründung von KOR die „Gesellschaft für wissenschaftliche Kurse" (Towarzystwo kursow naukowych), auch „fliegende Universität" genannt, ins Leben gerufen. In Anlehnung an die Untergrundtätigkeit der Kriegsjahre wurden in ständig wechselnden Wohnungen Vorlesungen über polnische Literatur oder über die Wirtschaft Polens abgehalten. Im Laufe des Frühjahrs und Vorsommers 1978 haben nach Schätzungen von Teilnehmern derartiger Veranstaltungen allein in Warschau mindestens 50 bis 60 Vorlesungen stattgefunden, an denen jeweils zwischen 20 und 200 Personen teilnahmen. Auch ordentliche Professoren der Universität hielten Vorlesungen in den von Dozenten, Künstlern und von der Kirche zur Verfügung gestellten Räumen.

Eine andere Einrichtung, die den unter Schreibverbot stehenden Schriftstellern ein Forum bieten sollte, war NOWA, die Abkürzung für „Unabhängige Verlagsoffizien" (Niezalezna Oficyna Wydawnicza). Dieser unabhängige Verlag unter der Leitung von Miroslaw Chojecki, einem gelernten Chemiker und ehemaligen Mitarbeiter des Warschauer Kernforschungsinstituts, war bis 1981 der größte inoffiziell arbeitende Verlag Osteuropas. Über einhundert unzensierte Bücher sind bis jetzt bei NOWA erschienen, darunter „Die Blechtrommel" von Günther Grass und

Werke von Czeslaw Milosz, der als Dank dafür um die Anwesenheit des Verlagsleiters Chojecki bei der Verleihung des Friedensnobelpreises in Stockholm gebeten hatte.

Ein neues Phänomen oppositioneller Bewegungen in Osteuropa war, daß die polnischen „Bürgerrechtler" versuchten, sich streng an die Legalität zu halten und alles zu vermeiden, was nach illegaler Tätigkeit aussah. Sie wandten sich gegen die Bezeichnung Untergrund und verliehen ihren Initiativen bewußt einen öffentlichen Charakter. Alle ihre Komiteeabteilungen gaben öffentlich ihre Anschriften und die Namen und Adressen ihrer Vorstände bekannt. Genau so verfuhren die Redaktionen der etwa drei Dutzend inoffiziellen Zeitschriften. Hinter einer der wichtigsten dieser Publikationen, der literarischen Zeitschrift „Zapis" (Vermächtnis) stehen bekannte polnische Schriftsteller wie Marek Nowakowski, Stanislaw Baranczyk, Jacek Bochenski, Kazimierz Brandys und Jerzy Andrzejewski. „Zapis" wird ebenso wie die Zeitschriften „Puls" (Puls) und „Krytyka" (Kritik), an der Tschechen und Ungarn mitarbeiten, in London nachgedruckt. Dadurch haben ihre Inhalte eine weite Verbreitung in der Emigration. Die anderen Zeitungen und Zeitschriften wie „Glos" (Die Stimme), „Opinja" (Öffentliche Meinung), „Postep" (Fortschritt) oder „U progu" (An der Schwelle) haben es schwerer, da sie nur auf Vervielfältigungsapparaten hergestellt werden können. Der Kauf und der Betrieb von Vervielfältigungsmaschinen ist in Polen aber genehmigungspflichtig, und so werden manche dieser Publikationen mühsam von Mitarbeitern und Lesern abgeschrieben.

Die Redaktionen sind den Behörden bekannt, die Beiträge namentlich gezeichnet. Nur die Orte, an denen die einzelnen Zeitungen vervielfältigt und die NOWA-Publikationen gedruckt werden, bleiben geheim, um die technischen Geräte dem Zugriff des Staates zu entziehen. Die „Gesellschaft für wissenschaftliche Kurse", TKN, betonte ausdrücklich, daß sie sich nicht als Teil einer Opposition verstehe, daß ihre Arbeit, nicht „politisch" zu verstehen sei, sondern lediglich auf die Freiheit der Bildung ziele. Sie gab die Termine ihrer Vorlesungen und die Namen ihrer Referenten öffentlich bekannt, ebenso wie die Privatwohnungen, in denen die Veranstaltungen stattfanden.

Zweifellos hatten die KOR-Mitarbeiter in Wahrheit nicht ein so naives Verständnis von Politik, aber indem sie sich formal auf bestimmte Themen, Fragen zur Bildung oder Wirtschaft beschränkten, versuchten sie, ihre Verteufelung als „antisozialistische Elemente“ zu vermeiden. In diesem Sinne sind auch die Statements von Lech Walesa aus dem Herbst 1980 zu verstehen, in denen er immer wieder behauptete, er setze sich für die Bildung freier Gewerkschaften ein, Politik interessiere ihn nicht. Diese Bemerkung brachte ihm in West und Ost nur verständnisloses Kopfschütteln ob der scheinbaren Naivität ein. Taktik von KOR war es, den Staat möglichst nicht zu provozieren und die geschriebenen Gesetze peinlich genau einzuhalten.

Das Regime zeigte sich in bezug auf die gegen KOR zu ergreifenden Maßnahmen äußerst unsicher. Immer wieder wurden KOR-Mitglieder und Sympathisanten verhört und verhaftet, um kurze Zeit danach wieder entlassen zu werden. Die Partei versuchte mit Provokationen, Durchsuchungen von Privatwohnungen, Abhören von Telefonen und ständiger Überwachung der Führungspersönlichkeiten, KOR einzuschüchtern. Die Sprecher von KOR, Jacek Kuron und Adam Michnik, erlebten alles mögliche, bis zu anonymen Drohungen und Steine werfenden „Studenten“.

Die Taktik der Legalität von KOR zwang das Regime zu illegalen Praktiken. Miroslaw Chojecki wurde mehrfach von „Zivilpersonen“ zusammengeschlagen und wegen angeblichen Diebstahls verhaftet, als er einen Vervielfältigungsapparat, der ihm von zwei Arbeitern einer staatlichen Druckerei angeboten worden war, gekauft hatte. Als angeblicher Organisator einer Einbrecherbande wurde der Herausgeber des „Robotnik Wybrzeza“ (Der Arbeiter der Küste), Edmund Zadrozynski, zusammen mit seinen beiden Söhnen verhaftet und zu drei Jahren Gefängnis verurteilt. In die verschiedenen Gruppen wurden Agenten eingeschleust, die einen harten Kurs der Provokationen vertraten, um dem Staat Gelegenheit zum Eingreifen zu verschaffen. Es gab nicht nur Rollkommandos und antisemitische Hetzkampagnen, sondern auch ungeklärte Todesfälle. Der KOR-Mitarbeiter und Philologiestudent Stanislaw Pyjas wurde Ende April 1977 in Krakau ermordet, nachdem er zuvor anonyme Briefe bekommen hatte, die seinen Tod androhten. Der KOR-Mitarbeiter Tadeusz Szczepanski wurde im März 1980 tot aus der Weichsel gezogen.

Diese mysteriösen Unfälle führten allerdings auch zu immer weitergehenden Solidarisierungsaktionen in der Bevölkerung und schürten das Mißtrauen gegen die Sicherheitsorgane und den Staat. Sie lösten Proteste und Demonstrationen aus. Wie wenig die offiziellen Stellen dazu bereit waren, die Stimmung in der Bevölkerung zur Kenntnis zu nehmen, bewies die Meinung des Chefredakteurs der staatlichen Presseagentur „Interpress", der noch Ende August 1980 behauptete, die Behörden hätten den „polnischen Berufsoppositionellen" gegenüber „mehr als Geduld und Toleranz an den Tag gelegt... Das politische Programm dieser etablierten Opposition ist aber in Polen in etwa so realistisch und populär, wie es seinerzeit die Postulate der Baader-Meinhof-Gruppe in der Bundesrepublik Deutschland gewesen waren". Wojciechowski dachte an die Zeit, bevor Baader-Meinhof in den „ausweglosen Terrorismus abgetaucht" waren.

Dabei hatte die KOR-Gruppe ihre größten und entscheidenden Erfolge unter den Arbeitern zu verzeichnen. Das Komitee hatte ein Korrespondentennetz in den Betrieben aufgebaut. Überall saßen Vertrauensleute, die den Arbeitern die Fehler der vorausgegangenen Unruhen vor Augen führten und die Devise von Jacek Kuron verbreiteten: „Gründet Komitees, statt Feuer zu legen."

Die Arbeiter wurden in Streikdisziplin trainiert. Einer der wichtigsten Grundsätze war, die Polizei nicht herauszufordern, sondern bei Unruhen auf dem Gelände der schützenden Betriebe zu bleiben, die Konflikte nie auf der Straße auszutragen: „Sie warten auf den Straßen auf uns, um uns als Halbstarke zu denunzieren", hieß es.

Daß diese Lehren auf fruchtbaren Boden fielen, zeigte sich während des Streiks im August 1980 und auch bei den gefährlichen Auseinandersetzungen um den Generalstreik Ende März 1981 in Warschau, als der Gewerkschaftsvorstand von „Solidarnosc“ sein Hauptquartier in das Traktorenwerk Ursus verlegte.

Außer im Traktorenwerk Ursus hatte sich KOR auch auf der Danziger Lenin-Werft eine solide Basis aufbauen können. Als einer der gelehrigsten Schüler von KOR erwies sich der arbeitslose Lech Walesa, der nach den Arbeiterunruhen von 1976 seinen Arbeitsplatz auf der Lenin-Werft verloren hatte, weil er sich schon damals öffentlich für die Bildung freier Gewerkschaften ausgesprochen hatte. Bald darauf bekam er Kontakt zu einer KOR-Gruppe. 1978 gehörte Walesa, wie auch Anna Walentynowicz, zu den Unterzeichnern der „Charta der Arbeiterrechte“, eine von KOR ausgegangene Initiative, die am Vorabend des 1. Mai 1978 in Danzig zur Gründung der „Freien Gewerkschaft des Küstengebietes“ führte. Als Verantwortlicher des Gründungskomitees zeichnete der Danziger Werftingenieur Andrzej Gwiazda, der zunächst Walesas engster Mitarbeiter in der Gewerkschaft „Solidarnosc“ wurde, später sein Konkurrent. In der Proklamations-Verlautbarung der „Freien Gewerkschaft des Küstengebietes“ hieß es: „Die Gewerkschaftsbewegung in Polen hörte vor 30 Jahren auf zu existieren. Die ‚Vereinigte Polnische Arbeiterpartei‘ machte die Gewerkschaften zum gehorsamen Werkzeug einer organisierten Ausbeutung aller sozialen Schichten. Nur authentische Gewerkschaften können den Staat retten, ...nur über eine Demokratisierung führt der Weg zu einem Ausgleich zwischen den unterschiedlichen Einzelinteressen sowie zwischen dem guten Willen der Staatsbürger und den Interessen des Staates.“

Mitarbeiter von KOR waren dabei, als sich das Danziger und dann das Breslauer Gründungskomitee der „Freien Gewerkschaften“ konstituierte.

Gute Vorarbeit in Richtung auf die Bildung freier Gewerkschaften hatte auch die 1977 gegründete Zeitung „Robotnik“ (Der Arbeiter) geleistet. Diese zweimal im Monat erscheinende Zeitung ging zurück auf die im Jahr 1893 als Zentralorgan der nationalorientierten antirussischen und später antisowjetischen „Polnischen Sozialistischen Partei“ (PPS) gegründete gleichnamige Zeitung, die auch während des Zweiten Weltkrieges unter der deutschen Besatzung illegal erschienen war. Ende der siebziger Jahre wurde der „Robotnik“ zur größten oppositionellen Zeitung Polens. Während der Ereignisse im August 1980 fiel der Zeitung die Rolle eines Organisationsinstruments der Streikleitung zu; sie informierte über die Prinzipien der Arbeiter- und Gewerkschaftsbewegung die sich in Polen entwickelte, und rief immer wieder dazu auf, notwendige Reformen mit kühlem Kopf anzugehen.

Lech Walesa hatte, wie auch Anna Walentynowicz, seit Ende des Jahres 1978 in der Redaktion der Küstenausgabe „Robotnik Wybrzeza“ mitgearbeitet und dadurch sicherlich viele theoretische Grundkenntnisse erworben. Für die Ausbildung in Sachen Gewerkschaftsbewegung und Streikorganisation, die er erfahren hatte, dankte Walesa dem „Komitee für gesellschaftliche Selbstverteidigung“ auf seine Weise: Als während des Streiks auf der Danziger Werft offiziell von „antisozialistischen Hintermännern“ die Rede war und in diesem Zusammenhang mehrfach der Name KOR genannt wurde, den manche Arbeiter noch nicht kannten, gab Walesa Nachhilfeunterricht über Geschichte und Ziele von KOR und sorgte schließlich kurz vor der Ratifizierung der Danziger Vereinbarungen dafür, daß verhaftete KOR-Mitglieder freigelassen wurden.

Auch Anna Walentynowicz dankte KOR für die Unterstützung während des Streiks, „ohne die der Streik womöglich einen ganz anderen Verlauf genommen hätte“, und erklärte, daß die Gewerkschaft sich auch weiterhin auf die juristischen Ratschläge der KOR-Experten verlassen werde.

Das Bündnis zwischen Arbeitern und oppositioneller Intelligenz, wie es KOR schon 1976 vorgeschwebt hatte, war 1980 zum ersten Mal geglückt – vorerst. Karol Modzelewski, der schon 1965, ähnlich wie Jacek Kuron, aufgrund seiner öffentlichen Kritik am real existierenden Sozialismus mit dem System in Konflikt geraten war, wurde Pressesprecher der „Solidarnosc“. Jacek Kuron fungierte als Berater der unabhängigen Gewerkschaft in Danzig, während Adam Michnik und Jan Lytinski, Herausgeber der Zeitung „Robotnik“, die Warschauer Gewerkschaftsorganisation berieten.

Geistige, theoretische Unterstützung hatten die Arbeiter zwar durch die kritische Intelligenz erhalten, verlassen hatten sie sich aber immer auf die moralische Instanz der katholischen Kirche. „Von den Intellektuellen und Bauern, liberas nos domine, sollte der Herr uns erlösen“, sagte Lech Walesa in einem Interview mit der italienischen Journalistin Oriana Fallaci angesichts der im Herbst 1980 und im Verlauf des Jahres 1981 nicht nachlassenden Unruhen unter den Bauern und Intellektuellen. Dabei definierte er die Rolle der Kirche als „Symbol des Kampfes“, als einzige Institution, die sich den Unterdrückern niemals unterworfen habe: „Ohne die Kirche könnte nichts geschehen, mich selbst würde es nicht geben, und ich wäre nicht, was ich bin.“

# III. Patriotismus und Religiosität

*„Um eine Revolution zu ernten, mußte man früher Jesuiten säen; heute genügen ein paar statistische Daten."*
*(Adolf Neuwert Nowaczynski, 1902)*

Wie sehr Walesa der katholischen Kirche verbunden ist, hat er immer wieder durch verschiedene Gesten demonstriert. Sei es durch das Singen der alten Kirchenlieder und die Gebete während des Streiks oder die Unterzeichnung der Danziger Vereinbarungen mit einem überdimensionalen Kugelschreiber, den – ein wenig kitschig – das Bild des polnischen Papstes Johannes Paul II. schmückte. Während die Angehörigen und Sympathisanten der unabhängigen Gewerkschaft ihr Bekenntnis zu „Solidarnosc" durch das Tragen des entsprechenden Abzeichens unter Beweis stellten, trug Walesa einen „Button" mit dem Bildnis der Madonna von Tschenstochau an seiner Jacke.

Die Überzeugung, daß das Schicksal von Kirche und Nation in Polen unauflöslich miteinander verbunden ist, wurzelt so tief in der polnischen Bevölkerung, daß es keinem polnischen Parteichef je gelungen ist, den Einfluß der Kirche zurückzudrängen. Alle Parteiführungen in Polen mußten die Kirche als politisch gleichrangigen Partner ertragen, und somit nimmt die katholische Kirche Polens heute eine Ausnahmestellung unter den Kirchen der übrigen kommunistischen Staaten Osteuropas ein, wo die Kirchen meistens, soweit sie sich nicht im Untergrund neu konstituierten, kaum mehr als schemenhafte Erscheinungen sind, die nur in seltenen Sonderfällen vorsichtig Kritik am herrschenden Regime äußern. In Polen hat die Staats- und Parteiführung in der Kirche immer einen potenten Gegner oder gelegentlich auch einen hilfreichen Partner gefunden.

Die katholische Kirche Polens betrachtet sich nicht nur als religiöse Institution, sondern auch als Garant der abendländischen Tradition, der gemeinsamen europäischen Werte. Für die polnische Bevölkerung war die Kirche immer schon ein Symbol des Kampfes und der nationalen Freiheit gewesen, einzige Instanz, die nie enttäuscht und die sich immer auf die Seite des Volkes gestellt hat, die sich niemals dazu bereitfand, mit den jeweiligen Unterdrückern gemeinsame Sache zu machen. Die katholische Kirche Polens verkörpert keinen staatstragenden Katholizismus wie im westlichen Europa, andererseits aber auch kein revolutionäres Christentum wie in Lateinamerika. Sie versteht sich als Vertreterin einer christlichen Soziallehre konservativer Prägung. Der Papst aus Polen hat sich während seiner Mexiko-Reise deutlich gegen die „Theologie der Befreiung" ausgesprochen und gesagt, wie die Unterdrückten in Lateinamerika sich von der Unterdrückung befreien könnten, sei nicht Sache der Kirche.

Dabei hat die katholische Kirche Polens ihre besondere Stellung im Bewußtsein der Bevölkerung eben durch ihren Kampf gegen die Unterdrückung und Fremdherrschaft gewonnen. Die Legende von der tiefen Frömmigkeit der Polen ist zwar auf der ganzen Welt verbreitet, nüchtern betrachtet ist jedoch die demonstrative Religiosität in erster Linie eine patriotisch motivierte Verteidigungshaltung, die ihre Wurzeln in der politischen Geschichte Polens hat.

## Der polnische Katholizismus im historischen Rückblick

„Polen, Dein Verderben ist Rom", so hatte der polnische Dichter Juliusz Slowacki, zu Beginn des 19. Jahrhunderts das Schicksal seines Landes beklagt, als die konservativen Mächte auf dem Wiener Kongreß 1815 „im Namen der Heiligen Dreifaltigkeit" das „Herzogtum Warschau" wieder preußischer und russischer Oberhoheit unterstellten.

Polen, das im 15. Jahrhundert und Anfang des 16. Jahrhunderts wegen seiner religiösen Toleranz berühmt war und vielen verfolgten religiösen Minderheiten Asyl gewährte, hatte seinen Charakter verändert. Die von Jesuiten getragene Gegenrevolution hatte sich in Polen sehr schnell und erfolgreich ausbreiten können. Das von Humanismus und Toleranz geprägte Schulsystem war zusammengebrochen. An seiner Stelle war ein dichtes Netz von Jesuitenkollegien entstanden, die nicht mehr religiöse Duldsamkeit lehrten. Die neuen Schulen wurden Instrumente der Gegenreformation, in denen militante Katholiken erzogen wurden. Diese Intelligenz rekrutierte sich vor allem aus dem polnischen Adel, der jetzt auch zunehmend politisiert wurde. Adel und Klerus bildeten seitdem einen wesentlichen Träger des polnischen Selbstbewußtseins. Als durch die Teilungen Polens die Gefahr einer politischen Überfremdung und einer Entnationalisierung immer größer wurde, nahm auch die katholisch-nationale Intoleranz als eine Art ideologisch-nationaler Gegenwehr zu.

Der Kampf um die Bewahrung der polnischen Kultur und Eigenart verlief in den drei Gebieten der Teilung unterschiedlich, er war abhängig von der Einstellung und Politik der Teilungsmächte gegenüber der polnischen Bevölkerung.

Im Galizien, dem Teilungsgebiet des katholischen Österreich, war eine Verteidigung der nationalen polnischen Kulturelemente nicht notwendig.

Dagegen setzte im russischen Teilungsgebiet nach dem blutig niedergeschlagenen polnischen Aufstand von 1830/31 eine Russifizierungswelle ein, die das polnische kulturelle Leben lähmte.

Besonders hart gingen die russischen Behörden gegen die katholische Kirche vor. Religiöse Vereine und auch Prozessionen wurden verboten. Den polnischen Bischöfen wurde der Kontakt zum Vatikan untersagt. Viele Klöster wurden aufgelöst. Im gesamten russischen Gebiet begann dagegen eine intensive Förderung der orthodoxen russischen Kirche, die schon 1833 in Warschau ein Erzbistum errichtet hatte. Die orthodoxe Kirche, die die Russen mitten in Warschau bauen ließen, wurde von den Polen als Symbol der Russifizierung empfunden und sofort nach der Wiedergewinnung der Unabhängigkeit und staatlichen Souveränität 1918 abgerissen.

Die Polen ließen sich nicht so ohne weiteres die russische Sprache und Kultur oktroyieren. Der polnische Widerstandsgeist entwickelte sich zunehmend und wurde dabei vom katholischen Klerus geschürt. Damals begann die Tradition der geheimen wissenschaftlichen Ausbildung. Bedeutende polnische Gelehrte bemühten sich, durch private Bildungsarbeit einen Ersatz für die aufgelösten polnischen Universitäten zu schaffen. Und auch die katholische Kirche wirkte erfolgreich im Untergrund, mit einem polnischen Religionsunterricht und mit Gottesdiensten in polnischer Sprache. In den siebziger und achtziger Jahren des 19. Jahrhunderts entwickelte die polnische Bevölkerung im russischen Teil Polens sogar ein besonders intensives geistiges Leben, denn die polnische Bildungsschicht vertiefte sich um so mehr in die Geschichte und Literatur ihrer eigenen Nation, je stärker der Druck der Russifizierung auf ihnen lastete. Ähnlich verhielt es sich mit der Religiosität der Polen, deren Bekenntnis zur römisch-katholischen Kirche, proportional zu den Bemühungen der russisch-orthodoxene Kirche, immer demonstrativere Züge annahm.

In dem von Preußen beherrschten Teil Polens setzte die Politik der Entnationalisierung erst sehr viel später ein als in den Gebieten unter russischer Oberhoheit. Aber durch die Germanisierungsbestrebungen Preußens beziehungsweise des Deutschen Reiches fühlten sich die Polen besonderen Schikanen ausgesetzt; auch war gerade im Raum um Posen das polnische nationale Selbstbewußtsein sehr stark ausgeprägt, so daß die Germanisierungspolitik hier auf heftige Gegenwehr – besonders durch den polnischen Klerus – stieß.

Bismarck war entschlossen, den preußisch-autoritär geprägten Staatsanspruch auch in den polnischen Gebieten durchzusetzen. Seinen Hauptwidersacher sah er dabei in dem praktizierenden politischen Katholizismus der polnischen Bevölkerung, und um die von ihm als „reichsfeindliche Haltung“ empfundenen polnischen nationalen Bestrebungen zu brechen, setzte er auf die Politik der Verfolgung des katholischen Klerus. Bismarck ging davon aus, daß das polnische Nationalgefühl im wesentlichen vom Adel und von der Geistlichkeit verkörpert werde und daß er die übrigen Bevölkerungsgruppen durch eine entsprechende deutsche Erziehung gewinnen könne. Durch das Schulaufsichtsgesetz von 1871 wurde der katholischen Kirche deshalb der Einfluß auf die Erziehung genommen und Polnisch als Unterrichtsfach immer weiter abgebaut.

## Folgen des „Kulturkampfes“

Bismarck hatte allerdings die Stärke des polnischen Nationalgefühls unterschätzt, das sich nun angesichts der repressiven Schulpolitik noch verstärkte. Bei den Polen führte die Tatsache, daß die Schulen als Kampfinstrumente gegen die eigene Muttersprache eingesetzt wurden, zu einer Abwehrhaltung gegen alles Deutsche, von der schließlich auch die unteren sozialen Schichten der polnischen Bevölkerung erfaßt wurden, in denen sich vorher kaum nationalpolnische Bestrebungen bemerkbar gemacht hatten. Alarmierend wirkte auf die polnische Bevölkerung auch die Verhaftung der polnischen Geistlichen, die sich, entsprechend einer Weisung des Vatikans, der Einschränkung des polnischen Religionsunterrichts und des polnischen Gottesdienstes widersetzten. In Posen wurde der Erzbischof Ledochowski verhaftet und später nach zweijähriger Inhaftierung an der Rückkehr in seine Kirchenprovinz gehindert. Insgesamt wurden damals mehr als hundert Geistliche eingesperrt, einschließlich des Bischofs und der beiden Weihbischöfe von Kulm (Chelmno). Zahlreiche Pfarreien waren dadurch verwaist, aber der Widerstand des polnischen

Klerus konnte dennoch nicht gebrochen werden. Schließlich kam es im Sommer und Herbst 1906 zu einem allgemeinen passiven Widerstand gegen das Verbot eines polnischen Religionsunterrichts. Die polnische Geistlichkeit hatte, zusammen mit Eltern und geheimen Schülergesellschaften, einen Streik organisiert, an dem über 40 000 Schüler teilnahmen.

So führte der sogenannte Kulturkampf am Ende nicht zu einer Schwächung, sondern zu einer außerordentlichen Stärkung des polnischen Nationalgefühls sowie des spezifischen polnischen Katholizismus. Die Begriffe „polnisch-katholisch“ und „deutsch-protestantisch“ wurden damals zu Bezeichnungen für politische Gegensätze schlechthin. Der Katholizismus polnischer Prägung war während der Zeit der Teilung Polens eng mit den Bemühungen um das Überleben polnischer Eigenart und Sprache zusammengewachsen. Er wurde zu einer Art Inkarnation des Polnischen. Auch in der Zeit der fortschreitenden Säkularisierung identifizierten sich die Polen mit „ihrem“ Katholizismus, auch jene Polen, die nicht sehr religiös waren. Die meisten von ihnen pilgerten weiterhin demonstrativ zur Jasna Gora (Heller Berg) bei Tschenstochau (Czestochowa), die seit der zweiten Teilung Polens 1793 zu Preußen gehörte, um im Paulinenkloster das Bildnis der Schwarzen Madonna zu verehren. Diese Pilgerfahrten waren niemals nur ein religiöser Akt, sondern auch ein Bekenntnis zur polnischen Nation und Tradition.

Die Muttergottes von Tschenstochau war unbewußt ein Symbol des Kampfes gegen den Protestantismus, das heißt – im polnischen Verständnis – gegen die germanische Expansion geworden. Der Mythos von der Wundertätigkeit Mariens war im 17. Jahrhundert nach einer Belagerung des Paulinenklosters durch die Schweden entstanden, in der Zeit der Glaubenskriege. Das schwedische Heer, um dessen Versorgung es damals sehr schlecht bestellt war, hatte versucht, das Kloster im Sturm zu nehmen, um an die reichen Schatzkammern zu gelangen. Der Angriff mißlang jedoch, und die Schweden mußten die Belagerung abbrechen. Danach verbreitete sich im Land die Legende von der wundertätigen Hilfe der Muttergottes, die sich während des Artilleriebeschusses über der Festung gezeigt und die Geschosse in die andere Richtung gelenkt habe, so daß die Angreifer, wie „vom Himmel“, selbst getroffen wurden. Der Krieg war gewonnen. Die Gegenreformation und der Katholizismus errangen einen vollständigen Sieg über die lutheranischen Schweden und damit über den Protestantismus. Der polnische König Johann Kasimir weihte daraufhin Polen der Muttergottes von Tschenstochau, und seitdem trägt die Muttergottes den offiziellen (offenbar auch vom Vatikan anerkannten) Titel „Königin der polnischen Krone“. Es gibt noch einen ähnlichen Mythos, den von der Wundertätigkeit der Ostrobramska Matka Boska. Diese Ostrobramska Muttergottes, deren Bild in Wilna aufbewahrt wird, wurde als Schutzheilige jener Gebiete verehrt, die an den Bereich der russisch-orthodoxen Kirche grenzten. Sie war das Symbol für den polnischen Kampf gegen das Zarentum. Aufgrund der Verlagerung der polnischen Ostgrenze nach dem Zweiten Weltkrieg liegt die Wallfahrtsstätte heute auf sowjetischem Territorium.

Von beiden Madonnen heißt es im Volksmund, daß sie sich besonders um das Schicksal Polens sorgen. In beiden Fällen gibt es dagegen keine Legenden über wunderbare Heilungen oder persönliche Gnadenbezeugungen, wie sie etwa von der Muttergottes von Lourdes überliefert werden. Beide Madonnen haben in dieser Mythologie die Funktion von Anwältinnen der polnischen Sache.

Mit ähnlich patriotisch-religiösen Gefühlen wird auch der heiliggesprochene Krakauer Bischof Stanislaw Szczepanowski verehrt. Er gilt in Polen als Märtyrer, aber nicht als Märtyrer des Glaubens, sondern der politischen Macht. Nach der Legende des Heiligen Stanislaw, die für die Beziehungen zwischen Kirche und Staat besonders symbolträchtig und hintergründig ist, lag der Krakauer Bischof im 11. Jahrhundert in Fehde mit dem polnischen König Boleslaw Chrobry (der Kühne), weil der König damals angeblich seine Macht mißbrauchte. Um den lästigen Kritiker und

Widersacher loszuwerden, ließ der König den Bischof am 8. Mai 1079 hinrichten. Nach polnischer Version erschlug der König den Kirchenmann eigenhändig mit dem Schwert in der noch heute existierenden Kirche Na Skalce (auf dem Felsen). Die himmlische Strafe folgte, als der König vor einem Aufstand seiner polnischen Ritter nach Ungarn floh und bald darauf starb.

Die sterblichen Überreste des Bischofs, sein zertrümmerter Schädel und einige Gebeine – nach der Legende soll der Polen symbolisierende Adler den zerstückelten Leichnam aus allen Himmelsrichtungen wieder zusammengetragen haben – werden in der Krakauer Wawel-Kathedrale aufbewahrt und gelten als Erinnerungsstücke an den Kampf eines Kirchenmannes gegen weltliche Tyrannei.

Historiker meinen zwar, daß der polnische Bischof damals nicht einmal auf der Seite des rechtmäßigen Papstes stand und vermutlich in eine Verschwörung gegen den König verwickelt war, dennoch ist diese Legende auch im heutigen Polen erstaunlich lebendig geblieben. Dies wird auch aus dem Hirtenbrief deutlich, den Karol Wojtyla, damals noch Krakauer Erzbischof, am 8. Mai 1977 zum Gedenken an den polnischen Heiligen geschrieben hat: „Sankt Stanislaw ist der Schutzheilige der moralischen und gesellschaftlichen Ordnung im Lande. Er wagte es, dem König zu sagen, daß er verpflichtet sei, das Gebot Gottes zu achten. Die uralte Verehrung des heiligen Stanislaus ist ein Bekenntnis zu der Wahrheit, daß das Moralgesetz die Grundlage des Sozialgefüges ist. Sankt Stanislaus ist für die Freiheit, für dieses unveräußerliche Recht eines jeden Menschen, eingetreten; denn die Verletzung der Freiheit durch den Staat ist gleichzeitig eine Verletzung der moralischen und sozialen Ordnung."

Diese Einschätzung des Heiligen Stanislaw durch den späteren Papst Johannes Paul II., der sich schon als junger Priester von dieser Symbolfigur besonders angezogen fühlte und der sich nach seiner Wahl zum Papst am liebsten Stanislaus I. genannt hätte (mit Rücksicht auf die Italiener verzichtete er aber darauf), war auch der Parteiführung unter Gierek nicht geheuer. Sie versuchte deshalb, den Besuch des Papstes, der sich schon sechs Tage nach seiner Wahl selbst nach Polen eingeladen hatte, um dort im Mai 1979 an den Feierlichkeiten zu Ehren des Heiligen Stanislaw teilnehmen zu können, aufzuschieben. Nach mehrwöchigen Verhandlungen gelang es der polnischen Parteiführung, den Papstbesuch in den Juni zu legen, aber der Papst sorgte dennoch dafür, daß sein Märtyrer während des Besuches alle ihm zugedachten Ehrungen erfuhr.

Immer haben die Polen in Zeiten der Bedrohung und Gefahr Zuflucht zum Glauben genommen und dabei ihre Heiligen besonders intensiv und demonstrativ verehrt.

So nahmen auch während der nationalsozialistischen Okkupation viele religiöse Riten und Andachten den Charakter einer politischen Demonstration an.

Nun war die nationalsozialistische Polenpolitik in ihrem Größenwahn nicht nur auf die „Eindeutschung" Polens ausgerichtet. Nach dem Prinzip der Unterteilung der Völker in Herren- und Helotenrassen sollte die einfache bäuerliche Bevölkerung Polens in Zukunft den deutschen Herrenmenschen dienen, während man die geistig und kulturell führenden Schichten „neutralisieren", klarer gesagt, ausschalten wollte.

Der junge Krakauer Philosophie- und Geschichtsstudent Karol Wojtyla erlebte, wie die älteste Universität Polens, die Krakauer Universität aus dem 14. Jahrhundert, im November 1939 aufgelöst wurde. Die Professoren und wissenschaftlichen Mitarbeiter wurden dabei von den Okkupanten in eine Falle gelockt: Sie wurden zu „Besprechungen" geladen und anschließend in das KZ Sachsenhausen abtransportiert, wo viele von ihnen umkamen. Die Studenten mußten sich eine körperliche Arbeit suchen. Karol Wojtyla ging Steine klopfen.

Die katholische Kirche als Träger des polnischen Nationalgefühls wurde zu einem Hauptziel der nationalsozialistischen Ausrottungspolitik. Viele katholische Priester wurden verschleppt und umgebracht. Schon Ende des Jahres 1939 saßen etwa 1000 polnische Geistliche und Ordensleute in den Konzentrationslagern. Zwischen 1939 und 1945 kamen in den deutschen Gefängnissen und Konzentrationslagern fast 2000 polnische Priester, darunter vier Bischöfe sowie 113 Priesterstudenten und 238 Nonnen ums Leben. In den an das Deutsche Reich angeschlossenen polnischen Gebieten wurde die Kirchenhierarchie völlig zerschlagen. Der Primas von Polen, Kardinal August Hlond, mußte ins Ausland fliehen. Nur der Erzbischof von Krakau, Fürst Sapieha, der aus einem der ältesten und berühmtesten polnischen Adelsgeschlechter stammte, konnte seine Stellung im Generalgouvernement halten.

Auf dem Höhepunkt der nationalsozialistischen Kirchenverfolgungen meldete sich der Student Karol Wojtyla beim Krakauer Erzbischof Sapieha, um Priester zu werden. Sapieha hatte ein System entwickelt, in dem sich Theologiestudenten ohne Universität, innerhalb einer Art kirchlicher Untergrundorganisation, weiterbilden konnten. Er schickte die Studenten als Angestellte in die verschiedenen Pfarreien. Damit war zunächst einmal ihre legale Existenz gesichert. Nebenher konnten sie ihr Studium fortsetzen. Jeder Student hatte zu diesem Zweck einen Kontaktprofessor und wurde mit Lehrbüchern versorgt. Zweimal im Jahr wurde diese geheime Klerikergemeinschaft, zu der nun auch Karol Wojtyla gehörte, zu heimlichen Exerzitien nach Krakau geholt.

Die totale Unterdrückung des polnischen Katholizismus und der polnischen Kultur hatte wieder einmal, wie in der Zeit der polnischen Teilung, eine Gegengewalt geschaffen.

Lehrer und Professoren, die nicht deportiert worden waren, unterrichteten die Studenten in Privatwohnungen. Es wurden Seminare und Prüfungen abgehalten sowie Zeugnisse ausgegeben. Manche Studenten arbeiteten auch tagsüber in Fabriken, Betrieben oder in einem Steinbruch und beschäftigten sich abends mit ihrem Studium. Die Universitäten hielten so ihren Studienbetrieb allen Erschwernissen zum Trotz aufrecht.

Nach dem Warschauer Aufstand im August 1944 wurde die nationalsozialistische Politik noch brutaler, richtete sich jetzt noch schärfer gegen den katholischen Klerus. Erzbischof Sapieha nahm ungefähr 30 Theologiestudenten in sein Palais, um sie auf diese Weise in Sicherheit zu bringen. Unter den Studenten befand sich auch Karol Wojtyla. Sie lebten und lernten dort vom Sommer 1944 bis zum Januar 1945. Viele der polnischen Geistlichen und Theologiestudenten waren Mitglied der polnischen Widerstandsbewegung.

Die katholische Kirche Polens hat bei ihrem Engagement für den Widerstand gegen die deutsche Okkupation ihre patriotische Rolle beibehalten. Die militärische Untergrundbewegung und ihre konspirativen Aktionen wurden dadurch auf eine spezifische Weise sakralisiert.

Anders als in den übrigen europäischen Staaten konnten die Nationalsozialisten unter den führenden Mitgliedern des katholischen Klerus keine Kollaborateure finden. In Polen war die Hoffnung der Nationalsozialisten auf einen offenen oder heimlichen Partner im Talar aussichtslos. Das wußten die Gegner. Ihre Anweisungen sprachen deshalb eine deutliche Sprache: Liquidation der gesamten polnischen Geistlichkeit und ihres intellektuellen Anhanges; das war bis 1945 die unveränderte Zielrichtung der nationalsozialistischen Polenpolitik.

## Der Katholizismus nach 1945 – Sammelbecken der Opposition

Auch im sozialistischen Polen nahm die polnische katholische Kirche aufgrund ihrer historischen Rolle als Bewahrer und Kämpfer für die polnische Kultur von Anfang an eine ungewöhnliche Stellung ein. Der polnische Klerus war zwar nach sechs Jahren Hitlerherrschaft der Zahl nach dezimiert, moralisch-politisch aber war er unverändert stark geblieben.

Die traditionelle Sonderstellung der katholischen Kirche machte nun eine – wenn auch differenzierte, behutsame –

Auseinandersetzung der sozialistischen Regierung der neugegründeten Volksrepublik Polen mit eben dieser Kirche zwangsläufig notwendig. Der realpolitischen Notwendigkeit eines Zusammenwirkens zwischen Staat und Kirche standen die marxistisch-leninistischen Prinzipien entgegen, auf denen der neue polnische Staat basierte. Nach der marxistisch-leninistischen Theorie ist das Christentum als idealistische Weltanschauung der materialistischen diametral entgegengesetzt, weshalb sie aus dem öffentlichen Leben zurückgedrängt werden sollte.

Nach Lenin, der die Religion als „eine Art geistigen Fusels, in dem die Sklaven des Kapitals ihr Menschenantlitz und ihre Ansprüche auf ein halbwegs menschenwürdiges Leben ersäufen" betrachtete, sollte sich das Volk nicht mit einem Paradies im Himmel trösten, sondern sich für ein Paradies auf Erden einsetzen.

Auf der Suche nach diesem Phantom, dem „Paradies auf Erden", begann für die polnischen Parteiführungen ein langer, schwieriger Weg, auf dem sie die katholische Kirche – wie sich herausstellen sollte – nicht zurücklassen konnten. Als nach dem Krieg die gemeinsame Aufbauphase vorbei war, in der Christen und Marxisten zusammengewirkt hatten, um die politisch-moralische Einheit des Volkes zu festigen, und nachdem sich die stalinistischen, sowjettreuen Kommunisten in Polen durchgesetzt hatten, begann eine Periode, in der der Kirche ihr Einfluß endgültig genommen werden sollte. Mit der Gründung der „Polnischen Vereinigten Arbeiterpartei" 1948 wurde die Politik der Trennung von Kirche und Staat verschärft. Die Verstaatlichung der Schulen und die Abschaffung des Religionsunterrichts wurden zum Programm erhoben. Alle kirchlichen Publikationen mußten sich der staatlichen Zensur unterwerfen, und die kircheneigenen Druckereien wurden verstaatlicht. Im Rahmen der Bemühungen, die Bevölkerung zu guten Sozialisten umzuerziehen, wurden katholische Bücher, Zeitschriften und Zeitungen aus den öffentlichen Bibliotheken entfernt. Die antikirchliche Politik des Staates richtete sich aber in erster Linie gegen den Einfluß der Kirche auf dem Erziehungssektor. Und besonders auf diesen Angriff auf das Recht der Kirche zu einer speziellen polnisch-katholischen Erziehung reagierte das polnische Episkopat denn auch äußerst empfindlich. Es war sich in seinem Protest der Unterstützung des größten Teils der Bevölkerung sicher, die jede scharfe Maßnahme gegen die Kirche als Angriff auf den Patriotismus wertete. Außerdem regte sich in der Bevölkerung zunehmend Widerstand, weil die Umgestaltung des Staates den Polen viele Opfer abverlangte. Dieser Widerstand manifestierte sich in einem verstärkten Zulauf zu den Gottesdiensten. So sah sich die polnische Regierung in den ersten Nachkriegsjahren gezwungen, auf der einen Seite ein erträgliches Verhältnis zur katholischen Kirche zu schaffen, auf der anderen Seite deren Macht zu schwächen.

Am 14. April 1950 wurde zwischen dem Episkopat und der Regierung ein Kirchenabkommen geschlossen, in dem die Regierung den Wirkungsbereich der Kirche absteckte. Der Religionsunterricht an den Schulen wurde der Kirche wieder zugestanden, die Existenz der Katholischen Universität in Lublin, das Recht auf katholische Vereine, auf eine karitative und katechistische Tätigkeit, auf öffentliche Gottesdienste, Wallfahrten und Prozessionen und auf ein katholisches Presse- und Verlagswesen wurden anerkannt.

Die Kirche gab ihrerseits ihre Zustimmung zur Sozialisierung der Wirtschaft und versprach, den Vatikan nur „in Angelegenheiten des Glaubens, der Moral und der kirchlichen Jurisdiktion“ als Autorität anzuerkennen, in allen anderen Fragen dagegen den Staat. Auch in der 1952 beschlossenen Verfassung der jungen Volksdemokratie wurde, neben den sonstigen grundlegenden Rechten und Pflichten der Bürger, die Glaubens- und Gewissensfreiheit garantiert. Gemäß Artikel 70 dieser Verfassung ist es verboten, einen Bürger zur Teilnahme an der Religionsausübung zu zwingen oder aber auch ihm die Teilnahme daran zu untersagen. Der Mißbrauch der Glaubens- und Gewissensfreiheit ist strafbar; sie wird im übrigen durch die Trennung von Kirche und Staat gesichert.

Dennoch versuchte die polnische Regierung in der Zeit des Stalinismus immer wieder, die Ausschaltung der Kirche aus dem öffentlichen Leben zu erreichen. Zwar hatten die stalinistischen „Säuberer" unter den polnischen Katholiken keine feindlichen Agenten oder Anhänger des Nationalismus entdecken können, trotzdem griff die Regierung 1953 zu einer unpopulären und auch nutzlosen Maßnahme, um die innenpolitischen Widerstände zu überwinden: Schauprozesse nach sowjetischem Muster. Im ersten Schauprozeß vom 21. bis 27. Januar 1953 wurden fünf Geistliche und drei Angestellte der Erzdiözese Krakau verurteilt. Im zweiten Prozeß vom 14. bis 22. September wurden der seit 1951 inhaftierte Bischof Kaczmarek und drei weitere Geistliche wegen Spionage und Wirtschaftsspionage zu Haftstrafen zwischen fünf bis zwölf Jahren verurteilt. Kardinal Stefan Wyszynski, der von seiten der Regierung zu einer Verurteilung der Angeklagten aufgerufen wurde, weigerte sich nicht nur, dieser Aufforderung zu folgen, sondern protestierte in einem gemeinsam mit dem übrigen Episkopat verfaßten Hirtenbrief gegen die Anklagen und gegen die verhängten Haftstrafen. Daraufhin wurde am 26. September auch der Kardinal verhaftet. Er wurde wenig später seiner Ämter enthoben und danach erst im Gefängnis, anschließend in einem Kloster interniert. Der Prozeß der formalen Ausschaltung der Kirche aus dem öffentlichen Leben war 1955 vollendet. Der Religionsunterricht in den Grundschulen wurde zunächst auf eine Wochenstunde beschränkt und dann ganz abgeschafft.

Die wesentlichen Schlüsselpositionen des öffentlichen Einflusses der katholischen Kirche, so das katholische Presse-, Verlags- und Erziehungswesen, lagen in den Händen der „progressiven Katholiken", der Gruppe PAX.

Die polnische kommunistische Partei hatte versucht, die Formel von den zwei Polen zu entwickeln, einem „Polen der Marxisten" und einem „Polen der Gläubigen", die beide auf vaterländischem Boden zusammenarbeiten sollten. Das lag durchaus noch im Bereich des marxistisch-leninistischen Denkens, wo zwischen „reaktionären" religiösen Kräften, die die christliche Religion zur Rechtfertigung der Herrschaft des kapitalistischen Eigentums, der Ausbeutung und des Profits sowie des Krieges mißbrauchten und jenen „progressiven“ Kräften unterschieden wurde, die den sozialistischen Kampf für Frieden, Demokratie und sozialen Fortschritt unterstützten und damit als potentielle Verbündete der Arbeiterklasse betrachtet werden konnten. Im selben Maße, wie die polnische Parteiführung versuchte, den Einfluß der traditionellen katholischen Kirche abzubauen, bemühte sie sich, eine „progressive“ Tradition aufzubauen, um auf diese Weise die Integration der Kirche in den sozialistischen Staat zu betreiben.

Der früher nationalradikale Politiker Boleslaw Piasecki hatte 1945 mit einer Gruppe katholischer Intellektueller die Laienbewegung der „Fortschrittlichen Katholiken“ gegründet, die nach mehreren Namensänderungen schließlich als „Bewegung sozial fortschrittlicher Katholiken“ (PAX) arbeitete. Ihre Theoretiker propagierten die Verbindung von Marxismus und Katholizismus und erkannten die sozialistischen Grundlagen des Staates, die Kollektivierung des Bodens und die Sozialisierung der Produktionsmittel ausdrücklich an. Mit Unterstützung der Regierung wurden in der Organisation PAX das katholische Presse- und Verlagswesen monopolisiert. Daneben leitete PAX die vom Staat reorganisierte Caritas und das St. Augustinus-Gymnasium in Warschau, das eine Modellschule für eine zugleich katholische und sozialistische Erziehung sein sollte. PAX unterstand auch die katholische Universität Lublin. 1953 hatte sich PAX auf Drängen der Regierung mit der Organisation „Patriotische Priester“ vereinigt und bildete danach die „Kommission der geistlichen und weltlichen Katholiken beim gesamtpolnischen Komitee der Nationalen Front“. Das polnische Episkopat und ein großer Teil des Klerus lehnten die „Fortschrittlichen Katholiken“ als „Kollaborateure“ und „Abtrünnige“ ab, wodurch ihre grundsätzliche negative Einstellung zu den sozialistischen Grundlagen Polens deutlich wurde.

Bei den Auseinandersetzungen zwischen der traditionellen katholischen Kirche und dem Staat standen weite Teile der Bevölkerung auf seiten dieser Kirche. Auch die Erwartungen oppositioneller Kreise hatten sich mit Zunahme der Unzufriedenheit Anfang und Mitte der fünfziger Jahre immer mehr auf die Institution Kirche gerichtet. Die Aktionen der polnischen Parteiführung gegen die katholische Kirche während der Jahre 1953 bis 1956 hatten der Kirche sogar noch mehr Sympathisanten zugeführt, so daß die Kirche mit Hilfe der politischen Opposition ihren Einfluß erweitern und vertiefen konnte. Das kam ganz deutlich zum Ausdruck, als am 25./26. August 1956 anläßlich der 300jahrfeier der Krönung der Muttergottes von Tschenstochau zur „Königin der Krone Polens" mehr als eine Million Menschen für ihre eigene und die Freiheit der Kirche demonstrierten.

Der ursprüngliche Plan, ein atheistisches Polen zu schaffen, in dem die traditionelle Rolle der katholischen Kirche als Bewahrer polnischer Eigenständigkeit formal auf die regierungstreuen „progressiven" Katholiken von PAX übertragen werden sollte, war 1956 endgültig gescheitert. Mit der Einleitung der Entstalinisierung und der Machtergreifung Gomulkas im Oktober 1956 wurden deshalb die Weichen für einen Kompromiß zwischen Kirche und Staat gestellt, um die Kirche aus ihrer Funktion als Sammelbekken oppositioneller Kräfte zu lösen und sie zu einem systemstabilisierenden Faktor umzufunktionieren. Die Regierung brauchte nun die moralische Hilfe der Kirche, um einen katastrophalen Aufstand nach ungarischem Muster zu verhindern und sie erhielt auch loyal die Unterstützung der Kirche. Kardinal Wyszynski, der gerade aus der Klosterinternierung freigelassen worden war, rief die Arbeiter dazu auf, „ohne Haßgefühle wieder an die Arbeit zu gehen", und rettete Polen damit vor einer drohenden Sowjetintervention. Dieser neuen Verständigung zwischen Regime und Kirche war allerdings die Entlassung sämtlicher noch inhaftierter Bischöfe und Geistlicher vorausgegangen. Am 7. Dezember 1956 kam es zu einer vertraglichen Einigung zwischen Kirche und Staat, durch die ein beschränkter katholischer Einfluß auf die Innenpolitik gestattet wurde. An allen Volks- und Oberschulen wurde der Religionsunterricht als fakultatives Fach vor oder nach den Pflichtstunden wieder eingeführt. Die Religionslehrer, meist Geistliche, wurden aus Mitteln des Ministeriums für Volksbildung bezahlt. Mehr als 95% aller Eltern schickten ihre Kinder nun wieder in den Religionsunterricht.

Von größerer Bedeutung für die innenpolitischen Auseinandersetzungen der Zukunft war die Bildung des „Klubs katholischer Intelligenz" (KIK), der unter dem neuen Regime Gomulkas erlaubt worden war. Diese Bewegung katholischer Intellektueller ging aus den Lesern und Mitarbeitern der Krakauer katholischen Monatsschrift „Znak" (Das Zeichen) hervor und wurde unter dieser Bezeichnung bekannt. Bald hatten sich neben Krakau auch in Warschau, Posen, Thorn und Breslau KIK-Gruppen gebildet. Ein großer Teil der katholischen Bevölkerung war hier vertreten. In der Aufbruchstimmung des „Polnischen Oktober" war die „Znak"-Gruppe 1957 – unter dem Vorsitz des bekannten Krakauer Strafrechtlers Stanislaw Stomma – sogar mit neun Abgeordneten in den Sejm gezogen. Neben Stomma arbeiteten zu jener Zeit für „Znak" der Schriftsteller Jerzy Zawiejski, der sogar zum Mitglied des Staatsrates gewählt wurde, und auch der bekannte Feuilletonist und Schriftsteller Stefan Kisielewski. Die „Znak"-Gruppe war auch im polnischen Schriftstellerverband vertreten und hatte ein eigenes Presseorgan in der Wochenzeitschrift „Tygodnik Powszewchny" (Allgemeine Wochenzeitschrift). Ferner wurden von ihr einige Diözesanwochenblätter, so die illustrierte Wochenzeitschrift „Przewodnik Katolicki" (Katholischer Wegweiser), und andere kleinere Zeitschriften herausgegeben. Das absolute publizistische Monopol der angepaßten PAX-Gruppe war damit gebrochen.

In den ersten Jahren der Gomulka-Ära spielten die „Znak"-Leute eine wichtige Vermittlerrolle zwischen der Partei und den katholischen Bischöfen. Stanislaw Stomma war, ebenso wie Jerzy Zawiejski, eng mit dem Krakauer

Erzbischof Karol Wojtyla befreundet. Das Ziel seiner Arbeit im polnischen Parlament hatte Stomma im Frühjahr 1961 so umrissen: „Wir beteiligen uns in der Überzeugung, daß es ein allmähliches Anwachsen der demokratischen Tendenzen in der sozialistischen Welt gibt. Sollte sich diese Rechnung als falsch erweisen, würde unsere ganze Tätigkeit ihren Sinn verlieren.“ Diese Rechnung hatte sich jedoch schon bald in gewissem Sinne als falsch erwiesen. Die Hoffnung auf eine Liberalisierung und weitere Demokratisierung des Systems war fünf Jahre nach dem „Polnischen Oktober“ 1961 verloren. Die Wirklichkeit diktierte den inzwischen nur noch fünf „Znak“-Abgeordneten ein Programm, in dem die Wandlungen in Polen, die zu einer sozialistischen Wirtschafts- und Gesellschaftsordnung führen sollten, als „historisch unumkehrbar“ bezeichnet wurden.

In der Absicht, den Einfluß der katholischen Kirche, ausgeübt durch „Znak“, nicht zu groß werden zu lassen, protegierte die Regierung weiterhin PAX, um sich für alle Fälle ein Gegengewicht gegen die geistige Übermacht der traditionellen Kirche zu sichern. In der Bevölkerung allerdings fand „Znak“ unverändert einen breiten Rückhalt, um so mehr, als die Parteiführung inzwischen wieder einmal einen Anlauf unternommen hatte, um die Kirche aus den Schulen zu verdrängen. Als äußerliches Zeichen staatlicher Dominanz wurde zunächst das Aufhängen von kirchlichen Symbolen in den Schulräumen verboten. Danach wurde der Religionsunterricht, ewiges Streitobjekt zwischen Kirche und Staat, durch ein neues Schulgesetz von 1961 wieder aus den Schulen ausgelagert, mit der Begründung, er führe zu einer „erzieherisch und gesellschaftlich schädlichen Trennung der Jugendlichen“ und „schafft die Voraussetzungen und Grundlagen für Fanatismus und Intoleranz.“ Weiter hieß es, der Religionsunterricht setze „der Wahrheit des Wissens den religiösen Glauben entgegen“ und mache es dadurch der sozialistischen Erziehung schwer, die Jugendlichen mit modernem Wissen auszurüsten und sie auf ihre Rolle in der Gesellschaft vorzubereiten.

Die Kirche war aber keineswegs bereit, sich diesen Einflußbereich nehmen zu lassen. Sie rief dazu auf, sich nicht aus den Schulen verdrängen zu lassen, gegebenenfalls sogar unter der Gefahr von Bestrafung oder Verhaftung. Darüber hinaus ließen sich militante Katholiken zu Störaktionen ziviler Begräbnisse, zu Boykottaufforderungen und regimefeindlichen Agitationen hinreißen. Die Kirche versuchte mit aller Macht, eine Verdrängung der Religion aus dem öffentlichen Leben zu verhindern. Als ihr dabei in der zweiten Hälfte der sechziger Jahre eine steigende Unzufriedenheit der Bevölkerung entgegenkam, sah sich die Parteiführung dann wieder zu einem vorsichtigen Taktieren gegenüber der Kirche gezwungen. Sie mußte schließlich einsehen, daß sie mit einer gewaltsamen Zurückdrängung der katholischen Kirche eher das Gegenteil von dem bewirkte, was sie anstrebte, nämlich eine zunehmende Solidarisierung der Bevölkerung mit der Kirche.

Angesichts der wachsenden Unruhen in der Bevölkerung schlossen Staat und Kirche also erneut einen Kompromiß. Bei dem wohl aufwühlendsten Ereignis seit dem Oktober 1956, den Studentendemonstrationen von 1968, hielt sich die Kirchenhierarchie auch auffallend zurück. Nur zögernd ergriff sie Partei für die Studenten. Umgekehrt war auch die Regierung bemüht, den Konflikt nicht zu weit auf die Kirche auszudehnen; es fielen nur ein paar Äußerungen über die „antistaatliche" und „antisozialistische" Haltung des Episkopates. Dafür wurde, vielleicht stellvertretend, die „Znak"-Gruppe öffentlich und heftig attackiert. Sie hatte sich während der Unruhen für die Demonstranten starkgemacht.

Die Abgeordneten der „Znak"-Gruppe im Sejm traten im Plenum geschlossen für die demonstrierenden Studenten ein. Sie kritisierten und verurteilten die als Kritik an Israel kaschierten antisemitischen Exzesse des Frühjahrs 1968 und wollten in einer Interpellation wissen, was die Regierung zu unternehmen gedenke, um die Aktionen der Polizei gegen die Studenten zu unterbinden. Den Abgeordneten schlug daraufhin eine Welle von Unverständnis und

Kritik entgegen. Ihnen wurde vorgeworfen, sich mit ihrer „antisozialistischen Aktion“ nicht an die Regierung, sondern „an die Straße“ und „an das Ausland“ gewandt zu haben. Sie wurden als „parlamentarisches Wechselgeld“ beschimpft.

Damals schien das Ende dieser Parlamentariergruppe gekommen zu sein, doch die geschwächte Parteiführung konnte es sich nicht leisten, durch Auflösung der „Znak“-Gruppe und ihrer Klubs die wegen der Wirtschaftslage unzufriedene Bevölkerung noch weiter zu provozieren.

## Ungleiche Gegner und Partner – Zwangsgemeinschaft von Kirche und Staat

Ein besseres Verhältnis zur Kirche bedeutete für den polnischen Staat stets auch ein besseres Verhältnis zur Bevölkerung. Solange die nationale Komponente in der Volksrepublik Polen, deren Bevölkerung zu 97,8 % katholisch ist, eine so große Rolle spielt und die wirtschaftlichen Schwierigkeiten nicht behoben sind, ist die Kirche für jeden Parteichef ein zwar nicht geliebter, aber unentbehrlicher Partner – als Instrument für die Stabilisierung der innenpolitischen Verhältnisse. Das wußte auch der neue Parteichef Edward Gierek, der nach den blutigen Arbeiterunruhen von 1970 die Parteiführung übernommen hatte. Um Ruhe und Ordnung vor allem an der unruhigen Ostseeküste wiederherstellen zu können, brauchte er die Unterstützung der Kirche, so wie vierzehn Jahre zuvor sein Amtsvorgänger Gomulka. Gierek sprach nun öffentlich von den Katholiken als von einem „integralen Bestandteil der polnischen Bevölkerung“. Er betonte die Notwendigkeit eines Dialogs zwischen Gläubigen und Nichtgläubigen.

Die katholische Kirche begrüßte und nutzte die Verständigungsbereitschaft der neuen Regierung. Kardinal Wyszynski zeigte sich gegenüber den Interessen der Regierung aufgeschlossen und bemühte sich, beruhigend und mäßigend auf die Bevölkerung einzuwirken. Zuvor hatte er zwar das Blutbad an der Ostseeküste beklagt und die „schlecht durchdachte Wirtschaftsplanung“ der bereits abgesetzten Regierung kritisiert, die Schuld wollte er aber „bei uns allen“ sehen. Wyszynski sprach sich für Ordnung und Frieden aus, „von denen die Unabhängigkeit der Nation“ abhänge, und rief die Werktätigen auf „Besonnenheit, Reife und Kaltblütigkeit“ an den Tag zu legen. Die Kirche nutzte die instabile innenpolitische Lage und den neugewonnen Spielraum, um der Regierung Forderungen abzutrotzen. Sie verlangte die absolute Gewissens- und Religionsfreiheit und „ehrliche“ Information, soziale Gerechtigkeit und „angemessene“ Lebensbedingungen für jeden Bürger. Der Kardinal appellierte an die Staatsführung, die Rechte des Bürgers zu achten, was Schikanen, Beleidigungen und Verfolgungen ausschließen müsse. In einer Predigt forderte er die Parteiführung auf, die Arbeitskraft der Menschen nicht zu überfordern. Damit zielte er auf die Arbeit am Sonntag und die freiwilligen Arbeitseinsätze an Feiertagen, die die Gläubigen davon abhielten, die Gottesdienste zu besuchen.

Wenn die Parteiführung auch nicht bereit war, diesem Forderungskatalog zuzustimmen, mußte sie ihn doch zumindest zur Kenntnis nehmen, denn ein besseres Verhältnis zwischen Staat und Kirche in Polen schien der Führung auch deshalb notwendig, weil man sich seit einiger Zeit um eine Neuorientierung der Beziehungen zum Vatikan bemühte. Der Vatikan hatte aber deutlich gemacht, daß er ein Gespräch mit der polnischen Regierung von Zugeständnissen an die polnische katholische Kirche abhängig mache. Ende April 1971 kam es nach längeren Vorbereitungen von beiden Seiten zu einem offiziellen Treffen zwischen Vertretern der polnischen Regierung und des Vatikans, bei dem in erster Linie die Festlegung der noch immer nicht veränderten Diözesangrenzen im Westen und Osten Polens besprochen wurden. In diesem Gespräch wurden aber auch das Verhältnis zwischen Kirche und Staat im allgemeinen sowie spezielle Fragen, wie die des

Religionsunterrichts und der Möglichkeiten einer weitergehenden kulturellen und karitativen Tätigkeit der Kirche erörtert.

So wie die Dinge sich entwickelten, erwies sich die Institution der katholischen Kirche Polens damals für die Parteiführung als ein unumgänglicher und unentbehrlicher Partner. Das bewirkte andererseits aber nicht, daß die polnische Staatsführung sich mit allen katholischen Gruppierungen arrangieren wollte. Nach wie vor waren ihr die Haltung und die Aktivitäten der „Klubs Katholischer Intelligenz" und ihrer Vertreter im Sejm suspekt. Die fünf Vertreter der „Znak"-Gruppe im Sejm waren von 1957 bis 1976 die couragiertesten Parlamentsabgeordneten, die ihren Standpunkt auch in der Öffentlichkeit mutig vertraten. Dadurch waren sie übrigens nicht nur der Regierung unangenehm aufgefallen, sondern zeitweilig auch beim Primas der katholischen Kirche wegen ihrer „progressiven" Ansichten zur Kirchenreform in Ungnade gefallen.

Nach den Arbeiterunruhen von 1976 in Warschau und Radom hatten „Znak"-Mitglieder zur tätigen Mithilfe gegriffen und sich den Hilfsaktionen der KOR-Gruppe angeschlossen. Die offizielle Kirche dagegen hatte zwar in einem Brief an die Regierung gegen die brutalen Polizeieinsätze protestiert, war aber sonst der ihr zugewiesenen Rolle eines Disziplinierungsfaktors treu geblieben. In einem Kommuniqué hatte sie die aufgebrachte Bevölkerung zur Ordnung gerufen: „Solide Arbeit ist eine moralische Pflicht, verzichten können ist eine christliche Tugend und Vertrauen in die Führung ist notwendig." Die Kirchenhierarchie wollte sich nicht mit der Politik von KOR identifizieren, wie es einige Mitglieder der katholischen Klubs getan hatten, dies umso weniger, als die Regierung sehr empfindlich auf die breite Solidarisierungsfront, die sich bei den Arbeiterunruhen von 1976 zeigte, reagiert hatte.

1976 brach dann die kleine katholische Parlamentsgruppe „Znak", die in der Presse ironisch als „Ihrer Majestät Opposition" bezeichnet worden war, auseinander. Nach personellen Veränderungen kam es zu Konflikten innerhalb der Gruppe, wobei es vor allem um die Frage ging, wie weitgehend man der Regierung Konzessionen machen müsse. Zu der endgültigen Ausschaltung der „Znak"-Parlamentarier kam es, als die neue polnische Verfassung verabschiedet werden sollte. Bei der Abstimmung enthielt sich der Vorsitzende der „Znak"-Gruppe, Stanislaw Stomma, als einziger von 460 Abgeordneten der Stimme, da er die neue Verfassung als eine zu starke Bindung an die Sowjetunion interpretierte. Journalisten, die diesem denkwürdigen Ereignis beiwohnten, zeigten sich damals sehr beeindruckt von dem Mut des aufrechten Parlamentariers.

Der 68jährige Stomma wurde daraufhin nicht mehr für eine Kandidatur zu den bevorstehenden Sejm-Wahlen zugelassen, obwohl ihn, abgesehen vom Posener „Klub Katholischer Intelligenz", alle Mitglieder als ihren Kandidaten vorgeschlagen hatten.

Mit der Normalisierung des Verhältnisses zwischen Kirche und Staat und der Institutionalisierung der Kontakte zwischen Warschau und dem im Vatikan war die Bedeutung der katholischen Abgeordneten Sejm aber auch geringer geworden. Die zunehmenden wirtschaftlichen und gesellschaftlichen Schwierigkeiten des Landes während der zweiten Hälfte der siebziger Jahre machten den Dialog zwischen Kirche und Staat dagegen dringlicher denn je. Im Oktober 1977 trafen sich zum erstenmal Parteichef Gierek und Kardinal Wyszynski. In einem knapp gehaltenen Kommuniqué bestätigten sie ihre gemeinsame Sorge um „die Einheit der Polen" und „das Wohlergehen des Landes". Aus dieser gemeinsamen Sorge heraus stellte der Primas der katholischen Kirche der Parteiführung Unterstützung in Aussicht. Auf diese Weise zeigte die Kirche, daß sie bereit war, die Integrität Polens, welche die Erhaltung der staatlichen Autorität, also auch die der Partei, zur Voraussetzung hatte, über die Durchsetzung der Menschen- und Bürgerrechte zu stellen. Während Parteiführung und Kirchenhierarchie damals in einer Art von Notgemeinschaft partnerschaftliche Beziehungen pflegten, drifteten immer mehr Polen der Basis, Katholiken und Sozialisten, in das

Sammelbecken der intellektuellen Opposition ab. 1977 nahmen an einem Trauermarsch für den auf mysteriöse Weise umgekommenen Krakauer Studenten Stanislaw Pyjas auch Kommilitonen teil, die dem „Znak“ angehörten. Im Anschluß daran wurden nicht nur die KOR-Mitglieder Michnik und Kuron, sondern auch der Vorsitzende des Warschauer „Znak“, Ostrowski, verhaftet.

Zwecks Dokumentation ihrer oppositionellen Haltung besuchten auch immer mehr Menschen die Gottesdienste, was kein Zeichen dafür war, daß sie sich mit der Politik der Kirche übereinstimmten, sondern als emotionaler Ausdruck ihres Widerstandes gegen die herrschenden Zustände gewertet werden mußte. Und unerwartet wurde die demonstrative Hinwendung der Bevölkerung zur Religion, verstanden als Ausdruck von Patriotismus, verstärkt durch die Wahl des Krakauer Erzbischofs Karol Wojtyla zum Papst der römisch-katholischen Kirche.

## Die Papstwahl 1978 – „ein Schock der Hóffnung“

Juliusz Slowacki, der polnische Dichter der Romantik, hatte 1848 beinahe visionär das Gedicht geschrieben:

*„Droht Gefahr, dann hebt der allmächtige Gott*
*unter gewaltigem Glockenton*
*als neuen Papst*
*einen Slawen auf den Thron.*
*Wie eine Laterne im Dunkeln*
*erstrahlt sein Gesicht,*
*seine Schafe zu führen*
*in der Arche Licht.*
*Gottes Welt zu beschützen,*
*braucht es Kraft und Mut.*
*Seht, wie unser Bruder,*
*der slawische Papst es tut …*

Der neue „polnische“ Papst Johannes Paul II. zog besonders die Polen in seinen Bann. Für die polnische Partei und Staatsführung stellte die Wahl eines polnischen Papstes die bislang schwerste moralische Herausforderung dar. Gierek soll, als er von der Wahl des Krakauer Erzbischofs zum Oberhaupt der katholischen Kirche erfuhr, das „Habemus Papam“ (wir haben einen Papst) erschrocken mit „habemus klapam“ (jetzt haben wir den Schlamassel) kommentiert haben.

Was Gierek an dem 58jährigen Wojtyla, der immer für eine härtere Gangart gegenüber der Regierung eingetreten war als Wyszynski, besonders fürchtete, war dessen Beliebtheit und Popularität in der Bevölkerung.

Die Papstwahl, die in Polen als nationales Ereignis gefeiert wurde, rief überschwengliche Reaktionen hervor: Freude, Stolz, ein gehobenes Selbstbewußtsein und die starke Hoffnung auf eine Zeit der geistigen Erneuerung. Nach guter polnischer Tradition meldeten sich viele polnische Intellektuelle öffentlich zu Wort. In der katholischen Wochenzeitschrift „Tygodnik Powszewchny“ (Allgemeine Wochenschrift), die sich dem ehemaligen Erzbischof von Krakau besonders eng verbunden fühlt, wurde seine Wahl als „Schock der Hoffnung“ bezeichnet. In einer Umfrage der katholischen Monatsschrift „Wiez“ drückte Andrzej Wajda seine Gefühle so aus: „Vielleicht hatte mich die Phantasie verlassen, aber vielleicht war auch etwas anderes der Grund, daß ich diese gute Nachricht zunächst weit von mir wies. Es schien mir schlechthin unmöglich zu sein, daß dieses Land, diese Nation einen Menschen hervorgebracht hat mit so unbestreitbaren Vorzügen des Herzens und des Denkens, daß andere, Fremde, dies anerkennen mußten. Vielleicht schätzen wir uns und unsere Umgebung zu gering ein, haben wir uns zu sehr mit unserem unbedeutenden Provinzlertum abgefunden.“ Der Chefredakteur der Zeitschrift stellte besonders die „Kraft zur Synthese“ heraus, die die Person des Papstes auszeichnete.

Die Erwartungen, die sich überall in Polen mit der Person des neuen Papstes verbanden, waren außerordentlich groß. Auch polnische Journalisten, die der katholischen Kirche nicht besonders nahestanden, gaben in ihren Kommentaren der Meinung Ausdruck, daß „Johannes Paul II., der aus einem, wie kein anderes, vom Unglück des Krieges geprüften Land kommt, den Apostolischen Stuhl im selben Geist, wenn auch gewiß auf eigene, originelle, durch die Persönlichkeit des neuen Papstes geprägte Art und Weise, leiten wird." Adam Michnik, Vorstandsmitglied von KOR, hoffte, daß der Papst, der sich als Verteidiger der Menschenrechte verstehe, die Kraft und den Mut der Polen stärken werde, und daß der Kampf um die Würde des Menschen in Zukunft durch Rom besonders unterstützt werde.

Sicher schien, daß die Ostpolitik des Vatikans, die unter Papst Paul VI. und seinem Ostexperten Agostino Casaroli das Arrangement mit den sozialistischen Regierungen gesucht hatte, nun schärfere Akzente erhalten würde. Auch Kardinal Wyszynski, der mit seinem ehemaligen Krakauer Amtsbruder in Fragen der Auseinandersetzung mit der Regierung nicht immer einer Meinung gewesen war, schwenkte auf die neue Linie ein. Er wies auf die Bedeutung der „Einbeziehung der slawischen Welt" in die abendländischen Traditionen Europas hin. Damit bestätigte er die Befürchtung der polnischen Partei und ihrer sozialistischen Verbündeten, daß sich ein neuer, religiös und missionarisch geprägter Europa-Begriff entwickeln könne, in Verbindung mit einem christlich geprägten slawischen Nationalismus.

Um diesen Ausbruch des Nationalstolzes, die Genugtuung über die Papstwahl auch im Griff zu behalten, stellte sich die polnische Staats- und Parteiführung an die Spitze der Gratulanten aus aller Welt. Angesichts des Zuwachses an moralischer Autorität, den die Kirche durch die Wahl eines Polen zum Papst erfuhr, mußte die Parteiführung ihren Kurs des Einlenkens gegenüber der Kirche noch verstärken. Schließlich stand sie vor einem Problem, mit dem sich noch nie zuvor ein kommunistischer Staat hatte herumschlagen müssen: dem angekündigten Besuch des

Oberhauptes der katholischen Kirche in seiner Heimat Polen. Die Gefahr war groß, daß sich der Papstbesuch in eine Massenkundgebung gegen das System ausweiten könnte. Selbst Mitglieder des Politbüros sprachen offen davon, daß sie einen „Chomeini Effekt" in der Bevölkerung befürchteten. Angesichts dieser bedrohlichen Situation fand die Parteiführung in der Kirchenhierarchie wiederum einen politisch verständnisvollen Partner. Die Kirchenführung versprach alles zu tun, um überspitzte Aktionen zu vermeiden und den Papst gegenüber der KOR-Gruppe abzuschirmen. In den letzten Wochen vor dem Papstbesuch fanden Aussprachen zwischen Kardinal Wyszynski, den Vorsitzenden der katholischen Grüppierungen und den Repräsentanten von KOR statt.

Daß diese „Pilgerreise ins Vaterland" des Oberhauptes der katholischen Kirche zu einer Art moralischer „Generalmobilmachung" der polnischen Bevölkerung wurde, konnte dennoch nicht vermieden werden; zu sehr setzten viele Polen auf die Verkörperung der Freiheits- und Menschenrechte durch ihren ehemaligen Landsmann Karol Wojtyla, den neuen Papst Johannes Paul II.

Stalins spöttischer Frage, wieviele Divisionen denn der Papst habe, die angeblich während der Konferenz von Teheran 1943 in einem Gespräch mit Churchill gefallen war, wurde damit eine sehr eindrucksvolle Antwort zuteil. Im Jahre 1979, während des Papstbesuches, mochten die mobilisierten Massen noch als „Division des Papstes" beeindrucken, ein Jahr später aber gab es in den innenpolitischen Auseinandersetzungen um Zugeständnisse und Kompromisse neben Kirche und Staat eine dritte Kraft, die es verstand, Massen zu mobilisieren, die Gewerkschaft „Solidarnosc".

Im August 1980, während der sensationellen Ereignisse, verhielt sich die Kirche auffallend distanziert gegenüber der Streikbewegung, und sie brachte sich damit in einen merkwürdigen Gegensatz zu den streikenden Arbeitern, die sehr bewußt ihre religiöse Gesinnung zur Schau stellten. Kardinal Wyszynski zeigte eine vorsichtige, fast mißtrauische Haltung. Sein Gesprächspartner war zunächst die polnische Parteiführung, und der Kardinal sah seine Aufgabe in der schon eingeübten Rolle, nach beiden Seiten auszugleichen und sich als verantwortungsvolle, stabilisierende und nicht etwa als oppositionelle Kraft zu zeigen.

Die Arbeiter waren über die zur Pflicht gemahnenden Aufrufe der Kirchenhierarchie enttäuscht, und auch in manchen kirchlichen Kreisen war man nicht ganz glücklich mit den sonst mutigen Kardinal, der jetzt zögerte und zauderte. Seine Predigten konnten als Aufrufe interpretiert werden, den Streik abzubrechen und die Arbeit wieder aufzunehmen. Von vielen Polen wurden sie auch so verstanden.

Der Danziger Bischof Kaczmarek, der die streikenden Arbeiter auf der Lenin-Werft besuchte und sich dort mit ihren Zielen solidarisiert hatte, versuchte den anscheinend mißtrauischen Kardinal davon zu überzeugen, daß das überbetriebliche Streikkomitee, entgegen der Aussage der Regierung, tatsächlich die Arbeiterschaft repräsentierte. Angesichts der großen Zurückhaltung der Kirchenhierarchie einerseits und der beratenden Unterstützung, die die Streikbewegung durch die Angehörigen der „Klubs Katholischer Intelligenz" und andererseits die lokale Geistlichkeit erfuhr, kann man schließen, daß es im katholischen Bereich erhebliche Meinungsverschiedenheiten über die Einstellung zu den August-Ereignissen gegeben hat. Dafür spricht auch das Kommuniqué der Bischöfe, in dem sich diese schließlich – nach einer enttäuschenden Predigt Wyszynskis – mit den Streikzielen der Arbeiter solidarisierten.

Letztlich hatte auch die Kirchenhierarchie erfahren müssen, daß die Beschwörungen der Staatsräson nicht mehr die alte disziplinierende Kraft besaßen und daß selbst mehr oder weniger offene Warnungen vor einer Intervention von außen die Arbeiter nun nicht mehr zurückzuhalten vermochten. Hatte sich bisher die katholische Kirche Polens dafür eingesetzt, der Bevölkerung einen größeren Freiraum zu gewähren, mußte sie jetzt mit ansehen, wie die

Arbeiter für schon lange von der Kirche geforderte Rechte kämpften und wie sie diese auch durchsetzten: In den ausgehandelten Vereinbarungen wurde der Kirche der Zugang zu den staatlichen Massenmedien zugestanden und eine Einschränkung der Zensur versprochen. Ab September 1980 durften sonntags Gottesdienste im polnischen Rundfunk übertragen werden.

Sicherlich war ein solcher Erfolg auch der konstruktiven Mitarbeit der katholischen Expertengruppen des überbetrieblichen Streikkomitees zu verdanken, die mit Geduld und Besonnenheit – trotz nach außen zur Schau gestellter Härte – eine totale Konfrontation mit dem Staat zu vermeiden suchten. Einer der Ratgeber jener Augusttage, der ehemalige Chefredakteur der katholischen Monatsschrift „Wiez", Tadeusz Mazowiecki, leitete später die Redaktion der seit April 1981 wöchentlich erscheinenden Gewerkschaftszeitschrift „Solidarnosc".

Kardinal Wyszynski aber hatte sich auf die Seite von „law and order" geschlagen. Er glaubte, auf diese Weise die Interessen der Nation – so wie er sie als Kirchenmann verstand - wirkungsvoller wahrnehmen zu können als durch einen Druck auf die Regierung. Dementsprechend wurde die KOR-Gruppe dann auch von seiten der Kirchenhierarchie öffentlich und unmißverständlich kritisiert. Der Sprecher des polnischen Episkopates, Pfarrer Orszulik, bezeichnete das KOR-Komitee als „extremistische Kraft", die die gesellschaftlichen Spannungen steigere und die Nachbarn Polens verärgere, woraufhin sich KOR zu einer scharfen Gegenerklärung gezwungen sah.

Bezeichnenderweise richteten sich auch die Angriffe der Sowjetunion, der DDR und der CSSR während und nach dem Streik nicht etwa gegen die Kirche. Als „antisozialistische Elemente" wurden die KOR-Leute verurteilt, obwohl sie der marxistischen Theorie sehr viel näher stehen als die katholische Kirche.

Die „laizistische Linke", wie Adam Michnik die Mitglieder und Sympathisanten von KOR bezeichnete, wurde von den Herrschenden der sozialistischen Staaten und von der konservativen katholischen Kirche gleichermaßen abgelehnt. Den einen war diese demokratische Linke suspekt, weil sie ein parlamentarisches System fordert, den anderen wegen der marxistischen Grundlagen ihrer Theorie, die von führenden Katholiken Polens als „Häresie“ bezeichnet wurde. Dabei hat KOR immer die führende oppositionelle Stellung der Kirche anerkannt. 1977 hatte Adam Michnik in seinem in Frankreich erschienenen Buch „Die Kirche und die Linke – Der politische Dialog“ ein Zusammenwirken von „demokratischen Linken“ und Christen im gemeinsamen Widerstand gegen das herrschende System vorgeschlagen, und inoffiziell fand diese Zusammenarbeit zwischen der katholischen Kirche und der „demokratischen Opposition“ über einen Kontakt zwischen vor allem jungen Mitgliedern der „Klubs Katholischer Intelligenz“ und von KOR auch statt. Offiziell wollte die Kirchenhierarchie davon aber nichts wissen. Sie vertrat die Ansicht, der Katholizismus sei eine Religion und keine politische Ideologie. Es äußerte sich auch hier wieder jenes besondere Verständnis der Politik, wie es sich auch in Äußerungen Walesas offenbart hatte, der die Gründung freier Gewerkschaften nicht als politische Maßnahme verstanden wissen wollte. Die Rolle der katholischen Kirche in Polen war jedoch in Wahrheit immer politisch, sonst hätte sie Lech Walesa wohl kaum dazu gebracht, sich von der KOR-Gruppe zu distanzieren, um der Regierung keine Angriffsflächen für die These von den „antisozialistischen Elementen“ zu bieten. Nicht nur der neue Parteichef Stanislaw Kania, auch Kardinal Wyszynski drängte den Vorsitzenden der unabhängigen Gewerkschaften „Solidarnosc“, doch lieber die Führung der alten, staatlichen Gewerkschaftsorganisation zu übernehmen. Walesa lehnte ab: „Wir machen unsere eigenen freien Gewerkschaften.“

Die Kirchenhierarchie war von der Entwicklung überrascht worden, da sie noch bis zu den Augustereignissen den Zeitpunkt und das Tempo aller oppositioneller Aktivitäten im Lande selber bestimmt hatte. Sowohl das polnische Episkopat als auch das Politbüro versuchten nun, die

Erneuerungsbewegung unter ihre Kontrolle zu bringen. Die beiden ehemaligen innenpolitischen Gegner befanden sich jetzt in der gleichen Position: Sie bemühten sich um die Verteidigung der Staatsräson.

Zum ersten Mal war es nicht die Kirche, die als Interessenvertreter des polnischen Volkes gegenüber der Partei aufgetreten war. Die Kirche hatte vielmehr erleben müssen, daß eine gut organisierte, selbstbewußte Arbeiterschaft, in der noch ungebrochenen Identität von Patriotismus und Katholizismus, dem Staat mehr Rechte für die Kirche abgetrotzt hatte.

Die Auflösung von „Solidarnosc" während des Kriegsrechts in Polen hat zunächst die traditionelle Rolle der katholischen Kirche als „Retter Polens aus höchster Not" bestätigt. Es hat aber auch schon Anzeichen dafür gegeben, daß die Kirche Polens, die sich nach eigenem Verständnis mit keiner politischen Kraft vollkommen identifizieren darf, nicht mehr über eine so starke disziplinierende Wirkung verfügt, wie bei den innenpolitischen Krisen von 1970 und 1976. Damals hatte Kardinal Wyszynski die Bevölkerung nicht nur zur „Besonnenheit und Reife" ermahnt, sondern auch erfolgreich zur Arbeit als einer „moralischen Pflicht" aufgerufen.

Vier Jahre später, während des Streiks auf der Danziger Lenin-Werft im August 1980 hatten Wyszynskis Beschwörungen der Staatsräson bei den Arbeitern bereits heftige Kritik hervorgerufen und die Bischofskonferenz hatte sich eilig in einem Schreiben mit den Zielen der Arbeiter solidarisiert.

Der Nachfolger des im Mai 1981 verstorbenen Primas Wyszynski, Jozef Glemp, versuchte mit ganzem Einsatz und staatspolitischem Instinkt die Vermittlerrolle der Kirche weiterzuführen. Aber während der innenpolitischen Zuspitzung im Herbst 1981 war seine Ankündigung, Papst Johannes Paul II. werde Polen 1982 ein zweites Mal besuchen, auch ohne die erhoffte besänftigende Wirkung geblieben. Andererseits besteht jedoch kein Zweifel, daß Primas Glemp auch unter dem Militärregime das Krisenmanagement übernommen hat – auf Wunsch der Partei und vermutlich mit dem Einverständnis der Sowjetunion.

Die Sowjetregierung hatte sich selbst um die höchste kirchliche Unterstützung bemüht. Schon im September 1980 hatte Moskau Gespräche mit dem Vatikan gesucht, um Mittel und Wege zu finden, die für beide Seiten ungelegene Entwicklung in Polen aufzuhalten. Beobachter berichteten 1981, daß der erste Vize-Chef der internationalen Abteilung des ZK der KPdSU, Vadim Zagladin, dem Vatikan versprach, daß die sowjetische Regierung von einer Intervention in Polen Abstand nehmen wolle, wenn die Kirche mithelfe, „das starke Engagement" der Gewerkschaft „Solidarnosc" einzudämmen. Der Ostexperte des Vatikans Agostino Casaroli soll in diesem Sinne der Sowjetregierung versichert haben, Papst Johannes Paul II. würde sich bemühen „Unheil von Polen abzuwenden".

Schließlich war auch ein Abgesandter des Vatikans, Erzbischof Luigi Poggi, einer der ersten ausländischen Besucher nach der dramatischen Machtübernahme durch das Militär. In offizieller Mission kam Poggi am 18. Dezember nach Polen, um den abgerissenen Gesprächsfaden zwischen Warschau und dem Vatikan wieder anzuknüpfen.

Damit gewinnt jene ironische Bemerkung des polnischen Satirikers Stanislaw Jerzy Lec neue Assoziationskraft, die er 1968, wenige Monate vor seinem Tod, in einem Brief an den katholischen Schriftsteller Stefan Kisielewski machte: „Sie werden sehen, daß der Tag kommt, an dem die kommunistische Partei Jesus Christus in ihre Reihen aufnehmen wird."

# IV. Historische Freiheitsträume

*„Würde zählt mehr als Leben“*

*(Lech Walesa, 1981)*

Eine der Losungen, welche die Demonstranten der Regierung immer wieder trotzig entgegenhielten, sowohl 1979 als auch 1980, lautete: „Für unsere und euere Freiheit“, eine Parole, deren Ursprung und historische Bedeutung jeder Pole kennt. Unter diesem Motto hatten sich die Urgroßväter der heutigen Polen während des großen Polenaufstands von 1830 gegen ihre damalige Unfreiheit zur Wehr gesetzt. Wie sehr den Polen anderthalb Jahrhunderte ohne eigenen Staat noch heute bewußt sind, drückte auch die Warnung des Journalisten Ryszard Wojna aus, der in der Streikbewegung des Sommers 1980 „Analogien zum polnischen Drama“ des 18. Jahrhunderts sah. Und als sich die Arbeiter während der Streiktage mit dem Absingen der Nationalhymne Mut machten bekräftigten sie gewiß weniger ihre Verbundenheit mit dem derzeit herrschenden System als ihre emotionale Beziehung zu den polnischen Freiheitskämpfen:

*Noch ist Polen nicht verloren,*
*so lange wir leben.*
*Was uns fremde Übermacht genommen,*
*werden wir uns mit dem Säbel wiederholen.*

Letztlich wirft selbst die Tatsache, daß die Volksrepublik Polen ein Lied zu ihrer Nationalhymne erhob, das von einem polnischen Aufständischen, dem Publizisten Jozef Wybicki, geschrieben wurde, ein bezeichnendes Licht auf das polnische Geschichtsverständnis. Wybicki verfaßte das

Lied 1797 in der Emigration nach dem gescheiterten Kosciuszko-Aufstand, der zur dritten Teilung Polens führte. „... Solange wir leben“ wird in Polen als Hinweis auf eine Chance verstanden, auf die Chance, durch das Wachhalten der Vergangenheit und die Aufrechterhaltung der eigenen Tradition eine Kontinuität zu sichern, die nach vorne, in die Zukunft führt.

Der Kernpunkt dieses Denkens lautet: Ein Volk, das in der Lage ist, sich aus seiner Geschichte zu legimitieren, kann und darf nicht untergehen. Und in diesem Sinne bedeutet die Vertiefung in die eigene Geschichte nicht die Flucht aus der Wirklichkeit, sondern die Möglichkeit, sich in einer nationalen Gemeinschaft wiederzufinden, um sich im Schutz dieser Identität der fremden, feindlichen Einflüsse erwehren zu können.

Das Bekenntnis zur Geschichte und Tradition begegnet dem Besucher überall im sozialistischen Polen. Die erstaunliche Verbundenheit der polnischen Menschen mit ihrer Vergangenheit zeigt sich zum Beispiel in den unter großen finanziellen Anstrengungen betriebenen Restaurierungen historischer Gebäude und ganzer Stadtkerne, durch die sich Polen übrigens eine hervorragende Restauratoren-Schule gab. Stolz bemerkte der Warschauer Chefrestaurator in einem Fernsehinterview: „Früher kamen Baumeister und Künstler aus aller Welt nach Polen, heute sind es Polen, die in aller Welt Baudenkmäler und Kunstwerke restaurieren und wiedererstehen lassen.“ Tatsächlich sind die Restauratoren heute zu einem der gefragtesten „Exportgüter“ Polens geworden.

Die detaillierten Geschichtskenntnisse, über die auch junge Polen verfügen und die auf eine entsprechende intensive Ausbildung schließen lassen, wirken auf ausländische Gesprächspartner immer wieder verblüffend. Vor allem junge Deutsche müssen bei Diskussionen mit Polen oftmals beschämt feststellen, daß sie weniger über die Geschichte insgesamt und auch über die gegenwärtige politische Situation ihres eigenen Landes wissen als viele Polen.

Aber auch diese Tatsache hat in Polen Tradition. Schon

im 18. Jahrhundert bildete der Geschichtsunterricht an den Schulen den wichtigsten Bestandteil der patriotischen Erziehung, angesichts einer immer stärker werdenden Bedrohung der Existenz des polnischen Staates durch seine Nachbarn Preußen, Rußland und Österreich. Als Polen im 19. Jahrhundert als Staat zu existieren aufhörte, wuchs eine Generation polnischer Politiker, Revolutionäre und Soldaten heran, die sich von Napoleon und den Ideen der Französischen Revolution angezogen fühlte. Diese Polen lebten damals in einer Atmosphäre, die durch historische Begriffe und Wertsysteme geprägt war. Ihnen galt die Geschichte beinahe als „ultima ratio", aus ihr bezogen sie auch die wichtigsten Richtlinien für die Zukunft, lernten sie, was zu tun richtig und was falsch war.

Während der Zeit der polnischen Romantik wurde die Rolle der Geschichte als Mittel zur Selbsterhaltung des Volkes geradezu hypertrophiert, zeigte sie messianistische Züge. Polen wurde zum „Christus der Völker" stilisiert, und diese Idee half nachfolgenden Generationen entscheidend in ihrem Kampf um Selbstbehauptung und gegen Unterdrückung.

Der Verlust der nationalen Unabhängigkeit, Wurzel des starken Geschichtsbewußtseins der Polen, führte zu einer Art von „Freiheitskult", der im Verlauf der jüngsten Geschichte, während der Zeit der Okkupation durch das nationalsozialistische Deutschland eine noch höhere Qualität gewann. Die Begriffe „Freiheit" und „Unabhängigkeit" besitzen in Polen heute geradezu eine magische Kraft. Kardinal Wyszynski hat das Verhältnis der Polen zur Freiheit in einer Predigt so formuliert:

„Ihr habt den Geschmack der Freiheit kennengelernt. Ihr braucht keine Abhandlung über die Freiheit zu lesen, es genügt, wenn ihr dem Schlagen eurer Herzen lauscht. Es gibt Völker, bei denen man kein Wort über die Freiheit verliert – und dennoch fühlen sich diese Menschen frei. Und es gibt andere Länder, wo viele Zeitungsspalten mit Betrachtungen und Reden über die Freiheit gefüllt werden, ohne daß es dort wirklich Freiheit gibt. Die Menschen greifen nach der Freiheit, aber sie wird ihnen vorenthalten. Wenn die Menschen jedoch wissen, daß die Freiheit ihnen gehört, dann wehe denen, die ihnen diese Freiheit wieder nehmen wollen. In Verteidigung seiner Persönlichkeit und seiner menschlichen Würde wird der Mensch in die Katakomben gehen und ein konspiratives Leben beginnen. Wer die Freiheit einmal gekostet hat, der wünscht sie auch ganz zu besitzen, sein Verlangen nach persönlicher Freiheit wird immer stärker werden."

## Die „goldene Freiheit" der Adelsrepublik

Der Ursprung dieses „Freiheitskultes" liegt noch vor der Zeit der polnischen Teilungen, in der er dann aber bewußt kultiviert wurde.

Im Laufe des 16. Jahrhunderts hatte sich im Königreich Polen ein Parlamentarismus des Adels gebildet, den es nirgendwo sonst in Europa gab. Es war die Blütezeit Polens, als es, in einer Union mit Litauen, den nach Rußland flächenmäßig größten Staat Europas bildete. Das Staatsgebiet von über einer Million Quadratkilometern erstreckte sich von der Grenze zum Krimchanat nördlich des Schwarzen Meeres bis an die Ostsee. Im Nordosten umfaßte es die Rigaer Bucht, die Südgrenze bildeten die Karpaten. In diesem riesigen Territorium lebten die Polen neben Litauern und Ruthenen; Deutsche und Juden wohnten hauptsächlich in den Städten. Repräsentiert wurde das Königreich Polen nicht von den einzelnen Nationalitäten, sondern durch den allen Nationalitäten gemeinsamen Adel. Der Begriff „Pole" bezeichnete die Zugehörigkeit zur Adelsgemeinschaft. Wenn sich jemand vorstellte, benutzte er zum Beispiel folgende Formel: Natione Polonus, gente Ruthenus – polnische Nationalität, ruthenischer Abstammung. Über alle Angelegenheiten des Staates entschied allein der Adel.

Im polnischen Parlament, dem Sejm, waren nur die

Szlachta (Landadel), die Magnaten (Hochadel), die Geistlichkeit und die auf den Provinzlandtagen gewählten adligen „Landboten“ (Abgeordnete) vertreten. Der Spielraum des Königs war beschränkt. 1505 war der Verfassungsgrundsatz „nihil novi“ festgelegt worden, der besagte, daß von nun an in Angelegenheiten des Staates und der Gesellschaft nichts ohne die Zustimmung des Sejm beschlossen werden dürfe. Die Szlachta betrachtete den Staat als ihr Eigentum, das sie auch vor einem zu großen Einfluß des Königs schützen wollte. Es war unvorstellbar, daß in jener Zeit oder auch später irgendein Herrscher Polens, wie beispielsweise Ludwig XIV., hätte sagen können: „Der Staat bin ich.“ Der Adel hätte ihm seine Macht entgegengehalten und geantwortet: „Der Staat, das sind wir.“

Der berühmte Magnat Jan Zamojski formulierte im 18. Jahrhundert die Einstellung des Adels so: “Polen ist das Ideal der Freiheit. Jeder einzelne gehorcht der Macht und dem König nur insoweit, als er sich ihm durch die freie Königswahl unterworfen hat. Der Staat braucht keine zwingende Kraft, denn die Szlachta, die erhabene Ziele vor sich hat, kann und wird für das Wohl des Landes eintreten und handeln. Der gewählte König soll der Gipfel der Vollkommenheit und ein leuchtendes Vorbild sein. Der den Staat verteidigenden Szlachta sollen die anderen Schichten des Volkes dienen, wie die römischen Sklaven den Bürgern dienten. Jeder Adlige hält auf seinem Erbgut das Recht über Leben und Tod des Bauern in seiner Hand.“

Seit 1572, nach dem Aussterben der Jagiellonendynastie, gab es die freie Königswahl in Polen, die dem Adel alle Macht im Staat gab. Das „Liberium veto“, basierte auf dem Prinzip der grundsätzlichen Gleichheit unter allen Angehörigen der Szlachta. Niemand innerhalb dieser adligen Gemeinschaft durfte übergangen werden.

Das Ringen um Einmütigkeit machte den Inhalt der Reichstage aus, dem König blieb es lediglich überlassen, am Schluß eine Zusammenfassung vorzutragen, die dann als Reichstagsbeschluß galt.

Die Szlachta lebte das Prinzip des „Polska nierzadem stoi„ (Polnische Anarchie, Polen ohne Regierung), nachdem gerade das Nichtvorhandensein einer festen Ordnung – so die Auffassung der Szlachta – die Existenz Polens sichern sollte, weil sich kein Nachbar von diesem Staat bedroht fühlen könnte. Der Adel wollte keinen Staat, der die Freiheit – wohlgemerkt, die des Adels – bedrohen konnte. Er war von der Überlegenheit seines Gesellschaftssystems gegenüber anderen Systemen überzeugt.

Zu dieser Weltanschauung gehörte die Abneigung und das Mißtrauen gegen jede Gewalt von oben. Die absolutistischen Staatsvorstellungen stießen die Polen ab. Ein staatliches System mit einer zentralisierten Verwaltung, in dem die Beamten das Wohl des Staates über das der Menschen stellten, war ihnen suspekt. Sie pflegten die Solidarität der adligen Bruderschaft und der Sippe, die altbewährten Gewohnheitsrechte der einzelnen Landschaften. Den Begriff der Staatsräson lehnten sie ausdrücklich ab, ebenso die Vorstellung der modernen Staaten, die Macht nach innen und außen vergrößern zu müssen. Die Szlachta lehnte eine Expansionspolitik ab und entwickelte eine Philosophie des Grundsatzes: Was nützt uns ein kostspieliges, stehendes Heer, wenn man mit friedlichen Mitteln ebensoweit kommen kann? Im Notfall, glaubte die Szlachta, könne man immer noch ein Aufgebot an Soldaten einberufen. Die Szlachta-Gesellschaft war der Auffassung, ein starker Staat verführe nur zum Machtmißbrauch; sie aber wollte um jeden Preis die „goldene Freiheit" bewahren. Kein europäischer Adel lebte damals so gut wie der polnische in seinem System, das ihm ein starkes Selbstbewußtsein gab. Allerdings hatten sich in jener Zeit auch Klassenunterschiede innerhalb des Adels herausgebildet. Der ärmste Adel besaß oft gar keine Ländereien, während die großen Magnatenfamilien mit ihren zahlreichen Gütern Staaten im Staate bildeten.

Der Historiker Joachim Lelewel, der als „Schöpfer der ersten nationalen Geschichte Polens" gilt, schilderte sehr anschaulich die Pracht am Hofe des polnischen Hochadels:

„Nirgendwo leistete sich eine Nation so üppigen und großartigen Aufwand. Die Magnaten waren wie Könige und erschienen auf den Reichstagen oft mit 12 000 Soldaten und Dienern sowie mit vier Geschützen, die sie am Eingang Ihrer Paläste aufstellen ließen. Nichts kam den Festgelagen, Geschenken und Equipagen dieser Herren gleich. Ein Jan Zamojski, der ein großer General und zugleich ein großer Kanzler war, betrieb den verschwenderischsten Aufwand. Doch blieben ihm von seinen Einkünften noch über 100 000 Dukaten übrig. Der Sohn kam mit 1,2 Millionen Gulden kein halbes Jahr aus. Auch bereicherte er eine Menge Leute, die in seinen Diensten standen. Auf den Tafeln der großen Herren wurden nach dem Obst Pyramiden aus Golddukaten aufgetragen, die man unter die Gäste verteilte, was heute nur bei den größten Monarchen, und auch bei diesen nur selten, vorkommt. Daß sie Geld unter das Volk verteilten, war unter polnischen Magnaten etwas ganz Gewöhnliches. Der Leser kann sich danach die Größe und den Reichtum des alten Königreiches vorstellen, das von ebenso vielen Königen bewohnt war, als daselbst Hausherren lebten."

Diese Schilderung vermittelt zweifellos kein objektives Bild des polnischen Adels, denn so einen Aufwand konnte sich nur die kleine Zahl der berühmten hochadligen Familien leisten. Die mittlere Szlachta entsprach im Besitz etwa dem preußischen Junkertum, und die Masse des Kleinadels, Bauern-Szlachta genannt, war sogar arm. Die Lebensweise der Szlachta, die das Königreich repräsentierte, beeinflußte aber alle sozialen Schichten. Auch das einfache Volk bewunderte den Lebensstil der Magnaten, als ob deren Glanz ihre eigene Armut aufhellen könnte. So wurde diese Tradition und die adlige Lebensweise auch in der Zeit der Teilungen aufrecht erhalten.

Heinrich Heine war bei seiner Reise durch die inzwischen geteilte Adelsrepublik vor allem von der dort gepflegten Geselligkeit beeindruckt. Er schrieb: „Das polnische Landleben ist nicht so geräuschlos und einsamlich wie das unsrige, da die polnischen Edelleute sich auf zehn

Stunden weit besuchen, oft wochenlang mit der sämtlichen Familie zusammen bleiben, mit wohleingepackten Betten nomadisch herumreisen, so daß es mir vorkam, als sei das ganze Großherzogtum Posen eine Stadt, wo nur die Häuser meilenweit voneinander entfernt stehen, und in mancher Hinsicht sogar eine kleine Stadt, weil die Polen sich alle kennen, jeder mit den Familienverhältnissen des anderen genau bekannt ist und diese oft auf kleinstädtische Weise zu Gegenständen der Unterhaltung wurden."

Für die polnische Welt, wie Heine sie erlebte, befand sich das Zentrum allen Lebens auf dem Lande, nicht in der Stadt. Heine wollte die Polen kennenlernen und versuchte, ihnen vorurteilslos gegenüberzutreten. Seine scharfen Beobachtungen teilte er in seinem Reisebericht aus dem Jahre 1822 mit:

„Nur die Menschen, und zwar besonders die nobelste Sorte, die Edelleute, verdienen hier in Polen die Aufmerksamkeit des Reisenden. Und wahrlich, ich sollte denken, wenn man einen kräftigen, echten polnischen Edelmann oder eine schöne Polin in ihrem wahren Glanze sieht, so könnte dieses die Seele ebenso erfreuen wie etwa der Anblick einer romantischen Felsenburg oder einer marmornen Medizäerin... Ich lieferte Ihnen sehr gerne eine Charakterschilderung der polnischen Edelleute, und das gäbe eine sehr kostbare Mosaikarbeit aus den Adjektiven gastfrei, stolz, mutig, geschmeidig, falsch (dieses gelbe Steinchen darf nicht fehlen), reizbar, enthusiastisch, spielsüchtig, lebenslustig, edelmütig und übermütig." Doch gleichzeitig distanzierte sich Heine von dieser pauschalen Beschreibung: „Diese allgemeinen Charakteristiken sind die Quelle des Übels. Es gehört mehr als ein Menschenalter dazu, um den Charakter eines einzigen Menschen zu begreifen, und aus einer Million einzelner Menschen besteht eine Nation."

Aber auch das polnische Freiheitsverständnis faszinierte Heine: „... Fast bis zur Lächerlichkeit ehren jetzt die Polen alles, was vaterländisch ist. Wie ein Sterbender, der sich in krampfhafter Angst gegen den Tod sträubt, so empört und sträubt sich ihr Gemüt gegen die Idee der Vernichtung ihrer Nationalität... Wenn Vaterland das erste Wort ist, so ist Freiheit das zweite... Das Wort Freiheit, das so schön und volltönend in der polnischen Geschichte durchklingt, war nur der Wahlspruch des Adels, der dem König so viele Rechte als möglich abzuzwingen suchte, um seine eigene Macht zu vergrößern, und auf solche Weise die Anarchie hervorzurufen... Jener Grundsatz von der stürmischen Freiheit, die besser sein mag als ruhige Knechtschaft, hat dennoch, trotz seiner Herrlichkeit, die Polen ins Verderben gestürzt. Aber es ist auch erstaunlich, wenn man sieht, welche Macht schon das bloße Wort Freiheit auf ihre Gemüter ausübt; sie glühen und flammen, wenn sie hören, daß irgendwo für die Freiheit gestritten wird."

Das übrige Europa, das in der Blütezeit der Adelsrepublik noch bewundernd nach Polen geblickt hatte, ließ seine Geschichtsschreiber nun über die „Herrlichkeit" der Szlachta-Gesellschaft spotten und die Negativa hervorheben: die mangelnde innere Verwaltung, das Fehlen eines stehenden Heeres, die Sperre gegen Reformen, alles das, was Polen damals daran hinderte, einen ähnlichen staatsbildenden Prozeß zu vollziehen, wie ihn die Nachbarländer durchmachten. Es war eben gerade die Zeit, in der sich in Europa zusammen mit den Anfängen des Kapitalismus moderne staatliche Organismen herausbildeten, die ihrem Wesen nach aggressiv waren.

## Das Erbe der Szlachta

Das „Liberum veto", jenes Recht des Adels, einstimmige Wahlen zu erzwingen, war zu einem Instrument der mächtigen Nachbarn geworden, ihre eigenen Interessen in Polen durchzusetzen und den Niedergang der Adelsrepublik zu forcieren.

In der polnischen Bevölkerung aber haben die Werte der Szlachta-Gesellschaft überlebt, und dies wahrscheinlich gerade deswegen, weil sie zur staatlichen Unfreiheit führten. Kazimierz Dabrowski, Doktor der Medizin und Professor für Philosophie und Psychiatrie, meinte 1978 in einem Interview, daß noch in der ersten und zweiten Generation des neuen, sich industrialisierenden Polen die Wurzeln dieser „urpolnischen Willkür, dieser Eigenwilligkeit und dieses in vielen psychischen Vorgängen zu beobachtenden altadligen Liberum veto“ schlummerten.

In der Art, wie der Pole sich gibt und wie er sich ausdrückt, sei bis heute das Szlachta-Erbe zu erkennen, meint ein anderer Beobachter. Auffällig ist tatsächlich, daß manche Polen, auch „gute Kommunisten“, ihre Gäste stolz mit dem Hinweis auf die adlige Herkunft eines Bekannten oder Freundes zu beeindrucken versuchen. Noch immer ist es in bestimmten Kreisen üblich, den Ausdruck „bezceremonialny“ (ohne Manieren, formlos, ungeniert) im Sinne eines Vorwurfs zu verwenden. Genauso verhält es sich mit dem Begriff „niekulturalny“ (unkultiviert), was z. B. junge deutsche Besucher staunen läßt, die in diesem Vorwurf zu Unrecht den Ausdruck einer kleinbürgerlichen Haltung vermuten. Es gibt noch eine andere Eigentümlichkeit, die sich in der polnischen Sprache gehalten hat. In Polen ist die Anrede in der dritten Person gebräuchlich. Noch heute gilt es als unhöflich, einfach zu fragen: „Möchten Sie noch einen Kaffee?“, statt: „Möchte der Herr (die Dame) noch einen Kaffee?“ Versuche der Partei, diese Form der Ansprache durch die Verwendung von „Sie“ zu ersetzen, hat auch im täglichen Leben keine wirkliche Veränderung der Sprachgewohnheiten bewirkt.

Die als polnisch verstandenen Lebensformen wurden heilig gehalten, in der Abwehr fremder, nationaler Ansprüche, die mit der Zeit immer bedrohlichere Ausmaße annahmen. Andererseits war auch den Nachbarn Polens im 18. Jahrhundert daran gelegen, daß in Polen das Prinzip der „goldenen Freiheit“ des Adels aufrechterhalten wurde, denn diese altertümliche Gesellschaftsverfassung sicherte ihnen ihren Einfluß. Die politische und militärische Schwäche Polens, bei einem verhältnismäßig hohen Niveau der

Landwirtschaft und erheblichen Arbeitskräftereserven – die zudem noch ein Reservoir an Rekruten bildeten –, wirkte wie ein Magnet auf sie. Jeder Nachbar schaute dabei argwöhnisch auf den anderen, aus Furcht, dieser könne in Polen übermäßig stark werden. Polen selbst hatte gänzlich den Anschluß an die dynamische Entwicklung der benachbarten dynastischen Staaten verloren, die die freien Königswahlen in Polen dazu nutzten, „ihren" Kandidaten, durchzusetzen. Europa gewöhnte sich mehr und mehr daran, daß die polnische Königswahl inzwischen statt einer inneren Angelegenheit des polnischen Adels, eine Auseinandersetzung zwischen auswärtigen Mächten war. Als der erste polnische König aus einem deutschen Fürstengeschlecht, August II., das von Schweden besetzte Livland mit Hilfe Rußlands zurückerobern wollte, schuf er selbst die Voraussetzungen für ein russisches Protektorat über Polen. Die russischen Truppen, die in das Land einrückten, verließen es danach nicht wieder.

Der inzwischen zu totaler Bedeutungslosigkeit herabgesunkene polnische Reichstag mußte am 1. Februar 1717 die Vermittlung des Zaren für eine erneute Garantie der adeligen Freiheiten hinnehmen. Auch Preußen, das sich inzwischen zur „Schutzmacht" der protestantischen Minderheit in Polen gemacht hatte, garantierte die Adelsverfassung, gab sich aber auch keine Mühe mehr, die Grenzen und die Neutralität Polens zu achten. Immer häufiger kam es vor, daß Preußen polnische Bauern als Soldaten in seine Armee zwang, Zoll und Steuern auf polnischem Boden eintrieb. Gemeinsam mit Österreich bemühte sich Preußen außerdem, die Machtausweitung Rußlands einzuschränken.

Unter dem hochbegabten und gebildeten Stanislaw August Poniatowski, der als Schützling der russischen Zarin Katharina II. polnischer König wurde, kam es zwar zu einigen längst fälligen politischen Reformen, die aber lediglich eine Erneuerung auf geistig-kultureller Ebene brachten. Für die Wiedergewinnung oder Behauptung der politischen Selbstbestimmung war es bereits zu spät.

Anlaß der ersten Teilung Polens im Jahr 1772 war ein Aufstand, der 1768 in dem südpolnischen Städtchen Bar ausbrach. Dort hatte sich eine betont katholische, nationale Konföderation gebildet, die sich gegen die ausländische Bevormundung auflehnte. Der vierjährige Bürgerkrieg endete mit der Aufteilung Polens zwischen Rußland, Preußen und Österreich. Polen verlor dadurch fast 30 Prozent seines Territoriums und rund 35 Prozent seiner Einwohner. Preußen annektierte das Ermland, das Kulmer Land, das Gebiet von Marienburg und den Netze-Distrikt ohne Danzig und Thorn, Österreich das gesamte Südpolen, Rußland den Nordosten des Landes bis zur Düna und zum Dnjepr sowie Polnisch-Livland. Das polnische Parlament und der resignierende König wurden unter dem Druck der Teilungsmächte dazu gezwungen, sich mit den vollendeten Tatsachen abzufinden und die Teilung auch formal zu akzeptieren. Nationale Gefühlsausbrüche, wie sie der Abgeordnete Reytan zeigte, als er sich mit entblößter Brust dem passiven König und Reichstag entgegenwarf, waren eine Ausnahme. Die Szene, die der polnische Historienmaler Jan Matejko in Öl malte, ist später zum festen Bestandteil des nationalen polnischen Geschichtsbildes geworden.

Die Betroffenheit unter dem Adel war nach der ersten Teilung Polens groß, und man erinnerte sich an die Warnung des Jesuitenpaters Piotr Skarga, der die Adelsnation 1605 vor den Folgen der Zerrissenheit und der Willkür gewarnt hatte: „Es wird eine Zeit kommen, wo ihr ohne König sein werdet, ohne Vaterland, verbannt, auf fremder Erde und verachtet... Im Kampf unterzugehen ist schön, edel und würdig einer großen Nation. Aber innerer Zwietracht zum Opfer zu fallen und durch eigene Schuld seinen Untergang zu bereiten ist entsetzlich.“

## Folgen der ersten Teilung Polens

Inzwischen hatte sich die Einsicht, daß etwas faul sei in der Adelsrepublik, mehr und mehr verbreitet. Es erwachten im Volk patriotische Gefühle und die Einsicht, daß es dringend notwendig sei den Staat zu festigen. Die polnische Intelligenz, die vor allem aus dem mittleren und kleinen Adel hervorgegangen war, hatte ein Bündnis mit dem liberal denkenden Teil der Szlachta zustande gebracht, und im Rahmen dieser Bemühungen wurde eine Kommission für Nationale Bildung ins Leben gerufen. Diese Kommission stellte praktisch das erste Bildungsministerium der Welt dar. Seine Aufgabe bestand in einer generellen Reform des Schulwesens, durch das die Jugend Polens zu aufgeklärten Menschen herangezogen werden sollte, die künftig in den Kategorien des Staates und der Nation dachten. Es wurden auch Veränderungen des Finanz- und Heereswesens beschlossen und – als wichtigstes – eine Reform eingeleitet, die dem Bürgertum eine, wenn auch beschränkte Partnerschaft im öffentlichen Leben zugestand.

Die Französische Revolution, die am 14. Juli 1789 ausbrach, gab dem adlig-bürgerlichen Block in Polen den entscheidenden Anstoß, vorliegende Reformvorschläge in staatliche Grundsätze umzuwandeln und so die Unabhängigkeit des Landes wiederzuerlangen. In diesem Zusammenhang wurde vom polnischen Reichstag beschlossen, im Sinne der in Frankreich verkündeten Menschen- und Bürgerrechte auch in Polen die Stellung des „dritten Standes" zu verbessern, der sich vor allem im Warschauer Bürgertum repräsentierte.

Am 3. Mai 1791 nahm der Sejm eine neue Verfassung an, die Polen in eine zentralisierte Monarchie umgestalten sollte. Das Wahlkönigtum wurde aufgehoben, und nur für den Fall des Aussterbens der regierenden Dynastie war noch eine Königswahl vorgesehen. Bei allen Parlamentsabstimmungen sollte in Zukunft die einfache Mehrheit genügen. Damit war das so verhängnisvolle „Liberum veto" abgeschafft. Die Stellung der Magnatenfamilien wurde bedeutend geschwächt. Um die feudale Anarchie zu beseitigen, wurden die Adelskonföderationen verboten, die zentrale Exekutivgewalt dagegen wurde verstärkt. Die Frage der Leibeigenschaft wurde aus der Verfassung ausgeklammert, der Adel behielt seine wirtschaftlichen Privilegien und politischen Vorrechte. Die Mai-Verfassung Polens wurde damals sogar zum Vorbild der französischen Revolutionsverfassungen, waren in ihr doch die Ideen Rousseaus, Montesquieus und Voltaires verwirklicht. Sie war die erste geschriebene Verfassung in Europa, und sie verschaffte Polen die Sympathien aller liberal-revolutionären Kräfte. Für die polnische Bevölkerung hatte diese Verfassung, als Zeugnis des Willens, den eigenen Staat am Leben zu erhalten, große Bedeutung. Sie galt als Botschaft für künftige Generationen und hat auch bei den polnischen Unabhängigkeitskämpfen des 19. Jahrhunderts eine nicht zu unterschätzende Rolle gespielt. Noch heute gilt in Polen die Mai-Verfassung von 1791 als Aufbruch in eine neue Zeit; ihr ist im Kalender ein Gedenktag gewidmet. In dem polnischen Staat, der nach dem Ersten Weltkrieg entstand, war der 3. Mai dann auch Staatsfeiertag, und am 3. Mai 1981 registrierten Beobachter mit Interesse, daß diesmal auch das sozialistische Polen offiziell jener liberalen Verfassung gedachte.

Teile der Magnaten aber weigerten sich, ihre Rechte so ohne weiteres beschneiden zu lassen. Auch Rußland und Preußen reagierten entschieden ablehnend gegenüber einer Verfassung, die sich gegen ihren Einfluß in Polen richtete. Die Magnaten, die ihre „goldene Freiheit" gefährdet sahen, schlossen sich im Mai 1792 in der sogenannten Konföderation von Targowice zusammen und rebellierten gegen die Verfassung, die von ihnen als „Umsturz von unten" betrachtet wurde. Einen besonders verhängnisvollen Schritt taten sie, als sie die „Schutzmacht" zu Hilfe riefen, die ihre Rechte bisher garantiert hatte: Rußland. Preußen ergriff daraufhin die Partei Rußlands, um zu verhindern, daß Katharina II. allein den Nutzen aus dem Kampf in Polen zog. Der Widerstand der polnischen Armee (die neue Verfassung hatte ein stehendes Heer von 100 000 Mann beschlossen) war bald gebrochen, und am 13. Januar 1793 unterzeichneten Rußland und Preußen die Vereinbarungen über die zweite Teilung Polens. Rußland erhielt nun auch Podolien bis zur Linie Dünaburg und Czernowitz sowie die westliche Ukraine und Weißrußland; Preußen nahm sich Großpolen mit Posen, Kalisch, Tschenstochau sowie Thorn und Danzig. So hatte die polnische Maiverfassung den Teilungsmächten Rußland und Preußen für ihre Expansion den Vorwand geliefert. Die beiden Großmächte konnten sich als Verteidiger der „goldenen Freiheit" des polnischen Adels ausgeben.

Nach der zweiten Teilung Polens jedoch geschah etwas, was man in Polen als die Geburt der modernen polnischen Nation bezeichnet. Die patriotisch empfindenden Polen – Adlige, Bürger und auch Bauern – rebellierten. Unter der Führung des Generals Tadeusz Kosciuszko brach 1794 ein Aufstand aus. Kosciuszko war in Amerika General geworden, wo er etwa sieben Jahre für die Unabhängigkeit der nordamerikanischen Kolonien gekämpft hatte. Neu an diesem Aufstand in Polen war, daß er zu einer Erhebung des ganzen polnischen Volkes wurde. Kosciuszko war überzeugt, daß der Aufstand nur dann erfolgreich sein könne, wenn er vom ganzen Volk getragen werde. Deshalb bemühte er sich auch um die Bauern: „Ich werde nicht nur für den Adel kämpfen", erklärte er, „ich erstrebe die Freiheit für das ganze Volk und werde dafür mein Leben einsetzen."

Gleichzeitig brach auch in Warschau ein Aufstand aus, der zur Befreiung der Hauptstadt führte. Unter dem Eindruck dessen, was damals in Frankreich geschah, rechneten die Warschauer auf blutige Weise mit den reichen adligen Schichten ab. Hier bildete sich eine Symbolgestalt des polnischen Freiheitswillens heraus, deren Denkmal noch heute in der Warschauer Altstadt steht: Der Schuster Jan Kilinski.

Auch die Bauern, die durch das Manifest von Polaniec – vorübergehend – zu freien Männern geworden waren, erzielten in ihrem Kampf Achtungserfolge, bei Raclawice in der Nähe von Krakau sogar einen großen Sieg über die Russen, der in der nationalen Überlieferung symbolische Bedeutung erlangen sollte. Die Bauern waren nur mit Sensen bewaffnet, und ihre langen, weißen Leinenkittel sowie die viereckigen, roten Mützen mit den Pfauenfedern galten von nun an als Nationaltracht der Polen. Die „Sensenmänner“ (Kosynierzy) wurden zu Leitgestalten der polnischen Aufstände des 19. Jahrhunderts.

Kosciuszko hatte auch versucht, an die patriotischen Gefühle des Adels zu appellieren, der ihm jedoch seinen Einsatz für die Rechte der Bauern übelnahm. Auch der bürgerliche Block verhielt sich unentschlossen und wankelmütig. Er widersetzte sich einer Umwandlung des Aufstandes in eine demokratische Revolution und den Forderungen der Bauern. Das Scheitern des Aufstandes hatte nicht zuletzt in dieser Haltung der liberalen Adligen seine Ursachen. Hinzu kam, daß Preußen und Österreich ein ebenso großes Interesse an der Niederschlagung des Aufstandes hatten wie Rußland. Die Truppen der Teilungsmächte fielen erneut in Polen ein. In der entscheidenden Schlacht gegen das zaristische Heer wurden die Aufständischen südöstlich von Warschau bei Maciejowice geschlagen. Kosciuszko wurde verwundet und geriet in Gefangenschaft. Die russischen Truppen besetzten erneut Warschau. Polen wurde zum dritten Mal geteilt und verschwand damit als Staat von der politischen Landkarte. Rußland annektierte den Rest der östlichen Woiwodschaften bis zum Njemen und Bug, Österreich fast ganz Kleinpolen mit Krakau und weitere Gebietsteile bis zum Bug. Preußen übernahm einen kleinen Landstrich an der oberen Warthe („Neu-Schlesien“), den Rest Masowiens mit Warschau, Podlachien nördlich des Bug und Litauen westlich des Njemen („Neu-Ostpreußen“). Die polnischen Magnaten behielten ihre Güter, der Preis dafür war der vollständige Verlust der Unabhängigkeit Polens.

Die Auflösung des polnischen Staates war das Ergebnis eines Kampfes der aggressiven Großmächte gegen die revolutionären und nationalfreiheitlichen Bewegungen, die von der Französischen Revolution und ihren Ideen beeinflußt waren.

Viele der ehemaligen Aufständischen gingen in die Emigration, nach Venedig, Sachsen und vor allem Paris, wo schon im September 1795 eine erste Emigrantenorganisation, die „polnische Deputation", gegründet wurde. Zwei Jahre später fanden sich die polnischen Emigranten in Frankreich in einer Legion unter Führung von General Henryk Dabrowski wieder, die nun inzwischen auf 6 000 Mann angewachsen, von Napoleon zur Niederschlagung von Unruhen in seinem Imperium eingesetzt wurde. Die polnischen Emigranten hielten zwar konspirative Verbindungen zu ihrer Heimat aufrecht, konnten aber bei Napoleon nicht erreichen, daß eine polnische Truppe für den Kampf um die Unabhängigkeit Polens aufgestellt wurde.

## Polen ohne Staat

In Europa hatte sich seit den Teilungen ein Stimmungswandel zu Gunsten Polens vollzogen, der von langanhaltender Wirkung sein sollte. Die liberale öffentliche Meinung Europas stand auf seiten der Polen. Die Sympathie und das mitfühlende Interesse fand ihren Niederschlag in einer Fülle von Reisebeschreibungen, Liedern und Gedichten, die das Schicksal Polens zum Inhalt hatten. Die meisten und entschiedensten Proteste gegen die Teilungen Polens kamen aus Deutschland, und da besonders aus jenen liberalen Kreisen, die sich auch gegen die Fürstenwillkür in den einzelnen deutschen Ländern einsetzten und einen geeinten Nationalstaat forderten.

Schon 1774 fand sich in der „Deutschen Chronik", herausgegeben von Christian Fr. Daniel Schubart, eines jener leidenschaftlichen Gedichte unter dem Titel „Polonia", wie sie damals in vielen deutschen Zeitungen und Zeitschriften veröffentlicht wurden. Das Gedicht beginnt mit den Worten:

*Da irret Polonia,*
*Mit fliegendem Haare,*
*Mit jammerndem Gesichte,*
*Ringt über dem Haupte*
*Die Hände...*

Nicht weniger als 300 Dichter zählt St. Leonhard in seinem zweibändigen Werk „Polenlieder deutscher Dichter" (Krakau 1911 und 1917) auf, die insgesamt etwa tausend Gedichte zum Thema Polen verfaßt haben. Einer von ihnen, Karl von Holtei, schrieb 1826 ein Singspiel, in dem er seine Verehrung für den Führer des Aufstandes von 1794, Tadeusz Kosciuszko zum Ausdruck bringt:

*Kosciuszko und Lagienka*

*Kosciuszko:*
*Denkst du daran, mein tapferer Lagienka,*
*Daß ich dereinst in unserem Vaterland*
*An eurer Spitze, nahe bei Dubienka,*
*Viertausend gegen Sechzehntausend, stand?*
*Denkst du daran, wie ich, vom Feind umgeben,*
*Mit Mühe nur die Freiheit uns gewann?*
*Ich denke dran, ich danke dir mein Leben,*
*Doch du, Soldat, denkst du daran?*
...
*Lagienka:*
*Denkst du daran, daß in des Kampfes Wettern*
*Mein Säbel blitzte stets in deiner Näh',*
*Als du, verlassen von des Sieges Göttern*
*Und sinkend, riefst: Finis Poloniae?*
*Da sank mit dir des Landes letztes Hoffen,*
*So vieler Heil in einem einz'gen Mann!*
*Daß damals mich dein Trauerblick getroffen,*
*O großer Feldherr, denkst du noch daran?*

Die Katastrophe Polens machte die liberale Öffentlichkeit Europas begierig, mehr über dieses Land zu erfahren. Es waren in erster Linie schlesische, ostpreußische und sächsische Gelehrte, Schriftsteller und Künstler, die ihre Eindrücke von Reisen durch polnische Landschaften und Städte veröffentlichten, so zum Beispiel der schon erwähnte Heinrich Heine. Der Ostpreuße E.T.A. Hoffmann versuchte, seinen westlichen Landsleuten etwas über den Charakter der Polen mitzuteilen anhand ihrer Musik; er schrieb über den Charakter der Polonaise: „Der Charakter des Volkes spricht sich lebendig aus in seinen Gesängen und Tänzen; und so geben auch die beiden Nationaltänze der Polen, der Mazurek und die Polonäse die beiden Haupttendenzen der Nation richtig und deutlich an. So wie der wilde Mazurek mit seinen Stärke und Muskelkraft erfordernden Bewegungen, mit seinen wunderbaren, kühnen Verschlingungen, den stürmischen Rausch eines in steter Unruhe hin- und herwogenden Volkes zeigt, so liegt in der Polonäse wieder ganz der Ausdruck jener Ritterhaftigkeit, deren integrierender Teil die romantische Verehrung der Damen ist, welche in Polen mehr als sonst irgendwo noch stattfindet ... Die Musik des Tanzes muß aus dem Charakter (des tanzenden Paares) selbst entspringen, und so kommt es denn, daß die eigentliche, die echt polnische Polonäse eben jene romantische Stimmung ausspricht und dadurch so höchst anziehend wirkt. Den Grundton macht eine gewisse Grandezza, die eben dem Rittertum eigen..."

In Polen begriff der Adel langsam, was er verloren hatte. Die politische Bedeutung des Kosciuszko-Aufstandes und der Verfassung vom 3. Mai wirkten verspätet, aber um so intensiver auf das patriotische Bewußtsein der Bevölkerung und schuf eine neue Unabhängigkeitsbewegung.

Mit dem Erwachen des Patriotismus wurde auch immer häufiger die Frage nach den Gründen gestellt, die zu den Teilungen geführt hatten. Bezeichnenderweise konzentrierten sich die Antworten in erster Linie auf die eigene Schuld. 1811 brachte eine Resolution des Sejm des Großherzogtums Warschau die neue patriotische Stimmung zum

Ausdruck: „Unser von so viel Unglück gequältes Volk ist nicht mehr das von zu großer Freiheit und von zu viel Erfolg verdorbene Volk von damals. Es kennt den Schrekken der Anarchie, es kennt das harte Joch fremder Knechtschaft... Es hat begonnen, sein Vaterland wieder auszugraben, wobei es den festen Willen hat, aus vergangenen Niederlagen und Erfahrungen zu lernen und nicht die Fehler zu wiederholen, die ihm den Untergang des nationalen Namens eingebracht haben."

In dieser Erkenntnis wurde nun die polnische Jugend erzogen. Schon nach der ersten Teilung Polens von 1772 hatten Reformen im polnischen Schulwesen stattgefunden, die ganz unter dem entsprechenden Einfluß der Entwicklung in Westeuropa, vor allem dem der pädagogischen Gedanken Rousseaus standen. Die Tendenz wurde nun verstärkt, um die jungen Polen in der Schule zu treu ergebenen Bürgern ihres Landes zu erziehen, die Polen später einmal zur Unabhängigkeit verhelfen sollten. Nirgends kam das nationale Element, das diese Zeit prägte, deutlicher zum Ausdruck als in seiner Literatur. Die Schriftsteller machten sich damals zu Anwälten für die nationale Selbstbehauptung Polens. Viele ihrer Werke waren geprägt vom Protest und von der Auflehnung gegen die Unterdrücker; sie waren daher einer strengen Zensur unterworfen. Die größten Dichter des Landes führten diesen patriotischen Feldzug an: Adam Mickiewicz, Juliusz Slowacki und Zygmund Krasinski. Adam Mickiewicz, der als der bedeutendste unter ihnen gilt, schrieb als zwanzigjähriger junger Lehrer in Kowno/Litauen jene ersten Werke, die ihn bald in ganz Polen bekannt machten. Seine „Ode an die Jugend" (Oda do mlodosci, 1820) unterlag lange Zeit der Zensur. Sie war ein zündender Aufruf an die polnische Jugend, im Geiste der Liebe eine neue Zeit aufzubauen. Mit diesen drei großen Dichtern begann die polnische Romantik, die die Idee der Freiheit absolut setzte. Die polnischen Aufständischen und Verschwörer waren später der Ansicht, daß nur die Dichter „den Weg zum Herzen des Volkes" finden und ausdrücken könnten, was das Volk wünscht, und das zudem auf eine Art, an die es gewöhnt ist. Bis heute stellt das romantische Element einen wesentlichen Bestandteil der polnischen Tradition dar.

Die polnische Romantik war zu jener Zeit von verschiedenen Einflüssen geprägt; vor allem aber stand sie unter dem Eindruck des geistigen Geschehens in Deutschland. Niemals zuvor hatten deutsche Dichter und Denker einen so starken Einfluß auf die polnische Literatur ausgeübt. Kazimierz Brodzinski und der damals bedeutsamste Literaturkritiker, Maurycy Mochnacki, trugen mit ihren Übersetzungen von Schiller und Goethe entscheidend zum Sieg der romantischen Strömung über den Klassizismus bei. Noch wichtiger war, daß die beiden auch die Ideen Gottfried Herders in Polen propagierten. In Herders berühmtem Slawenkapitel innerhalb der „Ideen zur Philosophie der Geschichte der Menschheit" erschienen die Slawen als Verkörperung eines romantischen Humanitätsideals, und die Anziehungskraft der Gedanken Herders auf die slawischen Völker ohne Staat andererseits beruhte nicht nur darauf, daß Herder die Slawen so positiv beschrieb, sondern in seiner Definition dieser Völker. Der von Herder ausgehende Volksbegriff steht vor und über dem Staat: „Die Natur erzieht Familien, der natürlichste Staat ist also auch ein Volk mit einem Nationalcharakter." Damit paßten seine Gedanken sehr gut zu dem Geist des patriotischen Erwachens der slawischen Völker. So wurden die jungen Polen damals außer von den Ideen der französischen Revolution in starkem Maße auch von der polnischen Romantik geprägt.

Im 19. Jahrhundert kam es in Polen zu soziologischen Veränderungen. Der Hochadel verarmte zusehends und das Bürgertum gewann im kulturellen Bereich an Gewicht. Es bildete sich eine Intelligenzschicht heraus, die allerdings noch in ihrer Masse adligen Ursprungs war, denn der Adel bildete immerhin zehn von Hundert der polnischen Bevölkerung.

Unter dieser Intelligenz kam es immer häufiger zu Verschwörungen und Komplotten, besonders im russischen

Teilungsgebiet, die jedoch meist schnell aufgelöst und unterdrückt wurden. Die zaristische Regierung verfügte über Agenten in den patriotischen Studentenverbindungen und literarischen Zirkeln, und nicht selten wurden Polen wegen konspirativer Umtriebe nach Rußland verbannt. Auch Mickiewicz, Mitglied einer patriotischen Studentenverbindung, verbrachte fünf Jahre in russischer Verbannung. Er, der politisch verfolgte, wurde in den Salons von Moskau, Odessa und Petersburg herzlich empfangen. Zwischen den russischen Liberalen und polnischen Patrioten hatten sich inzwischen Querverbindungen ergeben. Beide Seiten waren sich einig in ihrem Wunsch nach Reformen im Sinne der aufgeklärten, freiheitlichen Ideen.

Nachdem der Kosciuszko-Aufstand zunächst die Aussichtslosigkeit eines Kampfes gegen die drei Teilungsmächte bewiesen hatte, bildeten sich in Polen drei politische Richtungen heraus, nach denen die Einheit und Freiheit Polens langfristig wieder hergestellt werden sollte. Die eine setzte auf die Gewinnung Rußlands als Partner gegen die anderen beiden Teilungsmächte, die andere trat für ein Zusammengehen mit Preußen zu dem gleichen Zweck ein, und die dritte strebte eine entsprechende Verbindung mit Frankreich an.

Diejenigen, die auf Napoleon setzten, hofften, im Verlauf der kriegerischen Auseinandersetzungen zwischen den europäischen Mächten an der Seite des revolutionären Frankreich die Unabhängigkeit Polens herbeiführen zu können. Die Existenz einer polnischen Legion in der Armee Napoleons und ihr militärischer Ruhm stärkten die patriotischen Gefühle im Land und machten die polnische Frage in ganz Europa bekannt. Eine Anlehnung an Frankreich war für die Polen mehr eine moralische Stärkung, denn Napoleon dachte nicht an einen Marsch nach Polen, und auch die polnischen Legionen setzte er nur für seine Interessen ein. Er brauchte sie für seine Eroberungskriege, besonders für seine militärischen Aktionen in Spanien. „Er denkt nur an sich“, klagte der enttäuschte Kosciuszko, der sich nach seiner Entlassung aus russischer Gefangenschaft in Frankreich niedergelassen hatte. Kosciuszko lehnte dann auch den Vorschlag Napoleons, eine seiner Legionen zu führen, ab. Als überzeugter Republikaner war er nach Napoleons Krönung zum Kaiser (1804) zu keiner Zusammenarbeit mehr mit ihm bereit. Für ihn stand fest, daß Napoleon ein „Tyrann" sei, der „jedes große Volk und mehr noch den Geist der Unabhängigkeit" verachte.

Während des Krieges gegen Preußen erwachte bei Napoleon ein besonderes Interesse an Polen und seinen Legionen. Um den russischen Zaren Alexander I. nicht zu reizen, nannte er die Legionen nicht „Polnische", sondern „Nordische Legionen". Napoleon ließ Henryk Dabrowski aus Italien und Josef Wybicki aus Sachsen nach Berlin holen und forderte die beiden auf, ihm schnellstens schlagkräftige Regimenter zusammenzustellen. Mit dem Einzug Wybickis und Dabrowskis in Posen sah es dann zunächst so aus, als ob endlich der große Traum der Unabhängigkeit Polens in Erfüllung ginge. Während seines Aufenthaltes in Warschau 1807 setzte Napoleon eine besondere Regierungskommission für die ehemals preußisch-polnischen Gebiete ein, und nach dem Tilsiter Frieden vom 7. Juli 1807 entstand das „Herzogtum Warschau". Nach französischem Vorbild diktierte Napoleon in Dresden innerhalb weniger Stunden eine Verfassung für das „Herzogtum Warschau". Als „Garantie" beließ er seine Truppen im Land.

Mit dem Untergang der französischen „Grande Armée" aber, der inzwischen rund 100 000 Polen angehörten, zerbrach der polnische Traum von der Unabhängigkeit ihres Landes. Auf dem Wiener Kongreß von 1815 vollzog sich praktisch die vierte Teilung Polens. Aus dieser neuen Zerstückelung Polens ging Rußland wieder begünstigt hervor. Preußen erhielt die Gebiete Großpolens bis zur Prosna und Thorn zurück, die ihm die französische Einrichtung des „Herzogtums Warschau" genommen hatte. Der Rest des „Herzogtums Warschau" wurde als „Königreich Polen" oder Kongreßpolen mit eigener Verfassung, eigener Verwaltung und eigenem Heer mit Rußland vereinigt. Rußland beherrschte damit über 82 Prozent des polnischen Gebietes von 1772, zehn Prozent standen unter österreichischer und acht Prozent unter preußischer Oberhoheit. Für die polnische Bevölkerung wog die vierte Teilung weit schwerer als die dritte, da im polnischen Bewußtsein die patriotischen Empfindungen inzwischen viel stärker geworden waren. Das polnische Nationalgefühl wurde besonders dadurch verletzt, daß jetzt eine politische Entscheidung gefällt worden war in Kenntnis der polnischen Wünsche, jedoch ohne sie auch nur in Ansätzen zu berücksichtigen.

## „Für unsere und euere Freiheit" – die großen Polenaufstände

Das Königreich Polen – „Kongreßpolen" – hatte nun zwar eine Verfassung, die als die liberalste in Europa galt, sie erwies sich jedoch sehr schnell als Makulatur. Es stellte sich heraus, daß Alexander I. sein europäisches, freiheitliches Sendungsbewußtsein sehr gut mit den Machtinteressen des russischen Imperiums in Einklang zu bringen verstand. Der Zar stellte die „polnische Autonomie" unter den Schutz des rigorosen Besatzungsregimentes seines Bruders, des Großfürsten Konstantin, der für seine reaktionäre Haltung bekannt war.

Die politische Realität im Königreich Polen hieß Unterdrückung und Reglementierung. Freiheiten gab es nur unterhalb der Schwelle der sehr aufmerksamen Polizeikontrolle. Die Mißachtung ihrer Verfassung durch Rußland und die daraus folgenden Mißstände lösten in der Bevölkerung, besonders beim Adel und dem sich herausbildenden Bürgertum tiefe Unzufriedenheit aus, wenn auch während dieser Zeit auf wirtschaftlichem und kulturellem Gebiet große Fortschritte erzielt wurden. Das Schulwesen wurde ausgebaut und Warschau bekam eine Universität. Selbstverständlich wuchs an diesen Bildungsstätten auch mehr und mehr jener patriotisch-revolutionäre Nachwuchs heran, der sich wie die Väter in die leidvolle Geschichte Polens vertiefte und zum romantischen Geist der polnischen Dichter Zuflucht nahm.

In Polen entstand damals eine Reihe von Geheimgesellschaften, wie zum Beispiel die „Patriotische Gesellschaft", in denen unter anderem über Aufstandspläne diskutiert wurde. Die oppositionelle Stimmung in der polnischen Bevölkerung hatte sich 1830 auf die Nachrichten von der Juli-Revolution in Frankreich und der erfolgreichen Lostrennung Belgiens von den Niederlanden verstärkt. In Polen verbreitete sich das Gerücht, Zar Nikolaus I., der Nachfolger und Bruder des inzwischen verstorbenen Alexander I., sei empört über den Umsturz in Paris und plane eine bewaffnete Intervention. Im Heer wurde eine Urlaubssperre befohlen, und die Polen befürchteten eine Mobilisierung der polnischen Armee und des Litauischen Korps.

Der Aufstand brach aus, als den Polen ein Krieg Rußlands gegen Frankreich unvermeidlich erschien. In der Nacht vom 29. zum 30. November 1830 überfielen Fähnriche und Studenten die Residenz des zaristischen Statthalters Konstantin. Unter der Parole „Für unsere und euere Freiheit" richteten sie einen Appell an alle Liberalen Europas.

Die Novembernacht endete mit einem Erfolg der Verschwörer. Armee und Bevölkerung befreiten Warschau. Doch danach riefen die Aufständischen keine eigene Regierung aus. Sie wurden verunsichert durch den konservativen Adel, der sich auf den alten Behördenapparat stützte und so selbst die Macht übernahm. Die Konservativen verfolgten eine Politik des Kompromisses; sie bemühten sich, den Aufstand einzudämmen und Verhandlungen mit dem Zaren aufzunehmen. Unter dem Druck der öffentlichen Meinung kam es zu einer großen Straßendemonstration in Warschau, zu Ehren der Dekabristen, jener russischen Revolutionäre, die sich im Dezember 1825 gegen die russische Autokratie erhoben hatten. Angesichts dieser

Massenkundgebung verkündete das polnische Parlament Ende Januar 1831 die Absetzung des russischen Herrscherhauses Romanow und damit des Statthalters in Polen, des Großfürsten Konstantin. Alle Brücken für eventuelle Verhandlungen mit Rußland waren nun abgebrochen und der Zar weigerte sich auch, angesichts des offenen Kampfes gegen die russische Oberhoheit, den Aufständischen irgendwelche Zugeständnisse zu machen. Je schwieriger die Lage anschließend wurde, desto vehementer traten die radikalen Kräfte auf, ohne jedoch entscheidende Erfolge zu erringen, wie etwa die Befreiung der Bauern, die eine Beteiligung der Bauern an dem Aufstand nach sich gezogen hätte. Anfang Februar 1831 rückten schließlich starke russische Verbände zur Unterdrückung des Aufstandes in Polen ein. Die polnischen Revolutionäre setzten sich zwar tapfer zur Wehr, aber mit ihren 55 000 Mann standen sie einer Übermacht von 115 000 russischen Soldaten gegenüber. Im Frühjahr brachen noch weitere Unruhen in Litauen, in der Ukraine und in Weißrußland aus, doch die zaristische Armee bekam den Aufstand zunehmend in den Griff. Nach einer schweren Niederlage der Aufständischen bei Ostroloka im Mai 1831 und ihrem verzweifelten Kampf um Warschau mußten sie im September desselben Jahres kapitulieren.

Noch verhältnismäßig intakte Truppenteile der aufständischen Armee überschritten die preußische und die österreichische Grenze und legten dort Waffen und Fahnen nieder. Die Soldaten gingen in die Emigration nach Westeuropa oder Übersee. Kein anderes Ereignis hat im Nationalbewußtsein der Polen eine ähnlich starke Resonanz hervorgerufen wie der Novemberaufstand von 1830. Von allen polnischen Aufständen des 19. Jahrhunderts war dieser Aufstand, trotz seines spontanen und planlosen Beginns, der einzige, der aufgrund der damaligen innenpolitischen Krise in Rußland und auch dank des europäischen Interesses Aussicht auf einen zumindest teilweisen Erfolg gehabt hatte. Nennenswerte praktische militärische Hilfe von seiten der europäischen Sympathisanten war allerdings niemals gekommen, dafür eine Flut von Solidaritätskundgebungen.

Die 8 000 Polen, die nach 1831, nach dem Zusammenbruch des Aufstandes, westwärts emigrierten, wurden zu einem revolutionären Potential in den westeuropäischen Gesellschaften. Es war die geistige und politische Elite Polens, die zu jener Zeit in die Emigration ging, so unter anderem Frederyk Chopin, Adam Czartoryski, Joachim Lelewel und Adam Mickiewicz. Generäle und Gelehrte verließen ihr Land, und vor allem junge Offiziere, die noch lange nach Ende des Aufstandes durch Böhmen, Österreich, Italien und durch die deutschen Länder zogen. Zwei Jahre lang kam es bei diesen Westwanderungen der Polen immer wieder zu Solidaritätsmanifestationen. Der polnische Aufstand hatte die revolutionären Bewegungen Europas mobilisiert und den slawischen Völkern, die über keinen eigenen Staat verfügten, Auftrieb gegeben. In den deutschen Ländern wurden die polnischen Emigranten geradezu triumphal begrüßt – nicht als besiegte Aufrührer, sondern als Vorboten einer kommenden allgemein-europäischen Revolution. Die Liberalen und Republikaner, die die Einheit Deutschlands und die Abschaffung der Monarchie anstrebten, verbanden mit dem Kampf der Polen ihre Hoffnung auf die Zerschlagung der Heiligen Allianz, als deren Garant das autokratische Rußland galt. Der Chor deutscher „Polenlieder", in dem schon die Teilnehmer des Kosciuszko-Aufstandes gefeiert worden waren, wurde um neue Lieder und Gedichte, unter anderem von Franz Grillparzer, Georg Herwegh, Ludwig Uhland, Nikolaus Lenau, Julius Mosen und von vielen anderen, erweitert. Am populärsten wurde das Lied „Die letzten Zehn vom vierten Regiment" von Julius Mosen, an dessen Beliebtheit sich sogar Bismarck vor dem Reichstag erinnerte.

In Metz, Straßburg, Lyon oder Paris gab allein schon die Ankunft polnischer Emigranten Anlaß zu regierungsfeindlichen Demonstrationen. In Frankreich empfing das französische polnische Komitee des Generals Lafayette die Polen mit Begeisterung. Es gab auch ein polnisch-amerikanisches Komitee, das der Schriftsteller James F. Cooper ins Leben gerufen hatte. In Frankreich wurde die „polnische Frage“ zu einem der Generalthemen der republikanischen Opposition. Auch die Sympathie der Aufständischen für Frankreich war groß, obwohl sich die französische Gesellschaft bald recht wetterwendig zeigte gegenüber ihren polnischen Mitbürgern. Honoré de Balzac beschrieb 1841 in der Novelle „Die falsche Geliebte“ das Leben der polnischen adligen Aufständischen in Frankreich und die Haltung der Gesellschaft ihnen gegenüber. So schilderte er den jungen Grafen Laginski, der eine reiche französische Erbin heiratete: „Es erübrigt sich zu sagen, daß der Pole, obwohl Flüchtling, der französischen Regierung nicht das mindeste kostete. Graf Adam gehörte zu einer der ältesten und erlauchtesten Familien Polens . . . Aber Kenntnisse auf dem Gebiet der Heraldik sind nicht eben das, was das Frankreich Louis Philippes auszeichnet, und jener Adel konnte bei der damals auf dem Thron sitzenden Bourgeoisie nicht als Empfehlung gelten . . . Das Polentum war durch eine hassenswerte Reaktion der Regierung so tief gesunken, wie die Republikaner es hatten erhöhen wollen... Man tat, als betrachte man die Polen als die Verbündeten der republikanischen Partei, ohne zu bedenken, daß Polen eine aristokratische Republik sei. Fortan überschüttete die Bourgeoisie die vor ein paar Tagen noch vergötterten Polen mit ihrer schäbigen Verachtung. Dieses Wechsels der Pariser öffentlichen Meinung muß man sich erinnern, wenn man sich darüber klarwerden will, wieso das Wort ‚Pole‘ 1835 zu einer lächerlichen Bezeichnung wurde, und das bei einem Volk, das sich für das geistreichste und höflichste der Welt hält.“ Obwohl Balzacs ganze Sympathie den Polen gehörte, was sicherlich auch auf seine Verbindung zu der polnischen Gräfin Hanska zurückgeführt werden kann, beschrieb er die Polen als oberflächlich, leichtsinnig, zu unbesorgt und unbeständig. Den Hohn und Spott der Pariser Schickeria gegenüber den jungen Polen zitierte er, indem er eine Figur seiner Novelle sagen ließ: „Er ist nett, wenngleich Pole.“

Die polnischen Emigranten selbst, vor allem die in Frankreich lebenden, erfüllten lange Jahre die Funktion einer polnischen Exil-Regierung und beeinflußten aus der Verbannung oder freiwilligen Emigration das geistige Leben in ihrer Heimat in nicht unwesentlichem Maße. Sie lebten in der ständigen Erinnerung an den fehlgeschlagenen Aufstand und trugen mit ihren gegenseitigen Beschuldigungen, ihren Rechtfertigungen und ihrer Suche nach einer polnischen Zukunft auch noch in den nachfolgenden Generationen zu einer Bereicherung des politischen und militärischen Denkens ebenso wie von Kunst und Literatur bei.

Vor allem die Dichter und Schriftsteller waren es, die mit der Waffe der Literatur um das Schicksal Polens kämpften. Adam Mickiewicz und Juliusz Slowacki, die beide nicht selbst am Aufstand teilgenommen hatten, waren von dem unglücklichen Ausgang tief betroffen und sahen es als ihre Pflicht als Dichter an, für die Sache Polens einzutreten. Beide hatten sie während des Aufstandes, allerdings indirekt, eine wichtige Rolle gespielt. In den ersten Tagen des Aufstandes hatten die Freiheitskämpfer Zitate aus Mickiewiczs programmatischem Werk „Ode an die Jugend" (Oda do mlodosci) an Warschaus Mauern geschrieben, zum Beispiel „Frührot der Freiheit, wir grüßen" (Witaj jutrzenko swobody). Und in der Zeitung „Nowa Polska" konnte man zu Beginn des Aufstandes lesen: „Der König unserer heutigen Literatur, Adam Mickiewicz, zeigte unseren unterjochten Landsleuten, daß das unglückliche Volk außer Liedern und Erinnerungen noch das Schwert des Erzengels besitzt. Wir haben dieses feierliche, dieses große und für unsere Unterdrücker so furchtbare Bekenntnis verstanden. Wir legten das Buch aus der Hand, und das Schwert des Erzengels blitzte auf in unseren Händen." Der zuvor noch unbekannte Dichter Slowacki wurde mit einem Schlag bekannt, als seine engagierten, auf Flugblätter gedruckten Revolutionsgedichte verteilt wurden und sie den Aufständischen in ihrem Kampf Mut machten. Seine wichtigsten Werke schrieb Slowacki in der Emigration, so zum Beispiel die

Dichtung „Anhelli“, die das Martyrium der verbannten Polen und das Schicksal der ganzen Nation, ihre Leiden, Schwächen und Verirrungen symbolisch zusammenfaßt. Nach dem gescheiterten Aufstand war man von der Existenz eines gesellschaftlichen Auftrags für den Dichter überzeugt. Der Dichter sei verpflichtet, das polnische Volk im Kampf, bei der Arbeit und im Leid zu führen. Er habe für das moralische Wohl des Volkes zu sorgen und ihm als Führer den Weg zu weisen. Damals entstand eine patriotische Literatur, die bestimmt war vom Pathos des Kampfes und des Leidens, dem Gedanken an das „Opfer“ und an einen „Messianismus“.

Der nationale Messianismus besaß in Polen schon eine lange Tradition. Er war in der Zeit entstanden, als Polen im 15. Jahrhundert die großen Kriege gegen die mohammedanischen Türken und Tataren führte, die den Charakter eines Verteidigungskampfes für das ganze christliche Europa trugen. Damals hatte zum ersten Mal ein polnischer Dichter, der Soldat Wespazjan Kochowski, Polen mit Christus verglichen, Christus, der durch sein Opfer die Menschheit erlöst hat. Nach dem Verlust der nationalen Selbständigkeit tauchte dieser messianistische Gedanke wieder auf, um durch die vorromantischen Strömungen verbreitet zu werden. Herders Ideen über die Slawen, denen er in bezug auf die Gestaltung eines neuen Europa eine große Bedeutung beimaß, gaben dieser Richtung noch größeres Gewicht. Der eigentliche Durchbruch für diesen messianistischen Gedanken kam aber mit der Niederlage der Aufständischen und dem Aufblühen der Romantik. Das Scheitern des Aufstandes, der ja unter dem Motto „Für unsere und euere Freiheit“ gestanden hatte, wurde als ein Opfer Polens für die ganze Menschheit angesehen, und durch den Vergleich mit dem Leiden Christi war das Programm für eine Auferstehung und Verherrlichung auch der polnischen Nation geboren.

Die Werke Mickiewiczs, besonders seine in Dresden entstandenen „Bücher des polnischen Volkes und der polnischen Pilgerschaft“, wurden zur Bibel des polnischen

Messianismus. Auch in seinem großen Werk „Totenfeier" (Dziady), dessen dritten Teil er in Paris schrieb, schilderte er das tragische Schicksal Polens unter der russischen Herrschaft, entwarf er in einer Reihe von Visionen das Bild der Auferstehung des „gekreuzigten" Polen, der Christusnation. Bis heute gehört die „Totenfeier" zum festen Bestandteil der polnischen Theaterpläne; noch 1968 hatte sie die großen Studentenunruhen ausgelöst. 1834 entstand in Paris Mickiewiczs Hauptwerk, die heroisch-komische Dichtung „Pan Tadeusz" (Herr Taddeus), die als allgemeingültiges und bis heute unbestrittenes polnisches Nationalepos anerkannt ist. Ganze Generationen von Schulkindern haben Strophen dieser als Nationalheiligtum angesehenen Dichtung auswendig gelernt:

*„Litauen, du mein Vaterland,*
*du bist wie die Gesundheit.*
*Wie sehr man dich schätzen soll,*
*erfährt nur der, der dich verlor.*
*Heute sehe ich deine Herrlichkeit*
*in ihrer ganzen Pracht*
*und beschreibe sie,*
*weil ich Sehnsucht nach dir habe . . ."*

Das Werk „Pan Tadeusz" formte fast eineinhalb Jahrhunderte lang das polnische Nationalbewußtsein, und es irritierte niemanden, daß da von einem Land die Rede war, das nicht zu Polen gehört, in dem viele Polen niemals waren und das trotzdem, aufgrund der Entstehungsgeschichte der Dichtung, im Bewußtsein aller, auch der modernen Polen, als polnisch empfunden wurde.

Der Radikalismus der polnischen Emigranten war eine ungewöhnlich dynamische Kraft, bedeutend auch für die europäischen Revolutionen in den vierziger Jahren des 19. Jahrhunderts.

Der polnische General Jozef Bem leitete im Oktober 1848 die Verteidigung des revolutionären Wien, und Ludwik Mieroslawski hatte im März 1849 den Oberbefehl über die aufständischen Sizilianer, im Juni führte er dann die badischen Aufständischen an. Den größten Ruhm erlangten die polnischen Generale Dembinski in Oberungarn und Bem in Siebenbürgen während des großen ungarischen Aufstandes, an dem sich auch polnische Legionen beteiligten.

Im besetzten Polen hatte sich nach den enttäuschten Hoffnungen Resignation breit gemacht. Die Auffassungen über Ziele und Methoden eines Befreiungskampfes gingen zwischen Aristokraten, Liberalen und radikalen Demokraten weit auseinander, so daß eine gemeinsame Aktion unmöglich schien. Einige Mitglieder des polnischen Adels, wie zum Beispiel der konservative Alexander Wielopolski, sahen die einzige Chance für die ersehnte politische Eigenständigkeit in einer Politik des Kompromisses, das heißt in einem Ausgleich mit Rußland. Diese Ansicht wurde später von der „Agrarischen Gesellschaft" übernommen, in der sich die adligen Gutsbesitzer sowie die Handels- und Finanzbourgeosie zusammengefunden hatten. Sie wurden die „Weißen" genannt, im Gegensatz zu den „Roten", den revolutionär-demokratischen Gruppen polnischer Patrioten. Ende der fünfziger Jahre des 19. Jahrhunderts spitzte sich die Situation im russischen Teilgebiet dann wieder zu. Die Niederlage Rußlands im Krimkrieg (1853 bis 1856) hatte bei den Polen erneut die Hoffnung auf nationale Freiheit geweckt.

Bei einem Besuch in Warschau 1856 warnte Zar Alexander II. die Polen zwar vor „politischen Träumereien", er machte ihnen aber gleichzeitig nicht unbedeutende Zugeständnisse auf kulturellem und sozialem Gebiet, um so seine Bereitschaft zum Kompromiß zu zeigen. Die Befreiung der Bauern aus der Leibeigenschaft 1861, vom Zaren als reine taktische Maßnahme verstanden, veränderte die Gesellschaftsstruktur im russischen Teilgebiet schließlich entscheidend. Es gab sogar eine Amnestie für die politisch Verurteilten, und viele Polen kehrten aus der Emigration und vor allem aus der Verbannung zurück. In Warschau bildeten Studenten illegale Zirkel, zu denen bald auch

Handwerker und Kreise der städtischen Intelligenz fanden. Man plante wieder einmal einen bewaffneten Aufstand und nahm jede Möglichkeit wahr, seinen Patriotismus in der Öffentlichkeit kundzutun. In Warschau, wo die Studenten der medizinischen Akademie den Kern der „Roten" bildeten, wurden an historischen Gedenktagen nationale Kundgebungen veranstaltet, die meist auch mit kirchlichen Feiern verbunden waren. Das Eingreifen der Polizei, das sich dann zwangsläufig auch gegen die Geistlichen richtete, mußte wie eine Kirchenverfolgung wirken und den Haß der Bevölkerung gegen die russischen Unterdrücker schüren. Im Februar 1861 kam es anläßlich der 30-Jahrfeier des Novemberaufstandes von 1830/31 zu Massendemonstrationen, die vom Militär brutal zusammengeschlagen wurden. Die Schüsse der russischen Kosaken hatten zur Folge, daß die nationale Stimmung weiter an Boden gewann.

Im Herbst 1861 bildeten die revolutionären Gruppen in Warschau ein Stadtkomitee, das später die Bezeichnung „Nationales Zentralkomitee" erhielt und das als Zentrum der „Roten" fungierte. Dieses „Nationale Zentralkomitee" forderte in seinem Programm die Aufhebung der Standesunterschiede, eine Agrarreform und die Proklamierung der Unabhängigkeit Polens in den Grenzen von 1772, wobei die ukrainische, weißrussische und litauische Bevölkerung das Recht zur Selbstbestimmung erhalten sollte. Die revolutionäre Bewegung, die zum Aufstand drängte, war nicht mehr aufzuhalten.

Mehrere Anschläge auf den russischen Statthalter, den Großfürsten Konstantin, und auf den polnischen Aristokraten Wielopolski, der eine Übereinkunft mit dem Zaren befürwortete, schlugen zwar fehl, die Aktionen erhöhten aber die allgemeine Spannung erheblich. Als Wielopolski, der die Kommission für Unterricht und Kultur leitete, im Frühjahr 1863 von konkreten Aufstandsplänen erfuhr, versuchte er noch, durch die zwangsweise Umsiedlung von 10 000 namentlich bestimmten jungen Männern einen Putsch zu verhindern. Das „Nationale Zentralkomitee" wurde jedoch rechtzeitig über das Vorhaben Wielopolskis informiert. Man benachrichtete die betroffenen jungen Leute rechtzeitig und rief am 22. Januar den Aufstand aus.

Der Januaraufstand von 1863 unterschied sich grundsätzlich vom Novemberaufstand des Jahres 1830, denn die Aufständischen verfügten diesmal weder über ausgebildete Verbände, noch über eine klare militärische Führung. Das Szenarium des Januaraufstandes von 1863 ging auf die romantischen Dichter zurück, die in ihren Werken Konzepte für Verschwörungen, Aufstände und für den Kampf um die Unabhängigkeit veröffentlicht hatten. Ausgehend von der Vorstellung, Idee und Freiheit seien absolute Größen, und die Freiheit, auch die romantische, sei unteilbar, wirkte jetzt jener mystische patriotische Heroismus als Vorbild, der stark von der Poesie Juliusz Slowackis geprägt war. „Wir gehen zugrunde, aber unser Beispiel bleibt", schien die vorherrschende Überzeugung der Aufständischen zu sein. Innerhalb der schwachen Partisaneneinheiten, die von Anfang an eine furchtbare Lektion in Sachen Realität einstecken mußten, versuchten kleine Gruppen immer wieder todesmutig – wenngleich ohne Chance – den Kampf fortzuführen, wobei sie sich immerhin vor Augen hielten, daß es um die Idee der Freiheit ging, die für die weitere Existenz der polnischen Nation so entscheidend war. Dieser Kampf, der so aussichtslos für die Aufständischen war, weil sie, lediglich mit Jagdgewehren und Sensen bewaffnet, mit nur 20 000 bis 30 000 Mann einer wohlgerüsteten russischen Armee von 100 000, später sogar 300 000 Soldaten gegenüberstanden, dauerte dennoch 15 Monate. Vom Sommer 1863 an mußten sich die Aufständischen allerdings auf ein heroisches, von der falschen Hoffnung auf ausländische Hilfe getragenes Durchhaltebemühen beschränken, wenn sich dieses auch an der unbarmherzigen Härte der russischen Gegenmaßnahmen immer wieder neu entzündete.

Frankreich und England hatten den Aufstandswillen der polnischen Patrioten zwar ideell unterstützt, sie waren aber nicht bereit gewesen, konkrete Hilfe zu leisten. Sie hatten sich darauf beschränkt, Rußland mittels diplomatischer

Noten unter Druck zu setzen. Nach der Neubelebung der Diskussion um die polnische Frage hofften beide, ihre eigenen nationalen politischen Ziele verfolgen zu können. Als Bismarck am 8. Februar 1863 mit Rußland die Alvenslebensche Konvention schloß, in der sich beide Staaten zu gemeinsamen Maßnahmen gegen die Aufständischen verpflichteten, empfahl das Frankreich Napoleons III. den Polen, den Kampf fortzusetzen, in der Hoffnung, durch die sich anbahnenden internationalen Verwicklungen eine weitgehende Umgestaltung Europas erzielen und für Frankreich das linke Rheinufer gewinnen zu können. Auf dieses moralische Signal aus Frankreich schlossen sich dann in Polen auch die „Weißen" dem Aufstand an. Die Kämpfe griffen schließlich auch auf Litauen und Weißrußland über, und aus dem österreichischen Galizien und dem preußischen Posen wurden große Mengen polnischer Revolutionäre in das russische Teilgebiet eingeschleust. Sie erfüllten zwar die Aufgabe einer andauernden militärischen Präsenz, aber ihre zumeist nur kleinen Verbände wurden immer wieder schnell zersprengt. Es kam nie zu regelrechten Schlachten oder anderen großen militärischen Operationen, wie beim Novemberaufstand von 1830/31, sondern lediglich zu kleinen Gefechten und immer neu aufflackernden Partisanenkämpfen, meist in unübersichtlichen Waldgebieten. In der letzten Etappe des Aufstandes, in der Zeit zwischen November 1863 und April 1864, als der russische Oberstleutnant Romuald Traugutt die Führung innehatte, ließ neue Hoffnung auf den schon im Frühjahr erwarteten französisch-russischen Krieg die Kämpfe noch einmal aufflammen, vor allem im Lubliner Gebiet und im Raum von Kielce, wo einer der militärisch fähigsten Aufständischen, Jozef Hauke-Bossak, ein hochdekorierter russischer Oberst, erhebliche Erfolge errang. Hauke-Bossak war erst kurz vor Ausbruch des Aufstandes für die Sache Polens gewonnen worden. Dennoch war der Aufstand letztlich zum Scheitern verurteilt. Mit der Verhaftung Traugutts in Warschau und dem Übertritt Hauke-Bossaks über die galizische Grenze im April 1864 endeten die Kämpfe. Romuald Traugutt wurde am 5. August 1864 hingerichtet. Mit dieser Exekution waren dann zwar nicht die Strafmaßnahmen beendet, wohl aber die Periode der Aufstände, der Hoffnung auf Hilfe durch die europäischen Staaten und der romantisch-verklärten Rückschau auf die Vergangenheit.

## Von Europa vergessen – Überlebenstraining in organisierter Arbeit

Legt man bei der Beurteilung des 19. Jahrhunderts ein grobes Raster an, kann man sagen, daß die erste Hälfte dieses Jahrhunderts der polnischen Unfreiheit unter dem Zeichen des romantisch verklärten Freiheitskampfes stand, der vom liberalen Europa mit Zustimmung und Begeisterung verfolgt wurde. Die zweite Hälfte des Jahrhunderts wurde geprägt vom täglichen Kleinkampf um die Erhaltung der polnischen Sprache und der nationalen Eigenart sowie des Besitzstandes. Dieser Kleinkampf wurde vom übrigen Europa kaum beachtet. Die polnische Frage verlor nach der Niederschlagung des Januaraufstandes bis in die Zeit des Ersten Weltkrieges weitgehend die europäische Aufmerksamkeit. Während des deutsch-französischen Krieges 1870/71 hatte die polnische Emigration noch einmal auf Frankreich gehofft, unter dessen Fahne übrigens einer der Führer des Januaraufstandes, General Hauke-Bossak, bei Dijon fiel. Drei polnische Generäle hatten auch im Frühjahr 1871 auf der Seite der Pariser Kommune gekämpft. Aber gerade diese Beteiligung am Pariser Aufstand bildete schließlich einen der Gründe für das beginnende Desinteresse des offiziellen Frankreich an der polnischen Frage. Die Annäherung Frankreichs an Rußland und das spätere Bündnis zwischen den beiden Staaten ließen dann auch die restlichen Hoffnungen auf französische Unterstützung schwinden. Viele polnische Emigranten verließen Frankreich. So stark danach auch die Sympathie der Polen für Frankreich noch sein mochte, der langgenährte Glaube an den Erfolg des Freiheitskampfes und an die mögliche Hilfe Europas war zunächst einmal für Jahrzehnte zerstört.

Das Ende dieses Zeitabschnittes bedeutete aber nicht auch das Ende des polnischen Nationalbewußtseins, des Willens zur Erhaltung der nationalen Substanz und zur Wiederherstellung des polnischen Staates. Eine neue Generation von polnischen Freiheitskämpfern trat an, um nach einer Phase der Enttäuschung und Depression eine langfristig bemessene Politik mit dem Ziel der Unabhängigkeit Polens zu betreiben. Diese Politik ging als „organische Arbeit" oder als „Arbeit an den Grundlagen" in die Geschichte ein. Der Kampf um die Sprache und gegen die Assimilierung wurde nun zu einem prägenden Element des nationalen Lebens, vor allem im russischen und preußischen Teilungsgebiet. Auch jetzt spielten für die Festigung und Stärkung des Nationalgefühls die jährlich in allen drei Teilungsgebieten gemeinsam begangenen Feierlichkeiten anläßlich nationaler Gedenktage eine große Rolle. Während die katholische Kirche im täglichen Leben immer stärker als Bewahrer und Schützer der polnischen Sprache hervortrat, wurden die Dichter erneut, wie zur Zeit der Romantik, die geistigen Förderer des polnischen Nationalbewußtseins. Dabei wählten die polnischen Positivisten den historischen Roman zum Mittel ihrer moralischen Aufrüstung. An erster Stelle stand hier Ignacy Kraszewski (1812 – 1887), der seit dem Januaraufstand in Dresden lebte und im Verlaufe eines Jahrzehnts, während der Zeit von 1876 bis 1886, die ganze polnische Geschichte, von den Anfängen bis zur ersten Teilung Polens 1772, in mehrbändigen Romanen verherrlichte. Er wurde nur noch durch seinen großen Rivalen Henryk Sienkiewicz (1846 – 1916) übertroffen, der mit seiner Romantrilogie über das 17. Jahrhundert, ganz bewußt, wie er es selbst formulierte, „die Herzen stärken" und mit seinem Roman „Quo vadis" (1896), der ihm übrigens den Nobelpreis einbrachte, das unterdrückte, aber doch siegreiche Christentum seinen Landsleuten als tröstliches Beispiel vorstellen wollte.

So wurde die ruhmvolle Vergangenheit verherrlicht und

durch den Rückblick auf die einstige Größe Polens Trost für die unfreie Gegenwart gefunden. In diesem Sinne wirkte auch der große Historienmaler Jan Matejko (1838 – 1893), der die Vergangenheit Polens auf eine extrem nationalpolitische Weise in Bildern darzustellen versuchte.

Das ganze 19. Jahrhundert hindurch fühlten sich die polnischen Dichter und die anderen Künstler als „Behüter der nationalen Werte". Sie bemühten sich, ein „Seelenregiment" zu führen, das sie mit keiner politischen Macht teilen mußten. Denn politische Macht, das war die Macht der fremden Imperialisten, die nicht für die Interessen der polnischen Nation arbeiteten, von der polnischen Intelligenz also deshalb nicht akzeptiert wurden. Im Bereich der polnischen Tradition war die Macht der Intellektuellen nahezu absolut. Die Intellektuellen diskutierten unablässig über die Lage der Nation und versuchten, die Situation immer neu zu analysieren. Sie machten sich Gedanken über die Kräfteverhältnisse innerhalb der Nation und über die Möglichkeiten der Wiedererstehung eines polnischen Staates.

Immer häufiger und lauter wurde jetzt die Frage gestellt: „Polen, aber was für ein Polen?" In Polen stritten nämlich inzwischen die Vertreter zweier Staatskonzeptionen miteinander. Die eine Richtung, die des Sozialismus, hatte sich 1892 mit der Gründung der Polnischen Sozialistischen Partei (PPS) in Paris organisiert. Ihr Führer, der aus verarmtem polnisch-litauischen Adel stammende Jozef Pilsudski, hatte den Druck der Russifizierung am eigenen Leibe kennengelernt und vertrat eine konsequent antirussische Politik. Er war davon überzeugt, daß nur eine Niederlage Rußlands den Weg zu einem unabhängigen, republikanischen Polen freimachen konnte, das im Raum des polnisch-litauischen Jagiellonenreiches beheimatet sein sollte. Die andere Richtung, die sich besonders auf das Bürgertum stützte, war von Roman Dmowski geprägt. Sie ging auf die 1887 in der Schweiz gegründete „Polnische Liga" zurück, die sich von 1894 an „Nationale Liga" (Liga Naradowa) nannte und in Galizien als „Nationaldemokratische Partei“ tätig war. Im Gegensatz zu Pilsudski wurde das Konzept Dmowskis von der Idee einer Eindämmung des „deutschen Dranges nach Osten“ bestimmt. Er arbeitete seit 1906 politisch mit russischen Parteien zusammen und wollte einen modernen, geschlossenen Nationalstaat schaffen, der sich besonders im Westen gegen Deutschland auf „piastische“ Länder und Grenzen berufen sollte.

Die Antwort auf die Frage, was für ein Staat entstehen sollte, ergab sich schließlich wieder, ohne daß die Polen danach gefragt wurden, durch den Verlauf des Ersten Weltkrieges.

Schon 1831 hatte Mickiewicz ein Gedicht verfaßt, in dem Gott angerufen wurde, den Polen „einen allgemeinen Krieg“ zu schenken, der innerhalb der europäischen Völkerfamilie einen neuen polnischen Staat auferstehen lassen und diesem Freiheit, Unabhängigkeit und Unteilbarkeit bescheren sollte. Die Erfüllung dieser großen Vision vom Wiedererstehen eines polnischen Staates war nur dadurch möglich, daß schließlich alle drei Teilungsmächte zu den Verlierern des Ersten Weltkrieges gehörten und die USA und die neue UdSSR sich intensiv für die Sache Polens engagierten.

Der Ausbruch der russischen Oktoberrevolution (7. 11. 1917), die die Bolschewisten unter Lenin an die Macht brachte, war für Polen von großer Bedeutung. In Lenins „Deklaration über die Rechte der Völker Rußlands“ war auch die Existenzberechtigung eines selbständigen polnischen Staates, gemäß dem Selbstbestimmungsrecht der Völker, enthalten. Und in den USA hatte Präsident Wilson am 22. Januar 1917 erklärt, daß ein „geeintes, unabhängiges und selbständiges“ Polen wiederhergestellt werden müsse. Später, nachdem die Vereinigten Staaten Deutschland den Krieg erklärt hatten (6. 4. 1917), gehörte es zu den in 14 Punkten proklamierten amerikanischen Kriegszielen, daß Polen alle Gebiete mit unzweifelhaft polnischer Bevölkerung umfassen und auch ein Zugang zum Meer zugestanden werden sollte.

Der Erste Weltkrieg führte dann auch tatsächlich zur

langersehnten polnischen Eigenstaatlichkeit. Jozef Pilsudski rief am 11. November 1918 die „Unabhängige Polnische Republik“ aus, erklärte sich selbst zum vorläufigen Staatschef und bei den Pariser Friedensverhandlungen gelang es Roman Dmowski zudem, einen großen Teil seiner Forderungen durchzusetzen. Polen erhielt durch den Versailler Friedensvertrag vom 28. Juni 1919 den größten Teil der Provinzen Posen und Westpreußen zurück, Danzig wurde zur „Freien Stadt“ erklärt und sollte unter den Schutz des noch zu bildenden Völkerbundes gestellt werden. Ein Plebiszit sollte über die Staatszugehörigkeit von Masuren, eines Teils von Westpreußen und von Oberschlesien entscheiden. Polen wurde verpflichtet, die Rechte der nationalen Minderheiten in seinem Staat durch Minderheitenschutzverträge zu sichern.

So entstand am 11. November 1918 ein polnischer Staat, in dem, durch ungeklärte Nationalitätenfragen und strittige Grenzen sowie durch die Vehemenz der polnischen Tradition, Spannungen mit Rußland und noch viel mehr mit Deutschland vorprogrammiert waren. In der Republik Polen herrschten weiterhin die nationalen Ideen des 19. Jahrhunderts vor, und auch die politische Erziehung der Bevölkerung war auf Vorstellungen ausgerichtet, die den neuen historischen Umständen nicht mehr gerecht wurden. Es waren weiterhin nur die Repräsentanten der Geisteswissenschaften, der politischen Intelligenz, Journalisten, Schriftsteller und Künstler, die im Lande den Ton angaben. Viele von ihnen standen noch in der Tradition des spezifischen polnischen Geschichtsbewußtseins, das die Erinnerung an vergangene staatliche Größe über die Zeit der Unfreiheit hinweg, erhalten hatte. Es entsprach vielleicht auch der allgemein in Europa betriebenen Großmachtpolitik, wenn im Lande der Mythos des „Polen der Jagiellonendynastie“ wieder lebendig wurde, der eine Zugehörigkeit Litauens, Weißrußlands und der Ukraine zu Polen beinhaltete. Diese Vorstellung wurde dahingehend modifiziert, daß man für Polen lediglich eine Führungsposition in einer zukünftigen Föderation slawischer Staaten

*1 Die Deutschordensburg Thorn a. d. Weichsel.*

*2 Das 1960 errichtete Denkmal auf dem Schlachtfeld von Tannenberg (1410).*

*3 Der Schwur des Tadeusz Kosciuszko auf dem Marktplatz von Krakau als Führer des Aufstandes gegen die 3. Teilung Polens 1794 (nach einem Bild von Wojcsech Kossak).*

*4 Die Lazienki-Sobieski-Brücke in Warschau: Ausgangspunkt des Aufstandes von 1831 (nach einer Zeichnung von F. Dietrich).*

*5 Hitlers Kriegserklärung an Polen vor dem Deutschen Reichstag, September 1939.*

*6 Das Ende des Warschauer Aufstandes 1944: Polnische Studentinnen marschieren in die Gefangenschaft.*

7 *Einmarsch der Sowjetarmee in Krakau im Januar 1945.*

8 *Sowjetische Soldaten versetzen die Grenze zwischen der UdSSR und Polen um rund 150 km nach Westen.*

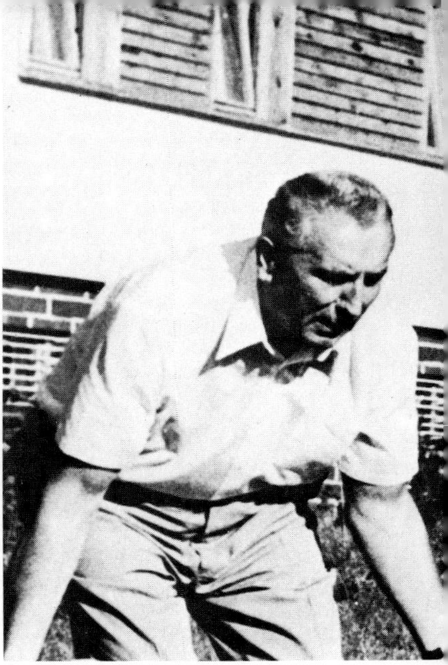

9 *Parteichef Wladyslaw Gomulka 1945.*

10 *Parteichef Edward Gierek.*

11 *Bundeskanzler Willy Brandt und der Vorsitzende des Ministerrates der VR Polen Jozef Cyrankiewicz unterzeichnen am 7. Dezember 1970 in Warschau den „Vertrag über die Grundlagen der Normalisierung der gegenseitigen Beziehungen“.*

*12 Papst Johannes Paul II. verabschiedet sich am 10. Juni 1979 am Flugplatz in Krakau nach seiner neuntägigen Polenreise. Rechts der Primas von Polen und Erzbischof von Gnesen und Warschau Stefan Kardinal Wyszyński.*

*13 Der neue Erzbischof von Gnesen und Warschau und damit Primas von Polen Jozef Glemp.*

*14 Die „Schwarze Madonna" von Częstochowa (Tschenstochau).*

*15 Mit Knüppeln bewaffnete Streikposten vor dem Tor der Lenin-Werft in Danzig am 18. August 1980.*

*16 Gottesdienst auf der Danziger Lenin-Werft.*

17 *Einer der bekanntesten polnischen Intellektuellen, der Regisseur Andrzej Wajda, drehte den Film „Der Mann aus Marmor" über die Unruhen 1970 und den Film „Der Mann aus Eisen" über die Zeit von 1970 bis 1980.*

18 *Die Lenin-Werft in Danzig.*

19 *Lech Walesa, der Leiter des zentralen Streikkomitees im Gespräch mit einem Komiteemitglied.*

20 *Eine Informationswand auf dem Gelände der Danziger Lenin-Werft mit westlichen Zeitungsberichten über den Streik.*

*21 Nach erfolgreichen Verhandlungen mit der Regierung wird Lech Walesa von Arbeitern auf den Schultern in die Danziger Lenin-Werft getragen (30. August 1980).*

*22 Lech Walesa unterzeichnet am 31. August 1980 mit Vizeministerpräsident Mieczyslaw Jagielski die ausgehandelten Vereinbarungen über die 21 Punkte der Arbeiterforderungen.*

*23 Lech Walesa und Anna Walentynowicz beim 1. Gewerkschaftstag am 19. September 1980 in Danzig.*

*24 Lech Walesa im Huta-Stahlwerk von Warschau, wo er am 29. November 1980 einen Streik von 10 000 Arbeitern beenden kann.*

*25 Vizeministerpräsident Mieczyslaw Rakowski.*

*26 ZK-Sekretär Stefan Olszowski.*

*27 Besuch des sowjetischen Außenministers Andrej Gromyko in Polen im Juli 1981.
Von links: der sowjetische Botschafter Boris Aristov, Ministerpräsident Wojciech Jaruzelski, Gromyko und der polnische Parteichef Stanislaw Kania.*

28 *Eine Käuferschlange vor dem größten Supermarkt in Danzig im Oktober 1981.*

29 Am 1. April 1981 wurden Lebensmittel rationiert.

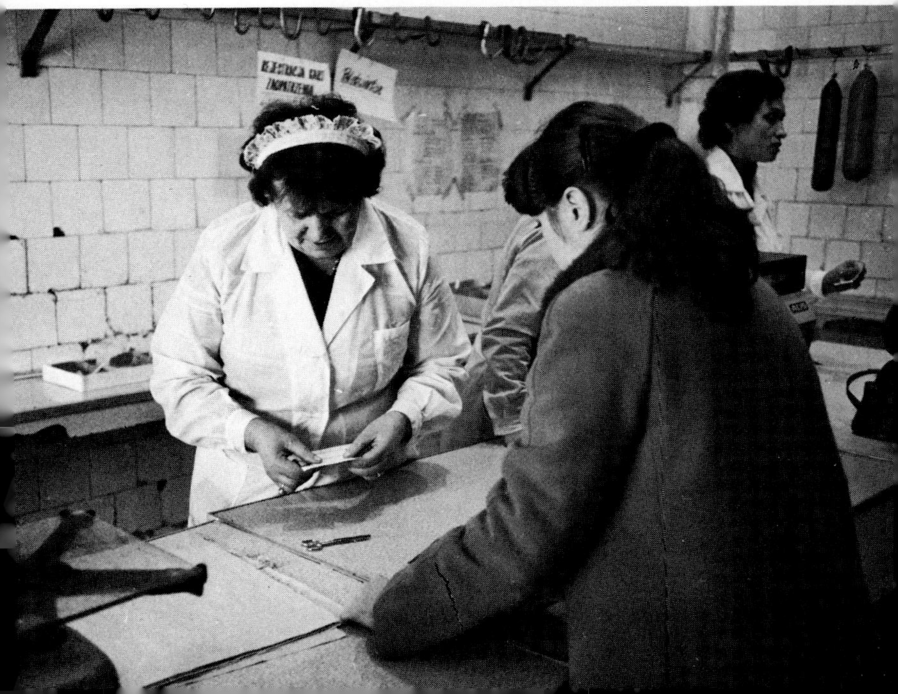

30 *Der „Hungermarsch" in Warschau im August 1981.*

31 *Bei einem Warnstreik in Warschau im August 1981 haben sowohl Polizei als auch Demonstranten Rosen in den Händen.*

*32 Mitglieder der unabhängigen Gewerkschaft „Solidarität" versuchen auf einem umgestürzten Polizeiwagen vor der Polizeiwache von Kattowitz die aufgebrachte Menge zu beruhigen (22. Oktober 1981).*

*33 Lech Walesa als Mitglied der polnischen Delegation bei der 67. Weltarbeitskonferenz in Genf (3. Juni 1981).*

*34 Nach der Ausrufung des Kriegsrechts im Dezember 1981: Panzer in den Straßen von Warschau.*

*35 Einheiten der polnischen Polizei mit neuer Kampfausrüstung während einer Demonstration in Warschau.*

beanspruchte. Jedenfalls trat damals das Erbe des polnischen Messianismus, der Polen als Erlöser aller Völker sieht, wieder zu Tage. Andererseits konnten die Polen nur so, im Bewußtsein der Tradition ihres Freiheitskampfes, der nationalsozialistischen Polenpolitik und der deutschen Okkupation Widerstand entgegensetzen.

Seit dem Kosciuszko-Aufstand im Jahre 1794 hatte fast jede Generation an bewaffneten Aufständen gegen irgendeine Fremdherrschaft teilgenommen, und es hatte sich die Überzeugung herausgebildet, daß Polen hauptsächlich aufgrund seiner romantischen Illusion, Politik sei auf eine höhere moralische Stufe zu stellen und nicht, wie andere Staaten es praktizierten, von der Moral zu trennen, überlebt habe. So heißt es in einem 1979 in der Zeitschrift „Polen" erschienenen Aufsatz dann auch folgerichtig: „Hat sich am Ende nicht die brutale Kraft Deutschlands im Grunde als seine Schwäche erwiesen, und hat uns unsere angebliche Schwäche nicht ermöglicht, der nationalsozialistischen Okkupation von 1939 – 1945 in beispielloser Weise die Stirn zu bieten? Wären wir imstande gewesen, ohne den Glauben an die Kraft von Recht und Gesetz zu überdauern? Zum Sieg gehört nicht nur Kraft, sondern auch Recht; ohne Recht kann die Kraft nicht wirklich siegen. Wenn sie dennoch einmal siegt, dann nur vorübergehend und indem sie dem Sieg ein Makel anheftet."

Die Romantik hat bis heute in Polen einen ungewöhnlich starken Programmcharakter, sie sichert das polnische Selbstbewußtsein. Die polnischen Dichter der Romantik hatten eine erfolgreiche Methode entwickelt, mit deren Hilfe sie auf die Gesellschaft Einfluß nahmen und ihr Anweisungen für ihren Freiheitskampf gaben. „Ohne Romantik gäbe es kein Polen", jedenfalls nicht das Polen, das 1918 entstand, behaupten zwei polnische Professorinnen der Literaturwissenschaft, die 1978 ein Buch unter dem Titel „Romantik und Geschichte" veröffentlichten. Die romantische Tradition wird von der polnischen Bevölkerung bis heute gepflegt und positiv umgesetzt. Es scheint beinahe so, als ob die hohe Einschätzung der polnischen

Dichtung in Polen auch ihren Niederschlag in den romantischen Slogans der Streikbewegung von 1980 und in der Arbeiterdichtung jener Tage gefunden habe. In einem Interview gab auch Lech Walesa zu verstehen, daß er sich dieser spezifischen polnischen Romantik verbunden fühlte: „Einverleibt werden von der Macht? Da schieße ich mir lieber eine Kugel durch den Kopf. Würde zählt mehr als Leben."

Es sprach auch viel Selbstbewußtsein aus den Worten, mit denen er sein Verhältnis zur Obrigkeit beschrieb: „Sie (die Kommunisten) wollten, daß wir nicht an Gott glauben – aber unsere Kirchen sind voll. Sie wollten, daß wir materialistisch werden, und Opfer scheuen. Wir aber sind antimaterialistisch und sehr wohl fähig, Opfer zu bringen. Sie wollten, daß wir uns vor den Panzern und Gewehren fürchten, aber wir haben kein bißchen Angst davor." Wie sehr sich auch Partei- und Regierungsstellen im heutigen Polen der Bedeutung der Freiheitskampftradition bewußt sind, zeigte sich im Herbst 1980, als sich die polnische Regierung im Zusammenhang mit der 150-Jahrfeier des Novemberaufstandes von 1830/31, gegenüber der „Solidarinosc"-Bewegung große Zurückhaltung auferlegte.

## Der Pole, wie er ist – Polnische Selbsteinschätzung

Das romantisch verklärte Selbstverständnis findet in Polen jedoch auch einen Gegenpol – in einer Art Minderwertigkeitskomplex, der sich in der intensiven Beschäftigung mit dem eigenen nationalen Charakter und seinem Ansehen in der Welt, vor allem der westlichen, äußert. Die Ursachen dafür liegen sicher in der langen Zeit, in der die polnische Nation ohne eigenen Staat und in Unfreiheit leben mußte, aber auch in dem Umstand, daß sich Polen gegenüber der Entwicklung der modernen europäischen Nationen jahrhundertelang in einem Rückstand befand. Die Tatsache, daß die industrielle Revolution und die Ausbildung der modernen bürgerlichen Gesellschaften in Europa eine West-Ost-Richtung genommen hat, vermittelte der jeweils westlich gelegenen Nation das sichere Bewußtsein, der östlichen überlegen zu sein. Im 18. und 19. Jahrhundert hat das selbstbewußte Auftreten der Franzosen dem aufkommenden deutschen Nationalbewußtsein wesentliche Impulse gegeben. Ähnlich war im späten 19. Jahrhundert die entsprechende Wirkung der Deutschen auf ihre östlichen Nachbarn. Bekanntlich zeigen heute auch die Polen, wie die Tschechen und Jugoslawen, den Russen gegenüber eine ähnliche Geringschätzung, wie sie sie selbst von den Deutschen erfahren mußten. Durch ihre Abhängigkeit von der Sowjetunion hat sich diese Einstellung eher noch verstärkt.

Bis heute wird von einem gebildeten Deutschen erwartet, daß er wenigstens eine der westlichen Fremdsprachen, Englisch, Französisch oder Spanisch, beherrscht, niemand aber hält ihn für ungebildet, wenn er keine slawische Sprache spricht. Natürlich hängt diese Tatsache weitgehend auch mit dem Verbreitungsgrad dieser Sprachen in der Welt zusammen; aber die verbreitete Unkenntnis über ihr Land und ihre Sprache wirkt verletzend auf die gebildeten Polen, und sie reagieren oft recht empfindlich auf die unbedachte Ignoranz vieler Westeuropäer, etwa auf die Nachlässigkeit bei der phonetisch richtigen Aussprache polnischer Namen.

Auch den Deutschen, die sich ihren westlichen Nachbarn gegenüber so sehr darum bemühen, höflich aufzutreten, beispielsweise englische oder französische Begriffe möglichst akzentfrei auszusprechen, fehlt hier eine gewisse Sensibilität. Etwas sarkastisch gab ein polnischer Journalist seinen Landsleuten die Bemerkung eines westlichen Kollegen weiter: „Wir werden lernen müssen, diese schwierigen polnischen Namen auszusprechen."

In diesem Zusammenhang wird auch deutlich, welche immense Bedeutung die Wahl des polnischen Papstes für die Polen hatte. Der polnische Schriftsteller Jaroslaw Iwaszkiewicz formulierte es treffend so: „Ich meine, die

Wahl Karol Wojtylas zum Papst könnte der polnischen Kultur – der man im Westen mit so hartnäckiger Geringschätzung begegnet – ein Fenster zur sogenannten weiten Welt öffnen." In einem Leitartikel der Monatsschrift „Polen" erkannte Ryszard Waista die Mühen vieler ausländischer Journalisten an, die „gewiß ziemlich nebulose Vorstellungen von dem Land an der Weichsel gehabt hätten", anläßlich der Papstwahl objektiv zu informieren. Bitter aber beschwerte er sich über eine Karrikatur, die in der französischen Zeitschrift „Le canard enchainé" erschienen war und in der der Papst die Messe vor einer Flasche mit dem Etikett „Wodka" zelebrierte. „Ich wollte es zuerst nicht glauben", schrieb er und meinte: „In Polen wäre so etwas (Vulgäres und Primitives) undenkbar, obwohl die hiesige Presse vorwiegend von Atheisten gemacht wird und die meisten meiner Landsleute gewiß keine Griesgrame sind."

Seit Jahr und Tag wird in Polen, in Zeitungen und Zeitschriften, die Frage gestellt: „Wie sind wir Polen eigentlich? Was für nationale Eigenarten haben wir? Was heißt es überhaupt, Pole zu sein?" Im Fernsehen wurden derartigen Fragen ganze Serien gewidmet. Ein Bild von den Erörterungen über das Eigen- und auch Fremdbild der Polen vermittelt das Buch von Witold Wirpsza „Pole, wer bist Du?", das allerdings erst in der Emigration veröffentlicht werden konnte. Wirpsza, der heute als Schriftsteller in Berlin lebt, berührt in seinem Buch ein Problem, das alle Polen bewegt.

In Polen verhängte die Parteiführung zwar über Wirpsza ein Publikationsverbot, sie regte aber angesichts des regen Interesses, das das von ihm aufgegriffene Thema fand, weitere Diskussionen an, offensichtlich auch, um im Rahmen dieser Diskussionen Verhalten und Einstellung der eigenen Bevölkerung öffentlich kritisieren zu können. So wurde zum Beispiel aufgrund des angeblichen Ergebnisses einer Umfrage kritisiert, der Neid sei die typischste polnische Nationaleigenschaft. Auch andere Völker sind davon keineswegs frei, ohne dabei allerdings über starke ausgleichende Eigenschaften, wie etwa Hilfsbereitschaft und Gastfreundschaft, zu verfügen wie die Polen. Mit Vorliebe wies man von offizieller Seite auch auf die angeblich kleinbürgerliche Mentalität der Polen hin, obwohl es in Polen ein nennenswertes Kleinbürgertum mit politischem Gewicht nie gegeben hat, eher einen von den Polen selbst empfundenen Provinzialismus. Aber auf diese Mentalität wird abgeladen, was an Negativa aufgezählt werden soll: Egoismus, Rücksichtslosigkeit, Asozialität, Konformismus, Opportunismus, Doppelzüngigkeit und Fetischisierung von Geld und Reichtum, wie es in einem Artikel des Parteiorgans „Trybuna Ludu" stand.

Aber auch hochkarätige Wissenschaftler schalteten sich in die Diskussion ein. In einem Interview der „Polnische Perspektiven" versuchte Kazimierz Dabrowski, Professor der Philosophie und Psychiatrie, eine Antwort auf die Gegensätze im Charakter der polnischen Menschen zu finden. Er schilderte die Polen als psychisch labil, das heißt in ihren Reaktionen unberechenbar. Deshalb ließen sie sich schwer lenken, und darum wiederum stehe es bei ihnen so schlecht um eine vernünftige und allgemein akzeptierte gesellschaftliche Disziplin. Dabrowski wies darauf hin, daß die angeführte Labilität in engem Zusammenhang stehe mit einer subtilen Empfindsamkeit. Anschließend nannte er Eigenschaften wie Idealismus, Opferbereitschaft und Heroismus, Vorstellungskraft und Phantasie. In dem Interview, das unter dem Titel: „Der Pole, wie er ist . . ." geführt wurde, griff Dabrowski auf für ihn noch gültige Charakterisierungen zurück, die einst die romantischen Dichter Mickiewicz und Slowacki vorgenommen hatten. Von Mickiewicz waren die Polen als ein Volk bezeichnet worden, das wie Lava sei: von außen kalt, hart, trocken und unansehnlich, während im Inneren das Feuer nicht verlösche. Slowacki hatte zu dem Vergleich der „Engelsseele in der derben Rinde" gegriffen. Die derbe Rinde symbolisiere ein niedriges Niveau, die Engelsseele dagegen ein hohes Maß an Sublimierung und Schaffenskraft, Sensibilität, zukunftsträchtiger Träumerei und Streben nach

Idealen. Dabrowski bewertete die in Polen entwickelte Angewohnheit, eine andere, höhere Realität anzustreben, als Ausdruck eines heroischen Traums, der dennoch die Wirklichkeit des unterdrückten nationalen Daseins wiederspiegle, das heißt, er sah sie so wie die Romantiker.

Dabrowski entwickelte ein idealistisches Zukunftssystem, in dem die sogenannten starken Menschen, die er als „funktionalere Individuen" bezeichnete, da sie weder Bedenken noch Nachgiebigkeit zeigen, dafür aber leistungsfähiger sind, zugunsten der empfindsamen, leidenschaftlichen Menschen in den Hintergrund treten oder zumindest mit diesen zu einem Kompromiß kommen müssen. Er gab eine idealistische Einschätzung der heutigen polnischen Gesellschaft, die ganz in der polnischen Tradition steht: „Im Vergleich zu anderen, in bezug auf ihre zivilisatorischen Errungenschaften stabileren Völkern, sind wir stärker in der Fähigkeit, ständig neue Werte zu entdecken – und das nicht nur auf zivilisatorischem Gebiet. In diesem lobenswerten humanistischen Streben steckt der Keim für unsere weitere Entwicklung."

Es gibt wohl kaum ein Volk, das so mit seiner Kultur und vor allem seiner Literatur, seinen Traditionen verbunden ist, wie das polnische. Und es gibt wohl ebenfalls kaum eine Nation, in der über Wert und Unwert der eigenen Charaktereigenschaften so viel diskutiert und nachgedacht wird; allerdings ohne dabei an sich zu verzweifeln, sondern um sich eine neue Zukunft zu erträumen.

Eine Zukunft, die einmal nicht von den fremden Interessen der Polen umgebenden Staaten und Systeme bestimmt wird, in der die Begriffe der Romantik – Selbstbestimmung und Freiheit – absolut Geltung haben. Ein polnischer Traum, von dem auch viele „Solidarnosc"-Mitglieder träumten – keine politische Realität.

# V. Deutsche und Polen – Nachbarschaft mit Konflikten

*„Der bequemste Patriotismus ist chronischer Stolz auf das eigene Volk“* *(Adolf Nowaczynski, 1867–1944)*

Im Danziger Woiwodschaftsgebäude, wo im November 1980 die Delegierten der streikenden Angestellten des Gesundheitswesens, der Lehrer und der Kulturschaffenden tagelang auf das Ende der Verhandlungen mit dem Regierungsvertreter warteten, wurde ein Team des Zweiten Deutschen Fernsehens bei seinem Eintreffen mit Beifall und betont herzlich empfangen. Bei der Fernseh-Crew löste dieser Empfang Überraschung und Betroffenheit aus. Ein halbes Jahr zuvor noch hatte dasselbe Team große Schwierigkeiten gehabt, als es in Krakau eine polnische Familie, deren Eltern während des Zweiten Weltkrieges im polnischen Widerstand gekämpft hatten, vor die Kamera holen wollte. Man wollte die Familienmitglieder nach ihren Ansichten zu den deutsch-polnischen Beziehungen befragen. Die Fernsehjournalistin hatte erlebt, wie ihre Krakauer Gesprächspartnerin, die als einzige aus ihrer Familie den Krieg überlebte, in Erinnerung an die Vergangenheit weinend zusammengebrochen war und von ihrer Tochter, die ausgerechnet Deutsch studiert, getröstet wurde.

In Polen gibt es kaum eine Familie, die nicht wenigstens einen Angehörigen durch die Politik der Nationalsozialisten verloren hat, und deshalb ist die jüngste Geschichte, die pervertierte Nachbarschaft von Deutschland und Polen auch im Bewußtsein der polnischen Nachkriegsgeneration fest verankert. So ungern sich viele Deutsche an sie erinnern, um so deutlicher wird ihnen in Gesprächen mit Polen ihre nationalsozialistische Vergangenheit vor Augen geführt. Dabei kann es durchaus passieren, daß sich vor einem solchen Gespräch der Pole mit dem vertrauten Namen Szmid vorstellt, während der Deutsche einen polnischen Namen trägt, der auf „ski" endet. Es gibt wohl kaum zwei europäische Völker, die durch ihre gemeinsame Geschichte so miteinander verwoben sind und andererseits über lange Zeit so haßerfüllte Gefühle gegeneinander hegten wie das polnische und das deutsche Volk. Hitlers Polenpolitik war zwar der Höhepunkt des deutsch-polnischen Antagonismus, aber die Wurzeln dieses Antagonismus liegen im Jahrhundert davor. Die damals geborene Idee der modernen Nationalstaaten und die nachfolgende nationalistische Geschichtsbetrachtung, mit der die Menschen beider Völker aufwuchsen, hatte zu einer Feindschaft geführt, die sich in arroganten deutschen Wortspielen wie „Slawen sind Sklaven" ausdrückte, denen die Polen dann die Behauptung „Jak swiat swiatem, nie bedzie Niemiec Polakowi bratem" (So lange die Welt besteht, wird der Deutsche dem Polen nie ein Bruder sein) entgegensetzten.

## Nachbarschaftliches Neben- und Miteinander

Die Geschichte der tausendjährigen deutsch-polnischen Beziehungen kann durchaus nicht nur als eine Zeit unausgesetzter Feindschaft gesehen werden. Sie ist vielmehr die Geschichte einer Nachbarschaft von zunächst germanischen und slawischen Stämmen, später von Deutschen und Polen, die jahrhundertelang überwiegend in Frieden miteinander lebten, dazu in einem geographischen Raum, in dem weder große Flüsse noch Gebirge natürliche Grenzen bildeten.

Zu einem ersten Zusammenwirken kam es gegen Ende des ersten Jahrtausends unserer Zeitrechnung, als deutsche und polnische Missionare gemeinsam die letzten heidnischen Stämme an der Ostseeküste (die Polen nennen die Ostsee das Baltische Meer – „Morze Baltyckie") zum Christentum bekehrten. Die Christianisierung der heidnischen Pruzzen und Slawen war damals Vorwand einer expansiven Politik.

Für die Entstehung eines polnischen Staates war das Jahr 966 von entscheidender Bedeutung. In jenem Jahr ließ sich der polnische Herzog Mieszko taufen. Durch die offizielle Übernahme des Christentums wurde sein Volk Mitglied der christlichen Völkerfamilie. Mieszko stand in einem lehnsrechtlichen Verhältnis zu Otto I., als dessen Freund er in historischen Quellen bezeichnet wird. Anschließend wurde das Jahr 1000 für Polen bedeutsam. Mieszkos Sohn Boleslaw Chrobry (der Tapfere) und Otto III. trafen sich in Gnesen am Grabe ihres gemeinsamen Freundes Bischof Adalbert, den Heiden bei seinem Missionierungsversuch getötet hatten. Otto III., der Boleslaw Chrobry als seinen „Bruder und Mitarbeiter am Reich" bezeichnete, traf hier die Entscheidung, das Erzbistum Gnesen zu gründen. Das bedeutete, daß Polen von der deutschen Kirchenorganisation unabhängig wurde. Damit waren die Grundlagen des polnischen Staates geschaffen.

Ottos Nachfolger, Heinrich II., war nicht so sehr von dem brüderlichen Geist seines großen Vorgängers beseelt. Er führte drei Kriege gegen Boleslaw, die er verlor, so daß im Frieden von Bautzen (1018) Boleslaw eine Verbesserung der polnischen Position durchsetzen konnte. In den anschließenden Jahrhunderten des späten Mittelalters spielten Konflikte zwischen Deutschen und Polen keine besondere Rolle. Im Gegenteil, während der Zeit des Aufstiegs des jungen polnischen Staates sicherten sich die polnischen Herzöge ihre Stellung durch eine intensive Heiratspolitik mit deutschen Fürstenfamilien. Boleslaw heiratete Oda, die Schwester Hermanns und Tochter Eckehards von Meißen. Sein Sohn und Nachfolger Mieszko II. verband sich mit Richeza, der Tochter des Pfalzgrafen Ezzo von Lothringen. Drei der sechs Kinder Boleslaws trugen deutsche Namen, und in seinem Heer kämpften dreihundert sächsische Krieger gegen die Russen.

Die Polen betrieben während dieser Zeit eine aktive

Ostpolitik, dadurch konnten sie ihren Einflußbereich in Südosten stark vergrößern.

Um ihr dünn besiedeltes Land wirtschaftlich erschließen zu können, riefen polnische Herzöge Ende des 12. Jahrhunderts deutsche Siedler. Es begann die deutsche Ostsiedlung, die bis ins 14. Jahrhundert reichte und viele Handwerker und Bauern aus dem deutschen Raum nach Polen brachte. Die deutschen Siedler führten mit dem Eisenpflug und der Dreifelderwirtschaft neue, moderne landwirtschaftliche Methoden in Polen ein. Durch die deutsche Ansiedlung entstanden im Westen zahlreiche Dörfer und Städte – Breslau, Liegnitz, Görlitz, Ratibor – mit deutschem Charakter, und – was für die Zukunft entscheidender war – nach deutschem Recht.

Diese Entwicklung ging friedlich vor sich, und das pol nische Staatswesen profitierte davon. Bald übertrugen die polnischen Landesherren deutsches Recht auch auf nichtdeutsche Siedlungen, woraus sich im 19. und 20. Jahrhundert Konflikte ergaben, als Deutsche und Polen mit Hilfe der Geschichte politische Ansprüche zu legitimieren suchten. Während deutsche Historiker behaupteten, daß alle Siedlungen mit deutschem Recht auch deutsch gewesen wären, sperrten sich die Polen gegen diese Darstellung und akzeptierten deutsche Siedlungen nur in den Fällen, in denen in historischen Quellen ausdrücklich auf die deutschen Bewohner hingewiesen wurde.

Nationalistische Geschichtsbetrachtungen haben das Bild des mittelalterlichen, teilweise gemischten Lebensbereichs für eine deutsche und polnische Bevölkerung sehr verzerrt. Auf deutscher Seite wurde die von polnischen Landesherren initiierte Ansiedlung als deutsche Leistung der „Ostkolonisation“ idealisiert.

Dabei trug diese Bevölkerungsbewegung von West nach Ost keinerlei Züge einer zielbewußten deutschen Ostpolitik mit klaren Germanisierungstendenzen, lediglich in den westlichen Randgebieten bildete sie die Grundlage für die spätere Germanisierung. Polnische Historiker dagegen verteufelten die Ansiedlung deutscher Bauern und Handwerker später als „expansiven Drang nach Osten". Dieses Schlagwort vom deutschen „Drang nach Osten" stammt allerdings vermutlich von einem russischen Publizisten, Ende des 19. Jahrhunderts, der damit auf die deutsche Siedlung in den baltischen Ostseeprovinzen abzielte.

Aggressive Züge lassen sich dagegen in den Aktionen des Deutschen Ritterordens finden, wenn auch diese Auseinandersetzungen keinesfalls als ein rein deutsch-polnischer Konflikt bezeichnet werden können. Der polnische Herzog von Masowien hatte im Jahre 1226 die Deutschordensritter ins Land gerufen, um sich mit ihrer Hilfe gegen Einfälle heidnischer Pruzzen im Nordosten schützen zu können.

Die Ordensritter folgten dem Ruf, allerdings unter der Voraussetzung, daß ihnen völlige Unabhängigkeit zugestanden wurde. Sie verlegten ihren Sitz von Venedig an die Nogat, errichteten dort die Marienburg und übernahmen Pommerellen (einen Teil des späteren Ostpreußen) als Ordensland. Mit dem geschickten Schachzug, sich unmittelbar dem Papst als Lehnsherren unterzuordnen, sicherten sie sich ihre Unabhängigkeit vom polnischen Herzog. Ein fremder Staat hatte sich zwischen den polnischen Fürstentümern gebildet, der unter dem Zeichen des Kreuzes zeitweise ein aggressives Machtstreben an den Tag legte. An sich war ihre Aufgabe, für die sie ins Land gebeten worden waren, erledigt, nachdem sie mit Hilfe des Schwertes die heidnischen Pruzzen vom Christentum überzeugt hatten. Die Ordensritter blieben aber und wurden aufgrund ihrer militärischen und wirtschaftlichen Überlegenheit – eine zivilisatorische Leistung zugunsten des von ihnen beherrschten Landes kann ihnen nicht abgesprochen werden – zu einer permanenten Bedrohung für den polnischen Staat. Auch von den inzwischen zu Reichtum und Ansehen gelangten Städten ringsum wurde die Ordensherrschaft bald zunehmend als Bedrückung und Last empfunden.

Als Polen sich im 14. Jahrhundert – durch die Personalunion mit Litauen – zur stärksten Macht im östlichen Europa entwickelte, wehrte es sich auch in zunehmendem

Maße gegen die ständigen Übergriffe der Ordensritter, die ihre Macht auf polnischem Territorium erweitern wollten. Es kam zu militärischen Auseinandersetzungen, die 1410 in der Schlacht bei Tannenberg mit dem Sieg der Polen über den Orden ihren Höhepunkt fanden. Durch seine Niederlage war die Macht des Ordens geschwächt, aber erst im folgenden dreizehnjährigen Krieg (1454 – 1466) wurde der Orden schließlich vollständig geschlagen. Ein halbes Jahrhundert später säkularisierte sich der Orden zum „Fürstlichen Preußen", aus dem im 18. Jahrhundert Ostpreußen hervorging. Das ehemalige Ordensland war nun ein weltliches Lehnsherzogtum der polnischen Krone geworden, und der letzte Großmeister huldigte dem polnischen König als weltlicher Fürst von Preußen. Polnische Historiker des 19. Jahrhunderts feierten die Schlacht von Tannenberg pauschal als Sieg der Polen über die Deutschen. Jan Matejko hielt dieses Ereignis auf einem Gemälde fest, die Literatur machte es zu ihrem Thema und noch in unserem Jahrhundert wurde die Schlacht vom polnischen Film gefeiert. Im Zuge einer objektiven Bewertung der damaligen Ereignisse muß festgestellt werden, daß die Konflikte, die der Ritterorden zu seiner Zeit aufgrund seines Machtstrebens geschaffen hatte, keinen nationalistischen Charakter im heutigen Sinne besaßen. Die Hauptgeschädigten der militärischen Auseinandersetzungen waren damals sowieso die überwiegend deutschen Städte Danzig und Thorn gewesen.

Über den bedeutendsten Astronomen jener Zeit, Nicolaus Copernicus und seinen Onkel Lucas Watzenrode, weiß man, daß sich die beiden als erklärte Feinde des Deutschen Ordens zu erkennen gegeben hatten, womit allerdings nichts über die nationale Zugehörigkeit von Copernicus gesagt ist. Er selbst hätte zu seinen Lebzeiten wenig Verständnis für diesen Streit gehabt, denn er verstand sich immer als loyaler Untertan des polnischen Königs. Der König bedankte sich übrigens auf seine Art für den Einsatz der Hansestädte in der Anti-Ordensfront. Er garantierte Danzig zahlreiche wirtschaftliche und politische Freiheiten, und seitdem führte die Stadt neben dem deutschen Wappen auch das polnische Wappen.

So oder so, der Begriff Ordensritter oder Kreuzritter ist im Laufe der Geschichte zum negativen Symbol eines ganzen Volkes geworden, wie umgekehrt das Klischee von der „polnischen Wirtschaft“ auf die Polen in ihrer Gesamtheit übertragen wurde. Noch während des Zweiten Weltkrieges nannte man die Deutschen in der polnischen Umgangssprache „Kreuzritter“, und bis heute steht der Ausdruck „hochmütig wie ein Kreuzritter“ in der polnischen öffentlichen Meinung für eine „typische“ Eigenschaft der Deutschen. Die Schlacht von Tannenberg wurde für die Polen zu einem Mythos und ist bis heute für sie ein nationalhistorischer Fixpunkt. Während der Tausendjahrfeiern, 1960, stand in Polen nicht das Gedenken an den polnischen Herzog Mieszko im Mittelpunkt, sondern das an die Schlacht von Tannenberg. Damals, auf dem Höhepunkt des sogenannten Kalten Krieges, wurde der polnischen Bevölkerung in einer gezielten Kampagne erneut ein nationalistisches polnisches und deutschfeindliches Geschichtsbild vor Augen gestellt. Es ist daher nicht verwunderlich, daß die Polen empört reagierten, als Bundeskanzler Adenauer sich in Wien den Mantel eines Deutschordensritters umhängen ließ. Es entsprach dem Stand der deutsch-polnischen Beziehungen, wenn damals in Polen sehr emotional darauf hingewiesen wurde, daß sich die Deutschen nicht geändert hätten und weiterhin in der Tradition der aggressiven Ordensritter lebten.

Die Marienburg, ehemaliger Sitz des Deutschen Ordens, ist heute ein Museum und ein Anziehungspunkt für deutsche und polnische Besucher. Für die einen repräsentiert es einen Höhepunkt deutscher zivilisatorischer Leistung, für die anderen ein Gruselkabinett deutschen aggressiven Eroberungswillens – beides Resultat nationalistischer Interpretation von Vergangenheit.

Für die Menschen im 16. Jahrhundert spielten nationale Konflikte noch keine Rolle. In Danzig, das zum Anziehungspunkt für deutsche Kaufleute geworden war, entwikkelte sich damals ein selbstbewußtes deutsches Bürgertum, das wirtschaftlich eng mit dem polnischen Adel zusammenarbeitete, der aufgrund der steigenden internationalen Nachfrage nach polnischem Getreide gute Geschäfte machte. „Co z Gdanska, to z panska“ (was aus Danzig kommt, hat Niveau), sagt ein polnisches Sprichwort und erinnert an den ehemaligen Reichtum jener Stadt, die für die Deutschen zu einer deutschen Stadt wurde, die für die Polen aber immer eine polnische Stadt geblieben ist. Zwischen den Weltkriegen wurde in Polen häufig ein Satz aus dem schon erwähnten Epos „Pan Tadeusz“ von Mickiewicz zitiert: „Danzig, die Stadt, die einst unser, unser auch bald wieder sein wird...“

In offiziellen polnischen Chroniken wird auf die Verbindungen zwischen deutschem und polnischem Adel hingewiesen. Im Wappenbuch des Chronisten Jan Dlugosz sind dreiundzwanzig deutsche Adelsgeschlechter (von insgesamt einundsiebzig) verzeichnet, die sich nach ihrer Ansiedlung in Polen innerhalb weniger Generationen als Polen verstanden. Umgekehrt kam es nicht selten zu Eheschließungen zwischen deutschen Landesfürsten, Adligen oder Kaufleuten mit Töchtern aus polnischen Magnatenfamilien. Eine der spektakulärsten dieser Verbindungen war die „Landshuter Fürstenhochzeit“ von 1475, bei der Jadwiga (Hedwig), die älteste Tochter des polnischen Königs Kazimierz IV., mit Georg, dem Sohn des Herzogs Ludwig von Bayern, verheiratet wurde.

Der Aufwand, mit dem diese Hochzeit gefeiert wurde und an der neben dem Kaiser Friedrich III. auch der gesamte deutsche Hochadel teilnahm, hat sich bis heute überliefert. Im bayerischen Landshut werden alle drei Jahre entsprechende Erinnerungsfeierlichkeiten veranstaltet. Weniger staatspolitisch bedeutsam, aber dennoch interessant im Hinblick auf die Verbindung zwischen den Völkern, war der Aufstieg deutscher Handwerker und Kaufleute in die vornehme polnische Gesellschaft. Wer es als Deutscher in Polen zu Reichtum und Ansehen gebracht hatte, fühlte sich oft der polnischen Oberschicht zugehörig.

Nicht selten übertrug er seinen Namen ins Polnische. Ein Beispiel für die Polonisierung einer deutschen Kaufmannsfamilie ist die Geschichte der Familie Wirsing. Der Erfurter Tuchhändler Nicolaus Wirsing hatte in Krakau erfolgreich Geschäfte gemacht und war in wenigen Jahren zu einem der reichsten Männer Südpolens geworden. Er galt auch als verantwortungsbewußter Bürger seiner Stadt, in der das Bürgertum überwiegend deutscher Herkunft war, und machte sich durch großzügige Stiftungen an die Kirche verdient. Der Auftrag der deutschen Gemeinde Krakaus an Veit Stoß (Wit Stwosz), einen Altar zu bauen, ging auf seine Initiative zurück. Dieser Marienaltar in der Krakauer Marienkirche ist heute eine der größten Sehenswürdigkeiten Europas. Nikolaus Wirsing wurde vom polnischen König für seine Verdienste in den Adelsstand erhoben, was zu jener Zeit noch sehr selten war. Aus den ursprünglich schwäbischen und thüringischen Wirsings wurden jedenfalls in Krakau die Wierzyneks.

Heute trägt das bekannteste Krakauer Restaurant den Namen Wierzynek.

Die Söhne des hohen und mittleren polnischen Adels holten sich ihre Frauen, schon wegen der hohen Mitgift, oft aus reichen deutschen Bürgerhäusern. Die Nachfahren mancher Handwerker, so zum Beispiel des Sattlergesellen Thomas Dangel aus Pasewalk, erinnerten sich kaum an ihre einfache Herkunft. Sie tauchten in den Berichten über die polnischen Aufstände als Graf Ortega oder Major Zymierski auf.

Unter den kleinen Kaufleuten und Handwerkern kam es dagegen seltener zu Assimilierungen, wenn auch im Gegensatz zu ihren italienischen und französischen Kollegen, die zwar in Polen arbeiteten, mit ihrem gesparten Lohn aber wieder in ihre Heimat zurückkehrten, Deutsche sich häufig mit ihren Familien und Gesellen in Polen einrichteten und ihre Handwerkertradition auf die neue Umgebung übertrugen. Im Mittelalter war die deutsche Sprache die Sprache der europäischen Mitte, sie erweckte zu jener Zeit noch keine negativen Assoziationen. Auch der Begriff

Preußen war in Polen damals noch wertneutral. Gemeinsam kämpften Preußen, Brandenburger und Polen gegen die einfallenden Russen, Schweden und Tataren.

## Die feindlichen Staaten

Bevor der Niedergang Polens durch seine Zerstückelung seitens der Nachbarstaaten eingeleitet wurde, konnte sich Polen, Ende des 17. Jahrhunderts, noch einmal Geltung im christlichen Europa verschaffen. Um dem bedrohlichen Vorrücken der Türken im Südosten Halt zu gebieten, hatten der polnische König Sobieski und der österreichische Kaiser Leopold I. eine Allianz geschlossen. Unter dem Oberbefehl des polnischen Königs erkämpften österreichische und polnische Truppen 1683 am Kahlenberg vor Wien einen glänzenden Sieg. Dieser Sieg über die Türken wurde in ganz Europa als die „Rettung des Abendlandes" gefeiert, und Sobieskis Ruhm als „Befreier Wiens" fand in Volksliedern und auch deutscher Prosadichtung seinen Niederschlag.

Im 18. Jahrhundert kam es in der den Sachsenkönigen unterstehenden polnischen Adelsrepublik noch einmal zu einer wirtschaftlichen Blüte, von der Warschau, seit 1610 polnische Metropole, städtebaulich profitierte. Es kamen neue deutsche Einwanderer, vor allem aus Sachsen, in die Hauptstadt, wo das Handwerk, Gewerbe und der Handel dank der Baulust polnischer Magnaten großen Aufschwung nahmen. In den Warschauer Palästen herrschte die Atmosphäre des barocken Zeitalters. „Iß, trink und lockere den Gürtel", war die Parole jener Sachsenzeit, die noch lange in Erinnerung blieb, noch als sich im Hintergrund schon die drohenden Wolken des Machtstrebens der Nachbarn Polens abzeichneten.

In Rußland hatte Peter der Große mit seiner Öffnung des Landes nach Europa, das heißt mit seiner Modernisierungspolitik, Grundlagen für einen starken russischen Staat geschaffen, der nun nicht nur nach Osten, sondern auch nach Westen expandieren wollte. Im Westen hatte sich Preußen, das seit 1525 mit Brandenburg verbunden war, durch seine Teilnahme am polnisch-schwedischen Krieg auf der Seite Schwedens aus der Lehnshoheit Polens gelöst. Mit den inneren Reformen des Großen Kurfürsten Friedrich Wilhelm, der Aufstellung eines stehenden Heeres, einer straffen Finanz- und Landesverwaltung, einer modernen Wirtschaftspolitik und der allmählichen Ausschaltung der Stände, waren in Preußen die Voraussetzungen für einen absolutistischen Staat geschaffen, der sich der polnischen Staatsform zunehmend überlegen zeigte. Der Aufstieg Rußlands und Preußens bewirkte nicht nur das Ende der Großmachtstellung Polens, sondern auch der Existenz des Staates überhaupt durch die folgenden Teilungen.

Die Politik der Teilungsmächte hatte zunächst aber nur territoriale Veränderungen zum Ziel, völkisch-nationale Gegensätze hatten sich noch nicht entwickelt. Die Politik der Nachbarn Polens im 18. Jahrhundert richtete sich lediglich gegen die Existenz eines polnischen Staates, zwischen den Völkern gab es damals noch keine ausgeprägte Feindschaft.

Trotz existierender Volkstumsgrenzen gab es noch immer gemischte deutsch-polnische Familien, wie auch das Beispiel E.T.A. Hoffmanns zeigt, der 1776 in Königsberg geboren wurde. Sein Vorfahr, der polnische Adelige Samuel de Baginski, hatte, nach Verehelichung mit der Tochter des Herrn Hoffmann, den Namen seines Schwiegervaters angenommen. E.T.A. Hoffmann nahm sich wieder eine Polin zur Frau. Maria Tekla Michalina Trzcinska war die Tochter eines Posener Stadtschreibers, der sich in Rohrer umbenannte, seinen Posten als Stadtschreiber aber dennoch verlor, weil er die deutsche Sprache nicht ausreichend beherrschte. Die Originalität der Dichtungen E.T.A. Hoffmanns sehen Literaturkritiker in der Verbindung zwischen deutschen und polnischen Elementen.

Der Vorläufer der deutschen Aufklärung, Gottfried Wilhelm Leibniz (1646 - 1716), Schöpfer der Idee von der

„besten unter den möglichen Welten“, Philisoph, Gelehrter und Staatsmann, hatte in seinen Pariser Jugendjahren nach polnischen Vorfahren geforscht. Er glaubte, daß er aus dem polnischen Adelsgeschlecht der Lubienecki stamme. Eine andere Variante der Geschichte seiner polnischen Herkunft siedelte einen Vorfahren im Dorf Lebenice in Pommerellen an. Er selbst schien stolz auf seine polnische Herkunft zu sein und interessierte sich sehr für polnische Probleme. Leibniz lehnte ein „Argumentieren aus dem nationalen Charakter für Männer, die an der Kultur arbeiten“, ab.

In dieser Kategorie dachte auch Heinrich Heine, der in Sachen Polen mehrfach, poetisch und publizistisch Stellung bezogen hat. Noch heute gehört er in Polen zu den beliebtesten und am häufigsten übersetzten deutschen Autoren. Heine war mit dem polnischen Grafen Eugeniusz Breza befreundet, den er in Berlin kennengelernt hatte und den er einen „köstlichen Freund“ nannte. Im Herbst 1822 reiste Heine nach Polen, um Breza zu besuchen, der wegen einer Liebesaffäre mit der Gräfin Friederike von Cumberland, der Schwester Königin Luises, und wegen seiner politischen Aktivitäten aus Berlin ausgewiesen worden war. Heine erinnerte sich später, daß Graf Breza der einzige Mensch war, in dessen Gesellschaft er keine Langeweile verspürt hätte, dessen originelle Witze für ihn aufheiternd und in dessen „liebenswürdigen und edlen Gesichtszügen“ er abzulesen im Stande gewesen wäre, „wie einst meine Seele aussah, als ich noch ein schönes, reines Blumenleben führte und mich noch nicht befleckt hatte mit dem Haß und der Lüge“. Trotz dieser emotionalen Bindung blieb Heine in seinen Reisebeschreibungen über das Posener Land seiner kritischen Haltung gegenüber den Polen treu. Amüsiert beschreibt er das Verhältnis der Polen zu Deutschland als Unverhältnis, und die polnische Vorliebe für Frankreich kommentierte er mit der Bemerkung: „Polen liegt zwischen Rußland und – Frankreich. Das noch vor Frankreich liegende Deutschland will ich nicht rechnen, da ein großer Teil der Polen es ungerechterweise wie einen breiten Sumpf ansah, den man schnell überspringen müsse, um nach dem gebenedeiten Lande zu gelangen, wo die Sitten und die Pomaden am feinsten fabriziert werden.“

Heines Kritik an Polen hatte keine politischen, sondern persönliche Gründe. Den polnischen Freiheitskämpfern brachte er tiefe Sympathie entgegen, aber er ärgerte sich über das Verhalten mancher polnischer Emigranten und kritisierte und karikierte deren Pathos, ihre Streitereien und das „fruchtlose Geschwätz“ ihrer politisierenden Vereine, etwa der polnischen Studentenverbindungen „Polonia“ und „Panta Kaina“ in Berlin.

Insofern unterschied sich Heine von den schwärmerischen Polenverehrern, die in den Berliner Kaffeehäusern und Salons ihre Polenfreundschaft demonstrierten.

Das Berliner Pflaster scheint überhaupt immer günstig gewesen zu sein für polnische Emigranten, die sich dort wirtschaftlich und gesellschaftlich integrieren wollten. Jan Ernest Gotzkowski (Gockowski), Nachkomme eines alten, polnischen Adelsgeschlechts, war Hoflieferant und Besitzer großer Seidenspinnereien in Berlin. Er ging in die Berliner Stadtgeschichte ein als namhafter Kunstmaler. Daniel Chodowiecki, der Sohn eines Danziger Getreidehändlers, hatte schon Anfang des 18. Jahrhunderts in Berlin Karriere gemacht. Mit seinen berühmten Kupferstichen wurde er zum „Bildreporter des Jahrhunderts“. Die assimilierende Kraft Berlins machte aus den Chodowieckis und Gotzkowskis echte Berliner – wenn auch nicht gute Preußen.

Umgekehrt zeigen die Namen, die während der polnischen Freiheitskämpfe auftauchten, daß es auch viele Übergänge von der deutschen zur polnischen Volkszugehörigkeit gab. General Hauke-Bossak beispielsweise, der seine militärischen Fähigkeiten im Januaraufstand von 1861 unter Beweis stellte, war noch als erwachsener Mann zum bewußten Polen und glühenden polnischen Patrioten geworden. Den polnischen Partisanenoffizieren Langiewicz, Giller, Schwarze, Aweyde, Rupprecht und Lempke wird es – irgendwann in ihrem Leben – ähnlich ergangen sein.

In der Begeisterung und Schwärmerei für die polnischen Freiheitskämpfer, die die deutsche Bevölkerung Mitte des 19. Jahrhunderts zum Ausdruck brachte, offenbarte sich ein über nationale Interessen hinausgehendes, gemeinsames Ziel: Der Kampf gegen Unterdrückung, der sich auch in vielen Kundgebungen und privaten Hilfsaktionen für die Polen äußerte.

Polnische Flüchtlinge wurden von deutschen Familien aufgenommen, Kranke und Verwundete wurden gepflegt. Frauen und Mädchen nähten Kleider für die Freiheitskämpfer, die auch mit Geldsammlungen unterstützt wurden. Im Großherzogtum Baden richtete die Residenz eine Betreuungsstelle ein, in der Polen ärztliche Hilfe kostenlos zur Verfügung stand. Kalender und Heimatblättchen brachten Lebensgeschichten polnischer Helden sowie entsprechende Gedichte. An vielen Orten wurden „Polenvereine" gebildet, Kundgebungen und Empfänge veranstaltet, jeweils inspiriert von liberalen Schriftstellern und meist begleitet von Liedern, die speziell für diese Ereignisse gedichtet und komponiert wurden. Eines dieser Lieder trägt den Titel: „Der freundliche Zuruf an die durchreisenden edlen Polen":

*Polen ist noch nicht verloren,*
*Bald wird's wieder neu geboren!*
*Nicht zum Untergang erkoren*
*Kann das edle Polen seyen!*

Georg Herwegh, Autor vieler Polengedichte, rief den polnischen Demokraten in Paris zu: „Unsere Geschicke sind verbunden. Kein freies Deutschland ohne ein freies Polen, kein freies Polen ohne ein freies Deutschland!"

Das polnische Nationalkomitee in Paris solidarisierte sich umgekehrt mit den Zielen der deutschen Liberalen und sandte zum „Hambacher Fest" (der Volksversammlung auf Schloß Hambach bei Neustadt im Mai/Juni 1832) eine Grußadresse: „Nur in der politischen Einheit Eueres Vaterlandes, durch eine Verbindung der einzelnen Bruderstämme, können die gemeinsamen Interessen, das Gesamtwohl also Euerer Nation, gefördert, die innere Willkür und die äußere Gewalt abgeschafft, gesetzliche Freiheit und deutsche Nationalwürde, erstrebt werden."

## Verfeindung der Völker

Das Streben nach dieser deutschen Nationalwürde, mit dem sich die polnischen Patrioten zu jener Zeit noch solidarisierten, bedeutete in letzter Konsequenz für Polen die größte Katastrophe seiner Geschichte. Es endete in der physischen Bedrohung der polnischen Nation durch den Nationalsozialismus, dessen Auswirkungen die deutsch-polnischen Beziehungen bis heute belasten. Innerhalb nur weniger Jahre waren Polenschwärmerei, Begeisterung und Sympathie für die Unabhängigkeit Polens vergessen. Feldmarschall von dem Knesebeck hatte schon 1814 ausgedrückt, was bald viele Deutsche dachten: „Unordnung, wüstes Leben ist des Pohlen Element. Nein – laßt diese Menschen den Durchgang unter dem Kantschuh machen. – Die Vorsehung will es so und der Himmel weiß, was dem Menschen frommt! – Für jetzt also kein Pohlen mehr!".

Die eigentliche Wende im Verhältnis der politisch interessierten deutschen Öffentlichkeit zu Polen offenbarten die Debatten in der Frankfurter Paulskirche von 1848, in denen das Problem der Eingliederung Posens und Westpreußens in einen deutschen Nationalstaat diskutiert wurde. Politiker, die bis dahin als Linke gegolten hatten, bezeichneten Gedanken über eine Wiederherstellung eines unabhängigen Polen als „schwachsinnige Sentimentalität". Der ursprünglich liberale Abgeordnete Wilhelm Jordan warf in der Polendebatte beispielsweise die Frage auf: „Soll eine halbe Million Deutscher unter deutscher Regierung leben und zum großdeutschen Vaterland gehören, oder sollen sie in der sekundären Rolle naturalistischer Ausländer in die Untertänigkeit einer anderen Nationalität gegeben und hinausgestoßen werden in die Fremde?“ Bei Jordan klingen vulgärdarwinistische Töne an, wenn er weiter meint: „Das Rad der Geschichte ist ein anderes, als das der Kompendien. Es kennt nur Naturgesetze, und eins derselben sagt, daß ein Volksstamm auf Grund seiner bloßen Existenz noch kein Recht auf politische Selbständigkeit hat, sondern erst durch die Kraft, sich als Staat unter anderen zu behaupten. Der letzte Akt dieser Eroberung, die viel verschriene Teilung Polens, war nicht, wie man sie genannt hat, ein Völkermord, sondern nichts weiter, als die Proklamation eines bereits erfolgten Todes, nichts als die Bestattung einer sich längst in Auflösung befindlichen Leiche.“

In psychologischer Hinsicht war in der deutschen Öffentlichkeit eine neue Situation entstanden, und als im Jahre 1871 aus Preußen ein Deutsches Reich geworden war, gab es künftig auch keine gute Nachbarschaft mehr zwischen Deutschen und Polen.

Eine nationalistische Geschichtswissenschaft lieferte mit der These von der politischen Unfähigkeit der Polen die gewünschte Rechtfertigung für die Verweigerung eines selbständigen polnischen Staates, und die angebliche politische Unfähigkeit der Polen entsprach nach dieser Geschichtstheorie zudem der Glorifizierung deutscher „Leistungen“ in der „Ostkolonisation“ sowie den zivilisatorischen Taten des Deutschen Ordens. Für den Historiker und publizistischen Mitarbeiter Bismarcks, Heinrich von Treitschke, waren die Jahre der Polenschwärmerei Ausdruck einer „weitverbreiteten Unkenntnis“ über den polnischen Charakter, während sich allmählich auch im öffentlichen Sprachgebrauch und in der Publizistik das zuvor bewunderte Bild vom „edlen Polen“ in ein verspottetes Klischee verwandelte, ging Treitschke sogar noch weiter und sprach den Slawen pauschal ihre Existenzberechtigung ab: „Wenn alle Slawen im Meer versinken, so hätte ich nichts dagegen, aber sie sind nun einmal da und Allah wird wissen, warum er sie geschaffen hat.“

Diese Ideologie von der Herrenrasse und von den slawischen Untermenschen, später im Rahmen der nationalsozialistischen Polenpolitik konsequent angewandt, fand schon zu Bismarcks Zeiten aufmerksames Gehör bei all denen, die mit seiner kleindeutschen Lösung nicht einverstanden waren. „Die verspätete Nation" nannte Helmut Plessner sein Buch, in dem er die Wurzeln des deutschen Imperialismus bloßlegte und sagen wollte, daß dieser Verspätung, die von Minderwertigkeitskomplexen begleitet war, ein Kompensationsbedürfnis folgen mußte. Während sich also das deutsche Bürgertum damals in Richtung auf einen scharfen deutsch-polnischen Antagonismus bewegte, gab es in der deutschen Arbeiterbewegung noch Kontakte und Verbindungen zu sozialistischen Zirkeln in Polen. Karl Marx und Friedrich Engels, beide Angehörige einer der früheren Teilungsmächte, hatten sich für die Sache Polens engagiert und die Meinung vertreten, daß „eine internationale Bewegung des Proletariats überhaupt nur zwischen selbständigen Nationen möglich" sei. Außerdem erhofften sie sich von der Wiedererstehung eines polnischen Staates eine Schwächung Rußlands und Preußens.

Die Verbreitung sozialistischer Ideen in Polen wurde durch die Existenz einer selbstbewußten deutschen Arbeiterschaft, besonders im Lodzer Industriegebiet, gefördert. Die Verbindung zu den Sozialisten im Deutschen Reich hielten in erster Linie Rosa Luxemburg und Julian Marchlewski. Diese beiden strebten seinerzeit weniger nach der Realisierung eines sozialistischen Nationalstaates, wie ihn sich die „Polnische Sozialistische Partei" (PPS) unter Jozef Pilsudski vorstellte, sie vertraten vielmehr die Idee des europäischen Internationalismus.

Für die Entwicklung des deutsch-polnischen Verhältnisses blieb aber allein die Polenpolitik des Deutschen Reiches entscheidend, und die stand zunehmend im Zeichen eines sich spürbar verschärfenden deutschen Nationalismus, eines Nationalismus, auf den die Polen mit entsprechendem, organisierten Widerstand reagierten.

In den rund vierzig Jahren zwischen der Reichsgründung und dem Ersten Weltkrieg bewirkte die Radikalisierung der deutschen Polenpolitik allerdings genau das Gegenteil ihrer Intention: nicht eine Schwächung, sondern eine außerordentliche Stärkung des polnischen Nationalbewußtseins. Bismarck war davon ausgegangen, daß sich die Masse des polnischen Volkes nicht gegen seine germanisierende Sprachen- und Schulpolitik zur Wehr setzen würde. Er sah in den einfachen Polen hauptsächlich die tapferen und loyalen Soldaten, die sich 1870/71 während des deutsch-französischen Krieges in der preußischen Armee bewährt hatten, und glaubte demzufolge, sie ohne große Schwierigkeiten zu deutschen Staatsbürgern erziehen zu können. In dieser Einschätzung der polnischen Bauern und Landarbeiter trat damals die grundsätzliche Fehleinschätzung und Arroganz der ostelbischen „Herren" gegenüber den „untertänigen" Polen zutage.

Als eigentliche Feinde des Deutschen Reiches betrachtete Bismarck die polnische Geistlichkeit und den polnischen Adel, die er beide für den Protest gegen die Eingliederung Posens und Westpreußens in das Deutsche Reich und die hartnäckige Aufsässigkeit der polnischen Bevölkerung verantwortlich machte. Daher war seine ganze Politik darauf ausgerichtet, den geistigen und politischen Einfluß des polnischen Klerus und des Adels auf die einfache Bevölkerung auszuschalten.

Durch Erlaß des preußischen Schulaufsichtsgesetzes von 1872, das in allen Volks-, Mittel- und Oberschulen Posens und Westpreußens Gültigkeit haben sollte, wurde Zehntausenden von nur polnisch sprechenden Schülern Deutsch als Unterrichtssprache (bis auf den Religionsunterricht) verordnet.

Dieses Gesetz trug gewiß nicht dazu bei, der deutschen Kultur und Sprache in Polen Sympathie zu verschaffen. Ebenso unpopulär und ungeschickt war das preußische Geschäftssprachegesetz von 1876, das Deutsch zur offiziellen Verwaltungssprache erhob. Die polnische Bevölkerung fühlte sich zu Staatsangehörigen zweiter Klasse degradiert. Ein großer Teil konnte sich nur schlecht verständigen oder brauchte gar einen Übersetzer. Die Folge dieser Maßnahmen war ein Stimmungsumschwung, von dem jetzt auch die unteren Schichten der polnischen Bevölkerung erfaßt wurden, in denen die polnische nationalpolitische Agitation bisher wenig Erfolg gehabt hatte. Die polnischen bürgerlichen Bildungsvereine verstärkten ihre Aktivitäten, um ihre polnischen Landsleute der preußisch-deutschen Kulturfürsorge zu entziehen.

Unter der Parole von der „organischen Arbeit" bildeten sich polnische Bauernorganisationen und gewerbliche Genossenschaften, um den entsprechenden bereits bestehenden preußisch-deutschen Einrichtungen auch auf wirtschaftlichem Gebiet eigene Organisationen entgegenzusetzen. Im Rahmen des allgemeinen wirtschaftlichen und sozialen Aufschwungs der siebziger Jahre des neunzehnten Jahrhunderts bildete sich nun auch in der polnischen Bevölkerung Posens und Westpreußens ein selbstbewußtes Bürger- und Bauerntum heraus. In Abwehr der Germanisierungsbestrebungen emanzipierte es sich sehr viel schneller als es unter normalen Umständen hätte geschehen können.

Die deutsche Regierung erkannte schließlich die Aussichtslosigkeit einer Assimilierung der Polen. Doch angesichts des Anwachsens der polnischen Bevölkerung bei gleichzeitiger Abnahme des deutschen Bevölkerungsanteils, der in den preußischen Ostprovinzen zu verzeichnen war, verschärfte sie noch einmal ihre Polenpolitik. 1885 wurde eine Massenausweisung der Polen angeordnet, die seit Jahren und Jahrzehnten in Preußen wohnten, ohne bis dahin preußische Staatsbürger geworden zu sein. Ein Jahr später wurde das Ansiedlungsgesetz verabschiedet, um das polnische Übergewicht weiter einzuschränken. Die preußische Regierung stellte Deutschen einen Fonds von einhundert Millionen Mark für den Ankauf von Grundbesitz in Posen und Westpreußen zur Verfügung, der im Laufe der Jahre auf fünfhundert Millionen erhöht wurde. In der deutschen Geschichtsschreibung des 19. Jahrhunderts wurde diese Maßnahme als primär defensiv „gegen das Vordringen der durch Sprache und Sitte dem preußischen

Staatsleben entfremdeten polnischen Nationalität“ interpretiert. Auf polnischer Seite sah man das anders und setzte dieser preußisch-deutschen Aktion eine polnische Reaktion entgegen. Als Gegengewicht zum preußischen Millionen-Fond wurden im selben Jahr in Posen die „Verbandsbank“ der polnischen Genossenschaften (Bank Zwiazku) und die „Landbank“ (Bank Ziemski) gegründet. Von polnischen Gutsbesitzern, die ihren Besitz verkaufen wollten, wurde erwartet, daß sie den polnischen Banken das Vorkaufsrecht einräumten.

So bewirkten alle repressiven Maßnahmen der preußischen Regierung das genaue Gegenteil von dem, was beabsichtigt gewesen war. Die preußische Politik hatte die Heranbildung einer politisch immer bewußter werdenden polnischen Gesellschaft zur Folge.

Aber auch nach Bismarcks Entlassung am 18. 3. 1890 wurde in Preußen die politische Zielsetzung gegenüber Polen hartnäckig und uneinsichtig weiterbetrieben. Sie wurde jetzt nur nicht mehr mit dem Wort „Assimilierung“, sondern als „Eindämmung und Zurückdrängung“ des polnischen Elements umschrieben. Die weitere Verschärfung der Polenpolitik, die nach der Jahrhundertwende einsetzte, machte die Sinnlosigkeit deutlich, unter der die deutsche Politik damals litt. Sie versuchte zu verwirklichen, was den realen sozialen und den bevölkerungspolitischen Tatsachen in keiner Weise entsprach. Mit dem Verbot der polnischen Sprache auch im Religionsunterricht (1900), dem Enteignungsgesetz (1908), das nun auch die behördliche Enteignung polnischen Grundbesitzes vorsah, und dem Verbot der polnischen Sprache auf Versammlungen (1908) wurde der Nationalitätenkampf auf die Spitze getrieben. Der deutsche Druck erzeugte automatisch polnischen Gegendruck und Abwehrmaßnahmen. Schon zweifelten zu jener Zeit auch manche deutsche Politiker an dem Erfolg der realitätsfremden deutschen Polenpolitik, die Regierung jedenfalls war in so starkem Maße der deutschnationalen Meinungsmache ausgesetzt, daß sie sich bei ihren Entscheidungen zunehmend von dieser beeinflussen ließ. Als in der

Öffentlichkeit bekannt wurde, daß sich in den preußischen Ostprovinzen das Schwergewicht zugunsten des polnischen Elements zu verschieben begann und im Zuge der Industrialisierung Zehntausende von Polen ins Ruhrgebiet gekommen waren, gewann die deutsche Volkstumsideologie schließlich noch mehr an Raum. Es entstanden Vereine, in denen eindeutig die Höherwertigkeit der deutschen Kultur und ein deutsches imperialistisches Selbstverständnis propagiert wurden. In all diesen Vereinen waren deutsche Historiker tätig, die die These von der Höherwertigkeit deutscher Kultur zu beweisen und die deutschen Forderungen an Polen zu rechtfertigen versuchten. Es entstanden neue Wissenschaftszweige, wie zum Beispiel die Deutsche Volkskunde, mit dem Ziel altes germanisches Brauchtum zu entdecken und wiederzubeleben. In diesem Zusammenhang wurde die Theorie vom deutschen Kultur- und Volksboden entwickelt, der durch „völkische Schutzarbeit" gesichert werden müsse.

Entsprechende „völkische" Grundsätze wurden auch vom Alldeutschen Verband vertreten, der sich 1891 aus Protest gegen den Tausch von Sansibar gegen Helgoland etabliert hatte. Sein Einfluß auf die öffentliche Meinung war außerordentlich groß. Mehr als ein Drittel der Ortsvorsitzenden arbeitete als Multiplikatoren, das heißt als Lehrer und Professoren. Bis 1914 gehörten dem Verband insgesamt sechzig Reichstagsabgeordnete und auch Mitglieder des Preußischen Landtages an.

Schon in den ersten Appellen, die der Alldeutsche Verband an das Parlament richtete und in der Presse veröffentlichen ließ, wurde eine konsequente Germanisierung der preußischen Ostprovinzen gefordert. Bereits drei Jahre nach seiner Gründung war auf direkte Anregung Bismarcks der „Deutsche Ostmarkenverein zur Förderung des Deutschtums in den Ostmarken" entstanden (1894), dem bald der größte Teil aller deutschen Beamten in Posen und Westpreußen angehörte. Derartige Initiativen provozierten den Nationalitätenkampf, und sie verschärften ihn da, wo er bereits im Gange war.

Als durch die Wirtschaftskrise von 1900 bis 1903 im Deutschen Reich eine Auswanderungswelle ausgelöst wurde, entstand in der deutschnationalen Öffentlichkeit große Aufregung. Die Auswanderung deutscher Menschen wurde als Verlust an Volkssubstanz bezeichnet, und die Meinung, daß Deutschland zu eng geworden sei, verbreitete sich. Man forderte Raum und Boden, wo Deutsche ihre Herkunft und ihre höherwertige Kultur bewahren könnten, statt mit ihren „Leistungen zum Gewinn fremder Nationen" beitragen zu müssen. Der Gedanke vom „Volk ohne Raum", den Hans Grimm in seinem Buch 1926 propagierte, war geboren.

Der Irrationalismus war zum bestimmenden Element deutscher bürgerlicher Auffassung von der Gesellschaft geworden. 1895 hatte der Soziologe Max Weber die Gründung des Deutschen Reiches als „Jugendstreich" bezeichnet, den die Nation „auf ihre alten Tage beging und seiner Kostspieligkeit halber besser unterlassen" hätte. Diese Reichsgründung sollte Ausgangspunkt einer deutschen Weltmachtpolitik werden und eine Neuaufteilung der Welt erzwingen.

## Krieg der Nationen

Als der Erste Weltkrieg begann, ausgelöst durch das Attentat serbischer Nationalisten auf den österreichischen Thronfolger Erzherzog Franz Ferdinand am 28. Juni 1914, war man sich in Deutschland und in Polen sowie in den anderen nach Unabhängigkeit strebenden Völkern Osteuropas über den Charakter dieses Krieges als eines „deutsch-slawischen Entscheidungskampfes" einig.

Heute weiß man, daß zu Beginn des Ersten Weltkrieges auf deutscher Seite Pläne erörtert wurden, die eine Machtausweitung bis nach Rußland hinein vorsahen. Rußland hätte einen Sicherheitsgrenzstreifen abtreten sollen, aus dem die Slawen evakuiert und in dem Deutsche angesiedelt werden sollten. Ein Konzept, das 25 Jahre später von Hitler tatkräftig in Angriff genommen wurde.

Die Polenproklamation des deutschen und österreichischen Kaisers vom 5. November 1916 dagegen, in der von einer konstitutionellen polnischen Erbmonarchie die Rede war, ging von der immer offensichtlicher werdenden militärischen Schwäche Deutschlands und Österreichs aus. Sie enthielt zwar keine Hinweise auf die Grenzen des künftigen Königreichs, sah aber die Bildung einer polnischen Armee vor. Wenige Tage später riefen beide Mächte die Polen zum Eintritt in das neu zu bildende polnische Heer auf – allerdings ohne Erfolg. Die deutsch-österreichische Taktik war zu leicht durchschaubar, und die Polen gingen davon aus, daß letztlich weder Deutschland noch Österreich ihren Anteil am polnischen Territorium abtreten würden. Tatsächlich hatte man in Deutschland auch mehr an einen, an das Deutsche Reich gebundenen polnischen Rumpfstaat, gebildet aus dem russischen Teil Kongreßpolens, gedacht.

Als einer der Verlierer des Ersten Weltkrieges mußte Deutschland später eine Neuordnung Osteuropas hinnehmen, die nach den Zweckmäßigkeitserwägungen französischer Politiker vollzogen wurde und hauptsächlich das Ziel verfolgte, deutschen imperialistischen Ambitionen vorzubeugen. Diese Tatsache sollte von Anfang an das Verhältnis Deutschlands zu den neu entstandenen osteuropäischen Staaten, besonders zu Polen, belasten.

Während der Pariser Friedensverhandlungen 1918 war es Polen gelungen, neben den ethnischen auch historische Ansprüche durchzusetzen, so daß an allen seinen Grenzen Nationalitätenkonflikte vorprogrammiert waren. Im Versailler Vertrag wurde Polen Posen und Pommerellen sowie ein Zugang zur Ostsee, der „Polnische Korridor" westlich von Danzig, der nun Freien Stadt, zugesprochen, außerdem kleinere Gebiete in Mittelschlesien. Der neuentstandene polnische Staat umfaßte damit ein Gebiet von fast 388 600 Quadratkilometer mit einer eindeutig polnischen Bevölkerungsmehrheit, aber auch mit einer über eine Million zählenden deutschen Minderheit. Im Lodzer Industriezentrum lebten rund 70 000 Deutsche, in Warschau 10 000. Probleme ergaben sich durch die Bevölkerungszusammensetzung in Ostpreußen und Oberschlesien, wo in bezug auf den polnischen Bevölkerungsanteil ein rückläufiger Trend zu verzeichnen war. Die im Versailler Vertrag enthaltene Bestimmung, in den umstrittenen Gebieten Ostpreußens und Oberschlesiens Abstimmungen durchzuführen, heizten polnische und deutsche Gemüter zusätzlich an. Am 11. Juli 1920 wurde in den von Polen beanspruchten ostpreußischen Gebieten Allenstein und Marienwerder eine Volksabstimmung durchgeführt, in der sich eine überwältigende Mehrheit der Bevölkerung für den Verbleib bei Deutschland aussprach. Während des 19. Jahrhunderts war die polnische Minderheit in Ostpreußen von zwanzig auf zehn Prozent zusammengeschrumpft. Besonders problematisch war die Situation in Oberschlesien. Hier kam es zu Grenzkämpfen von wechselnder Heftigkeit und zu zwei polnischen Aufständen, die eine Abstimmung verhindern sollten. Als im März 1921 dennoch abgestimmt wurde, sprachen sich sechzig Prozent der Befragten für Deutschland aus. Nach einem dritten polnischen Aufstand wurde Oberschlesien dann allerdings geteilt. Die Gebiete, in denen die Polen eine schwache Mehrheit erzielt hatten, und die gerade die wirtschaftlich wertvollsten Gebiete waren, wurden in den polnischen Staat integriert. Die Enttäuschung und Verbitterung auf deutscher Seite war groß, und in der Folgezeit belasteten dann auch die Auseinandersetzungen um Oberschlesien das deutsch-polnische Verhältnis ganz beträchtlich. Das Gefühl, im Zusammenhang mit der Gründung eines neuen polnischen Staates unzumutbare Einbußen erlitten zu haben, war bei der deutschen Nation, die mit so weitgesteckten Zielen in den Ersten Weltkrieg gegangen war, besonders stark.

Die Idee des Nationalstaates, die große Lösung des 19. Jahrhunderts, unter der auch die polnische Republik geschaffen worden war, konnte nirgends befriedigend verwirklicht werden. Der souveräne Nationalstaat, nach dem alle Völker strebten, erwies sich als politische Fiktion. Er konnte nur um den Preis verwirklicht werden, daß der Staat dem gesamten inneren Gefüge der Nation einen nationalistischen Stempel aufdrückte.

Die Notwendigkeit, gerade im östlichen Europa zu einer Kompromißlösung zu kommen, war zwar zwingend, aber sie scheiterte letztlich an der wahnwitzigen Verblendung, die die nationalistische Idee in den bürgerlichen Schichten der Völker bewirkt hatte. Besonders in Deutschland weigerte man sich, die Realität anzuerkennen und ein positives Verhältnis zu Polen aufzubauen. In der deutschnationalen Publizistik galt die Auseinandersetzung mit Polen als „politische Lebensfrage ersten Ranges“, man sah in der polnischen Republik den „verabscheuungswürdigen Gegner Deutschlands“, hochgekommen durch den Versailler Vertrag. Deutsche Professoren und Historiker, die seit Anfang des 19. Jahrhunderts die geistigen und politischen Führer des deutschen Bürgertums waren, gaben bei der Formulierung von Begründungen für deutsche Ansprüche den Ton an. Nie wurden sie müde, auf die deutschen Siedlungs- und Kulturleistungen hinzuweisen und festzustellen, daß das Deutschtum in Posen und Westpreußen älter sei, als „die polnische Episode“. Für sie blieben die polnischen Westmarken und ehemaligen deutschen Ostmarken, „getränkt mit deutschem Blut“, ein „unverlierbarer Teil der germanisch-deutschen Geschichte“.

Mit der gleichen Methode arbeitete auch ein großer Teil der polnischen Historiker der Zwischenkriegszeit, um ihrerseits eine Legitimierung des polnischen Staates aus der Geschichte abzuleiten. Der polnische Westmarkenverein formulierte gewagte Thesen, zum Beispiel vom „deutschen Raub Danzigs“ und dem „Blutbad an zehntausend Polen durch die Ordensritter“. Derartige Thesen fanden sofort in deutschen Repliken ihren Niederschlag.

In der deutschnationalen Publizistik wurde den Polen eine gezielte „Entdeutschungspolitik“, als Vergeltung preußischer Germanisierungsbestrebungen in der Zeit davor, vorgeworfen. Die angebliche Bedrohung des Deutschtums durch die Polen bezeichnete man mit dem Schlagwort vom „polnischen Drang nach Westen". Das polnische Volk dränge über die Grenzen und ströme in die entvölkerten Gebiete des deutschen Ostens ein, hieß es immer wieder.

Die Tatsache, daß gegen die Polen, die sich im Versailler Vertrag zum Schutz der Minderheiten verpflichtet hatten, ein langer Katalog von Klagen vorlag, rechtfertigte in den Augen der deutschen Öffentlichkeit die von deutscher Seite betriebene nationalistische Propaganda. Die Klagen richteten sich gegen die Behandlung der Deutschen bei der Agrarreform, die Diskriminierung durch das Grenzzonengesetz, die assimilatorische Schulpolitik sowie die Arbeitslosigkeit, von der die deutsche Bevölkerung besonders betroffen war, und die kulturelle Bevormundung. Die Klagen betrafen sicherlich Rückwirkungen der früheren deutschen Germanisierungsversuche; aber die späten Reaktionen polnischer Nationalisten schadeten dem Ansehen Polens und bedeuteten Wasser auf die Mühlen der deutschen Nationalisten.

Gegen die empfundene Bedrohung durch den polnischen Staat und seinen „Drang nach Westen" wurden deutscherseits „Schutzkonzepte" entwickelt, die gedanklich an Weltmachtträume der Vorkriegszeit anknüpften. Die Diskussion um ein Mitteleuropa unter deutscher Führung ging in extremistischen Kreisen so weit, die Deutschen als ein von Gott auserwähltes Volk zu bezeichnen. Die deutschen Herrenmenschen, die sich vom „degenerierten" romanischen und „unterentwickelten" slawischen Menschenschlag so positiv abzuheben glaubten, waren besonders von ihrer Höherwertigkeit gegenüber den zur Staatsführung unfähigen, unterwürfigen, demütigen und passiven Slawen überzeugt.

Daß diesen Gedankengebäuden auch ein Kompensationsbedürfnis für den im Ersten Weltkrieg erfahrenen Machtverlust zugrunde lag, zeigte sich, als nach der Machtergreifung Hitlers der Tenor der Auseinandersetzungen in der deutschnationalen Presse merklich an Schärfe verlor. In der Person Hitlers schien die lang herbeigesehnte Führerfigur, unter der das deutsche Volk die Weltherrschaft erringen sollte, Wirklichkeit zu werden. Die deutschnationalen Stimmen der Zwischenkriegszeit sind sicher nicht repräsentativ für die politische Meinungsvielfalt in Deutschland während der Weimarer Republik, aber für das deutsch-polnische Verhältnis damals waren sie entscheidend.

Als Hitler am 30. Januar 1933 die Macht übernahm, schien sich das Verhältnis zu Polen zu bessern, ohne daß sich dabei eine Bewußtseinsveränderung innerhalb der konservativen und national denkenden Bevölkerung vollzog. Im Januar 1934 schloß Hitler mit dem polnischen Marschall Jozef Pilsudski einen auf zehn Jahre befristeten Nichtangriffspakt.

Pilsudski sah den gefährlicheren Feind des polnischen Staates im Osten, in der jungen Sowjetunion, gegen die er Mitte 1920, nach kriegerischen Auseinandersetzungen um die polnische Ostgrenze, einen überzeugenden Sieg errungen hatte, den die Polen als „das Wunder an der Weichsel" bezeichneten.

Führende deutsche Kreise hatten zwar Bedenken gegen das Abkommen mit Polen erhoben, aus der Befürchtung heraus, mit dem Abkommen auf deutsche Ansprüche zu verzichten. Doch Hitler wollte sich vorerst eine Rückendeckung durch ein neutrales Polen schaffen, um andere Pläne verwirklichen zu können.

Für Polen bedeutete der Nichtangriffspakt Anerkennung als gleichberechtigter Partner Deutschlands und bisher versagte Garantie der polnischen Westgrenze. Pilsudski und andere führende polnische Politiker sahen in Hitler nicht den Autor des Buches „Mein Kampf" und einen Aggressor, sondern den Österreicher. Da Österreich die liberalste der drei Teilungsmächte gewesen war und es in Galizien nie zu solchen Auseinandersetzungen gekommen war wie in Preußen, erlagen die Polen dem Irrtum, daß der Österreicher Hitler eher mäßigend auf seine preußische Umgebung und ihre „antipolnische Wut" einwirken könne. Von dieser Vorstellung gefangen hofften sie, daß der Anschluß

Österreichs an Deutschland für Polen positive Folgen haben könne. Ein um das katholische Österreich vergrößertes Deutschland erschien ihnen weniger preußisch und dadurch weniger anti-polnisch.

Als am 13. März 1938 der Anschluß Österreichs an das Deutsche Reich vollzogen wurde, lag das also noch im „polnischen Interesse". Erst als die Nationalsozialisten die Tschechoslowakei besetzten, wurde den Polen klar, daß Hitler daran ging, sein Konzept vom deutschen Lebensraum im Osten in die Tat umzusetzen. Hitler zeigte sich jetzt entschlossen, den lang gehegten Traum deutscher Nationalisten zu verwirklichen und die deutschen Grenzen auf Kosten Rußlands und der neu gegründeten Staaten Osteuropas nach Osten zu verschieben. Mit diffusen Argumenten bemühte er sich um die Rechtfertigung seiner größenwahnsinnigen Politik. In Rußland sei der „germanische Kern" der oberen Schichten restlos ausgerottet, an seiner Stelle regiere jetzt der Jude. Und die Russen seien nicht in der Lage, das jüdische Joch abzuschütteln. Aber auch den Juden sei es auf Dauer unmöglich, das riesige russische Reich zu beherrschen. Die Deutschen seien deshalb vom Schicksal dazu ausersehen, für eine entsprechende Neuordnung zu sorgen.

Diese Ideen waren keineswegs originell. Die konservative und nationalistische Presse hatte schon in der Weimarer Zeit die These vom „jüdischen Geist der Sowjetunion", diesem „künstlichen Regime auf Kosten des russischen Bauernvolkes" vertreten.

## Das Jahr 1939 und seine Folgen

Hitlers Angebot im Frühjahr 1939, die polnischen Westgrenzen weiterhin zu garantieren, wenn Polen den Anschluß Danzigs an das Deutsche Reich und der Einrichtung einer exterritorialen Straßen- und Eisenbahnverbindung zwischen Ostpreußen und dem Deutschen Reich zustimme, lehnte Polen angesichts der inzwischen vorgenommenen Liquidation der Rest-Tschechoslowakei durch Deutschland im März 1939 ab. Polen wollte kein Satellit des Deutschen Reiches werden, was der Vorschlag Hitlers im Endeffekt bewirkt hätte. Daraufhin kündigte Hitler den Nichtangriffspakt und schloß dafür im August 1939 ein entsprechendes Abkommen mit Stalin. Nun war die Bahn frei für den deutschen Angriff auf den polnischen Staat und für die Unterwerfung der polnischen Nation.

Indirekt hatte sich Hitlers Polenpolitik damals auch gegen die eigenen Landsleute, die deutschen Volksgruppen in Polen, gerichtet, die von Hitler, und vor ihm schon von den Deutschnationalen, als Instrumente der nationalistischen Propaganda benutzt worden waren. Die Haltung der Polen ihnen gegenüber war in letzter Zeit immer nervöser und feindseliger geworden. Im Sommer 1939 kam es zu offenen Verfolgungen, und mit Kriegsausbruch im September 1939 richtete sich dann der ganze Haß der Polen gegen die Deutschen im Land, die nach polnischer Ansicht in die nationalsozialistische Polenpolitik verstrickt waren. Am „Bromberger Blutsonntag" und in den Tagen danach wurden tausende Deutsche ermordet. Hitler nutzte dieses Ereignis sogleich für seine Propaganda und veranstaltete Zahlenspiele: Aus Tausenden wurden 58 000 getötete Deutsche. Eine Rechtfertigung für die spätere Verfolgung der Polen durch die Deutschen haben die Vorgänge von Bromberg keinesfalls abgeben können. Nur achtzehn Tage dauerte der erste deutsche Blitzkrieg, dann war Polen militärisch und politisch ausgelöscht. Die Nationalsozialisten gingen gleich darauf zielbewußt ans Werk, um für die gedachten hundert Millionen germanischen Menschen einen „Siedlungsraum" zu erschließen. Polen wurde in zwei annähernd gleich große Teile aufgeteilt. Der westliche mit etwa 90 000 Quadratkilometern Bodenfläche und rund zehn Millionen Einwohnern (davon achtzig Prozent Polen) wurde dem Deutschen Reich angegliedert. Der östliche Teil wurde zum Generalgouvernement Polen unter deutscher Besatzung erklärt. Mit unerbittlicher Konsequenz wurde danach die Germanisierung der eroberten Gebiete betrieben, was vor allem die physische Dezimierung der polnischen Intelligenz, der katholischen Geistlichen und der Juden bedeutete. Zunächst sollten erst einmal die Voraussetzungen geschaffen werden, unter denen die Nationalsozialisten angetreten waren, ihren Lebensraum zu erobern: analphabetische Arbeitssklaven, denen eine germanische Herrenschicht Befehle erteilt. Schwer zu assimilierende Polen wurden aus den „wiedereingegliederten deutschen Ostgebieten“ in das Generalgouvernement vertrieben. Etwa 750 000 Polen sind auf diese Weise in den östlichen Teil Polens umgesiedelt worden.

Später, im weiteren Verlauf des Krieges, als im Reich die Arbeitskräfte rar wurden, deportierte man über eine Million Polen in umgekehrter Richtung als Zivilarbeiter nach Deutschland. Und in dem Maße schließlich, in dem die militärischen Verluste der Deutschen Wehrmacht zunahmen, an der Ostfront immer mehr Soldaten umkamen, veranstalteten die Nationalsozialisten eine dritte Aktion, um „germanische Lebensinteressen“ zu sichern: „Rassisch geeignete“ Polen wurden kurzerhand dem deutschen Volk zugeordnet. Im Zuge dieser Maßnahme wurden unzählige polnische Kinder von ihren Familien getrennt und nach Deutschland verschleppt.

Daß Hitler seinen Wahnsinnsplan, die vollständige Ausrottung der Juden und die Dezimierung des polnischen Volkes, nicht gänzlich durchführen konnte, ist auf die Dauer und den Verlauf des Krieges sowie auf den Widerstand der unterdrückten Völker zurückzuführen. Am 8. Mai 1945, mit der Kapitulation des Dritten Reiches, war der Spuk vorbei. Die Trümmer, die der Krieg in ganz Europa zurückließ, waren bittere Realität.

## Westblock gegen Ostblock

Nach dem Zweiten Weltkrieg stritten nicht mehr Völker um ihren Einflußbereich in Europa, sondern zwei miteinander konkurrierende gesellschaftspolitische Systeme. Die Trennungslinie zwischen gegensätzlichen Interessen verlief jetzt nicht mehr durch Polen, sondern mitten durch Deutschland. Die Elbe trennte nun als Grenze die kapitalistischen von den sozialistischen Staaten Europas. Jetzt dachte man weniger in den Kategorien von Nationen, sondern unterschied den „Westen“ vom „Ostblock“.

Die deutsch-polnischen Beziehungen speziell gewannen nach dem Krieg eine völlig neue Qualität durch die Entstehung der Deutschen Demokratischen Republik, für die sich als sozialistischem Bruderstaat Polens ganz andere Möglichkeiten der Beziehungen zur neuen Volksrepublik Polen eröffneten als für die Bundesrepublik Deutschland. Die DDR erkannte bereits 1950 im „Görlitzer Vertrag“ die neue polnische Westgrenze an, und Polen registrierte beruhigt, daß die Staatsführung der DDR von ihren Bürgern eine Abkehr von den bürgerlichen Traditionen verlangte und alles verdammte, was zu der Legende vom „deutschen Herrenmenschen“ geführt hatte. Der Friedensvertrag zwischen der Deutschen Demokratischen Republik und der Volksrepublik Polen bedeutete aber noch keine internationale Anerkennung der Oder-Neiße Grenze, da die Bundesrepublik Deutschland als offizieller Nachfolger des Deutschen Reiches gilt.

Während im Polen der Nachkriegszeit zunächst noch die Schrecken des Nationalsozialismus nachwirkten, stand die Bundesrepublik damals unter dem Schock des Zusammenbruchs eines verlorenen Krieges und vor allem der Teilung Deutschlands. Die Deutschen, die ausgezogen waren, die osteuropäischen Völker zu unterwerfen, mußten nun zusehen, wie sie mit der größten Bevölkerungsumstrukturierung der Neuzeit, mit den Flüchtlingen und Vertriebenen aus den ehemaligen Ostgebieten, zurechtkamen. 1939 hatten weit über elf Millionen Deutsche jenseits der Oder-Neiße-Linie gelebt, von denen der größte Teil 1944–45 flüchtete oder vertrieben wurde. Millionen kamen dabei um, andere wurden später ausgewiesen. Die Herrschaft des Nationalsozialismus mußten alle büßen, die als deutsch galten. Hinzu kam bei den Deutschen die Verunsicherung durch den Umerziehungsprozeß, der aus einem Volk, das sich noch kurz zuvor allen anderen überlegen glaubte, gute Demokraten im Sinne der westlichen Alliierten machen sollte.

In der Phase der Westintegration der Bundesrepublik, die parallel zur Eingliederung Polens in das sozialistische Lager lief, war ihr Verhältnis zu Osteuropa und damit zu Polen ambivalent, wenn nicht negativ. Die Zeit bis zum Abschluß des Warschauer Vertrages von 1970 war von einer unguten Nachbarschaft gekennzeichnet, von gegenseitigen Ansprüchen und Verdächtigungen.

Die Polen konnten die Zeit des Nationalsozialismus anfangs um so weniger vergessen, je mehr die Deutschen in der Bundesrepublik die Weltgeschichte erst mit der deutschen Katastrophe von 1945 beginnen lassen wollten.

In der Nachkriegszeit beherrschte jedoch hauptsächlich das Problem der Wiedervereinigung Deutschlands Denken und Handeln westdeutscher Politiker. Von ihr wurde auch die Anerkennung der Oder-Neiße-Grenze abhängig gemacht. Die Wiedervereinigung Deutschlands in „Frieden und Freiheit" nach westlichen Vorstellungen war für die politische Führung Westdeutschlands die conditio sine qua non für jede de jure-Entscheidung über die deutsch-polnische Grenzfrage. In der Bundesrepublik berief man sich darauf, daß die Oder-Neiße-Grenze völkerrechtlich nicht als Staatsgrenze gelten könne, da die ehemaligen Ostgebiete nur „unter polnische Verwaltung" gestellt worden waren und eine endgültige Regelung auf einer Friedenskonferenz herbeigeführt werden sollte. Es war die Phase des „kalten Krieges", in der eine Annäherungspolitik als „Vorleistung", die nur künftige Verhandlungspositionen schwächen würde, abgelehnt wurde. Bundeskanzler Adenauer hatte ja jahrelang gehofft, durch eine Politik der Stärke die deutsche Wiedervereinigung unter westlichen Vorzeichen erzwingen zu können. „Dreigeteilt niemals“ war die Devise der fünfziger Jahre. 1955 hatte die Volksrepublik Polen zwar ihre Bereitschaft, diplomatische Beziehungen zur Bundesrepublik aufzunehmen, signalisiert, und in der gleichen Zeit gaben auch die westlichen Verbündeten Adenauer zu verstehen, daß die Bundesrepublik in der Grenzfrage mehr Bereitschaft zu Zugeständnissen zeigen solle. Die Bonner Regierung lehnte jedoch sowohl das polnische Angebot als auch die Empfehlungen der westlichen Verbündeten ab, da sie befürchtete, mit der Aufnahme diplomatischer Beziehungen zu Polen ihre Position in der Deutschlandfrage zu schwächen. Außerdem war Adenauer von der politischen Wirksamkeit diplomatischer Beziehungen nicht überzeugt. Er vertrat die Ansicht, ein Bonner Botschafter könne in einem „Satellitenstaat“ wie Polen höchstens die Rolle eines Beobachters spielen. Zweifellos wurde die Position der Bundesregierung in dieser Frage damals von der ablehnenden Haltung und dem Druck der deutschen Vertriebenenverbände entscheidend beeinflußt.

Der Bund der Vertriebenen (BdV) hatte im Januar 1958 in einer Denkschrift seine grundsätzlichen Bedenken gegen die Aufnahme diplomatischer Beziehungen zu Polen niedergelegt und vor einer politischen Richtungsänderung, die zum „Verzicht auf die deutschen Ostgebiete“ führen würde, gewarnt. Das Wort „Verzichtspolitiker“ drohte jedem entgegengeworfen zu werden, der sich für eine illusionslose deutsche Ostpolitik einsetzte und auf die Notwendigkeit einer Annäherung hinwies. Der BdV argumentierte mit dem „Recht auf Heimat“, das er auch auf die Kinder und Enkel der Flüchtlinge und Vertriebenen übertragen wollte. Problematisch war diese Argumentation nicht zuletzt deshalb, weil dieses „Recht auf Heimat“ auch für die Polen hätte gelten müssen, die nach dem Kriege aus den ehemals polnischen Ostgebieten, die nun zur Sowjetunion gehören, in die ehemaligen deutschen Ostgebiete umgesiedelt worden waren und da nun eine neue Heimat gefunden hatten.

Aufgrund der verhärteten politischen Positionen und der mangelnden Kommunikation konnte das gegenseitige Mißtrauen vorerst nicht abgebaut werden, das sich in einem gegenseitigen Bedrohungssyndrom äußerte.

Waren in der deutschen Öffentlichkeit die Vorstellungen über die neu entstandene Volksrepublik Polen zu jener Zeit wenig konkret, so sahen die Polen mit kritischem Blick auf den deutschen Staat jenseits der Elbe und verzeichneten sorgfältig Aktivitäten oder Äußerungen, die sich – tatsächlich oder scheinbar – gegen sie richteten. Ihr Denken war bestimmt von der Erinnerung an die fünfjährige Okkupation durch den nationalsozialistischen deutschen Staat und dem Verlust von über sechs Millionen Polen. Argwöhnisch beobachtete man in Polen, ob und wie die sogenannte Umerziehung und Demokratisierung der Deutschen in der Bundesrepublik Fortschritte machte. Die Polen kritisierten die Art und Weise, in der die Auseinandersetzung um Entnazifizierung, Entkartellisierung, Entmilitarisierung und Wiedergutmachung geführt sowie die strafrechtliche Verfolgung der Kriegsverbrecher vorangetrieben wurde. Die Aktionen der Landsmannschaftsverbände der Vertriebenen wurden mit besonderer Aufmerksamkeit verfolgt. Von der Argumentation mit Begriffen wie „Recht auf Heimat“, „Unrecht der Vertreibung“ und „Ausverkauf deutscher Interessen“ leiteten polnische Politiker und Publizisten ab, daß sich in der Bundesrepublik nichts an der traditionellen Einstellung gegenüber Polen geändert habe. Die von Adenauer vertretene Politik der Stärke wurde in Polen trotz aller Friedensbekundungen der Bundesregierung und der maßgeblichen politischen Parteien so verstanden, daß die Bundesrepublik mit Hilfe der Westintegration und des Wiederaufbaus einer militärischen Macht eine Grenzrevision im Osten anstrebe.

Anfang der sechziger Jahre kamen neue Impulse für eine Ostpolitik auf, als sich die Sowjetunion und die USA angesichts des Baues der Berliner Mauer (1961) und der Kuba-Krise (1962) bereitgefunden hatten, ihre beiderseitigen Interessensphären und den Status quo in Europa festzuschreiben. Die westlichen Verbündeten drängten die Bundesregierung nun zu einer Kursänderung, die, unter der Berücksichtigung der internationalen Machtkonstellation, auch bilaterale Verhandlungen möglich machte, um Konflikte zu entschärfen.

1961 beschloß der Deutsche Bundestag, die Beziehungen der Bundesrepublik zu den osteuropäischen Staaten „ohne Preisgabe lebenswichtiger Interessen der Nation" zu verbessern. Gerhard Schröder, der im November 1961 Außenminister geworden war, schwenkte auf den neuen Kurs ein, und Egon Bahr forderte in einer Rede „Wandel durch Annäherung" (Juli 1963). Die Einrichtung von Handelsmissionen in den sozialistischen Staaten Osteuropas (Polen 1963) leitete die ersten Kontaktaufnahmen ein.

Inzwischen begann sich in weiten Kreisen der Bundesrepublik Deutschland eine neue Einstellung zu den Nachbarn in Osteuropa abzuzeichnen. Im November 1961 formulierten führende evangelische Laien ein „Memorandum zur Innen- und Außenpolitik", in dem sie darauf hinwiesen, daß eine erfolgreiche Außenpolitik der Bundesrepublik nur dann möglich sei, wenn sich auch ihre Beziehungen zu den östlichen Nachbarn normalisierten. Die deutsche Position werde durch das Festhalten an Ansprüchen geschwächt, die auch die Westmächte nicht mehr aufrechterhielten. Sie forderten von der Bundesregierung, den Souveränitätsanspruch auf die Gebiete jenseits der Oder und Neiße aufzugeben.

Diese Denkschrift setzte ein Signal, obwohl sie vom Bund der Vertriebenen und dem Verband der ostdeutschen Landsmannschaften heftig angegriffen wurde. Deren Sprecher forderten, daß hinter ihrem Rücken keine Anerkennungspolitik betrieben werden dürfe, und brachten heftige und kontroverse politische Diskussionen in Gang. Mitte der sechziger Jahre veröffentlichten die „Evangelischen Kirchen Deutschlands" (EKD) eine Denkschrift, die wiederum einen starken Versöhnungswillen zum Ausdruck brachte und auf die Anerkennung der Oder-Neiße-Grenze drängte: Eine Wiederherstellung des alten deutschen Besitzstandes sei zwanzig Jahre nach Kriegsende unmöglich. Die ehemaligen Ostgebiete seien inzwischen erfolgreich in den polnischen Nachkriegsstaat eingegliedert (1965). Im März 1968 gaben katholische Laien das „Bensberger Memorandum" heraus, das in der gleichen Richtung argumentierte wie die evangelische Denkschrift. Nun stellten auch die Katholiken fest, daß der von der Bundesregierung angebotene Gewaltverzicht nur dann ernst genommen werden könne, wenn er auch „die Anerkennung der gegenwärtig bestehenden territorialen Verhältnisse zwischen Deutschland und Polen" beinhalte.

Neben den Initiativen der Kirche zeigten auch die Auseinandersetzungen, die in der Presse und den übrigen Medien geführt wurden, daß in der bundesdeutschen Gesellschaft der Wille zur Verständigung an Boden gewann.

Die Regierung der Großen Koalition unter dem Bundeskanzler Georg Kiesinger und dem Außenminister Willy Brandt griff diese Stimmung auf und unternahm Bemühungen um eine Annäherung der Standpunkte. Im April 1968 gab Willy Brandt die Bereitschaft der Bundesregierung zu erkennen, die polnische Westgrenze für einen bestimmten Zeitraum anzuerkennen – bis zum Abschluß eines endgültigen Friedensvertrages. Gleichzeitig wurde auch der Sowjetunion gegenüber die Bereitschaft zu einem Ausgleich zu erkennen gegeben. Diese neue Richtung in der Ostpolitik fand allerdings scharfe Gegner unter den Vertriebenenfunktionären, aber auch innerhalb der CDU und CSU. Diese Gegner einer neuen Ostpolitik vertraten weiterhin die Position, daß gegenüber den kommunistischen Systemen eine Politik der Härte angewandt werden müsse und deutsche Forderungen nicht preisgegeben werden dürften. Der Einmarsch der Warschauer-Pakt-Truppen in die CSSR nach dem „Prager Frühling" stärkte die Position der Annäherungsgegner.

Doch nach den Bundestagswahlen 1969 setzte die neue Regierung von SPD und FDP die Bemühungen um einen Normalisierungsprozeß nach Osten fort, und Polen kam dieser neuen Politik, die einen Wandel im deutsch-polnischen Verhältnis erreichen wollte, entgegen. Wladyslaw Gomulka entwickelte im Mai 1969, vor den Wahlen zum 5. Sejm, außenpolitische Vorstellungen, die jetzt auch für die Bundesrepublik annehmbar waren. Er schlug vor, die Beziehungen zwischen der Volksrepublik Polen und der Bundesrepublik Deutschland durch die Aufnahme diplomatischer Beziehungen zu normalisieren unter der Bedingung, daß die Bundesregierung die Oder-Neiße-Grenze garantiert. Gomulka bot insofern einen Kompromiß an, als er durchblicken ließ, daß bei einer deutsch-polnischen Vereinbarung die alliierten Hoheitsrechte über Gesamtdeutschland ausgeklammert werden könnten und er sich mit einer faktischen Anerkennung der Oder-Neiße-Grenze begnügen könnte. Der Meinungsaustausch zwischen der Bundesregierung und Polen vollzog sich in vier Etappen. Im November 1970 kam es dann zu den abschließenden Verhandlungen, bis am 7. Dezember 1970 der Warschauer Vertrag unterzeichnet wurde, der von Deutschen und Polen als entscheidender Wendepunkt ihrer politischen Beziehungen angesehen wird.

## Auf dem Weg der Annäherung

In der liberalen Öffentlichkeit der Bundesrepublik wurde der Vertragsabschluß euphorisch als „Akt der Normalisierung" gefeiert. Brandt bezeichnete das Abkommen als „Schlußstrich unter die Leiden und Opfer einer bösen Vergangenheit", bei dem „nichts preisgegeben wurde, was nicht schon längst verspielt" worden sei. Daß zwar eine große Mehrheit, nicht aber alle Bundesbürger hinter dem deutsch-polnischen Versuch einer Annäherung standen, zeigte sich an der öffentlichen Aufregung, die Willy Brandts Versöhnungsgeste hervorrief. In der rechten Presse wurde ihm verübelt, daß er in aller Öffentlichkeit in Warschau auf die Knie gesunken war, im Gedenken an die Millionen jüdischer Opfer der Naziherrschaft, aber auch zum Zeichen der Versöhnung zwischen Deutschen und Polen.

Die deutsche Reaktion auf Brandts Kniefall und die harten Diskussionen in der Bundesrepublik vor der Ratifizierung der Ostverträge (17. Mai 1972) nährte bei den Polen jedoch zunächst noch Skepsis in bezug auf eine Versöhnung zwischen der westdeutschen Republik und ihrem Land.

Rakowski mahnte, das Wort „Versöhnung" nicht abzunutzen: „Wir wollen es nicht zu häufig gebrauchen, damit es sich nicht abnutzt. Versöhnung heißt nicht Vergessen." Er empfahl, lieber von gutnachbarschaftlichen Beziehungen zu sprechen.

Zwischen 1969 und 1970 erschienen in Polen beachtenswerte Reportagen über die Bundesrepublik, die eine Absage an früher verwendete Propagandaklischees deutlich machten.

Das Interesse in der polnischen Öffentlichkeit, die Bundesrepublik so zu sehen, wie sie wirklich ist und nicht, wie man sie von Staats wegen zu sehen hat, war erwacht.

Zbigniew Herbert, der bekannte polnische Dichter, erklärte 1972 nach seiner Rückkehr aus der Bundesrepublik: „Die Deutschen gehören zu den wenigen europäischen Völkern, die sich, ähnlich wie wir Polen, dafür interessieren, wie sie von den anderen Völkern eingeschätzt werden... Diese besondere Mentalität, diese verschiedenen Komplexe der Polen und Deutschen erleichtern – so paradox das auch klingen mag – den Dialog."

Anfang der siebziger Jahre war der Weg dann frei für die Pflege gutnachbarschaftlicher Beziehungen, und der Weg wurde auch genutzt. Jeder politisch interessierte Zeitgenosse konnte eine Intensivierung der Wirtschaftsbeziehungen zwischen beiden Staaten registrieren. Die Gründung eines Polenkreises beim Ostausschuß der Deutschen Wirtschaft (1971) und seines Gegenstücks bei der Polnischen Außenhandelskammer machten das wechselseitige Interesse aneinander deutlich. Im November 1974 und im Oktober 1975 wurden langfristige Abkommen über die Entwicklung einer wirtschaftlichen, industriellen und technischen Zusammenarbeit geschlossen, die seitdem die Grundlage bilden für das Miteinander der zuständigen Fachleute aus den Wirtschaftsverbänden und den Unternehmen. Inzwischen ist die Bundesrepublik nach der Sowjetunion der größte und wichtigste Handelspartner Polens geworden.

Trotz in der Öffentlichkeit weiter fortbestehender Meinungsverschiedenheiten wurde Polen in der ersten Hälfte der siebziger Jahre so sehr in das bundesdeutsche Bewußtsein gerückt, wie man es sich in den fünfziger und sechziger Jahren nicht hatte vorstellen können. Deutsch-polnische Gesellschaften schossen in zahlreichen Städten der Bundesrepublik aus dem Boden, angeregt durch die kontroversen Diskussionen über die Vertragsratifizierung. Heute gibt es rund zwanzig dieser deutsch-polnischen Initiativen, die es sich zur Aufgabe gemacht haben, das öffentliche Interesse an Polen wachzuerhalten. Sie veranstalten Vortragsreihen und Ausstellungen über Polen und bemühen sich dem deutschen Publikum ein Bild von der polnischen Wirklichkeit zu vermitteln. Die der Evangelischen Kirche nahestehende „Aktion Sühnezeichen", die seit langem durch ihre praktische Arbeit in Israel, in Westeuropa und in den USA ihren Beitrag zur Bewältigung der deutschen Vergangenheit leistet, weitete ihr Programm inzwischen auch auf Polen aus. Seit Vertragsratifizierung fahren jeden Sommer Jugendliche im Rahmen der Aktion nach Polen, um in den Gedenkstätten Auschwitz, Majdanek und Stutthof zu arbeiten und auf diese Weise ihr Bemühen um Verständigung auch dort zu demonstrieren. Unabhängig vom Programm der „Aktion Sühnezeichen" begannen andere konfessionelle sowie gewerkschaftliche und parteinahe Jugendorganisationen Reisen nach Polen zu organisieren. Die Kontakte zwischen Deutschen und Polen nahmen während der siebziger Jahre in allen Bereichen zu. In zahlreichen Städten, Schulen, von Rundfunk- und Fernsehanstalten wurden „Polnische Tage" oder „Polnische Wochen" veranstaltet, und in Polen machte man mit ähnlichen Veranstaltungen – wenn auch nicht im gleichen Ausmaß – die dortige Bevölkerung mit der Bundesrepublik bekannt. 1974 fanden beispielsweise in Warschau die „Bremer Tage", 1977 in Danzig die „Hamburger Tage" statt. Polnische Tanz- und Theaterensembles traten in der Bundesrepublik auf, während Künstler der Bundesrepublik Gastspiele in Polen gaben. Inzwischen gehört die Teilnahme westdeutscher Künstler an internationalen Veranstaltungen in Polen schon zur Tradition, hauptsächlich an der Internationalen Plakatbiennale in Warschau und der Internationalen Graphikbiennale in Krakau. Umgekehrt sind polnische Graphik- und Plakatkunst und selbstverständlich der polnische Film in der Bundesrepublik zu Qualitätsbegriffen geworden.

Eine besondere Bedeutung kommt in der Bundesrepublik der polnischen Literatur zu. Schon vor der Vertragsratifizierung hatten sich polnische Prosa und Poesie einen festen Platz in der literarischen Diskussion Westdeutschlands erobert, zu einer Zeit, als deutsche Literatur in Polen noch überwiegend durch DDR-Autoren repräsentiert wurde. Später wurden in Polen Schriftsteller aus der Bundesrepublik übersetzt, die in die deutsche antifaschistische Tradition einzuordnen sind. Heinrich Böll war einer der ersten Autoren, der in Polen Interesse fand. Vier seiner Bücher liegen übersetzt vor. Rolf Hochhuths „Stellvertreter" wurde an Warschaus Theatern mit großem Erfolg aufgeführt. Auch die „Deutschstunde" von Siegfried Lenz erschien in polnischer Sprache; sie wurde aufgrund des Themas – moralische Konflikte von Menschen in der nationalsozialistischen Gesellschaft – in Polen heftig diskutiert. Das Verhältnis des offiziellen Polen zu Günter Grass war allerdings etwas gespalten. Sein Roman „Katz und Maus" wurde zwar übersetzt, „Die Blechtrommel" dagegen nur vom Untergrundverlag NOWA herausgegeben. Zum Reigen der beliebten deutschen beziehungsweise deutschsprachigen Autoren gehören darüber hinaus Thomas Mann, Anna Seghers, Bert Brecht, Heinrich Heine, Franz Kafka, Friedrich Dürrenmatt und Max Frisch. Ende 1974 erschien eine repräsentative Sammlung von Erzählungen und Kurztexten bundesrepublikanischer Autoren. Dennoch ist zweifellos die DDR-Literatur – aufgrund der Existenz eines großen DDR-Kulturzentrums in Warschau und aufgrund der Tatsache, daß beide Staaten zur sozialistischen Gemeinschaft gehören – in Polen weiter verbreitet als die Literatur der Bundesrepublik. In der zweiten Hälfte der siebziger Jahre allerdings ist in Polen eine steigende Nachfrage nach westdeutschen Fachbüchern der Bereiche Physik, Jura oder Informatik unter anderem zu verzeichnen gewesen.

Das in der Bundesrepublik existierende starke Interesse an polnischer Literatur hängt sicher auch mit der großen Zahl der aus dem Osten stammenden und daher an Polen interessierten Leser hier zusammen. Von Werken einiger polnischer Schriftsteller, so von Jerzy Andrzejewski, Kazimierz Brandys, Witold Gombrowicz, Zbigniew Herbert, Jaroslaw Iwaszkiewicz, Stanislaw Jerzy Lec, Stanislaw Lem, Tadeusz Rozewicz, um nur die bekanntesten zu nennen, sind inzwischen deutsche Übersetzungen in mehreren Auflagen und Ausgaben erschienen. Besonders beliebt scheinen, nach ihren Verkaufserfolgen zu urteilen, der Dichter Zbigniew Herbert und der Aphoristiker Jerzy Lec zu sein. Die „Unfrisierten Gedanken" beispielsweise, wie Lec inspiriert von Heines „Schön frisierten Gedanken" seine Aphorismen genannt hat, haben in Westdeutschland sehr großes Interesse gefunden. Karl Dedecius, der sich besonders um die deutsch-polnischen literarischen Beziehungen und die Vermittlung polnischer Literatur in der Bundesrepublik verdient gemacht hat, schreibt: „Was schon früher galt, hat sich zwischen 1970 und 1975 noch weiter entwickelt, daß nämlich polnische Literatur vielfach via Deutschland in die übrige Welt vermittelt wird." Daß das Interesse für die polnische Literatur vielfach über den literarischen Bereich hinausgeht, beweist wiederum Karl Dedecius, der heute das 1980 gegründete Poleninstitut in Darmstadt leitet, das auf wissenschaftlicher, publizistischer und kultureller Ebene einen Drehpunkt der Beziehungen zwischen den beiden Staaten darstellt. Für seine Verdienste um die polnische Literatur und für seine Übersetzertätigkeit wurde Karl Dedecius übrigens 1980 vom polnischen Schriftstellerverband besonders ausgezeichnet.

Enge Kontakte zwischen Deutschen und Polen hatten sich in der ersten Hälfte der siebziger Jahre im wissenschaftlichen Bereich ergeben. Getragen von einer Reihe von Stiftungen und Instituten wie zum Beispiel der Alexander-von-Humboldt-Stiftung und dem Max-Planck-Institut, konnte sich die Basis für den Wissenschaftleraustausch ständig verbreitern. Größere Bedeutung für ein Umdenken auf beiden Seiten und den Differenzierungsprozeß hatten die deutsch-polnischen Schulbuchgespräche, die deutsche und polnische Geschichtsbücher von dem Ballast einer verzerrenden Betrachtungsweise befreien wollten.

Aufgeklärte Pädagogen hatten schon früh erkannt, daß Schulbücher für den Menschen häufig die einzige Quelle systematisierten Wissens sind, aus der er sein ganzes Leben lang schöpft. Auf dem Höhepunkt der Diskussion um das deutsch-polnische Verhältnis Ende der sechziger Jahre hatten einige Historiker, Geographen und Soziologen in der Bundesrepublik damit begonnen, selbstkritisch über ihre wissenschaftlichen Traditionen nachzudenken, die Haltung junger Deutscher zu ihren Nachbarn zu analysieren und die Ursachen ihrer jeweiligen Einstellungen zu beschreiben. 1970 veröffentlichte Christian Becker seine vergleichende Untersuchung, in der er feststellte, daß bei deutschen Schülern, im Vergleich mit ihrem Wissen über Frankreich und die Sowjetunion, die Kenntnisse über Polen am geringsten waren. Geographische Kenntnisse waren kaum vorhanden. Polen wurde als ein kleines, unbedeutendes Nachbarland der Sowjetunion beschrieben. Die Schüler bezeichneten die Polen als das unsympatischste der drei Völker, als „primitiv“, „brutal“, „hinterlistig“, „unberechenbar“ und „jähzornig“. Die Öffentlichkeit wurde durch diese und andere Untersuchungen mit ähnlichen Ergebnissen auf die erschreckende Unkenntnis unter der Bevölkerung und auf die vorhandenen negativen Klischees aufmerksam gemacht. In der Berliner Evangelischen Akademie veranstaltete der evangelische Pfarrer Günter Berndt eine Tagung

„Polen im Unterricht", zu der er auch Mitarbeiter des Posener Westinstituts (Instytut Zachodni Poznan) unter der Leitung von Wladyslaw Markiewicz einlud. Inspiriert durch die Ergebnisse dieser Gespräche und engagiert in der Sache veröffentlichten Günter Berndt und Reinhard Strecker daraufhin, 1971, Analysen deutscher Geschichts- und Erdkundebücher unter dem Titel „Polen ein Schauermärchen". Ihrer Initiative folgte eine Gegeneinladung nach Posen durch das Westinstitut. Schließlich wurden Verleger, Autoren und Pädagogen nach Berlin zu einer Tagung „Polen im Schulbuch" eingeladen. So sind seinerzeit – mehr oder weniger durch private Initiativen – Gespräche über deutsche und polnische Schulbücher in Gang gekommen. Vom 22. bis 26. Februar 1972 fand auf Einladung der polnischen UNESCO-Kommission die erste offizielle Schulbuchkonferenz in Warschau statt. Die Organisation auf deutscher Seite hatte das Braunschweiger Internationale Schulbuchinstitut unter der Leitung von Georg Eckert übernommen; seit seinem Tod 1975 trägt das Institut seinen Namen; auf polnischer Seite war das Warschauer Institut für Schulprogramme (Instytut Programow Szkolnych) federführend. Die Schulbuchgespräche standen unter der Schirmherrschaft der beiden nationalen UNESCO-Kommissionen, deren deutscher Präsident Georg Eckert damals war.

Die Anfangsphase war mühsam und von verschiedenen systembedingten und nationalen Abneigungen geprägt. Nach vierjährigen Auseinandersetzungen und Kompromissen verlief die Trennungslinie schließlich nicht mehr zwischen der polnischen Expertengruppe hier und der deutschen dort, sondern zwischen unterschiedlichen Interpretationen. Im April 1976, auf der 9. Konferenz, wurden die erarbeiteten Empfehlungen für den Geschichtsunterricht verabschiedet und dabei beschlossen, sie in beiden beteiligten Staaten zu veröffentlichen. Damit war die Arbeit der Schulbuchkonferenz jedoch nicht zu Ende. Sie soll zunächst noch bis 1985 fortgesetzt werden. Die heftigen Diskussionen, die der Veröffentlichung der Schulbuchempfehlungen folgten, spiegelten die Haltung wieder, die die verschiedenen Parteien und Gruppen schon zu den Ostverträgen eingenommen hatten. Die grundsätzlichen Befürworter der Ostverträge sahen in den Schulbuchempfehlungen einen positiven Beitrag zur deutsch-polnischen Verständigung, während die Gegner die Arbeit der Kommission kritisierten und die Befürchtung äußerten, die Empfehlungen könnten zu einseitig den polnischen Standpunkt in die deutschen Geschichtsbücher einfließen lassen, ohne daß Polen eine entsprechende „Gegenleistung" erbringe.

Die eigentlichen Schwierigkeiten betrafen die Umsetzung der Empfehlungen in der Bundesrepublik. Hier zeigten sich die Probleme der unterschiedlichen Staats- und Gesellschaftssysteme. Die Polen, die über ein zentralisiertes Bildungswesen und einheitliche Schulbücher im ganzen Land verfügen, mußten nun dem Gerangel um die Schulbuchempfehlungen in den einzelnen Bundesländern zusehen, auf das die Bundesregierung keinen Einfluß nehmen konnte, da sie keine Weisungsbefugnis besitzt. Die Desillusionierung der polnischen Experten, die den intensiven Bemühungen um eine Annäherung der Standpunkte folgte, wurde verstärkt durch den Kompromiß der Kultusministerkonferenz vom Februar 1981, in dem beschlossen wurde, künftig in historisch-politischen und den physikalischen Kartenwerken die Oder-Neiße-Grenze besonders hervorzuheben und nicht als gültige Staatsgrenze zu kennzeichnen.

Der großen Erwartungshaltung in bezug auf eine Verständigung mit dem östlichen Nachbarn Polen stellten sich Mitte der siebziger Jahre Hindernisse in den Weg. Den Annäherungsbefürwortern in der Bundesrepublik, die hauptsächlich Gesten ihres guten Willens zeigten, standen in Polen Partner gegenüber, die, oft sehr emotional, von der Bundesrepublik konkrete Beweise des Verständigungswillens forderten und seismographisch die innenpolitische Entwicklung ihres neuen Partners verfolgten.

# Verständigungsprobleme

Mieczyslaw Rakowski erklärte dieses starke Interesse so: „Die Behauptung, daß sich fast jeder Pole zum Experten für deutsche Angelegenheiten berufen fühlt, kann als unbestreitbare Wahrheit gelten. Wenn ein Pole an die Sicherheit seines Landes, an seine eigene Zukunft oder die seiner Kinder denkt, lenkt er ab einem gewissen Zeitpunkt seinen Blick auf Deutschland." Und der Blick nach Deutschland schien den Polen angesichts des hohen Lebensstandards der bundesrepublikanischen Gesellschaft ihr altes Sprichwort zu bestätigen: „Man setze den Deutschen auf einen Stein und er wird Wurzeln schlagen." Andererseits sahen sie aber auch eine Bestätigung ihres eingewurzelten Mißtrauens den Deutschen gegenüber, besonders in dem Feilschen des Deutschen Bundestages um das deutsch-polnische Abkommen von 1975, das die Spätaussiedlerfrage und die Rentenzahlungen berührte. Die Vereinbarungen sahen die Aussiedlung von 120 000 bis 125 000 ausreisewilligen Deutschen (von 280 000 vom Deutschen Roten Kreuz geschätzten Polendeutschen) in die Bundesrepublik vor, dafür sollte Polen einen Wirtschaftskredit von einer Milliarde Deutscher Mark zur Verfügung gestellt werden. Ferner war eine pauschale Rentenzahlung an Polen in Höhe von 1,3 Milliarden DM festgelegt worden.

Das Verhandlungsergebnis wurde in der Bundesrepublik von CDU und CSU hart kritisiert. Die Gegner der Vereinbarungen glaubten nicht, daß eine pauschale Rentenabmachung für die Bundesrepublik günstiger sei als individuelle Rentenzahlungen, die den westdeutschen Staat viele Millionen mehr gekostet hätten. Ihnen schien auch der Wirtschaftskredit von einer Milliarde DM, den Polen benötigte, um seine Rohstoffbasis erweitern, Kupfervorkommen erschließen und die Industrialisierung allgemein vorantreiben zu können, zu hoch.

Auf polnischer Seite argumentierte man demgegenüber, daß es sich bei den Spätaussiedlern meist um qualifizierte

Arbeiter handelte, deren Ausbildung der Staat finanziert hatte.

Bei den deutschen Gegnern der Vereinbarungen wurde das „humanitäre Problem", die Zahl der ausreisewilligen Deutschen, zum Hauptargument erhoben. Der Bund der Vertriebenen (BdV) und der Verband der Landsmannschaften (VdL) hielten konsequent an der rund zehn Jahre zuvor vom Deutschen Roten Kreuz ermittelten Zahl von rund 280 000 ausiedlungswilligen Deutschen fest, während andere Analysen die betreffende Zahl niedriger ansetzten. CDU und CSU bestanden darauf, die deutsch-polnische Zusammenarbeit von einer befriedigenden Lösung des Aussiedlerproblems abhängig zu machen. Nach dem Vertriebenengesetz von 1957 werden sinngemäß alle diejenigen Menschen als Deutsche angesehen, die sich außerhalb Deutschlands zu ihrem Volkstum bekennen und dies in Sprache, Erziehung und Kultur zum Ausdruck bringen. Dieser Personenkreis ist eindeutig festzustellen. Problematisch dagegen war die Zusammenführung von Familien polnischer und deutscher Volkszugehörigkeit, was die Ermittlung der Aussiedler so schwierig macht. Für die Polen lagen die mit der Aussiedlung verbundenen Probleme auf wirtschaftlichem Gebiet. Sie wollten die Aussiedlerquoten nicht beliebig erhöhen, weil sie sonst von heute auf morgen zu viele Fachkräfte verloren hätten, die sie nicht so schnell ersetzen konnten. In Polen kam der Begriff „Volkswagendeutscher" auf, weil man davon ausging, daß nicht wenige Aussiedlungswillige nicht aus patriotischen Gründen ausreisen wollten, sondern wegen des höheren Lebensstandards, der sie in der Bundesrepublik erwartete. Nachdem aber die Vereinbarungen 1976 schließlich ratifiziert worden waren, wurde das Aussiedlungsproblem in Polen durch die Bildung neuer Kommissionen zur Überprüfung von Anträgen zügig vorangetrieben. Innerhalb von vier Jahren durften viele Aussiedlungswillige ausreisen, so daß 1980 eine positive Bilanz gezogen werden konnte, denn es waren fast mehr Menschen umgesiedelt, als 1976 hätte angenommen werden können. Die Integration der Spätaussiedler wurde jetzt mehr zu einem Problem der bundesrepublikanischen Gesellschaft, die inzwischen nicht mehr so „offen" ist für ihre Landsleute aus den osteuropäischen Staaten wie in der unmittelbaren Nachkriegszeit.

In der polnischen Bevölkerung hatte das mühsame Ringen um die Durchsetzung der Vereinbarungen Mitte der siebziger Jahre zu einem Vertrauensschwund in Sachen deutsch-polnische Beziehung geführt.

Enttäuscht gab man sich vor allem über die „kaufmännische" Methode, mit der die Deutschen die Versöhnung betrieben. Der Verlauf des Majdanek-Prozesses, der am 26. November 1975 begann, führte inzwischen in Polen zu hitzigen Diskussionen um die Begriffe „Vergessen" und „Verzeihen". Die Art, wie man im Verlauf des Verfahrens die Prozeßzeugen vernahm, die sich oftmals als Angeklagte fühlen mußten, und die Ungeheuerlichkeit, daß ein Verteidiger gegen eine ehemalige KZ-Insassin aus Polen Haftbefehl wegen Beihilfe zum Mord beantragte, weil sie in der Schreibstube des KZ Majdanek beschäftigt gewesen war, führte zu empörten Reaktionen in der polnischen Öffentlichkeit.

Die langwierige Diskussion um die Verjährung von Kriegsverbrechen, die Ende der siebziger Jahre in der Bundesrepublik geführt wurde, trug auch nicht zum Abbau des polnischen Mißtrauens bei. Die Stimmung in Polen lief darauf hinaus, daß man dort die NS-Verbrechen nur dann vergessen könne, wenn die Deutschen an sie erinnerten. Die lobenswerten Initiativen zu Städtepartnerschaften, wie sie zwischen Thorn und Göttingen, Danzig und Bremen, Posen und Hannover geschlossen wurden, wurden beeinträchtigt durch die Begleitumstände einer Vereinbarung, die zu einer Partnerschaft zwischen Krakau und Nürnberg führen sollte. Die bayerische Landesregierung hatte sich eingemischt und die Nürnberger CSU-Ratsherren mobilisiert, sich gegen die Vereinbarungen zu stellen, mit der Begründung, sie gingen über den lokalen Rahmen hinaus. Die geplante Zusammenarbeit sollte den Bereich der kommunalen Wirtschaft und Verwaltung, des Umweltschutzes, der Erhaltung von Baudenkmälern, von Wissenschaft und Bildung, der Massenmedien, des Sport und der Touristik umfassen. Nach vielen unnötigen und vermeidbar gewesenen Erschwernissen kam die Städtepartnerschaft zwischen Krakau und Nürnberg 1980 schließlich doch noch zustande. Zuvor war ein Stadtrat von Celle in Polen unrühmlich aufgefallen, als er den Vorschlag, partnerschaftliche Beziehungen zu Kwidzyn (Marienwerder) aufzunehmen, mit der Begründung ablehnte, Kwidzyn sei eine deutsche Stadt.

Mit Befremden hatten auch die polnischen Katholiken das vorsichtige Taktieren ihrer deutschen Glaubensbrüder im Zusammenhang mit der Anerkennung der Oder-Neiße-Grenze zur Kenntnis genommen. Sichtlich schockiert reagierten sie, als im Dezember 1979 der Vorsitzende des Zentralkomitees der Deutschen Katholiken, Hans Maier, gleichzeitig Kultusminister von Bayern, gegen die deutsch-polnischen Schulbuchempfehlungen auftrat und eine Regelung der deutsch-polnischen Grenzfrage auf den später einmal zu schließenden Friedensvertrag verschob. Die polnischen Bischöfe und Laien sagten daraufhin ihre Teilnahme am Berliner Katholikentag vom Sommer 1980 ab.

Beinahe zehn Jahre dauerten die Bemühungen um die Errichtung einer internationalen Jugendbegegnungsstätte in Polen, eine Initiative der „Aktion Sühnezeichen“. Während das zuständige Bundesjugendamt lange Zeit kein Geld für ein Haus der Begegnung in der Nähe des ehemaligen Konzentrationslagers Ausschwitz locker machen wollte, bestand der polnische Partner „Zbowid“ (Verband ehemaliger Kriegsveteranen) unter dem Hinweis: „Versöhnen heißt nicht Vergessen“, auf diesem Ort. Erst am 30. September 1981 wurde der Grundstein für den Bau der Jugendbegegnungsstätte gelegt – in Auschwitz. Finanziert wird das Zehn-Millionen-Projekt nicht nur durch das Bundesjugendministerium, sondern auch durch private Spenden aus der Bundesrepublik.

Trotz dieser Verständigungsschwierigkeiten auf offizieller Ebene kam es zu zahlreichen Begegnungen zwischen Deutschen und Polen aufgrund der Zunahme der Reisemöglichkeiten. Ende der siebziger Jahre führten die Deutschen die Liste der ausländischen Polenbesucher an. Eine Reihe von Reisebüros hatte sich auf Polenfahrten spezialisiert. Waren es in den sechziger Jahren die sogenannten Heimwehtouristen, die Dörfer oder Städte wiedersehen wollten, aus denen sie stammten, kamen in den siebziger Jahren auch viele junge Menschen, die von Haus aus unbelastet waren. Wenn sie die Chance, Einstellung und Leben der Polen kennenzulernen, nutzten, konnten sie viel darüber erfahren, wie die Polen zum deutsch-polnischen Verhältnis stehen.

Bei einer Umfrage in Krakau zum Thema „Zehn Jahre deutsch-polnischer Vertrag" zeigte sich, daß sich die ältere Generation mehr auf dem Gebiet der Vergangenheitsbewältigung erhofft hatte und die Aktionen der Landsmannschaften als „Instrumente der Politik von CDU/CSU" noch immer argwöhnisch verfolgten. Die jungen Polen zeigten sich interessiert an deutscher Literatur, an deutschen Filmen und an Reisemöglichkeiten nach Deutschland.

Das deutsch-polnische Verhältnis wurde selten bilateral, sondern fast immer in Beziehung zur europäischen Politik gesehen. Ein junger Physiker sagte: „Wir freuen uns natürlich alle über den Vertrag, aber wir sollten seine Bedeutung nicht überschätzen, denn es muß zu einer Verständigung zwischen den Menschen kommen und nicht nur zwischen Regierungen. Wir haben doch aus der Geschichte gelernt, daß Verträge nicht unbedingt eine Garantie für ein besseres Zusammenleben der Völker bieten."

Für ein besseres Zusammenleben ist zweifellos ein besseres Sichkennenlernen Voraussetzung. Inzwischen haben aber die Erfahrungen mit dem Massentourismus und auch die einzelner Reisender gezeigt, daß die Resultate den beabsichtigten Zielen entgegenstehen. Man kann nicht davon ausgehen, daß sich parallel zu den Veränderungen im Reiseverkehr nach Polen auch das Bewußtsein der Polenreisenden verändert. Für viele reduziert sich das Interesse an Polen auf das Aufspüren von Gegensätzen, ohne daß sie den Versuch unternehmen, gemeinsame allgemeinmenschliche Interessen zu entdecken. Und manchmal haben solche Reisen auch zur Folge, daß sich das bestehende Stereotyp noch verstärkt, wenn der Besucher nur sieht, was er sehen will, oder sich sogar neue Stereotypen und Klischees bildet.

Wie schwierig eine echte Verständigung zwischen den Menschen ist, die mit unterschiedlichen Erziehungs- und Wertsystemen aufgewachsen sind, zeigte ein Gespräch mit Berliner Schülern, die im Rahmen der „Aktion Sühnezeichen" vierzehn Tage im ehemaligen KZ Stutthof gearbeitet hatten. Bei Antritt der Reise hatte eine Schülerin ihr Interesse mit den Worten „ich denke, daß es gut aussieht und billig ist" umschrieben. So sehr die Schüler auch von dem beeindruckt waren, was sie vor Ort über die jüngste Geschichte Polens erfahren hatten, so konnten sie dem polnischen Alltag dennoch nichts abgewinnen. Am Essen und an der Unterbringung wurde von dieser mit Pommes frites und Ketchup groß gewordenen Generation gemäkelt. Es fehlte ihnen die gewohnte Unterhaltung, Diskotheken beispielsweise. Die große Freude, in einem Gemeinschaftsraum einen Fernsehapparat zu finden, wich der Enttäuschung, weil man kein Wort Polnisch verstand. Verunsichert zeigten sich die deutschen Jugendlichen nach einer Begegnung mit jungen Polen. Das aufgeschlossene Verhalten der polnischen Jungen und Mädchen ihnen gegenüber und ihr Umgang untereinander, hatte ihnen imponiert. Eine der Schülerinnen versuchte, ihre Empfindungen in eine nachdenklich machenden Erklärung einzuordnen: „Wir sind eben verwöhnter. Dafür können wir ja nichts. Eigentlich möchte ich nicht so erzogen sein, wie wir, aber das kann man jetzt sowieso nicht mehr ändern. Außerdem ist in Berlin auch alles anders. Da braucht man nicht so zu sein, wie in Polen." Die hier selbstempfundenen Verwöhnungsschäden, die sich manchmal auch in einer gewissen Bequemlichkeit des Denkens äußern, fallen auch polnischen Reisebegleitern auf. Nach ihren Erfahrungen mit deutschen Gruppen befragt, glaubten sie eine Veränderung in der Einstellung deutscher Reisegruppen zu Polen feststellen zu können. Früher seien die Gruppen, die unmittelbar nach dem Vertragsabschluß gekommen waren, engagierter gewesen. Sie hätten sich auch mehr mit der Vergangenheit auseinandergesetzt. Jetzt würden die touristischen Aspekte mehr im Vordergrund stehen. Eine polnische Reisebegleiterin meinte, daß Ende der siebziger Jahre die ernsthaften Auseinandersetzungen romantisierenden Vorstellungen über Polen gewichen seien, „Polen sei so schön wieder aufgebaut, und es gibt so viele schöne Frauen".

Wenn man derartige Bemerkungen auch nicht generalisieren kann, so stehen sie doch in einem Zusammenhang mit Klischees, die die deutschen Vorstellungen von Polen beherrschen. Beruht doch der durchschlagende Erfolg eines Heiratsvermittlungsinstituts in Speyer bezeichnenderweise darauf, daß man ausschließlich „Damen aus Polen" vermittelt. Ein deutscher Sänger konnte sich bis in die Spitze der deutschen Hitparade vorarbeiten mit dem Vers: „... ja, ja, die Katja, die hat ja Wodka im Blut." Sicher verlangt niemand, daß im Schlagergeschäft differenzierte Inhalte verkündet werden sollen, aber dieses Beispiel zeigt doch, wie fest jahrhundertealte Klischees im Bewußtsein der Massen verankert sind.

Unsere „Brüder und Schwestern" in der DDR stehen uns übrigens in der Tradierung alter Klischees in nichts nach, trotz staatlich verordneter Vergangenheitsbewältigung. Angesichts der schwierigen wirtschaftlichen Lage Polens und den, im Verlauf des Jahres 1981 immer wieder ausbrechenden Protestaktionen und Streiks, war sogar in der offiziellen Parteipresse der DDR von „polnischer Wirtschaft" die Rede.

## Deutsche und Polen unter dem Einfluß von „Solidarnosc"

Das Bild der Polen vom „guten" und „bösen" Deutschen der Nachkriegszeit, schien sich im Herbst 1980 angesichts der Polenbegeisterung in der Bundesrepublik in sein Gegenteil verkehrt zu haben. Während sich unter der DDR-Bevölkerung zunehmend antipolnische Ressentiments verbreiteten, geschürt durch die offiziellen Angriffe auf die „Erneuerungsbewegung", wuchs die Sympathie der Bundesdeutschen für die unabhängige Gewerkschaft „Solidarnosc".

1830/31 hatten die deutschen Polensympathisanten ihre Solidarität mit den polnischen Freiheitskämpfern im Tragen des „Polnischen Rocks" demonstriert. Die Polenfans von 1980/81 trugen die Plakette der „Solidarnosc" durch westdeutsche Straßen und Cafés. Mitte des 19. Jahrhunderts hatten deutsche Zeitungen und Kalender die Biographien polnischer Freiheitshelden abgedruckt, jetzt war es der Held der polnischen Streikbewegung, Lech Walesa, der im Westen verehrt wurde. Polen war in der Bundesrepublik wieder „in".

Umgekehrt klangen in der politischen Aufbruchphase aus Polen neue Töne zur Deutschlandpolitik, als z.B. „Solidarnosc"-Gewerkschafter öffentlich ihr Verständnis für eine deutsche Wiedervereinigung verkündeten. Noch größeres Aufsehen erregten die für Polen bis dahin unpopulären Überlegungen des Warschauer Literaturprofessors und KOR-Mitbegründers Jan Jozef Lipski zum deutsch-polnischen Verhältnis. In einer Broschüre des NOWA-Verlages hatte Lipski im Mai 1981 seine, von der offiziellen Partei- und Regierungslinie abweichenden Gedanken formuliert. Er forderte seine Landsleute auf, sich nicht nur an das durch Deutsche erfahrene Unrecht zu erinnern, sondern sich auch zur eigenen Schuld zu bekennen: „Auch die größten, an unserem Volk verübten Untaten können nicht dazu dienen, von uns selbst verübtes Unrecht zu rechtfertigen. Die Aussiedlung von Millionen Menschen aus ihrer Heimat kann bestenfalls ein kleineres Übel sein, niemals eine gute Tat... Im polnischen Bewußtsein hat sich in bezug auf unsere historischen Beziehungen zu den Deutschen eine große Zahl von Mythen und falschen Vorstellungen herausgebildet, von denen wir uns um der Wahrheit willen trennen müssen: Falsche Vorstellungen von der eigenen Geschichte gehören zu den Krankheiten, die leicht die Seele einer Nation vergiften können – sie vermehren im übrigen die Fremdenfeindlichkeit und dienen der Stärkung des nationalen Größenwahns."

Dieser polnischen Selbstkritik widersprach in einer scharfen Replik die Armeezeitung „Zolnierz Wolnosci". Ein Jahr später, im Januar 1982, mußte sich Lipski vor einem Warschauer Gericht für seine politische Haltung verantworten.

Grundsätzlich wurde 1981 das Bild der Bundesrepublik von vielen Polen aus der belastenden Vergangenheitssicht gelöst und mit Hoffnungen auf eine Verbesserung der eigenen, individuellen wirtschaftlichen Misere verknüpft. Als im April 1981 die Ausreisebestimmungen erheblich erleichtert wurden, verließen über 100 000 Polen ihr Land, um in der Bundesrepublik vorübergehend Geld zu verdienen, einzukaufen oder auch um zu bleiben. Der Umgang der Behörden mit diesem neuen polnischen Emigrantenstrom blieb unverändert großzügig. Nicht zu übersehen war jedoch, daß die euphorische Polenbegeisterung im Verlauf des Jahres 1981 merklich nachgelassen hatte. Anzeichen einer „Polenmüdigkeit" machten sich bemerkbar. Viele Polenberichte waren zu Beginn der „Erneuerungsbewegung" reißerisch auf die Sensation eines drohenden Einmarsches der Sowjetunion angelegt gewesen. Da der Einmarsch nicht erfolgte, hatte sich das Interesse an der polnischen Reformbewegung auf die für die Bundesrepublik wichtigen wirtschaftlichen Konsequenzen der polnischen Krise verlagert.

Der Schock, der auf die Machtübernahme der Militärs folgte, löste wieder eine Welle von Hilfsbereitschaft, persönlichem Engagement und Spendenaktionen aus, die in merkwürdigem Gegensatz zu der „Polendiskussion“ in den westlichen Parteien stand. Der Streit um die Frage, wer lauter und massiver das Schicksal von „Solidarnosc“ und der polnischen Bevölkerung beklagte, ließ bei kritischen Zeitungslesern den Verdacht aufkommen, die Lage Polens werde zum Anlaß genommen, um innenpolitische Auseinandersetzungen auszutragen.

Eine neue Welle verbaler Polonophilie schwappte über. Ob sie dem Verständnis für Polen und seine Probleme dienen kann ist zweifelhaft. Bisher hat gerade die Geschichte der deutsch-polnischen Beziehungen bewiesen, wie schnell sich Polonophilie in das Gegenteil verwandeln kann.

# VI. Über die Schwierigkeiten des Regierens

*„Unglaublich, daß die Ganzheit nicht ihre Einzelheiten kennt.“* *(Stanislaw Jerzy Lec)*

Polen fand sich nach den Schrecken des Zweiten Weltkrieges ungefragt in der politischen Abhängigkeit von der Sowjetunion wieder. Die drei Siegermächte USA, UdSSR und Großbritannien hatten auf der Konferenz von Jalta im Februar 1945 über das künftige Schicksal der europäischen Völker entschieden und Europa in eine westliche und östliche Einflußsphäre geteilt.

In der Zwischenkriegszeit hatte der polnische Marschall Rydz-Smigly die Haltung Polens zu seinen Nachbarn mit den Worten formuliert: „Mit den Deutschen laufen wir Gefahr unsere Freiheit zu verlieren, mit den Russen verlieren wir unsere Seele.“ Und jetzt waren die Polen an die Seite ihres Erbfeindes Rußland geraten, für den sie Mißtrauen und Haß empfanden. Das kulturelle Überlegenheitsgefühl der Polen gegenüber ihrem großen östlichen Nachbarn stand seit dem 18. Jahrhundert in krassem Widerspruch zu den tatsächlichen Machtverhältnissen. Rußland hatte als Teilungsmacht über den größten Anteil der polnischen Beute verfügt. Aber im Kampf gegen die Russifizierungsversuche hatten sich auch am stärksten die konspirativen Qualitäten der Polen entwickelt. Denn nicht in der Selbstbestimmung, sondern im Kampf gegen Fremdherrschaft und Unterdrückung hatte sich die Identität der polnischen Nation herausgebildet.

Auch der polnische Staat, der den Polen 1918 nach 120 Jahren der Unfreiheit von den Alliierten zugestanden wurde, hatte in seinem Selbstverständnis Rußland zum Feind Nr. 1 erklärt. Das Staatsoberhaupt Pilsudski sah in der

Schwächung Rußlands Polens erste Bürgerpflicht und sogleich führte er um die „Wiedergewinnung“ des polnischen Ostens einen Krieg. Polens Grenze zur Sowjetunion wurde dadurch um 150 km nach Osten verschoben.

Der Russenhaß der Polen hatte sein Äquivalent in der Haltung der Sowjetunion gegenüber Polen. Die Weltrevolution sollte über „Polens Leichnam“ nach Westeuropa getragen werden, hieß es in der Zwischenkriegszeit. Als nach Hitlers Überfall 200 000 polnische Soldaten vor der deutschen Wehrmacht auf sowjetisches Territorium zurückwichen, wurden sie in Lagern interniert, über 4000 ihrer Offiziere wurden bei Katyn hingerichtet. Vergebens hatten auch die Polen auf russische Hilfe gehofft, als die polnische Exilregierung im Spätsommer 1944 das Zeichen zum Warschauer Aufstand gab. Sowjetische Truppen standen bereits vor den Toren Warschaus, am anderen Weichselufer. Sie griffen aber nicht ein, als die Nationalsozialisten den Warschauer Aufstand brutal niederschlugen.

Warschau lag in Ruinen und die aktivsten polnischen Widerstandskämpfer waren umgekommen. Die polnische Exilregierung hatte durch die Zerstörung des Warschauer Organisationszentrums der Aufständischen ihre Rückendeckung verloren.

Das paßte durchaus in das Konzept Moskaus, denn die Beziehungen zur polnischen Exilregierung waren mit vielen Konflikten belastet. In der Londoner Exilregierung waren alle politischen Parteien außer der kommunistischen Partei vertreten. Ihre Politik war von einer antikommunistischen Grundhaltung bestimmt.

Als die Exilregierung beim Internationalen Roten Kreuz eine Untersuchung des seit 1943 entdeckten Massenmordes von Katyn beantragte, war das der geeignete Vorwand für die Sowjetunion ihre diplomatischen Beziehungen abzubrechen.

Im Winter 1945 drangen die sowjetischen Truppen über die Weichsel weiter nach Westen vor. Die Rote Armee hatte Polen auf ihrem Vormarsch besetzt und bis heute nicht aus ihrer Abhängigkeit entlassen.

## Eingliederung in das „Sozialistische Lager“

Als der Expremier der polnischen Exilregierung Stanislaw Mikolajczyk den Churchill 1944 zu seinen Moskauer Gesprächen hinzugezogen hatte, Stalin beschuldigte, aus Polen einen kommunistischen Staat machen zu wollen, hatte Stalin abgewehrt: „Der Kommunimus paßt nicht zu den Polen; sie sind zu individualistisch und zu nationalistisch“. Er hatte so seine eigenen Erfahrungen – sogar mit Genossen. Wegen „ideologischer Abweichungen“ hatte Stalin 1938 die polnische KP aufgelöst und ihre Spitzenfunktionäre erschießen lassen.

Aber Stalin betrieb dennoch konsequent die Realisierung seiner Vorstellungen von einem Polen sowjetischer Prägung. In der Sowjetunion wurde aus den Reihen der dort ausgebildeten polnischen Kommunisten, die nicht den Säuberungen der polnischen KP zum Opfer gefallen waren, ein „Polnisches Komitee der Nationalen Befreiung“ gebildet, das später „Lubliner Komitee“ genannt wurde. Die Erfolge der Winteroffensive von 1945 verliehen der Sowjetunion das notwendige Ansehen, um bei den Alliierten das „Lubliner Komitee“ als Provisorische Regierung Polens durchzusetzen. Damit hatten die Westalliierten die Londoner Exilregierung fallengelassen, von der sie sich zuvor brüskiert gefühlt hatten, weil sich die Exilregierung hartnäckig weigerte, einer polnischen Westverschiebung mit der Curzon-Linie als Ostgrenze zuzustimmen.

Die polnische Bevölkerung sah aber noch immer in der Londoner Exilregierung ihre legitime Vertretung. Die Mehrheit der Polen wollte als neue Staatsform auch keine abhängige Volksrepublik. Die kommunistische Bewegung in Polen war auch nie sehr stark gewesen, sie war von Anfang an eher eine Splitterpartei, in der sich hauptsächlich Angehörige der nationalen Minderheiten organisierten. Aufgrund ihrer Geschichte hatte den Polen, die sich so lange einen Nationalstaat erträumt hatten, die internationalistische Richtung nie gelegen. Nachdem die Sowjets das kommunistische „Lubliner Komitee“ zur Provisorischen Regierung Polens erklärt hatten, regte sich Widerstand in der Bevölkerung. Noch verfügten die etwa 50 000 ehemaligen Angehörigen der „Polnischen Heimatarmee“, die der Londoner Exilregierung unterstanden hatten, über ein gut funktionierendes Organisationsnetz um den Widerstand zu kanalisieren. Moskau, das sich nicht allein auf die politischen Fähigkeiten der Provisorischen Regierung verlassen wollte, beschloß die Deportation der ehemaligen Untergrundkämpfer. 15 Führer der polnischen Widerstandsbewegung wurden unter dem Vorwand wichtiger Beratungen nach Moskau eingeladen, wo sie im Anschluß an einen Schauprozeß in sowjetischen Gefängnissen verschwanden.

Die Zeit von 1945 bis 1947 war von der allmählichen Machtübernahme durch die Kommunisten bestimmt; ein politischer Vorgang, der von der Bevölkerung nicht widerstandslos hingenommen wurde. Zwei Jahre lang kämpften Sicherheitstruppen der Provisorischen Regierung gegen die ehemaligen Widerstandskämpfer, die wieder in den Untergrund gegangen waren und die Organisation „Niepodleglosc“ (Unabhängigkeit) gegen die sowjetische Okkupation gegründet hatten. Der Bürgerkrieg kostete über 30 000 Tote; er führte aber schließlich zu einer Stabilisierung des kommunistischen Regimes. Darüberhinaus boten die Kämpfe der Regierungstruppen gegen die „Leute aus dem Wald“ den willkommenen Anlaß, einen umfangreichen Sicherheitsapparat aufzubauen, der sich für den nächsten Schritt – die Ausschaltung der legalen Opposition – als sehr nützlich erweisen sollte.

Diese legale bürgerlich-demokratische Opposition bestand im wesentlichen aus der „Polnischen Bauernpartei“ (PSL), die Stanislaw Mikolajczyk, Expremier der Exilregierung, 1945 mit Billigung des angesehenen, inzwischen aber schwerkranken Bauernführers Wincenty Witos in Krakau gegründet hatte.

Innerhalb eines Jahres war die „Polnische Bauernpartei“ mit 600 000 Mitgliedern zum Sammelbecken aller antikommunistischen Kräfte geworden. Die „Kommunistische Polnische Arbeiterpartei" (PPR), die federführende Partei der Warschauer Provisorischen Regierung, mußte die Bauernpartei Mikolajczyks besonders fürchten, da ihr Mitgliederstand stagnierte und 1945 nur 190 000 Mitglieder zählte. Die innenpolitische Situation sprach nicht zugunsten einer endgültigen Herrschaft der Kommunisten. 1947 sollten im Nachkriegspolen die ersten Wahlen stattfinden. Ursprünglich hatte Großbritannien eine Kontrolle der polnischen Wahlen durch die Großmächte gefordert, was Stalin als „eine Beleidigung des Stolzes und der Unabhängigkeit eines freien Volkes" abgelehnt hatte. Mit ihrem Verzicht auf eine Wahlkontrolle hatten die Westmächte schließlich der Sowjetunion freie Bahn für Wahlmanipulationen gegeben. So wurde der stärksten Partei, der „Polnischen Bauernpartei", kein Platz in dem „Demokratischen Block", der Einheitsfront der vier übrigen Parteien (Polnische Arbeiterpartei, PPR – Polnische Sozialistische Partei, PPS – Lubliner Bauernpartei, SL – und Lubliner Demokratische Partei, SD) eingeräumt. Um der Bauernpartei Mikolajczyks jede Möglichkeit eines Sieges zu nehmen, nahm man etwa einer Million Polen das Wahlrecht. Die Mehrheit der älteren, bürgerlich-adligen Politiker war grundsätzlich von einer politischen Tätigkeit ausgeschlossen. In den Hochburgen der populären „Polnischen Bauernpartei" wurden ihre Kandidaten einfach von den Wählerlisten gestrichen und so gelang der Einheitsfront des „Demokratischen Blocks" schließlich der Sieg. Am 4. Februar 1947 trat zum ersten Mal der „Verfassungsgebende Sejm" zusammen, und am folgenden Tag wurde Boleslaw Bierut, Vertreter der „Polnischen Arbeiterpartei", zum ersten Staatspräsidenten gewählt. Damit war der wesentliche Schritt zur Eingliederung Polens in das sowjetische Herrschaftssystem vollzogen.

Durch ein Machtwort Moskaus wurde Polen an der Beteiligung des Europa-Wiederaufbauplans des US-Außenministers Marshall zurückgehalten. Polen mußte sich in das von der Sowjetunion gelenkte Wirtschaftssystem des Ostblocks einordnen. Die darauf folgenden Schwierigkeiten für die Volkswirtschaft Polens ergaben sich nicht nur durch das politische System, sondern auch durch die geographische Verschiebung Polens nach Westen. Dadurch, daß von den Alliierten die Curzon-Linie als neue Ostgrenze und die Oder-Neiße-Linie als Westgrenze festgelegt wurde, verschob sich der polnische Staat wieder um 150 km nach Westen. Gewachsene Wirtschaftsgebiete wurden auseinandergerissen und die Bevölkerung geriet in Bewegung. Die Umsiedlung ganzer Bevölkerungsgruppen betraf nicht nur die Deutschen in den Gebieten östlich der Oder und Neiße, sondern auch die Polen aus den Gebieten jenseits des Bug und San, die in den neuen polnischen Westen umgesiedelt wurden.

Durch die Ausweitung des sowjetischen Einflußbereichs bis an die Elbe, wurde Polen zum festen Bestandteil des Ostblocks. Das polnische Staatsinteresse erforderte jetzt ein gutes Verhältnis zum östlichen Nachbarn, das bedeutete in den Nachkriegsjahren eine Angleichung an das sowjetische System.

## Sowjetisierung Polens

Während die Bevölkerung auf der Suche nach einer neuen Heimat, nach Arbeit und Brot war, zog der Stalinismus in Polen ein.

Die Angleichung an das sowjetische System begann mit einer Bereinigung der parteipolitischen Szene. Die „Polnische Bauernpartei“ wurde im November 1949, nachdem sie von allen bürgerlich-demokratischen Kräften gesäubert worden war, mit der „Lubliner Bauernpartei“ zur „Vereinigten Volks- (Bauern-) Partei“ (Zjednoczone Stronnictwo Ludowe, ZSL) zusammengeschlossen. Neben ihr existierte dann noch die zahlenmäßig unbedeutende „Lubliner Demokratische Partei“, SD. Die eigentliche Macht im Staate aber verkörperte fortan die PZPR, die „Vereinigte Polnische Arbeiterpartei“, die ein Jahr zuvor auf dem Vereinigungskongreß vom Dezember 1948 aus der Verschmelzung der „Polnischen Arbeiterpartei" (PPR) mit der „Polnischen Sozialistischen Partei" (PPS) hervorgegangen war.

Die Kommunisten hatten jetzt die uneingeschränkte Macht im Lande übernommen. Doch sie verwickelten sich nun ihrerseits in schwerwiegende Auseinandersetzungen um den künftigen Kurs ihrer Politik. Es kam zu einem Machtkampf zwischen den Anhängern eines eigenen nationalen Weges zum Kommunismus, die der damalige Generalsekretär der PZPR, Wladyslaw Gomulka, anführte, und den Vertretern einer absoluten, kommunistisch-solidarischen Politik, wie sie der damalige Staatspräsident Boleslaw Bierut vertrat. Es standen sich die Gruppen der sogenannten Patrioten und Moskowiter gegenüber. Die einen hatten während des Zweiten Weltkrieges durchweg im polnischen Widerstand gekämpft, die anderen waren während ihrer Emigration in der Sowjetunion zu Kominternfunktionären ausgebildet worden.

Vor dem Hintergrund der sowjetischen Forderung, daß sich die Volksdemokratien dem Hegemonialanspruch der UdSSR unterzuordnen und die uneingeschränkte Führungsrolle der KPdSU zu respektieren hätten, blieben bei den innerparteilichen Auseinandersetzungen die Nationalkommunisten auf der Strecke.

Nachdem Gomulka und seine Anhänger aus ihren Parteiämtern entfernt, dann aus der Partei ausgeschlossen und schließlich 1949 verhaftet worden waren, wurde die Umstruktuierung Polens im Sinne einer ideologischen und institutionellen Übereinstimmung und in möglichst getreuer Nachahmung des stalinistischen Vorbildes in Angriff genommen.

Der entscheidende Umbruch, der sich in Polen in den Jahren von 1949 bis 1952/53 vollzog, hatte die enge Bindung aller leitenden Funktionäre in Staat und Wirtschaft an die Sowjetunion zum Ziel. Als wichtigstes Instrument sowjetischer Informationspolitik sowie als Instrument zur Durchdringung der polnischen Verwaltungsstruktur mit den Sowjets ergebenen Vertrauensleuten wurden von sowjetischen Offizieren die polnischen Sicherheitsorgane eingerichtet. Die drei Hauptabteilungen „Sicherheitsamt" (UB), „Korps für Innere Sicherheit" (KBW) und „Freiwillige Reserve der Bürgermiliz" (ORMO) wurden nach militärischen Gesichtspunkten aufgebaut. Das Sicherheitsministerium war durchsetzt mit sowjetischen Offizieren und Beratern; von zwanzig Abteilungen unterstanden acht direkt sowjetischen Offizieren. Stalin wollte aber nicht nur die Sicherheitskräfte im Griff haben, sondern auch die polnische Armee. Er zweifelte an der Zuverlässigkeit der polnischen Offiziere der Vorkriegsarmee, die weitgehend nationalpolnisch ausgerichtet waren. Die polnischen Offiziere der Vorkriegsarmee wurden 1949 aus allen höheren Kommandostellen entfernt und durch sowjetische Offiziere ersetzt. Zum Kriegsminister und Oberbefehlshaber der Armee wurde der sowjetische Marschall Konstantin Rokosowskij berufen, der eine Umwandlung der polnischen Armee entsprechend sowjetischem Vorbild, vornahm. Ein Jahr später wurde Marschall Rokosowskij Mitglied des Politbüros der „Vereinigten Polnischen Arbeiterpartei" (PZPR). Auf der neugegründeten Feliks Dzierzynski-Militärakademie sollten die jungen Soldaten, durch Schulungen im dialektischen Materialismus, auf den richtigen politischen Weg geführt werden. Eine vormilitärische Ausbildung aller Jugendlichen zwischen 16 und 21 Jahren im „Dienst an Polen" war schon im Februar 1948 verfügt worden. Ein Jahr später, im Februar 1950, wurde dann die allgemeine Wehrpflicht eingeführt, die eine zweijährige Dienstzeit bei der Infanterie und eine dreijährige bei der Luftwaffe und Marine vorsah. Auch Frauen zwischen dem 18. und 40. Lebensjahr konnten zur Wehrpflicht im Sanitäts-, Nachrichten- und Transportwesen eingezogen werden.

Am 22. Juli 1952 wurde eine polnische Verfassung verkündet, die ganz im Sinne der Stalin-Verfassung von 1936, alle Macht der „Vereinigten Polnischen Arbeiterpartei" übertrug, als „leitender Kern aller Organisationen der Werktätigen in Gesellschaft und Staat". In der Präambel der Verfassung wurde ausdrücklich auf das verpflichtende Vorbild der UdSSR hingewiesen. Das Grundprinzip der neuen Staatsordnung bestand in der Aufhebung der Gewaltenteilung innerhalb des gesamten Staatslebens. Die Bildung und Kontrolle der Regierung lag zwar beim Sejm, der offiziellen gesetzgebenden Körperschaft Polens. Der Sejm bestellte ein 15-köpfiges Gremium, den Staatsrat, dessen Vorsitzender als eigentliches Staatsoberhaupt amtierte. Alleinverbindlich für alle Organe aber waren die Initiativen und Beschlüsse des Zentralkomitees der PZPR und seines Politbüros.

Die Hauptaufgabe der jungen polnischen Volksdemokratie war zunächst die Erfüllung der leninschen Forderung nach „Elektrifizierung", jener Grundvoraussetzung für die sozialistische Umgestaltung eines Staates, die der Industrialisierung vorangehen muß. Polen war vor dem Zweiten Weltkrieg ein typisches Agrarland gewesen, mit einigen wenigen Industriezentren in Oberschlesien, bei Warschau, Lodz und Danzig. Die polnische Gesellschaft war im wesentlichen eine agrarische, keine industrielle gewesen. Mehr als zwei Drittel der Bevölkerung hatte in Gemeinden unter 2000 Einwohnern gelebt und auch bei den Industriezentren handelte es sich mehr um Dörfer mit kleinstädtischem Kern. Die Ausgangslage für die geplante wirtschaftliche Umgestaltung Polens nach dem Zweiten Weltkrieg war katastrophal. Allein die materiellen Verluste des Landes betrugen bei Kriegsende 38 % des Nationalvermögens. Die Schäden an den polnischen Industrieanlagen wurden auf 5,7 Milliarden Dollar berechnet. Einzeln angeführt, betrugen die Verluste in der Industrie 33 %, in der Landwirtschaft 35 %, in der Forstwirtschaft 28 %, im Verkehrswesen 50 %, im Nachrichtenwesen 62 % und im Handel 65 %. Dörfer und Städte waren zerstört. Warschau hatte 75 % seines Wohnungsbestandes verloren, Breslau 65 % und Danzig 55 %. Auf dem Lande waren etwa 467 000 Gehöfte beschädigt oder zerstört worden. Die Menschen saßen zusammengepfercht in den übriggebliebenen Häusern. Um das Wohnungsproblem zu lösen, das dennoch bis heute besteht, mußten die Regierungen der jungen polnischen Volksdemokratie gewaltige Anstrengungen unternehmen.

Die vordringliche Aufgabe bestand jedoch zunächst in der Einleitung der Industrialisierung Polens, die wiederum entsprechende qualifizierte Fachkräfte und Wissenschaftler erforderte.

Es fehlten aber nicht nur qualifizierte Arbeiter und Angestellte, die Regierung stand zusätzlich vor dem Problem eines weitverbreiteten Analphabetismus. Die programmatische Politik der Nationalsozialisten, die polnische Intelligenz zu vernichten und die übrige Bevölkerung auf dem Stand von Arbeitssklaven zu halten, fand so ihren Niederschlag. Es gab etwa drei Millionen Menschen, die nicht lesen und schreiben konnten; das waren 18 % der polnischen Bevölkerung (Kinder bis zum neunten Lebensjahr ausgeschlossen). So lange es diese hohe Zahl an Analphabeten gab, konnte auch das Programm der industriellen Umgestaltung des Landes nicht erfolgreich sein, stand doch die Hälfte der Analphabeten im Produktionsalter. Die Beseitigung des Analphabetismus und der Aufbau eines entsprechenden Bildungssystems war aber eine Vorbedingung, um überhaupt eine sozialistische Politik betreiben zu können.

1949 hatte der Sejm ein Gesetz der „gesellschaftlichen Pflicht des Lernens“ für Menschen im Alter von 14 bis 50 Jahren, die weder lesen noch schreiben konnten, vereinbart. Bereits drei Jahre später konnte die Analphabetenaktion als Erfolg bezeichnet werden. In dieser Zeit hatten 618 298 Menschen das Abschlußzeugnis des Elementarunterrichts erhalten. Die meisten von ihnen stammten vom Lande.

Das Schulwesen wurde unter das Motto des sozialistischen Bildungsprogramms, „Werkzeug des Proletariats“, gestellt. Ziel dieses Programms war es, die „Selbstständigkeit der Arbeiter und Bauern auf dem Gebiet der Bildung“ weiter zu entwickeln. Der Weg dieses kulturellen Aufstiegs der Bevölkerung wurde eingeleitet über eine umfassende

Demokratisierung des Volksbildungswesens in programmatischer und organisatorischer Hinsicht. Das Schulsystem wurde vereinheitlicht, eine allgemeine Schulpflicht eingeführt. Alle Schulstufen waren unentgeltlich. Ausgehend vom Grundsatz der Chancengleichheit wurden sogenannte gesellschaftlich-pädagogische Qualifikationskommissionen eingerichtet, deren Aufgabe darin bestand, den Kindern aus Arbeiter- und Bauernkreisen bevorzugte Aufnahmebedingungen für die allgemeinbildenden Oberschulen zu sichern. Andererseits sollte das Bildungsprogramm aber auch dem Schutz der von den Nationalsozialisten dezimierten Intelligenz, besonders der Wissenschaftler, dienen. Die Grundschule sollte acht Klassen, die Oberschule drei Klassen umfassen. Wegen der materiellen und personellen Schwierigkeiten hatte man bis Anfang der sechziger Jahre das zwölfklassige Schulsystem zurückstellen und sich auf die elfjährige allgemeinbildende Schule beschränken müssen. Das Berufsschulprogramm wurde innerhalb der Schulreform am meisten gefördert. Das neue System beruhte auf der „Durchlässigkeit", d. h., auf der Möglichkeit des Übergangs von einer zur anderen Schulstufe. Damit wurde den Schülern die Möglichkeit gegeben, gleichgültig, welchen Schulabschluß sie ursprünglich angestrebt hatten, ihren Bildungsweg bis zum Hochschulabschluß fortzusetzen. Auch die Reform der Erwachsenenbildung stand in engem Zusammenhang mit der geplanten Industrialisierung des Staates. Bereits 1945 bestanden an den Universitäten Lodz, Krakau und Warschau Lehrstühle und Institute, die ganz oder teilweise der Erwachsenenbildung gewidmet waren, nachdem die polnischen Hochschulen direkt nach Kriegsende ihre Arbeit wieder aufgenommen hatten. Die Curie-Skladowska-Universität in Lublin war sogar schon 1944 gegründet worden, als auf polnischem Territorium noch gekämpft wurde. In den Jahren 1947/48 gab es bereits wieder 56 Hochschulen.

Die polnische Nachkriegsgeneration wuchs nach Lenins Devise „man muß immer weiter lernen" auf und sie verinnerlichte diesen Grundsatz, auch weil er der traditionellen

Überlebensphilosophie der Polen entsprach. Wohl auf keinem Gebiet konnte die neue sozialistische Regierung so große Erfolge erzielen, wie auf dem der Bildungspolitik.

Angesichts der Schwierigkeiten, die die wirtschaftliche Umgestaltung des Landes mit sich brachte, war das nur ein geringer Trost.

Die polnische Volkswirtschaft hatte nach Kriegsende zunächst unter dem Zeichen eines „polnischen Wirtschaftsmodells" gestanden, das eine nur teilweise Verstaatlichung der Wirtschaft beinhaltet hatte. Mit der Sowjetisierung Polens aber ging die Angleichung an das sowjetische Wirtschaftsmodell auf Kosten der nationalen Erfordernisse einher. Eine der ersten Maßnahmen in dieser Richung war die Zentralisierung der Wirtschaftsplanung innerhalb der im Frühjahr 1949 gebildeten „Staatlichen Kommission für Wirtschaftsplanung" gewesen. Mit aller Kraft ging man nun an die Förderung der Schwerindustrie, der Eisen- und Stahlerzeugung und der Produktionsgüterindustrie. Es zeigte sich aber auch schon sehr bald, daß durch diese einseitige Gewichtung die volkswirtschaftlichen Proportionen durcheinander gerieten, trotz des anfänglichen Anwachsens der polnischen Industrieproduktionen. Die Vernachlässigung der Konsumgüterproduktion führte zu einem Absinken des Lebensstandards, obwohl die Löhne gestiegen waren.

Die Regierung sah deshalb in der Zwangskollektivierung, die ohnehin vom System gefordert war, die einzige Möglichkeit, den Lebensstandard der Bevölkerung, was gleichbedeutend mit der Versorgungssituation war, zu verbessern und zu kontrollieren.

Außerdem versprach sie sich durch diese Maßnahme, die erforderlichen Investitionen, die sie für die Industrialisierung benötigte, erwirtschaften zu können. Schließlich hoffte sie, auf diese Weise einen Abzug der unterbeschäftigten Landbevölkerung in die Städte zu erreichen, wo noch immer Arbeitskräfte fehlten.

Eine Zwangskollektivierung bedeutete für die polnischen Bauern aber so etwas wie das Schlachten einer heiligen Kuh. Die polnische Landbevölkerung war im ehemaligen russischen Teilungsgebiet erst um die Mitte des 19. Jahrhunderts aus der Leibeigenschaft befreit worden. Der größte Teil der polnischen Bauern hatte als Landarbeiter gearbeitet. So bedeutete ihnen ihr eigenes Stück Land jetzt, auch wenn es nur ein oder zwei Hektar waren, sehr viel. Außerdem war unter der Landbevölkerung ein spezielles bäuerliches Freiheitsideal verbreitet, das sich mit einer gewissen Fremdenfeindlichkeit und einem starken Mißtrauen gegenüber der Obrigkeit – gegenüber welcher auch immer – verbunden hatte.

Als sich auf dem Lande die Nachricht verbreitete, die Regierung wolle sich am Tabu des bäuerlichen Privatbesitzes vergreifen, reagierten die Bauern mit passivem Widerstand. Sie verweigerten dem Staat ihre Loyalität, der ihnen ohnehin nicht genügend Kollektivierungsanreize bieten konnte. Die staatlichen Maschinenausleihstationen waren damals schlecht ausgerüstet, die Futtermittel- und Saatgutverteilung unzureichend. Die Bauern ignorierten die vom Staat geforderten Zwangsablieferungen. Sie produzierten hauptsächlich für den Eigenverbrauch und verkauften die Überschüsse auf dem Schwarzmarkt oder tauschten sie gegen andere Konsumgüter ein. Bald fielen die Kollektivwirtschaften und Staatsgüter aufgrund schlechter Führung und unzureichend ausgebildeten Fachkräften in ihren Agrarleistungen sogar noch hinter die Erträge der privat bewirtschafteten landwirtschaftlichen Betriebe zurück. Die schlechten Ernten in den Jahren 1949, 1951 und 1953 trugen zusätzlich zur Verschärfung der Versorgungskrise bei.

Auch auf dem industriellen Sektor konnten die hohen Erwartungen nicht erfüllt werden, die in engem Zusammenhang mit der schlechten Entwicklung der Landwirtschaft standen. Der Ausbau der Schwerindustrie war nur bei Vernachlässigung der Konsumbedürfnisse der Bevölkerung und Freisetzung erforderlicher landwirtschaftlicher Arbeitskräfte zu erreichen. Dennoch hatte die Regierung aber keineswegs vor, eine Kursänderung auf Kosten der

Schwerindustrie zu Gunsten des Lebensstandards der Bevölkerung zu vollziehen. Sie gab zwar Fehler in der industriellen Planung und auch in der Investitionspolitik zu, aber die einmal eingeleitete Wirtschaftspolitik – die ausschließliche Investition in die Schwerindustrie – hätte nur unter finanziellen Verlusten gestoppt werden können. Die Arbeiten an den Großprojekten, wie der Lenin-Hütte in Nowa Huta bei Krakau oder der Bierut-Hütte bei Tschenstochau mußten weitergeführt werden, wollte man nicht einen beträchtlichen Teil des bis dahin investierten Volksvermögens aufs Spiel setzen und sich mit einer Stagnation in der Produktion der Grundstoffindustrie abfinden.

Angesichts der immer offensichtlicher werdenden wirtschaftlichen Schwierigkeiten und vor dem Hintergrund der Politik des „Neuen Kurses", den die Entstalinisierungsphase eingeleitet hatte, versuchten Staats- und Parteiführung später ein Programm zu realisieren, das ein langsames Wachstum der Schwerindustrie und stärkere Investitionen auf dem Leicht- und Konsumgütersektor beinhaltete, um die Versorgungsschwierigkeiten zu meistern. Aber die Bauern, von deren Leistung auch bei diesem Programm der Erfolg abhing, spielten nicht mit. Die offiziellen Motivierungsversuche, durch eine gemäßigte Pflichtabgabebestimmung, bessere technische Ausrüstung und die Zusicherung, bei der Zuteilung von Futtermitteln und Saatgut nicht länger benachteiligt zu werden, blieben erfolglos. Selbst die Planungsbehörden mußten schließlich zugeben, daß die mißtrauischen Bauern, die sich an ihren kleinen Privatbesitz klammerten, weder durch Zwang noch durch gutes Zureden für die geplante neue Wirtschaftspolitik gewonnen werden konnten. Der Konflikt zwischen der Wirtschaftspolitik, die einseitig die Schwerindustrie forcierte, und der nicht zu kollektivierenden Agrarwirtschaft blieb systemimmanent. Dabei hatte nicht nur die Volksdemokratie Polen derartige wirtschaftliche Probleme, den sozialistischen Nachbarstaaten ging es ähnlich. In dieser Situation versuchte die Sowjetunion die Wirtschaftsprogramme und Ziele der einzelnen Volksdemokratien mit ihrem sechsten Fünfjahresplan zu koordinieren. Im Dezember 1955 schlug die Sowjetunion auf einer Konferenz in Budapest, einen „Rat für gegenseitige Wirtschaftshilfe" (RGW) vor, nach dem sich in Zukunft jedes sozialistische Land – mit Ausnahme der Sowjetunion – auf diejenigen Industriezweige spezialisieren solle, für die es die günstigsten wirtschaftlichen Voraussetzungen aufweise. In Polen rief diese Forderung zunächst unter den Wirtschaftsplanern Verunsicherung und Unwillen hervor, da sie ihr Konzept der Autarktie gefährdet sahen. Sie befürchteten, in noch größere außenwirtschaftliche Zwänge zu geraten. Aber im Mai 1956, auf der Tagung der RGW-Staaten in Ost-Berlin, argumentierte die Sowjetunion auch politisch, um die ideologisch-politische Loyalität derjenigen sozialistischen Staaten zu stärken, in denen die wirtschaftliche und politische Unzufriedenheit gärte. Unter diesem Gesichtspunkt fand sich auch die polnische Regierung unter Boleslaw Bierut bereit, die Entscheidung der Sowjetunion zu akzeptieren. Zu diesem Zeitpunkt hatte die Unzufriedenheit der polnischen Bevölkerung gerade ihren Höhepunkt erreicht.

Die Regierungs- und Parteiführung glaubte damals, durch eine Anbindung an die sowjetische Politik ihre eigenen nationalen wirtschaftlichen und politischen Probleme beheben zu können. 1955 hatten Wirtschaftsexperten auf dringende Reformen gedrängt und eine Produktionsverbesserung durch Gewährung sinnvoller materieller Anreize, eine Revision der Investitionsgrundsätze, die Zulassung und Förderung privater Unternehmerinitiativen und eine Neuordnung des Agrarbereiches gefordert. Die Parteiführung dagegen hatte auf dem fünften Plenum des ZK im Februar 1956 auf der Weiterführung der Zwangskollektivierung bestanden, um die für die Schwerindustrie notwendigen Investitionsmittel aus der Landwirtschaft herausziehen zu können. Die Regierung hielt grundsätzlich am Konzept einer forcierten Industrialisierung fest und versuchte, durch Normerhöhung und Lohnmanipulation einen notwendigen Konsumverzieht zu erzwingen. Der Streik, der im Juni 1956 in Posen ausbrach, lehrte die polnische

Parteiführung, daß sie mit ihrer Wirtschaftspolitik an die Grenzen der Verzichtbereitschaft der polnischen Gesellschaft gelangt war.

Mitte der fünfziger Jahre wurden alle Mißstände der sowjetischen Obrigkeit angekreidet: Die „Vulgarisierung der marxistischen Lehre“ und der „zu primitive Soziologismus“ auf geistigem Gebiet. Auf wirtschaftlichem Sektor wurden die Mißerfolge der Landwirtschaft auf die „stalinistischen Methoden der landwirtschaftlichen Sozialisierung“ zurückgeführt.

Die Entfremdung zwischen der Parteiführung und der polnischen Gesellschaft wurde gerade in dem Augenblick offensichtlich, als die Umformung Polens in einen Staat sowjetischen Musters vollendet war. Dabei war das Klima in Polen Mitte der fünfziger Jahre so explosiv, daß auch die Sowjetunion damit einverstanden war, einen Mann in die politische Arena zu schicken, den sie zuvor wegen seiner nationalpolnischen Ausrichtung ausgeschaltet hatte.

## Der „polnische“ Weg zum Sozialismus

Die Hoffnungen der polnischen Gesellschaft waren auf Wladyslaw Gomulka gerichtet, der 1954 rehabilitiert worden war und im Oktober 1956 die Parteiführung übernahm. Von ihm wurde erwartet, daß er den drohenden wirtschaftlichen Zusammenbruch verhindern könne. Die Sowjetführung unter Chruschtschow hatte Gomulka eine weitgehende innenpolitische Souveränität zugestanden, die aber die außenpolitische Abhängigkeit von Moskau nicht in Frage stellte. Der euphorisch als „Frühling im Oktober“ begrüßte Machtwechsel, der einen eigenen polnischen Weg zum Sozialismus einleiten sollte, führte zunächst zu einer Revision der Agrarpolitik. Gomulka ging mit den Kollektivierungsmaßnahmen seines Vorgängers Bierut hart ins Gericht und bezeichnete die Zwangskollektivierung als Hauptursache für die jahrelangen Mißerfolge der polnischen Landwirtschaft. Er kritisierte die Mängel der schlecht organisierten Kollektive und die unrentable Bewirtschaftung der Staatsgüter.

Gomulka versuchte, an die alte Tradition der Agrargenossenschaften anzuknüpfen, um so die Bauern für den Staat zu gewinnen. Als im Januar 1957 die neue Regierung ihr Agrarprogramm vorlegte, erklärte sie in ihren „Grundsätzen der Agrarpolitik", daß künftig nur wirtschaftlich effizient arbeitende Produktionsgemeinschaften durch staatliche Investitionen gefördert werden sollten. Die neuen Grundsätze der Agrarpolitik sahen neben einer Erleichterung bei der Gewährung von Krediten auch eine Senkung der Zwangsablieferungsquoten vor. Außerdem versuchte die Parteiführung die Lebensbedingungen auf dem Lande durch den Ausbau der „Elektrifizierung" und der „Mechanisierung" zu erleichtern. Die Erklärung, daß kollektive Zusammenschlüsse ausschließlich auf freiwilliger Basis erfolgen sollten, löste eine Massenaustrittsbewegung aus den Zwangskollektiven aus, so daß in der zweiten Hälfte der fünfziger Jahre wieder zwei Drittel der polnischen Landwirtschaft privat bewirtschaftet wurden, genauer gesagt 80,7 % der gesamten landwirtschaftlichen Nutzfläche. Der Vertrauensbonus, den Gomulka durch die Reprivatisierung der Landwirtschaft bei den Bauern erreichte, schlug sich während der Jahre 1956 bis 1961 positiv in einer Steigerung der Agrarproduktion nieder.

Anfangserfolge konnte Gomulka zunächst auch auf dem Verwaltungs- und Planungssektor verbuchen. Der Beschluß „Über die aktuellen, politischen und wirtschaftlichen Aufgaben der Partei" enthielt Reorganisationsvorschläge, die in der praktischen Anwendung zu einer gewissen Dezentralisation der Verwaltung führten, so daß Ende der fünfziger Jahre 38 000 Etatstellen eingespart werden konnten. Die ebenfalls in dem Beschluß enthaltenen Reformen der Preisbildung und die Zulassung von Privatinitiativen in Handwerk und Gewerbe wurden auf den folgenden ZK-Plenumsitzungen ausdrücklich gebilligt. Im Dezember 1956 wurde vom Ministerrat ein wirtschaftspolitischer Beirat ins Leben gerufen, der im Mai 1957 unter dem Vorsitz des Wirtschaftswissenschaftlers Oskar Lange Thesen für ein neues Wirtschaftsmodell vorlegte, die in der Öffentlichkeit heftig diskutiert wurden. Diese Reformpläne sahen eine Reorganisation der Industriezentralverwaltung vor, unter strikter Beachtung der Rentabilitätsgrundsätze.

Inzwischen war aber auch die alte, die stalinistische Wirtschaftsplangarde in die Regierung zurückgekehrt, die in den Reformplänen „anarcho-syndikalistische Tendenzen“ und eine „Rückkehr zum Kapitalismus“ befürchteten. Außerdem hatten sich die Wirtschaftsexperten der Volksdemokratien im Dezember 1957 bei der Konzeption ihrer nationalen Pläne wieder auf eine bevorzugte Entwicklung der Schwerindustrie und den Ausbau der Grundstoffindustrie geeinigt, so daß Polen gar keinen eigenen Weg gehen konnte. Erschwerend kam hinzu, daß Chruschtschow auf eine Realisierung der Arbeitsteilung drängte, um endlich die volle Verschmelzung der Volkswirtschaften der einzelnen sozialistischen Staaten mit der Wirtschaft der Sowjetunion zu erreichen. Gomulka befürchtete zurecht einen Verlust der inneren Unabhängigkeit, konnte sich aber angesichts der neuerdings wieder besonders angespannten polnischen Wirtschaftssituation dem geplanten Zusammenschluß nicht entziehen. Auf der XII. Ratstagung in Sofia wurde von den Volksdemokratien Osteuropas das „Statut für gegenseitige Wirtschaftshilfe“ unterschrieben. Besonderen Wert legte man jetzt in Polen auf die Sicherung der Rohstoff-, Treibstoff- und Energieversorgung. In diesem Zusammenhang wurde zu Beginn der sechziger Jahre die Basis für die Rohstoffversorgung der siebziger Jahre geschaffen, durch Inbetriebnahme der größten Schwefelabbaustätte Polens, dem Schwefelkombinat bei Tarnobrzeg, die Erschließung der neu entdeckten Kupfervorkommen bei Lubin in Niederschlesien, die umfassende Nutzung der Braunkohlelager in Turoszow, das Erdgasvorkommen im Vorkarpatenraum und schließlich durch die Inbetriebnahme der petrochemischen Werke in

Plock, deren Produktion von dem über die „Druzba-Trasse“ aus der UdSSR importierten Erdöl abhängig ist. Die Regierung bemühte sich zwar, durch höhere Investitionen in die Landwirtschaft den Versorgungsansprüchen und Konsumwünschen der Bevölkerung einigermaßen gerecht zu werden, am Ende fehlte es aber an ausreichenden finanziellen Mitteln. Die nach sowjetischer Billigung aufgenommenen Kreditverhandlungen brachten nicht den gewünschten Erfolg. Das Loch in der Staatskasse konnte nicht mit den notwendigen Devisen gestopft werden. Obwohl in den Bereichen Petrochemie, Kraftfahrzeugbau, Elektromaschinenproduktion, Schiffsbau und in manchen Zweigen der Leichtindustrie Erfolge verbucht werden konnten, blieb vor allem die Landwirtschaft hinter den erwarteten Leistungen zurück. Die Planziele insgesamt waren aber allein schon deshalb nicht einzuhalten, weil die Agrarproduktion trotz größerer Investitionen und einer verbesserten Maschinen- und Traktorenausstattung der Betriebe, ständig hinter dem steigenden Lebensmittelbedarf des Landes herhinkte, so daß immer wieder finanzielle Mittel für den Ankauf von Weizen, Futtergetreide und Schlachtvieh zur Verfügung gestellt werden mußten, die eigentlich für andere Bereiche gedacht waren.

An sich hätte die Tatsache, daß ständig mehr und mehr qualifizierte Arbeiter und Techniker der geburtenstarken Nachkriegsjahrgänge in das Erwerbsleben drängten, optimistisch stimmen müssen. Tatsächlich aber schafft dies für den Staat zusätzliche Probleme. Wegen des raschen Anstiegs der Beschäftigungszahlen war die gewünschte Steigerung der Arbeitsproduktivität nicht zu erreichen, die Arbeitnehmer mußten sich aus diesem Grunde mit der Hälfte der ihnen in Aussicht gestellten Löhne zufrieden geben. Die junge Generation aber, die inzwischen ins Arbeitsleben trat, war in Friedenszeiten aufgewachsen; sie hatte die Vorteile des polnischen Bildungssystems wahrnehmen können und stellte nun auch höhere Lebensansprüche, die von der Parteiführung kaum erfüllt werden konnte. Da die Zahl der Eheschließungen in den sechziger Jahren enorm gestiegen war, hatte sich dementsprechend auch die Wohnungsnachfrage gesteigert, die für den Staat schon immer ein großes Problem gewesen war. Der starke Zuzug der Landbevölkerung in die Städte hatte die Schwierigkeiten auf dem Wohnungssektor vergrößert. Aber trotz der Abwanderung der Bevölkerung vom Land in die Städte, waren die Wohnverhältnisse in den Dörfern noch bedeutend schlechter als in den Städten, vor allem in bezug auf den technischen Standard und die Installationen.

Der aufgezwungene Konsumverzicht steigerte zunehmend die Unzufriedenheit unter der Bevölkerung, die inzwischen anspruchsvoller geworden war und auch nicht mehr bereit zu sein schien, die periodischen Preiserhöhungen, die den Versorgungsengpässen folgten, in Kauf zu nehmen. Merkmale einer industrialisierten Gesellschaft waren besonders in einer Veränderung der Ansprüche der polnischen Bevölkerung auf dem Lebensmittelsektor zu erkennen. Für die sich in der Industrialisierungsphase befindlichen Länder mit leicht steigendem Pro-Kopf-Einkommen sind Veränderungen in den Eßgewohnheiten charakteristisch. In Polen wirkte sich das in den sechziger Jahren dahingehend aus, daß der Verbrauch von Kartoffeln zurückging und die Nachfrage nach Fleisch, Fisch und Süßigkeiten wuchs. Grundsätzlich war der Verbrauch von Nahrungsmitteln Ende der sechziger Jahre um 3 % gestiegen, der Alkoholkonsum um 4,6 %. Nach 1970 betrug die Steigerungsrate beim Alkoholverbrauch sogar 13 %.

Als sich Staats- und Parteiführung im Dezember 1970, ausgerechnet vor Weihnachten, zu einer Erhöhung der Lebensmittelpreise entschlossen, kam es zu den folgenschweren Arbeiterunruhen, die Gomulkas Sturz und Giereks Aufstieg bewirkten. Gomulka hatte verspielt, als er die Interessen der sowjetischen Wirtschaftspolitik vor die der eigenen Bevölkerung stellte, obwohl ihn polnische Wirtschaftswissenschaftler schon 1957 davor gewarnt hatten. Seine Auffassung, daß das Schlagwort vom polnischen Weg zum Sozialismus auch eine solidarische, loyale Haltung der Menschen zu ihrem Staat bedeuten müsse, wurde von immer weiteren Teilen der Bevölkerung nicht mehr geteilt. Die polnische Gesellschaft sah ihren Lebensstandard durch die wenig erfolgreiche Wirtschaftspolitik der Regierung gefährdet.

## Das „polnische Wirtschaftswunder“

Zusammen mit Edward Gierek kam eine Führungsmannschaft an die Spitze des polnischen Staates, die ganz von einer technokratischen Industrialisierungsideologie geprägt war. Es war eine Generation, die in der Phase der Umwandlung Polens von einem Agrar- in einen Industriestaat aufgewachsen war und die an den Fortschritt und technokratischen Pragmatismus glaubte.

Gierek trat mit einem Programm an, das als Hauptziel die Verbesserung des niedrigen Lebensstandards der Bevölkerung ankündigte, der in den letzten Regierungsjahren Gomulkas nicht nur hinter dem der westeuropäischen Länder, sondern auch der RGW-Länder zurückgeblieben war. Die neuen Losungen lauteten nun: „Wir wollen Polen stärker und wohlhabender machen“ und „Wir wollen ein zweites Polen bauen“. Hatte Gomulka die Bedeutung der Arbeiterschaft aus der Distanz gewürdigt mit Worten wie: „Den Schlüssel zur Lösung der aufgetürmten Schwierigkeiten besitzt die Arbeiterschaft“, so besuchte Gierek sie in den ersten zwei Jahren persönlich in ihren Betrieben, um im „ehrlichen Dialog“ eine Verständnisbasis zu schaffen.

Die neue Parteiführung forderte von allen Effizienz, Tüchtigkeit und fachliches Können, sowie die Absetzung unfähiger Betriebsleiter und Funktionäre. Fähigkeit sollte über die Berufung von verantwortlichen Personen entscheiden. Der neue dynamische Stil des „Westlers“ Gierek kam bei den Arbeitern, die das direkte Gespräch zu schätzen wußten, und bei der Intelligenz gleichermaßen gut an.

Die Einsicht, daß nur eine grundlegende Modernisierung der Agrarproduktion zu einer Schließung der Versorgungslücken führen könne, wurde nach 1971 konsequent in die Praxis umgesetzt. Den Bauern wurden moderne Maschinen und technische Anlagen zur Verfügung gestellt, der Traktorenfuhrpark vergrößert, die Zuteilungen von Baumaterial, Dünge- und Futtermitteln erhöht, um die landwirtschaftliche Produktion zu steigern, die 1970 tief in die roten Zahlen geraten war und nur noch 13 % des Nationaleinkommens ausmachte. Die Landbevölkerung, die sich trotzig an ihren Privatbesitz klammerte, produzierte auf zu kleinen, unökonomischen Parzellen. 37,6 % der Höfe besaßen weniger als zwei Hektar landwirtschaftlich nutzbaren Bodens, 21 % der Betriebe arbeiteten auf zwei bis fünf Hektar, 12,2 % bewirtschafteten fünf bis sieben Hektar. Nur 11 % der Höfe hatten mehr als zehn Hektar Land. Betriebe mit mehr als 20 Hektar bildeten eine Ausnahme. Zu diesen Schwierigkeiten, unter denen die Landwirtschaft zu leiden hatte kam, daß sich auf dem Dorf der Trend zu einer Überalterung zeigte. Die Kinder der Bauern hatten vielfach die Lust am strapaziösen und eintönigen Landleben verloren, es zog sie in die Stadt. Auch aus den größeren Betrieben auf dem Lande wanderten die jüngeren Leute in die Städte ab. Hinzu kam, daß viele Bauern gezwungen waren, sich noch neben der Landwirtschaft eine Nebentätigkeit zu suchen, um den Lebensunterhalt der Familie decken zu können. So kam es, daß oft die Frau den Hof praktisch alleine bewirtschaftete und der Mann nur mithalf. Trotz all dieser Unzulänglichkeiten, rührte aber auch Gierek nicht an dem Tabu des überwiegend privatbäuerlichen Charakters der Landwirtschaft, und die Bauern honorierten seine Agrarpolitik. Die landwirtschaftliche Produktion stieg in einem nie dagewesenen Maße an. In den ersten drei Regierungsjahren Giereks wurden außergewöhnlich gute Ernten erzielt. In den Jahren 1971–1973 war die Lage der Landwirtschaft besser als jemals zuvor. Die durchschnittlich jährliche Ernte pro Hektar stieg von 20,1 Tonnen auf 25,5 Tonnen, der gesamte Getreideertrag von 17 Millionen auf etwa 21 Millionen Tonnen. Darauf folgte fast unmittelbar auch eine Steigerung in der Fleischproduktion. Der Rinderbestand erhöhte sich von 10,8 Millionen auf 21,3 Millionen, so daß der Fleischkonsum von 53 kg auf 70 kg pro Kopf steigen konnte.

Die Beseitigung der Planungszwänge, die Abschaffung aller obligatorischen Ablieferungen und die Erhöhung der Erzeugerpreise sowie letztlich auch die günstigen Witterungsbedingungen, die der Landwirtschaft zu diesem Aufschwung verholfen hatten, verbreitete im Lande eine optimistische Grundstimmung.

Der dynamischen Entwicklung in der Landwirtschaft entsprachen groß angekündigte Veränderungen auf dem Planungs- und Verwaltungssektor. Um die längst fälligen Reformen in der Bürokratie und im Management in Gang zu setzen, beauftragte Gierek eine Kommission unter dem Politbüromitglied Jan Szydlak, die sich Gedanken über die Realisierung der Reformpolitik machen sollte.

Alle politischen Aktionen schienen Gierek Recht zu geben. Bis 1974 nahm die polnische Wirtschaft einen ungeahnten Aufschwung. Das Volkseinkommen wuchs um 10,4 %, und auch die Löhne stiegen spürbar an. Der Durchschnittslohn steigerte sich innerhalb von fünf Jahren um 59,4 %. Die Investitionen im industriellen Bereich stiegen von 27,9 % auf 37,8 %, das bedeutete einen Rekord, der von keinem anderen Land der Welt, ausgenommen Japan, übertroffen wurde. Der Mangel an Konsumgütern wurde durch eine beträchtliche Einfuhr von Verbrauchsgütern aus den westlichen Ländern einigermaßen behoben. Die dafür notwendigen Devisen beschaffte sich Gierek zunächst durch sowjetische Kredite in „harter Währung“, später durch entsprechende Kredite aus dem Westen. Auf diese Weise hoffte er, seine Wirtschaftspolitik langfristig zu konsolidieren. Gierek benutzte die Kredite jedoch vor allem, um sein umfassendes Modernisierungsprogramm im Industriebereich zu realisieren, das heißt, moderne westliche Technologien einzukaufen. Die neue Parteiführung ging von der Überlegung aus, die inflationäre Entwicklung in den westlichen Ländern auszunutzen, wobei in der damaligen Zeit die Voraussetzungen für ein derartiges Kalkul günstig zu sein schienen. Die westlichen Staaten kamen der Wirtschaftspolitik Giereks schon entgegen und ermöglichten eine Steigerung der polnischen Investitionen sowie des Massenkonsums.

Erheblich verstärkt wurde die optimistische Stimmung in der Bevölkerung durch ein neues Wohnbauprogramm: Auf dem VI. Parteitag verabschiedete die Regierung 1972 ein langfristiges Programm, das bis Ende der siebziger Jahre für jede Familie eine eigene Wohnung vorsah. In der Öffentlichkeit wurde euphorisch von einem „polnischen Wirtschaftswunder" gesprochen. Die zuvor resignative und pessimistische Einstellung der polnischen Gesellschaft war in eine vertrauens- und hoffnungsvolle Erwartungshaltung umgeschlagen. Gierek bemühte sich, das wirtschaftliche Wachstum mit der gleichzeitigen Anhebung des Lebensstandards zu verbinden, um so den Konsumwünschen der Bevölkerung entgegenzukommen.

Auch die Ankurbelung einer eigenen, leistungsstarken Automobilproduktion und die Erleichterung für Auslandsreisen schlugen zunächst positiv für die neue Führung zu Buch. In Bielsko-Biala entstand ein neues polnisches Automobilwerk und der dort in Lizenz gebaute Fiat Polski fand reißenden Absatz. In Warschau wurden Stadtautobahnen gebaut, die Trasa Lazienkowska und die Wislostrada, und die polnischen Statistiken zeigten, daß sich die Zahl der Kraftfahrzeuge von 1 113 000 im Jahr 1960 auf 3 898 200 (darunter 961 800 Privatfahrzeuge) im Jahr 1975 erhöht hatte.

Genauso sprunghaft entwickelte sich die Touristik. Die Tatsache, daß jetzt nicht mehr nur Ausländer nach Polen kamen, sondern auch für die Polen das Reisen erleichtert wurde, galt als Meilenstein der nationalen und sozialen Befreiung. 1975 reisten 8,2 Millionen Polen ins Ausland, davon 7 Millionen in die DDR, wo bis zum Herbst 1980 für eine Einreise weder Paß noch Visum notwendig waren. Daß die sozialistischen Bruderstaaten andererseits nicht immer erfreut waren über den Besuch der kauffreudigen polnischen Touristenschwärme, war die andere Seite der liberalen Handhabung des polnischen Reiseverkehrs. Um sich gegen die polnische Kauflust zu wehren, wurden ab Mitte der siebziger Jahre innerhalb der sozialistischen Länder Beschränkungen im Geldumtausch eingeführt. In Rumänien wurden Zloty sogar gar nicht mehr angenommen und auch Benzin nur noch gegen Devisen verkauft.

Für die Lebensqualität der Polen noch entscheidender war die Öffnung der Reisemöglichkeiten in den Westen. Jeder Pole hat alle drei Jahre die Möglichkeit, 150 Dollar einzutauschen und einen Paß für das westliche Ausland zu beantragen. Wenn er selber Devisen besitzt, kann er sogar öfter reisen, sofern ihm nicht aus politischen Gründen der Auslandspaß verweigert wird. 1979 waren es 635 000 Polen, die ins westliche Ausland fuhren, 1980 wurde die entsprechende Zahl auf eine Million geschätzt. Polen bildete auf diesem Gebiet eine Ausnahme unter den sozialistischen Staaten, die nur möglich geworden war, durch die Legalisierung des Valutabesitzes. 1976 wurde durch einen Beschluß des Ministerrates sogar der Ursprungsnachweis für ausländische Währungen aufgehoben. So konnte jeder Pole bei der Staatsbank ein verzinstes und steuerfreies Devisenkonto in westlichen Währungen, das mit dem Buchstaben „A“ gekennzeichnet war, unterhalten. Unter „S“ wurden die Konten für ausländische Währungen sozialistischer Staaten geführt.

Daß die Polen überhaupt in so verbreitetem Maße westliche Devisen besitzen konnten, lag an den außergewöhnlich engen Kontakten zu den Auslandspolen. Statistisch gesehen hat jeder dritte Pole Angehörige im westlichen Ausland. Rund 10 Millionen Polen leben über 32 Länder verstreut, davon sechs bis sieben Millionen allein in den USA. Viele von ihnen schicken Dollar oder entsprechende Valutabons an ihre in der Volksdemokratie lebenden Verwandten, die dafür in den Pewex-Läden, die in jeder polnischen Stadt eingerichtet wurden, westliche, aber auch einheimische Waren kaufen können, die es auf dem normalen Markt nicht gibt. Der Staat hat dadurch die Möglichkeit, die Devisen aus der Bevölkerung abzuschöpfen.

Anders als in Ungarn, Rumänien oder der CSSR ist aufgrund der besonderen historischen Bedingungen das Zusammengehörigkeitsgefühl der Polen besonders stark. Beziehungen zu den Auslandspolen werden vom Staat nicht nur geduldet, sondern offiziell gefördert.

So ist es auch nicht verwunderlich, daß man in Polen stolz ist auf die Erfolge prominenter polnischer Künstler und Schriftsteller, auch wenn sie die Volksdemokratie in Unfrieden verlassen haben. In der Polnischen Zeitschrift „Polska" wurde ausführlich über Roman Polanski berichtet, der im Dezember 1976 zum ersten Mal nach 15 Jahren sein Heimatland besuchte und in der Warschauer Technischen Hochschule öffentlich mit Studenten über seine Arbeit diskutierte. Und auch die Nobelpreisverleihung an Czeslaw Milosz, über den man in Polen lange Zeit geschwiegen hatte, wurde mit Stolz vermerkt, wenn auch schon zu einem Zeitpunkt, als sich die Reformbewegung des Herbstes 1980 auch in einer Liberalisierung der Presse auswirkte. So hieß es in der Zeitschrift „Polska": „Als Kommentar genügt hier ein Wort: Freude. Ein dritter polnischer Schriftsteller wurde – nach Henryk Sienkiewicz (1905) und Wladyslaw Stanislaw Reymont (1924) – mit dem Literaturnobelpreis ausgezeichnet."

Die polnische Parteiführung hatte dem regen Interesse der Bevölkerung und deren Kontakten zum westlichen Ausland auch dadurch Rechnung getragen, daß sie die Informationsmöglichkeiten erleichterte. Durch die Einrichtung eines breiten Netzes von Presseclubs, die öffentlich für jedermann zugänglich waren und neben Zeitungen und Zeitschriften aus den sozialistischen Staaten auch westliche Presseerzeugnisse auslegten, konnten sich die Polen ein Bild darüber verschaffen, was in der Welt vorging.

Die Liberalisierung der polnischen Öffentlichkeit in den siebziger Jahren, die sich so sehr von den sozialistischen Nachbarstaaten abhob, erstaunte viele westliche Beobachter. Westliche Wirtschaftsexperten waren von dem industriellen Aufschwung beeindruckt und erleichterten Gierek die Beschaffung weiterer Auslandskredite. Der Begriff des

„polnischen Wirtschaftswunders“ ging um – nicht nur bei den wundergläubigen Polen. Schließlich war ja nicht einzusehen, warum nicht auch Polen, das in der Nachkriegszeit bewundernd und etwas neidisch auf den wirtschaftlichen Aufschwung in der Bundesrepublik Deutschland geblickt hatte, endlich ein eigenes Wirtschaftswunder erleben sollte.

## Die Krise und ihre Eskalation

Das „polnische Wirtschaftswunder“ verwandelte sich für die außenstehenden Beobachter fast über Nacht in eine tiefe wirtschaftliche und politische Krise. Vordergründig wurde das polnische Wirtschaftsdebakel, das sich im Juni 1980 durch eine Verknappung von Lebensmitteln, starke Preiserhöhungen und den daraufhin ausbrechenden Streiks offenbarte, auf die weltweite Energiekrise zurückgeführt. Tatsächlich war Polens Wirtschaft davon nur am Rande betroffen, denn Polen bezog den größten Teil seines Erdöls aus der Sowjetunion, zu günstig festgesetzten RGW-Preisen, und konnte von der Preissteigerung seines Hauptexportartikels, der Kohle, finanziell nur profitieren. Die eigentlichen Gründe für die nun sichbare Wirtschaftsmisere lagen in der Fehleinschätzung und der Fehlplanung der wirtschaftlichen Entwicklung des Landes durch die polnische Führung.

Der landwirtschaftliche Aufschwung der ersten Regierungsjahre Giereks hatte sich nicht als konstant erwiesen. Ab 1975 betrug die Zuwachsrate nur noch 1,0 bis 1,2 % jährlich und konnte dadurch kaum mit dem Bevölkerungswachstum Schritt halten. Die Überschüsse an landwirtschaftlichen Erzeugnissen wurden immer geringer, und die Parteiführung griff auf die alte, unpopuläre Maßnahme, der „sozialistischen Umwandlung des Dorfes“ zurück. Es wurden neue Richtlinien entwickelt, um die Privatwirtschaft zurückzudrängen und die Staatsgüter effektiver zu bewirtschaften. Die Privatbauern wurden, wie schon früher bei der Belieferung von Saatgut und Futtermitteln, als auch bei der Zuteilung der notwendigen Landmaschinen benachteiligt.

Die Folgen hatte die Bevölkerung zu tragen. Immer mehr Mangelerscheinungen machten sich bemerkbar. Der Aufwand und die Zeit für die täglichen Besorgungen wurden ständig größer. Am härtesten war davon die untere soziale Schicht betroffen, die kaum Devisen besaß. Das Vertrauen in die Regierungspolitik ließ nach; stattdessen keimte wieder Mißtrauen auf. Preismanipulationen, deren sich die Parteiführung bediente, wurden von der Bevölkerung nicht durchschaut. Da die Preise für Grundnahrungsmittel gemäß einer Regierungsverpflichtung eingefroren waren, versuchte die Parteiführung die Preise hochzutreiben, indem sie preisgebundene Erzeugnisse vom Markt abzog und sie durch angeblich bessere, die dann nicht preisgebunden waren, ersetzte.

Das wirtschaftliche Zusammenspiel war außer Kontrolle geraten. Im Gegensatz zum Konsumangebot waren die Löhne, auf ständigen Druck der Arbeiter hin, gestiegen. Die Parteiführung war wieder auf die Grundsätze des sowjetischen Modells eingeschwenkt und hatte die Schwerindustrie auf Kosten der Konsumgüterindustrie überproportional gefördert. Die Leichtindustrie und die Nahrungsmittelindustrie entwickelten sich am langsamsten.

Erschwerend kamen in dieser Situation die Komplexität der Außenhandelsbedingungen Polens hinzu. Gierek wollte den Export der landwirtschaftlichen Produkte – trotz des großen Inlandbedarfs – nicht drosseln, um die Außenhandelsbilanz mit den westlichen Handespartnern nicht zu beeinträchtigen. Aber damit stellte er die ausreichende Versorgung der polnischen Bevölkerung in Frage.

Ausgerechnet im Bereich der Außenhandelsbeziehungen, die Anfang der siebziger Jahre mit so viel Vehemenz eingeleitet worden waren und die so vielversprechende Perspektiven für die polnische Wirtschaft eröffnet hatten, wurden nun die größten Fehler gemacht, die Polen in tiefe

Verschuldung stürzte. (Mitte 1980 beliefen sich die Auslandsschulden Polens auf über 21 Milliarden US-Dollar, Anfang 1981 auf 23,5 Milliarden US-Dollar).

Die polnischen Wirtschaftsplaner waren von der Überlegung ausgegangen, daß sie mit Hilfe der gegen Westkredite eingekauften Technologien sowie der Modernisierung der Betriebe bald selbst in der Lage sein würden, industrielle Güter zu exportieren. Sie glaubten, daß sich dadurch die importierten technischen Anlagen und die mit großem finanziellen Aufwand betriebene Modernisierung auf Dauer amortisieren würde und darüber hinaus den Weg für eine weitere Modernisierungsentwicklung einleiten könnten. Diese Erwartungen waren nicht in Erfüllung gegangen. Polen hatte sich vielmehr durch den Einkauf westlicher Technologien auch vom Import besonderer Treibstoffe und Ersatzteile abhängig gemacht. Dazu kam, daß die neuen Industrieprodukte, die man exportieren wollte, nicht immer dem von ausländischen Kaufinteressenten geforderten Standard entsprachen. Die Kritiker dieser Wirtschaftspolitik warfen nun Gierek vor, mit den ausländischen Krediten und Darlehen, die Polen zu so günstigen Bedingungen gewährt worden waren (westdeutsche Banken forderten zum Teil nur 2,5 % Zinsen) eine regelrechte Mißwirtschaft betrieben zu haben. Nach Ansicht der Kritiker hätten die ausländischen Kredite dazu dienen müssen, durch grundsätzliche und notwendige Reformen im Preis- und Lohngefüge und in der Landwirtschaft die polnische Wirtschaft zu sanieren. Gierek und seine Wirtschaftsplaner hätten aber alles getan, um diesen notwendigen Reformen aus dem Wege zu gehen. Ihnen wurde vorgeworfen, die Kredite sinnlos verpulvert zu haben, in dem permanenten Versuch, die Diskrepanz zwischen Infrastruktur und industrieller Entwicklung zu beheben.

Tatsache ist, daß die polnischen Industrieanlagen in den siebziger Jahren zu den modernsten Europas hochgerüstet wurden, daß die Leistungen diesem technischen Standard aber nicht entsprachen. Es waren von oben, von den Zentralbehörden angeordnete Modernisierungen, die von den Unternehmensleitungen und auch von den Arbeitern ohne großes Interesse akzeptiert und realisiert wurden. Nicht selten wurden die Arbeiter nur unzureichend vorbereitet und angelernt, so daß sie die modernen, komplizierten Maschinen weder bedienen noch warten konnten. Ein polnischer Wirtschaftswissenschaftler stellte kritisch fest, daß die polnische Wirtschaft aus sich heraus keine Initiativen für Veränderungen und Weiterentwicklungen entfalte. Daher meinte er, das ganze System der Organisation von Produktionsprozessen und des Zusammenspiels von Wirtschaftsplanern und Unternehmensleitungen müsse in Frage gestellt und überprüft werden. Auf dieses Problem hatte auch eine Gruppe oppositioneller Wirtschaftsanalytiker hingewiesen, die 1978 in einer Studie das „antiquierte Befehlssystem" kritisierten, in dem „materielle Interessen der Manager und des gehobenen Fachpersonals den Interessen der Volkswirtschaft entgegengesetzt sind". Die Experten stellten fest, daß sich die Abhängigkeit der Wirtschaftsunternehmen von der Parteipolitik besonders schädlich auf die Produktionsleistung auswirke. So käme es zu jener „katastrophalen Personalpolitik", die gehorsame Konformisten den Experten und qualifizierten Unternehmern vorziehe und die auch zu einer Unterbeschäftigung der Betriebe führe. (Uwagi o sytuacji gospodarczej kraju, Warschau 1978.)

Die Überbesetzung von Arbeitsplätzen ist in Polen einer der Gründe für die geringe Arbeitsproduktivität, das Absinken der Reallöhne und für den Rückgang der Steigerungsraten des Nationaleinkommens. Selbst Gierek hat auf die Probleme der Unterbeschäftigung, einer verdeckten Arbeitslosigkeit, hingewiesen. Das in der Verfassung verankerte Recht auf Arbeit hat für die polnische Wirtschaft und Gesellschaft nicht geringe Probleme aufgeworfen. Gierek mußte in den siebziger Jahren für zweieinhalb Millionen Arbeitskräfte neue Arbeitsplätze bereitstellen. Nicht selten führte dieses Problem zu einer Doppel- und Dreifachbesetzung eines Arbeitsplatzes. Es gab zwar auch Versuche, den extensiven Arbeitskräfteeinsatz durch eine radikale Rationalisierung zu unterbinden, um die Ertragslage der Wirtschaft zu heben und durch die Einführung eines „neuen Systems der materiellen Hebel" den Arbeitseifer und die Arbeitsqualität zu steigern – doch ohne großen Erfolg. Die Tatsache, daß eine Doppelbesetzung der Arbeitsplätze auch im Bereich der höherwertigen Positionen zu finden ist, hat zwei Rundfunkkommentatoren zu folgender Glosse inspiriert: „Es gibt in Polen 800 000 Direktoren, also doppelt so viel wie Bergarbeiter und fast zweimal so viel wie Metallarbeiter. Kurz gesagt, der Beruf eines Direktors ist der häufigste Beruf in unserem Lande. Wieviel kostet uns diese Direktorenschwemme? Um das Ausmaß dieser Erscheinung festzustellen, nahmen wir folgende, nicht ganz ernst gemeinte Berechnung vor: Auf einen Beschäftigten entfallen sechs Kilogramm Direktor, wenn man davon ausgeht, daß ein Direktor durchschnittlich 80 Kilogramm wiegt. Das ist doch eine ganz schöne Last, vor allem, wenn man noch seine Sekretärin dazuzählt." (Warschauer Rundfunk, 20. 1. 1978)

Ironisch, beziehungsweise mit Hilfe der Satire Mängel des polnischen Alltags zu beschreiben und Gesellschaftskritik zu üben, ist eine in Polen beliebte Methode. Dem Parteiführer Gierek dagegen war angesichts der zunehmenden wirtschaftlichen Schwierigkeiten der Humor vergangen. Er kritisierte hart und unverblümt die Arbeitnehmer und ihre mangelnde Einsatzbereitschaft. Er warf ihnen vor, zu hohe Ansprüche an die politische Führung zu stellen, ohne daß sie ihre bürgerlichen und beruflichen Pflichten erfüllten. Gierek tadelte immer häufiger die nachlassende Arbeitsdisziplin, das willkürliche Aufgeben von Arbeitsplätzen, die rücksichtslose Ausnutzung der offiziellen Arbeitszeit für andere private Tätigkeiten und das unentschuldigte Fernbleiben vom Arbeitsplatz. Seine Vorwürfe enthielten Begriffe wie Unfähigkeit, Pflichtvergessenheit und Disziplinlosigkeit. Auch die polnische Presse nahm sich, im Rahmen der Liberalisierung zur Kritik an gesellschaftlichen Mängeln aufgefordert, dieses Themas an. In einem Artikel der Zeitschrift „Perspektywy" wurde an die gesellschaftliche Pflicht gemahnt und festgestellt: „Alle berufen sich auf ihr Recht, auf qualitativ gute Ware. Alle rechnen mit allen ab, aber keiner hält sich selbst die Qualität der Ausführung dienstlicher Aufgaben und Pflichten vor. Da liegt der Hund begraben." Die Autorin dieses Artikels zeigte an mehreren Beispielen kritisch auf, welche mißbräuchlichen Formen das „garantierte Recht auf Arbeit" in Polen nehmen kann. So berichtete sie von der „Bürgerin B. Z.", die entlassen wurde, weil sie an ihrem Arbeitsplatz ständig Alkohol trank und es ablehnte zu arbeiten. Die „Bürgerin B. Z." habe bei der Schiedskommission gegen ihre Entlassung Einspruch erhoben mit dem Hinweis auf ihr Recht auf ein festes Arbeitsverhältnis. In dem Artikel wurde weiter über das Ergebnis stichprobenartiger Betriebsüberprüfungen durch die Staatsanwaltschaft berichtet, bei denen sich beinahe überall große Nachlässigkeiten in der Arbeitsdisziplin herausgestellt hätten. Im landwirtschaftlichen Bauunternehmen in Lubaczow seien innerhalb des Kontrollzeitraumes von 559 Beschäftigten 63 an insgesamt 391 Arbeitstagen unentschuldigt ferngeblieben, drei Arbeitnehmer jeweils mehr als 20 Tage. Ebenfalls in einem Bauunternehmen, in Radymno, hätten Arbeiter mehr als 2 000 Arbeitstage unentschuldigt versäumt. Viele Arbeitstage seien wegen übermäßigen Alkoholgenusses verloren gegangen. In den Fleischereibetrieben „Zeran" seien in einem Dreivierteljahr 1 873 Arbeitstage verlorengegangen, u. a. auch wegen Alkoholmißbrauchs. Die Liste von Vorwürfen, die in diesem Artikel präsentiert wurde, ist lang; die Autorin kam zu dem Schluß, daß auch Direktoren und Betriebsleiter der Anschauung huldigen ... „ob man nun steht oder liegt ...". Abschließend stellte sie fest: „Toleranz gegenüber Bummelanten erweckt wiederum das Gefühl allgemeiner Pflichtlosigkeit, demoralisiert die Menschen, die redlich arbeiten. Da niemand die Erfüllung der Pflichten, die sich aus dem Arbeitsvertrag ergeben, mit letzter Entschiedenheit durchsetzt, kann es wohl so sein, daß es sich gar nicht lohnt, gut zu arbeiten?!"

Auch Mieczyslaw Rakowski stellte in seiner Eigenschaft

als Chefredakteur der „Polityka“ innerhalb der Bevölkerung eine immer mehr um sich greifende Resignation, eine Art fatalistischer Haltung fest: „Hunderttausende von Arbeitern und Angestellten demonstrierten Tag für Tag eine ‚Ist-mir-egal-Haltung‘. Die notwendige ernsthafte Einstellung zur Arbeit wird auch nicht gerade durch die Produktionsbeschränkungen, eine Folge der Rohstoff- und Energieknappheit, gefördert. Viele hängen der Philosophie, ‚Irgendwie wird der Laden schon laufen‘, an. Andere wiederum richten sich nach der Parole: ‚Rette sich wer kann‘.“ Rakowski kam zu dem Fazit, daß es „in den Verwaltungsmechanismen knirscht“, daß Statistiken manipuliert würden und daß „eine beachtliche Zahl von Werktätigen keinen Zusammenhang zwischen ihrem persönlichem Wunsch nach einem besseren Leben und einer qualitativ besseren Arbeit“ sähen. Dabei sollte sich „jedes Arbeitsteam in Volkspolen, jedes, selbst das kleinste Glied der Staatsmacht und Selbstverwaltung für seinen Arbeitsbereich voll verantwortlich fühlen.“

Wie weit Rakowskis Wunschvorstellung von der Wirklichkeit entfernt war, beschrieb der Journalist Daniel Passent, der sich dieses Problems satirisch, wenn auch mit großem Ernst annahm. In einer Glosse unter dem Titel „Ich bin zu tiefem Dank verpflichtet“ erzählt er über die Auswirkungen der Mängelwirtschaft auf den Alltag und das Verhalten der Polen untereinander: „Ich danke der verehrten Telefonistin dafür, daß sie den Hörer nicht weglegte, sondern mir ruhig zuhörte und mich dann mit der erbetenen Nummer verband. Nur ein Mensch, der sich schon einmal bemüht hat, telefonisch jemanden in der Stadtverwaltung zu erreichen, wird meine Dankesschuld begreifen ... Ich danke dem Verkäufer von Bratwürsten, Schaschlik und Aalen in Danzig, daß er mir versprochen hat, mir 60 Dekagramm Aal zu verkaufen, wenn er welche bekäme, und daß er dieses Versprechen auch gehalten hat. Nur ein Gastgeber, der Gäste erwartet und nicht darauf vorbereitet ist, wird meine Dankbarkeit zu schätzen wissen, meine Dankbarkeit, die ich mündlich und finanziell zum Ausdruck gebracht habe ... Ich danke der Dame aus dem ‚Monopol'-Geschäft dafür, daß sie mir, als ich einmal 100 Gramm Spiritus für die Herstellung von Erdbeerkonfitüre benötigte, gesagt hat, wo und für welche Valuta ich Spiritus bekommen könne ... Ich danke den Mitarbeitern der Müllabfuhr, daß sie den von ihnen selbst bestimmten Betrag für das Ostergeschenk akzeptiert haben und daß sie einmal in vierzehn Tagen Müll abgeholt haben, was uns der Frequenz, so, wie sie in den Vorschriften festgelegt ist, deutlich näher bringt."

Was der Journalist Passent witzig und ironisch beschrieb, prägte längst den sozialistischen Alltag. Das an sich harmlose Motto: „Kleine Geschenke erhalten die Freundschaft" hatte in der polnischen Gesellschaft so stark Eingang gefunden, daß die Grenzen zwischen Trinkgeld und Bestechung schwer festzustellen waren. „Trinkgelder" waren nicht nur selbstverständlich, sondern für bestimmte Dienstleistungen und Warenkäufe unabdingbar geworden. Um die Einschätzung der fließenden Grenzen zwischen Trinkgeld und Bestechung festzustellen, schickte die Zeitschrift „Przekroj" (Querschnitt) im Sommer 1976 Reporter auf die Straße, um dazu Meinungsäußerungen aus der Bevölkerung einzuholen. Es stellte sich heraus, daß die meisten Befragten Trinkgelder als selbstverständlich, notwendig oder sogar als Pflicht betrachteten. Eine Chemikerin bezeichnete finanzielle Erkenntlichkeiten als selbstverständlich. Ein Student war der Meinung, daß es sich dabei um eine besonders vornehme Art zwischenmenschlicher Beziehungen handle. Eine Ärztin erzählte, daß sie mit den Geschenken, die sie von den Patienten erhalte, in eine Buchhandlung gehe, um sie dort gegen die Bücher einzutauschen, die nur unter dem Ladentisch erhältlich seien. Ein Arbeiter berichtete, daß die Leute auf dem Dorf der Überzeugung seien, sie wären unheilbar krank, wenn der Arzt von ihnen keine Geschenke – Eier, Früchte oder einen Geldbetrag – nähme. Eine Sekretärin erklärte, daß es gang und gäbe sei, private Reparaturen von Betriebsangehörigen während deren Arbeitszeit ausführen zu lassen und die Arbeiten als Betriebskosten zu berechnen. Resigniert bekannte eine Verkäuferin, es gäbe einen Zwang zum Trinkgeldgeben, als „angemessene Belohnung“ für normal ausgeführte Dienstleistungen; andernfalls müsse man damit rechnen, daß das nächstemal schludrig gearbeitet werde oder dem betreffenden Kunden bestimmte Waren verweigert würden. Es gab bei dieser Umfrage auch aggressive Stimmen, die der Presse vorwarfen, sich mit diesen Lappalien, statt mit ernsthaften Bestechungsaffären zu beschäftigen, wie sie beim Autokauf und bei der Wohnungsbeschaffung üblich seien. In einem Interview erklärte der Sejm-Abgeordnete Sadurski lakonisch, daß das Problem der Trinkgelder in der ganzen Welt existiere. Bestechungen könnten nur schwer nachgewiesen werden, da weder der Geber noch der Nehmer an einer Aufdeckung interessiert sei.

Zweifellos hat der Abgeordnete Sadurski bei dieser Überlegung einen dritten Beteiligten außer Acht gelassen, den Mitbürger nämlich, der bei diesen Manipulationen zu kurz kommt. In der polnischen Bevölkerung war das Wissen um Korruption und Bestechung seit langem verbreitet, aber öffentlich diskutiert und geahndet wurde es erst nach den August-Ereignissen von 1980, als die vollen Ausmaße der Korruptions- und Bestechungsaffären bekannt wurden. Die Beziehungen zu westlichen Wirtschaftsfirmen und der legalisierte Devisenbesitz hatten in Polen inzwischen zu einer Zweiklassengesellschaft geführt. Die Partei- und Staatselite, die über das Privileg verfügte, im Ausland Geld zu verdienen offiziell oder inoffiziell, konnte sich einen ganz anderen Lebensstandard leisten, als der gewöhnliche polnische Arbeitnehmer, der sich für seine Zlotys fast nichts mehr kaufen konnte. Ein paar clevere, kaufmännisch begabte Polen nutzten die Reisemöglichkeiten in den Westen für inoffizielle Geschäfte, so daß es in Polen sogar US-Dollar-Millionäre gab.

Diese „neue Klasse“ von privaten Unternehmern, einflußreichen hohen Funktionären und einer Gruppe von Intellektuellen, die im Dienste des Staates standen, definierte sich über den Besitz von westlicher Valuta, der in Polen eine Art „Sesam-öffne-Dich" bedeutete. Westdevisen machten die Erfüllung von Wünschen nach Pelzen, Westpullovern und Schuhen möglich, die es nur unter dem Ladentisch, in den Pewex-Läden oder im Schwarzhandel gab. Devisen verkürzten die Wartezeit auf einen Fernsehapparat, ein Auto oder eine Wohnung. Dabei waren dies kleine Sünden im Verhältnis zu den Schwarzbauten prächtiger Villen in einer Zeit des akuten Wohnungsmangels, dem Import von Textilien und teurer Kosmetika aus Frankreich oder Italien, den Wochenendflügen der „upper class" zu den Spielcasinos von Monte Carlo oder zum Prominentenfriseur nach Paris.

Gierek stellte im Oktober 1977 auf dem IX. Plenum des Zentralkomitees der Partei fest, daß die Öffentlichkeit über die Verbreitung der Schwarzhandelsgeschäfte, der Spekulationen und Bestechungen „ergrimmt" sei. Er zeigte sich entschlossen, diese Auswüchse zu bekämpfen, da die Korruption geeignet sei, „große soziale und politische Schäden" zu verursachen.

Daß Giereks Entschlußkraft am Ende nicht ausgereicht hatte, diese Schäden von der polnischen Gesellschaft abzuwenden, zeigte sich ab Herbst 1980 nach seinem Sturz, als die Fülle und das Ausmaß der Korruptionsaffären bekannt wurden und Gierek sich wenig später selbst wegen „Bereicherung" auf Kosten des Volkes verantworten mußte.

Über einhundert Strafverfahren wurden vor der Generalstaatsanwaltschaft schon im Herbst 1980 angestrengt. So zum Beispiel gegen den langjährigen Direktor der staatlichen Außenhandelszentrale „Minex", Kazimierz Tyranski, und dessen Frau, die beide beschuldigt wurden, von westlichen Geschäftspartnern Bestechungsgelder in Höhe von einer Million US-Dollar angenommen zu haben. Angeblich hat Tyranski die Arbeiter, die ihm seine Luxusvilla in Konstancin bei Warschau bauten, in Dollar bezahlt.

Im Mai 1981 wurde in der Öffentlichkeit bekannt, daß die Staatsanwaltschaft gegen das staatseigene „Vereinigte Unterhaltungsunternehmen" (ZPR) ermittelte, das in Zusammenarbeit mit der italienischen Mafia einen florierenden Mädchenhandel betrieben hatte. Dieser Export lebendiger „Ware", mit den geforderten Qualitätsmerkmalen 168–172 cm groß, gutproportioniert, Reifezeugnis und möglichst blond, brachte den polnischen Exporteuren 500 US-Dollar „pro Stück" und pro „Einsatztag" weitere 3 US-Dollar ein. Unter dem Vorwand, bei künstlerischen Veranstaltungen mitzuwirken, wurden über dreihundert Polinnen, Hilfsarbeiterinnen, Verkäuferinnen, aber auch Ärztinnen und Studentinnen nach Begutachtung durch italienische „Impressarios" an italienische Vergnügungsetablissements verkauft.

Nur die größeren Korruptionsverfahren wurden in der Öffentlichkeit diskutiert. Über die mehr als tausend bereits aufgeklärten kleinen und mittleren Verfahren sprach man schon gar nicht mehr. Die Tatsache, daß es Krankenhäuser für „gewöhnliche Sterbliche" gab, in denen es teilweise an den primitivsten Mitteln wie Verbandszeug fehlte und in denen die Betten auf den Gängen standen, und andererseits Luxussanatorien mit Einzelzimmern und perfekter ärztlicher Betreuung, war den Polen längst bekannt. Auch sprach man gar nicht mehr über die für Spitzenfunktionäre reservierten Jagdreviere in Masuren und in Südpolen, ihre Luxusvillen und die Auslandsreisen, oder über den kostspieligen Autofuhrpark von Andrzej Jaroszewicz, dem Sohn des gestürzten Premierministers, der vier italienische Sportautos, zwei davon in Rennausführung, sein Eigen nannte.

Dafür erregten beispielsweise die Enthüllungen über den ehemaligen Fernsehdirektor Maciej Szczepanski großes Aufsehen, der dadurch bekannt geworden war, daß er die Bevölkerung während der immer wiederkehrenden Versorgungskrisen eindringlich zum Maßhalten und zur Bescheidenheit gemahnt hatte. Das Bild seiner Lebensführung und die Anhäufung seiner Reichtümer, von Inspekteuren der Obersten Staatskontrollkammer und Geheimdienstleuten rekonstruiert, könnten als Vorlage für einen zwielichtigen Groschenroman dienen. Szczepanski hatte sich während seiner achtjährigen Amtszeit ein, auch für westliche Verhältnisse unvorstellbares Vemögen geschaffen. Nach Art polnischer Magnaten war er stolzer Besitzer von zwei Schlössern, vier Villen und mehreren Appartementwohnungen in Polen. Für seine laufenden Einnahmen sorgten ein Hotel an der Ostsee und eine Pension in Zakopane. Er besaß zwei Zuchtfarmen, eine Molkerei, eine Metzgerei und eine Bäckerei. Dieser autokratische Herrscher verfügte zudem über zwei Flugzeuge, einen Hubschrauber und zwei Hochseejachten. Damit er seine in- und ausländischen Gäste auch großzügig bewirten konnte, gehörte zu seinem „Repräsentationsfond", der mit staatlichen Mitteln finanziert wurde, ein geschlossener Saunaclub und ein für das gemeine Publikum nicht zugängliches Striptease-Kabarett „Teatr Rozrywki". Die Erzählungen über sein Privatleben schienen einem Märchen aus Tausendundeinernacht entnommen zu sein, nur mit dem Unterschied, daß er nicht Herr über arabische Haremsdamen war, sondern über vier aus Kenia importierte Mädchen, die zum Personal seiner mit Swimmingpool und Sauna ausgestatteten Luxusvilla in Zalesie gehörten.

Während des Streiks im August 1980 waren aus unergründlichen Kanälen geheime Listen über das Korruptionsausmaß unter den hohen polnischen Parteifunktionären in die Hände der streikenden Arbeiter gelangt. Durch diese Listen war das Mißtrauen gegen die Funktionäre unüberwindlich geworden, was manche Würdenträger noch immer nicht begreifen wollten. Als der erste Verhandlungsführer der Regierung, Ministerpräsident Pyka, mit den streikenden Arbeitern zusammentraf, wurde er zunächst ironisch nach seinen Vermögensverhältnissen und der Anzahl seiner Landhäuser gefragt. Pyka ging in die gestellte Falle und erklärte entschuldigend, daß eine der angegebenen Adressen nicht ihm, sondern seinem Sohn gehöre.

Die Entwicklung des Frühjahrs 1981 zeigte, daß auch die meisten der über drei Millionen polnischer Kommunisten zum Kampf gegen die mächtigen und korrupten Parteibonzen angetreten waren. Die Ermittlungen der Staatsanwaltschaft schlossen am Ende immer größere Kreise von Parteifunktionären ein. Im Sommer 1981 wurden schließlich gegen vier ehemalige Minister, sieben ehemalige Vizeminister, fünf ehemalige Erste Woiwodschaftssekretäre der Partei und 102 andere ehemalige Spitzenfunktionäre die Verfahren eingeleitet. Im Mai 1981 begingen zwei in Korruptionsverfahren verwickelte ehemalige Minister Selbstmord: der Bauminister und ehemalige Bürgermeister von Krakau Edward Barszcz und der ehemalige Außenhandelsminister Jerzy Olszowski, der zum engen Kreis um Gierek gehört hatte.

Daß der Weg zu einer neuen Vertrauensbasis zwischen Parteiführung und Gesellschaft schwierig und mühsam sein wird, ist abzusehen. Dabei wird die Verständigungsbereitschaft durch die Parteifunktionäre erschwert, denen aus ihrer privilegierten Position heraus ein Umdenken schwer fällt. Geradezu zynisch klingt die heimlich auf Tonband aufgenommene Erklärung des Politbüromitgliedes Andrzej Zabinski, Parteichef von Kattowitz, der sich vor Offizieren des Sicherheitsdienstes Gedanken über die Spaltungsmöglichkeiten der freien Gewerkschaften „Solidarnosc" machte: „Sie müssen den Geschmack der Macht erfahren. Man soll ihnen überall Räume zur Verfügung stellen und ihnen diese Räume so luxuriös wie nur möglich einrichten. Ich habe es schon immer gesagt und ich werde das in diesem Kreis noch einmal wiederholen: Ich kenne keinen Menschen, den der Besitz von Macht nicht demoralisieren würde; das ist nur eine Frage der Zeit und des Ausmaßes."

Gerade in dieser menschenverachtenden Einstellung, wie sie Zabinski äußerte, sieht der polnische Professor für technische Wissenschaften Janusz Groszkowski die Ursachen der polnischen Krise. In einem Interview erklärte Groszkowski, Sejm-Abgeordneter und von 1972–1976 stellvertretender Vorsitzender des Staatsrates, daß die Mißstände nicht nur in Planungsfehlern zu suchen seien, sondern im Mangel an Moral und Ehrlichkeit: „Wenn die Menschen sich nicht ändern, dann werden auch weiterhin Kredite verschwendet. Menschen werden weiter stehlen, betrügen, Schmiergelder nehmen und korrupt sein. Sie werden das tun, woran sie sich gewöhnt haben. Das ist die Ur-Ursache der polnischen Krise ... Wenn wir also neue Kredite bekommen, unsere Schulden abzahlen, die Wirtschaft in Schwung bringen, die Investitionen ordnen, Nahrungsmittel und Rohstoffe einführen, nicht aber auch parallel dazu die Menschen ändern, dann wird es in wenigen Jahren genau so sein, wie es gewesen ist." Für Groszowski liegen die eigentlichen Probleme der Gesellschaft – und nicht nur der polnischen – weniger in der wirtschaftspolitischen Disproportion, sondern vielmehr in der Diskrepanz zwischen der Entwicklung von Technologie einerseits und Kultur andererseits: „Europa hat geraume Zeit ein relatives Gleichgewicht halten können, doch dann hat die Zivilisation die Kultur distanziert, und die Schlaumeier haben begonnen, sie für Ziele, die mit den Interessen der Menschheit in Widerspruch stehen, auszunutzen. Menschen mit wenig Moral gewannen die Oberhand. Ich vermag nicht zu sagen, ob diejenigen daran schuld sind, die allzu schnell die Zivilisation vorantreiben wollten, oder diejenigen, die mit der Kultur nicht Schritt halten konnten."

# VII. Polens Weg – Keine Entlassung aus der Unmündigkeit?

*„Meldung: Umgekommen beim Fluchtversuch aus der Wirklichkeit."* *(Wieslaw Brudzinski)*

Eine politische und moralische „Erneuerung" verlangte im Herbst 1980 die polnische Bevölkerung von ihrer Regierung. Die Mehrheit der Polen verstand darunter die Einhaltung und Umsetzung der Abkommen von Danzig, Stettin und Jastrzebie.

Mit dem Eingeständnis eigener Fehler und – nach üblichem Muster – mit einem Regierungswechsel versuchte die Partei zunächst die Kluft des Mißtrauens zwischen Bevölkerung und Staatsführung zu überwinden. Am 6. September wurde der Öffentlichkeit die Ablösung Giereks bekannt gegeben. Der neue Mann hieß Stanislaw Kania. Er war bis dahin nicht nur im Ausland, sondern auch in Polen relativ unbekannt gewesen. Der 59jährige Kania, Sohn eines Kleinbauern, hatte eine solide Parteilaufbahn hinter sich, als er im Krisenjahr 1968 Leiter der Verwaltungsabteilung wurde und mit der Reform des Polizei- und Milizapparats bekannt geworden war. 1971 wurde er Sekretär des ZK und vier Jahre später Mitglied des Politbüros. Als Sekretär des ZK war Kania Chef des Sicherheitswesens und der Miliz, darüberhinaus war er für Kirchenfragen zuständig. Ihm wird die relativ liberale Kirchenpolitik der Ära Gierek zugeschrieben. Parallel zu Kanias Ernennung zum neuen Parteichef liefen die Berufungen von Kazimierz Barcikowski, der als Regierungsvertreter mit den Arbeitern in Stettin verhandelt hatte, und Andrzej Zabinski, Parteichef von Kattowitz, sowie die Beförderung von Tadeusz Grabski, Zdislaw Kurowski und Jerzy Wojtecki zu Sekretären des ZK.

Innerhalb der Partei wurde Kania zum liberalen Flügel gezählt. Während des Streiks in den Küstenstädten im Sommer 1980 soll er sich strikt gegen eine gewaltsame Lösung, gegen den Einsatz von Milizeinheiten ausgesprochen haben. Andererseits gingen Kenner der politischen Szene davon aus, daß Kania, als Sicherheitsexperte auch ein Mann Moskaus war und im vollen Einverständnis mit der sowjetischen Regierung seine neue Aufgabe übernahm. Er selbst sprach vor Parteisekretären in Danzig ganz offen davon, daß ihn Breschnew in einem Telefongespräch ermutigt habe, die Funktion des Parteichefs zu akzeptieren.

In seiner Rede vor dem VI. Plenum der PZPR am 5. September 1980 betonte Kania, die wichtigste Aufgabe müsse es sein, das Vertrauen der Bevölkerung wiederherzustellen: „Demokratie darf nicht nur eine Geste der Führung gegenüber der Bevölkerung sein“, sondern ist „ein großes wachsendes Bedürfnis des Sozialismus“. In aller Deutlichkeit bekannte sich Kania aber auch zum sozialistischen Staatssystem: „Wir werden unseren angemessenen Platz im Verteidigungsbündnis des Warschauer Vertrages und im Rat für gegenseitige Wirtschaftshilfe festigen.“

Anders, als es sein Vorgänger Gierek nach seiner Machtübernahme praktiziert hatte, hielt sich Kania in der öffentlichen Präsenz auffällig zurück. Er suchte nicht wie sein Vorgänger demonstrativ das direkte Gespräch mit den Arbeitern und ließ anfänglich sogar seine Reden im Fernsehen von Nachrichtensprechern verlesen. Die in weiten Teilen ohnehin verunsicherte Bevölkerung, die mit Erstaunen und teilweise auch fassungslos den Verlauf der Ereignisse beobachtet hatte, glaubte zunächst führungslos – ohne Regierung – zu sein. Der Prozeß der geistigen Umorientierung, der nun begann, schuf erst einmal ein Vakuum gesellschaftlicher Richtlinien.

## Erneuerungsfieber

Während man an der Regierungsspitze davon überzeugt war, eine nationale Katastrophe gebannt zu haben und besonnene Publizisten und Geistliche zu Ruhe und Arbeit aufriefen, herrschte in der Bevölkerung das Gefühl vor, jetzt könne man alles erreichen.

Das Auseinanderbrechen des verkrusteten Systems setzte Hoffnungen, Wünsche und Forderungen in allen Berufsgruppen frei, die kaum zu bremsen waren und die auch die Kirche nicht mäßigen konnte. Die Stimmung im Land war im Herbst 1980 alles andere als entspannt und gelöst. Während Parteichef Kania durchs Land fuhr, um die regionalen Parteifunktionäre auf seinen politischen Kurs einzuschwören und immer wieder an die Bevölkerung appellierte, das „Erreichte nicht zu verspielen" und an die Arbeit zu gehen, um die Verluste wettzumachen, brachen ständig neue lokale Streiks aus.

Anfang September 1980 legten die Beschäftigten in rund 50 Betrieben in Lodz, Posen, Bromberg, Bialystok, in Masuren und in Schlesien ihre Arbeit nieder. Die Streikenden befürchteten von dem „Gesellschaftsvertrag", wie die Ende August abgeschlossenen Abkommen genannt wurden, ausgeschlossen zu sein.

Zu großer Unruhe und Betriebsamkeit kam es unter Künstlern, Schriftstellern und Journalisten, die das neue politische Klima nutzen wollten, um den Radius der künstlerischen Meinungsfreiheit zu vergrößern und eine Lockerung der Zensur zu erreichen, der die Regierung im Danziger Abkommen grundsätzlich zugestimmt hatte. Eine differenziertere Berichterstattung als früher wurde nun sogar in den offiziellen Parteiorganen feststellbar. Die Massenmedien zeigten neue Qualität. Das kam dem großen Informationsbedürfnis der Polen entgegen, die sich nun auch ganz offen darüber unterhielten, was sie aus den letzten Nachrichten des „Radio Freies Europa", bis dahin als „Revanchistensender" verteufelt, erfahren hatten. Vor den Zeitungskiosken bildeten sich täglich lange Schlangen, Tages- und Wochenzeitungen waren in kürzester Zeit ausverkauft. Sogar das zentrale Parteiorgan „Trybuna Ludu“ gehörte nun zur großen Gruppe der „Mangelwaren“.

Alles war in Bewegung, alle Berufsgruppen und Arbeitszellen waren mit neuen Organisationsplänen und mit der Formulierung von Ansprüchen beschäftigt. Die Schriftsteller verlangten nach einem Kulturrat, in dem alle künstlerischen Bereiche vertreten sein sollten. Ärzte und Hochschullehrer bereiteten wie die Journalisten eigene berufliche Ständevertretungen vor. Unter den Studenten kam es zu Semesterbeginn zu Unruhen. Sie forderten die Abschaffung des Pflichtfachs Marxismus-Leninismus im Grundstudium. Außerdem wurde der Ruf nach der offiziellen Zulassung der „Unabhängigen Studentenvereinigung“ laut, die sich 1977 inoffiziell gebildet hatte. Zum ersten Mal wurden die „fliegenden Universitäten“ mit ihren Vorlesungsreihen an der Warschauer Universität zugelassen. Den Eröffnungsvortrag hielt der bekannte Wirtschaftswissenschaftler und KOR-Mitbegründer Edward Lipinski zum Thema „Wirtschaft im Sozialismus“; über 3000 Studenten strömten in das Auditorium Maximum.

Noch bedeutsamer für die künftigen Auseinandersetzungen um die Reformbewegung in Polen war die Forderung der Bauern nach einer eigenen gewerkschaftlichen Organisation. Die unzufriedenen Bauern verlangten nach einer Agrarreform und wirtschaftlicher Selbstverwaltung.

Während der leidenschaftlich geführten Diskussionen über die bisherige Vernachlässigung ihrer Rechte, klammerten die meisten Polen die Themen Realisierbarkeit und wirtschaftliche Folgen der ausgehandelten Vereinbarungen aus. An die staatsbürgerlichen Pflichten wollte man erst wieder denken, wenn neue Grundlagen für eine Identifikation mit dem Staat geschaffen waren. Das Zauberwort des polnischen Herbstes hieß: „Solidarität“.

Adam Michnik sprach von einem „anderen Land“, das er Anfang September nach seiner Entlassung aus dem Gefängnis vorgefunden habe. Ein polnischer Journalist war verblüfft, als anläßlich einer nächtlichen Polizeifahndung nach Alkoholsündern von den Polizisten ein „Trinkgeld" freundlich und mit der Bemerkung abgelehnt wurde, nun seien andere Zeiten angebrochen und er möge einfach sein Auto stehen lassen und zu Fuß nach Hause gehen.

Andere Zeiten waren nun auch angebrochen in der Auseinandersetzung zwischen Regierung und der selbstbewußten Arbeiterschaft. Jeder Versuch der Partei, die in der Streikwelle erkämpften Verhandlungsergebnisse zu unterlaufen oder sie nur halbherzig anzugehen, stieß auf empfindliche Reaktionen der immer stärker werdenden Gewerkschaft „Solidarnosc". Um die Regierung energisch an ihre Zusagen zu erinnern, wurde am 3. Oktober 1980 der erste große legale Streik ausgerufen. Mit dieser Arbeitsniederlegung wollte die neue Gewerkschaft die Regierung zwingen, die versprochene Lohnerhöhung tatsächlich zu gewähren und ihr endlich den Zugang zu den Massenmedien zu öffnen.

Die sich anbahnende Krise erreichte im Herbst 1980 während der Auseinandersetzung um die Registrierung der Gewerkschaft „Solidarnosc" ihren Höhepunkt.

Ende September waren die Gewerkschaftsstatuten bei einem Warschauer Bezirksgericht zur Genehmigung eingereicht worden. Gleichzeitig lag dem Gericht ein Gutachten vor, das Experten des Zentralkomitees erarbeitet hatten und in dem eindringlich vor der Gefahr einer Zulassung von eigenständigen Gewerkschaften gewarnt wurde: Eine unabhängige Gewerkschaft würde die Rolle einer politischen Opposition übernehmen, es käme unausweichlich zu einer Teilung der Macht. Um diese gefürchtete „Doppelherrschaft" einzuschränken, redigierte das Bezirksgericht eigenmächtig die Gewerkschaftsstatuten in ihrem, bzw. im Sinne der Partei in zwei entscheidenden Punkten. Den Artikel 1 ergänzte das Gericht durch eine Formulierung, in der ausdrücklich die führende Rolle der Partei anerkannt wurde. Der Passus zum Streikrecht wurde durch den Zusatz modifiziert: „Die Organisation eines Streiks darf nicht im Widerspruch zu den gültigen Gesetzen stehen."

Darauf reagierte die im Herbst 1980 inzwischen auf über sieben Millionen Mitglieder angewachsene Gewerkschaftsbasis empört. Ihr Mißtrauen war sofort wieder wach, denn nach jedem Machtwechsel hatten die Arbeiter erlebt, wie ihre zunächst erkämpften und dann auch zugestandenen Rechte auf Selbstverwaltung sehr bald unterlaufen und wieder bedeutungslos gemacht wurden. Vergeblich beschworen parteigebundene und unabhängige Publizisten die Gewerkschafter, sich kompromißbereit zu zeigen. „Solidarnosc" drohte erfolgsbewußt mit Streik. Parteichef Kania wandte sich an Kardinal Wyszynski, und wieder einmal war es die Kirche, die versuchte, in diesem gefährlichen Spiel der Kräfte den Auseinandersetzungen die Spitze zu nehmen.

Der Gewerkschaftsvorsitzende Walesa ließ sich aber nicht von seiner Streikdrohung abbringen, mit der er auf die strikte Erfüllung der 21 von der Regierung akzeptierten Forderungen drängte und beantragte beim Obersten Verwaltungsgericht eine Revision des als provokativ empfundenen Gerichtsurteils.

Unter dem Druck der Streikandrohung, der Kritik des orthodoxen Flügels innerhalb der Partei und nicht zuletzt vor dem Hintergrund der immer schlechter werdenden Versorgungslage in Polen, wurden Parteichef Kania und Ministerpräsident Pinkowski nach Moskau zum Rapport bestellt.

## Familienrat und Bruderzwist

Das fünfstündige polnisch-sowjetische Gespräch, das in der sozialistischen Presse als „freundlicher Arbeitsbesuch" bezeichnet wurde, fand auf höchster politischer Ebene statt. Einen wichtigen Raum nahmen die Fragen der Entwicklungsperspektiven der wirtschaftlichen Beziehungen ein und vermutlich auch die Lösung der polnischen Versorgungsprobleme. Bedeutsamer für Breschnew wird zweifellos das Gespräch gewesen sein, in dem die notwendigen Anstrengungen der polnischen Kommunisten, die Lage im Land zu stabilisieren, erörtert wurden. In den offiziellen Verlautbarungen wurden die „antisozialistischen Kräfte" und die „Einmischung gewisser imperialistischer Kreise, die eine subversive Tätigkeit gegen das sozialistische Polen führen" scharf verurteilt. Betont wurden die „unlösbaren brüderlichen Bande, die beide Völker miteinander verknüpfen" und die man erhalten und vertiefen wolle. Und schließlich verlieh Breschnew zum Erstaunen vieler ausländischer Beobachter, die die sowjetischen Panzerketten schon hatten rasseln hören, seiner Überzeugung darüber Ausdruck, daß „die Kommunisten, die Werktätigen des brüderlichen Polens, die vor ihnen liegenden schweren Probleme der politischen und wirtschaftlichen Entwicklung" selbst lösen würden.

Auch die sowjetische Presse hatte sich anfangs in ihrer Berichterstattung über die Ereignisse in Polen eine erstaunliche Zurückhaltung auferlegt. Über die Streikbewegung des August 1980 hatten die sowjetischen Medien erst sehr spät und auch nur bruchstückhaft berichtet. Die unabhängige Gewerkschaft „Solidarnosc" wurde zunächst überhaupt nicht zur Kenntnis genommen. Wenn später über sie berichtet wurde, dann war von ihr schlicht als von „antisozialistischen Kräften" die Rede, die im Dienst der westlichen Imperialisten stünden und die die komplizierte wirtschaftliche Situation Polens für ihre Zwecke auszunutzen suchten. Auch das Wort Streik wurde lange vermieden, dafür wurde die Formel „Umtriebe der Feinde des sozialistischen Polens" benutzt. Immer wieder aber wies die Presse auf die Gefährlichkeit der Gruppe KOR hin, und zwar in engem Zusammenhang mit der „westlichen Einmischung" in polnische Angelegenheiten. Die Ernennung Kanias zum neuen Parteichef fand in der sowjetischen Presse ein ausgesprochen positives Echo. Und erst jetzt wurden die Leser mit der offiziellen polnischen Version über die Ursachen der Streiks informiert, die Kania am 5. September in seiner Rede vor dem ZK-Plenum formulierte: „Ernste Fehler in der Wirtschaftspolitik und im gesellschaftlichen Leben bildeten die Hauptquellen einer großen Streikwelle, die im Juli entstand, die über Polen hinweggegangen und die noch heute nicht zum Stillstand gekommen ist. Wir betrachten diese Proteste als ein Zeichen der Unzufriedenheit der Arbeiter, die im Rahmen der Arbeiterbewegung zum Ausdruck kommt."

Die Polemiken gegen die „westliche Einmischung" wurden zwar weitergeführt, aber der grundsätzliche Tenor der sowjetischen Berichterstattung über Polen war im September und Oktober 1980 mit dem Begriff „Normalisierung der Verhältnisse" zu umschreiben.

Damit hatten sich die sowjetischen Journalisten, zweifellos auf Weisung der Partei, in einen auffallenden Gegensatz zu ihren übrigen sozialistischen Kollegen an die äußere Peripherie des sowjetischen Einflußbereichs gebracht. Während sich die UdSSR anfänglich in relativ weiser Zurückhaltung übte, übernahmen vor allem die Presseorgane der DDR, der CSSR und Rumäniens in geschickter Arbeitsteilung die Rolle der aggressiven Verteidiger marxistisch-leninistischer Grundsätze; Ungarn hielt sich zurück. So wurde zwar auch in den Medien der DDR mit einiger Verspätung auf die Ereignisse in Polen hingewiesen, unter Vermeidung des Reizwortes „Streik", von Arbeitsunterbrechungen berichtet, dabei nahm jedoch im Laufe des Septembers die Schärfe und die Aggressivität in den Kommentaren zu. Anfangs hatten sich die DDR-Medien mit offiziellen Kommuniques oder mit dem Nachdruck tschechoslowakischer, rumänischer und sowjetischer Kommentare begnügt, doch dann schlugen die Sprachrohre der SED eigene bedrohliche Töne an. Am 4. September 1980 erschien im „Neuen Deutschland" ein Kommentar unter dem Titel „Antipolnische Wölfe im Schafspelz", der die „antisozialistische Hetze" gewisser imperialistischer Politiker, ihre „konterrevolutionären Regierungsanweisungen" und ihre „heuchlerischen Anbiederungsversuche an die polnischen Werktätigen" geißelte. Diese Vorwürfe richteten sich in erster Linie an die Adresse der Bundesrepublik.

Am 29. Oktober wurde den Polen und DDR-Bürgern überraschend eine „zeitweilige Veränderung“ der bisherigen Regelungen des privaten Reiseverkehrs mitgeteilt. Seit 1972 hatten sich Polen und DDR-Bürger ohne bürokratische Formalitäten gegenseitig besuchen können, jetzt waren wieder persönliche Einladungen nötig, die von den örtlichen Polizeibehörden genehmigt werden mußten. Dieser drastischen Einschränkung des Reiseverkehrs lag nicht nur der Schutz vor einer möglichen ideologischen Ansteckung durch die polnische Erneuerungsbewegung zugrunde, sondern auch die Rücksichtnahme auf eine aggressive Stimmung in der DDR-Bevölkerung, die ihre Einkaufsmöglichkeiten durch polnische Hamsterkäufer gefährdet sah. In der DDR verstärkte sich eine antipolnische Stimmung. Immer häufiger wurde die Befürchtung geäußert, die polnische Krise könnte sich negativ auf den Lebensstandard der DDR-Bevölkerung auswirken. Die DDR-Führung gab zwar bekannt, daß sie bereit sei, durch zusätzliche Warenlieferungen ihren Beitrag zur Verbesserung der Versorgungslage in Polen zu leisten, wollte sie aber von der politischen Stabilisierung der innenpolitischen Verhältnisse in Polen abhängig machen.

## Grenzen der Kompromißbereitschaft

Während Anfang November 1980 in den DDR-Medien ausführlich über polnisch-sowjetische Truppenmanöver in Polen berichtet wurde und auch das polnische Fernsehen Bilder von militärischen Übungen zeigte – polnische Journalisten behaupteten allerdings, die vorgeführten Filme stammten aus dem Archiv – rüsteten sich Walesa und seine unabhängigen Gewerkschafter zum Streik. Den Betriebsbelegschaften wurden, für den Fall, daß sich das Oberste Gericht in Warschau am 10. November gegen den Revisionsantrag der Gewerkschaft „Solidarnosc“ aussprechen und der vom Bezirksgericht eingeführte Passus über die führende Rolle der Partei nicht gestrichen werden sollte, detaillierte Verhaltensmaßregeln vorgelegt. Das Gewerkschaftspräsidium hatte einen Streik in Etappen vorgesehen. Nach einem eventuellen negativen Gerichtsentscheid sollte am Dienstag, dem 11. November zunächst das Signal für die Warschauer Arbeiter gegeben werden, sich mit Dekken, Schlafsäcken und Lebensmitteln für zwei Tage in ihre „Festungen" das heißt, in die Betriebe zurückzuziehen. Die Warschauer „Solidarnosc"-Abteilung Masowsze (nach der Warschauer Region Masowien benannt), wollte sich bis Mittwoch morgens um sechs Uhr in der Huta Warszawa, dem großen Stahlwerk Warschaus, versammeln. Die anderen polnischen Bezirke sollten am Mittwoch und Donnerstag den Streik ausweiten.

Die unabhängige Gewerkschaft und die Regierung zeigten sich in Alarmbereitschaft und reagierten nervös. In Tschenstochau verhängte der örtliche Parteichef den Notstand. Das örtliche Büro der „Solidarnosc" wurde demoliert.

Das mit Spannung erwartete Urteil am 10. November bestätigte dann aber doch die ursprüngliche Satzung der „Solidarnosc". Wenn es auch insofern zu einem Kompromiß kam, als in einem Anhang die ersten Paragraphen des Danziger Abkommens vom 31. August zitiert wurden, in denen auf die führende Rolle der Partei „im Staat" hingewiesen wird. So eigenständig und unabhängig die Gerichtsentscheidung für Außenstehende auch aussehen mochte, so war sie doch das Ergebnis stundenlanger geheimer Verhandlungen mit der Partei- und Staatsführung und zäher Auseinandersetzungen innerhalb des Gewerkschaftspräsidiums. Auf beiden Seiten hatten sich die liberalen Kräfte gegen die Vertreter des jeweils harten Kurses durchsetzen können. Wie schon nach der Unterzeichnung des Danziger Abkommens, wurde auch jetzt von Regierungs- und Gewerkschaftsseite betont: „Keiner hat gewonnen. Keiner hat verloren. Beide Seiten haben nachgegeben."

Die Erleichterung darüber, eine gefährliche Klippe noch einmal umschifft zu haben, war spürbar – aber es war nur ein kurzes Aufatmen. Im Danziger Woiwodschaftsgebäude hatten sich inzwischen Delegierte des Bildungs- und Gesundheitswesens aus dem ganzen Land versammelt, um dort so lange auszuharren, bis sie mit Regierungsvertretern eine Einigung über ihre Forderungen (Lohnerhöhung, Verkürzung der Arbeitszeit und Aufstockung des Grundetats) erzielt haben würden. Diesem Streik schloß sich der Bereich Kultur, Schauspieler und Regisseure an und wenig später streikten auch die Studenten der medizinischen Fakultät in Danzig.

Die Danziger Werftarbeiter übten praktische Solidarität und verpflegten die Streikenden aus ihrer Werftkantine. Auch die Danziger Bus- und Straßenbahnfahrer kündigten einen „Solidaritätsstreik" an, falls die Regierung sich nicht bald mit den Streikenden einigen werde. Nachdem es schließlich in Danzig zu einer Einigung gekommen war, appellierte „Solidarnosc"-Chef Walesa an die Arbeitsmoral seiner Landsleute, um die erreichten Ziele und die ohnehin schon schwierige innenpolitische Situation nicht durch neue Streiks zu gefährden.

Mieczyslaw Rakowski gab im November während eines Besuchs in der Bundesrepublik optimistisch seiner festen Überzeugung Ausdruck, daß die Polen streikmüde seien. Bei seiner Rückkehr nach Polen mußte er einsehen, daß diese Behauptung wohl eher seinem Wunschdenken entsprungen war. Die nächste Runde eines harten, wenn auch im Prinzip unnötigen Schlagabtauschs zwischen der Gewerkschaft „Solidarnosc" und der Partei- und Regierungsführung war bereits eingeläutet.

Die polnischen Eisenbahner hatten einen Streik begonnen, als übereifrige Parteifunktionäre die Gewerkschaftsmitglieder von „Solidarnosc" bei der Nachzahlung der vereinbarten Lohnerhöhung übergehen wollten. Nach der Androhung eines Warnstreiks gab das zuständige Ministerium zwar nach, aber die Beziehungen zwischen Regierung und Bevölkerung waren erneut von Mißtrauen belastet. Der Druck auf die polnische Regierung wurde andererseits auch durch die Pressekampagne der sozialistischen Staaten verstärkt, in der von einer „tiefen Beunruhigung über die gegenwärtige Situation in Polen und die Besorgnis über das weitere Schicksal dieses Landes“ die Rede war.

Die ständigen Hinweise auf die „antisozialistischen Elemente“ und die „konterrevolutionären Gruppen“, die sich angeblich innerhalb der örtlichen Verbände der „Solidarnosc“ breitmachten, brachten die polnische Regierung in Bedrängnis, sie sah sich aufgefordert, diesen Vorwürfen zu begegnen, auch denen der „Falken“ innerhalb der eigenen Partei. Der neue Konflikt war programmiert, als die Generalstaatsanwaltschaft eine Hausdurchsuchung im Büro der Warschauer „Solidarnosc“-Zentrale durchführte und die Gewerkschaftsmitglieder Jan Narozniak und Piotr Sopela verhaftete. Sofort legten die 16. 000 Arbeiter des Traktorenwerks Ursus in Warschau ihre Arbeit nieder und riefen zum Streik auf, um die Freilassung von Jan Narozniak, einem Doktoranden der Mathematikwissenschaften, der nicht nur der Gewerkschaft, sondern auch der Gruppe KOR angehörte und beim oppositionellen Verlag „NOWA“ mitarbeitete, zu erreichen. Ihm wurde vorgeworfen, sich über Piotr Sopela, der bei der Staatsanwaltschaft beschäftigt war, ein Geheimpapier beschafft zu haben, um es zu veröffentlichen. Tatsächlich besaß Narozniak auch ein Dokument der Staatsanwaltschaft, in dem Namen von Personen und Organisationen aufgeführt waren, die von der polnischen Regierung zu den „antisozialistischen Elementen“ gezählt wurden. Das Papier enthielt außerdem klare Anweisungen an alle Staatsanwälte für die Verfolgung der aufgeführten Personen und Organisationen.

„Solidarnosc“ sah diese Anordnung als Beweis für einen eindeutigen Bruch der Danziger Vereinbarungen an und drohte für Donnerstag, den 27. November mit einem Generalstreik. In letzter Minute, in der Nacht von Mittwoch auf Donnerstag, gab die Parteiführung dem Druck der Gewerkschaft nach. Jan Narozniak und Piotr Sopela wurden freigelassen.

Aber die allgemeine Stimmung blieb gespannt. In zahlreichen Betrieben streikten die Arbeiter weiter. Gewerkschaftsvorsitzender Walesa – von „antisozialistischen Elementen“ wie Jacek Kuron unterstützt – bemühte sich die Wogen der Unruhe zu glätten, um voreilige Aktionen der Arbeiter, Bauern und Studenten zu verhindern. Die Atmosphäre war äußerst gespannt, denn die geschichtsbewußten Polen wurden durch Gedenkfeiern an den Novemberaufstand von 1830 vor 150 Jahren erinnert.

Wie dramatisch die Partei die innenpolitische Entwicklung sah, machte die Ankündigung des ZK-Sprechers Klasa deutlich: Polen werde gegen den Zusammenbruch der Parteiherrschaft notfalls die kommunistischen Bruderstaaten um Hilfe bitten. Anfang Dezember warnte auch Parteichef Kania, die „moralische und wirtschaftliche Zerstörung des Landes“ stehe bevor. Er beschwor die Arbeiter, das Mittel des Streiks nicht überzustrapazieren; der Staat könne keine „Doppelherrschaft“ ertragen. Aber noch immer zeigte sich Kania kompromißbereit: „Wir wollen ehrlich und nach allen Seiten mit der ‚Solidarnosc‘ zusammenarbeiten ... In den Reihen der Partei werden wir Hindernisse oder Widerstände gegen die Zusammenarbeit mit der Gewerkschaft überwinden.“

Diese Widerstände glaubte die Partei- und Regierungsführung mit einem „Blick zurück“ und nicht nach vorn bewältigen zu können. Vor dem 7. Plenum des ZK wurde drastisch mit der Regierung Gierek abgerechnet. Edward Gierek wurde aus dem ZK ausgeschlossen unter dem Vorwurf, er habe „Ignorantentum begünstigt“ und „wirkliche Demokratie durch Schein“ ersetzt. Auch Giereks ehemalige Anhänger verloren jetzt die letzten ihnen noch verbliebenen Ämter. Dem ehemaligen Ministerpräsidenten Piotr Jaroszewicz, der schon im Februar 1980 von seinem Amt suspendiert worden war, wurde nun auch offiziell politische Unfähigkeit attestiert. Kania wies in seiner Rede darauf hin, daß innerhalb von zwei Monaten über 500 Spitzenfunktionäre ihre Ämter verloren hätten, die Mehrheit wegen ihrer „Unfähigkeit mit den neuen Bedingungen und Erfordernissen fertig zu werden“.

Die offizielle Abrechnung mit der Vergangenheit und

die Präsentation der „Sündenböcke“ wurde ausführlich in den Parteizeitungen dargestellt. Für den künftigen politischen Kurs waren aber weniger Kanias Bekenntnisse zum „Kurs der Erneuerung“ wichtig, als vielmehr die personalpolitischen Entscheidungen, die getroffen wurden. In diesem Punkt machte der Parteichef der Sowjetunion gegenüber Konzessionen. Neu in das Politbüro kamen jetzt der Wirtschaftsexperte Tadeusz Grabski und der ehemalige Partisanengeneral Mieczyslaw Moczar, der für die antisemitische Kampagne nach 1968 verantwortlich war. Beide hatten im Herbst 1980 das Vertrauen Moskaus erworben, als sie sich für harte Maßnahmen gegen die Streikbewegung und für „eiserne Disziplin“ stark gemacht hatten. Kania versuchte einen politischen Kurs zu steuern, der sowohl der Gewerkschaft „Solidarnosc“, wie auch der Partei und damit Moskau seine Kompromißbereitschaft signalisierte. Seine neue Regierungsmannschaft sollte von der sowjetischen Regierung akzeptiert werden und den sich steigernden Angriffen in der sozialistischen Presse, die Polen „Anarchie“ vorwarf, die Spitze nehmen.

## West-Östliche „Einmischungsängste“

Auch im Westen wuchs die Spannung und Sorge um das Schicksal Polens, nachdem Verlautbarungen amerikanischer Militärexperten bekannt geworden waren, die mit einer kurz bevorstehenden Invasion der Warschauer-Pakt-Staaten rechneten. Nach ihren Angaben hatte die Sowjetunion eine Anzahl von Divisionen an der polnischen Grenze stationiert und in Polen, der DDR und in der CSSR die Zahl der sowjetischen Truppenteile erhöht. Als westliche Journalisten erfuhren, daß die östlichen Grenzgebiete der DDR und die westlichen der Sowjetunion vorübergehend zu Sperrzonen erklärt worden waren, nahm die Dramatik in ihrer Berichterstattung weiter zu. Hypnotisiert blickte die westliche Welt nach Moskau, wo am 5. Dezember ein

Gipfeltreffen aller sieben Blockstaaten stattfand, an dem auch die Verteidigungsminister und Sicherheitschefs der Sowjetunion, der DDR und Polens teilnahmen.

Die polnische Delegation konnte ihre Bündnispartner allerdings davon überzeugen, daß man selbst Ordnung im eigenen Land herstellen müsse. Im offiziellen Kommuniqué wurde lediglich die gemeinsame Hoffnung ausgedrückt, daß die „entstandenen Schwierigkeiten bald überwunden" sein würden und „die weitere Entwicklung des Landes auf sozialistischem Weg gesichert" werde. Auch das Politbüro der SED betonte jetzt in einer Stellungnahme im „Neuen Deutschland", daß „die Volksrepublik Polen ein fester Bestandteil der sozialistischen Staatengemeinschaft war, ist und bleibt", und versicherte dem polnischen Nachbarn ausdrücklich, jederzeit mit „brüderlicher Solidarität und Unterstützung" rechnen zu können. Eine Warnung, die im Raum stehen blieb und die Parteichef Kania sicher auch von der Sowjetunion mit auf den Weg gegeben wurde.

Entschieden ärgerlicher und aggressiver aber reagierte die Sowjetunion auf die Gesprächsführung in der Sitzung des NATO-Rates, die am 11. Dezember in Brüssel begann und die Entwicklung Polens zum Thema hatte. Die USA wurde in der sozialistischen Presse zum Entspannungsgegner stilisiert, der alles unternehme, „um die internationale Atmosphäre noch mehr anzuheizen". Das eigentliche Ziel dieser Politik sei es, eine Steigerung der NATO-Rüstung durchzusetzen und „antisozialistische Elemente in Polen zu unvernünftigen Handlungen anzuspornen."

Aber auch die Bundesrepublik und ihre Medien blieben vor Angriffen der sowjetischen Presse nicht verschont: „Schon am frühen Morgen wird der westdeutsche Bürger in den Zeitungen, im Rundfunk und im Fernsehen mit dem Klirren der Raupen sowjetischer Panzer konfrontiert."

Diese Polemik fand von unerwarteter Seite Unterstützung. Auch das „antisozialistische Element" Jacek Kuron warnte mit dem alten polnischen Sprichwort: „Man soll die Wölfe nicht aus den Wäldern locken", vor einer Invasionshysterie. Er stellte fest, die Polen seien überzeugt, die Lage im Griff zu haben. Sie seien fähig, ihr gesellschaftliches Leben zu demokratisieren, ohne daß Panzer rollen müßten.

Der polnische Dichter Zbigniew Herbert hielt es in dem publizistischen Kreuzfeuer der Invasionshysterie nicht mehr aus und kehrte aus seinem Westberliner Exil nach Polen zurück, wo man sich inzwischen, ungeachtet der west-östlichen Polemiken, auf eine große gemeinsame Feierstunde vorbereitete, die zu einer nationalen Demonstration wurde.

Am 17. Dezember 1980 hatten sich 500 000 vor den Toren der Danziger Werft versammelt. In einer grandiosen Gedenkfeier, die „Solidarnosc“ organisiert hatte – unterstützt von der künstlerischen Prominenz Polens und der Armee – wurde das Denkmal für die Opfer der Arbeiterunruhen von 1970 enthüllt. Im Beisein hoher Regierungsvertreter, mit Präsident Henryk Jablonski an der Spitze, weihte Kardinal Macharski nach der Gedenkmesse, die dem Kampf der Arbeiter gegen willkürliche Macht gewidmet war, die Fahne der Gewerkschaft „Solidarnosc“.

## Verschärfte Kontroversen in der Provinz

Die Manifestation nationaler Einmütigkeit, die so gut in die weihnachtliche Stimmung gepaßt hatte, war nur von kurzer Dauer. Das Jahr 1981 kündigte sich schon zum Jahreswechsel mit neuen ungestümen Konfrontationen an, in deren weiterem Verlauf die „Falken“ in der Partei und in der Gewerkschaft „Solidarnosc“ die Schärfe der Auseinandersetzungen bestimmten. Allerdings wurde der Machtkampf zwischen den beiden Kontrahenten nun hauptsächlich in der Provinz ausgetragen, wo jetzt die Bauern an die Front traten und mit ihren Forderungen nach Selbstverwaltung die Grundfesten des Systems erschütterten.

Ein Warschauer Bezirksgericht hatte schon im November 1980 die Registrierung einer unabhängigen Bauerngewerkschaft abgelehnt, aber die inzwischen auf 600 000 Mitglieder angewachsene „Solidarnosc Wejska“ (Landsolidarität) war sofort in die Berufung gegangen. Im Südosten Polens wollten die Bauern nicht tatenlos die höchste richterliche Entscheidung abwarten, sie streikten und wurden dabei von den Arbeitern der ansässigen Betriebe unterstützt. Den Bauern ging es insgesamt gesehen nicht nur um die ordnungsgemäße Registrierung ihrer Gewerkschaft, sie hatten einen ganzen Katalog von Forderungen aufgestellt. Sie verlangten beispielsweise Mitspracherecht bei der Entwicklung der Agrarpläne, bei der Verteilung staatlicher Investitionen und bei der Festsetzung der Preise. Schließlich forderten sie auch die Rückgabe von Privatfeldern, die von den Behörden Mitte der siebziger Jahre zwangskollektiviert worden waren. Darüberhinaus enthielt ihr Forderungskatalog auch gesellschaftspolitische Aspekte, die der Industriegewerkschaft „Solidarnosc“ entlehnt waren: Zugang zu den Massenmedien und Bestrafung der für den wirtschaftlichen Ruin verantwortlichen Funktionäre.

Der Warnstreik im Südosten Polens, der den Forderungen der Bauern Nachdruck verleihen sollte, war für die Parteiführung nicht nur wegen der nahen sowjetischen und tschechoslowakischen Grenze heikel, er belastete auch die inzwischen seit Tagen geführten Verhandlungen zwischen einer Gewerkschafts- und einer Regierungsdelegation über die Einführung der Fünftagewoche, die zu einer neuen innenpolitischen Belastungsprobe wurde.

Seit Jahresanfang verhandelten Walesa und Jagielski über die im Danziger und den anderen Abkommen vereinbarte Arbeitszeitverkürzung, d. h. die Einführung freier bezahlter Samstage. Während „Solidarnosc“ darauf bestand, daß alle Samstage arbeitsfrei sein sollten, sah sich die Regierung, angesichts der schwierigen wirtschaftlichen Situation nicht in der Lage, einer derart drastischen Arbeitszeitverkürzung zuzustimmen. Regierungsvertreter Jagielski bot Walesa einen Kompromiß an: nur zwei Samstage im Monat sollten arbeitsfrei sein, aber der Gewerkschaftsvorsitzende lehnte ab. „Solidarnosc" befürchtete, daß der Kurs, den die Regierung ansteuerte, sich grundsätzlich gegen die Vereinbarungen der Abkommen richten könnte. Die Gewerkschaft drohte wieder mit ihrer Wunderwaffe, neuen Streikaktionen, falls die Regierung nicht nachgeben wolle. Unter dem Druck von Warnstreiks und der Androhung eines Generalstreiks, endeten am 31. Januar die Verhandlungen zwischen Regierung und Gewerkschaft mit einem mühsam erzielten Kompromiß: Die Regierung akzeptierte grundsätzlich die Gewerkschaftsforderung nach der alle Samstage arbeitsfrei sein sollten, stellte aber unter Hinweis auf die wirtschaftlichen Schwierigkeiten des Landes die Bedingung, daß während des Jahres 1981 noch an einem Samstag im Monat gearbeitet werden müsse. Der Verhandlungsverlauf hatte sich auch deshalb als schwierig erwiesen, weil die Gewerkschaft das Gespräch mit der Regierung dazu nutzte, weitere Zugeständnisse über andere strittige Forderungen durchzusetzen, z. B. den Zugang zu den Massenmedien, Entwürfe für ein neues Zensurgesetz und die Zulassung der „Landsolidarität". Schließlich hatte „Solidarnosc" der Regierung lediglich das „Versprechen" für eine Sendezeit in Rundfunk und Fernsehen abringen können. Über die Registrierung der Bauerngewerkschaft sollte am 10. Februar das Oberste Gericht entscheiden.

In einem mühsamen Tauziehen um die Realisierung des Gesellschaftsvertrages und der Suche nach Kompromißlösungen hatten sich die Fronten verhärtet. Die beiden Verhandlungsführer waren zunehmend dem Druck der jeweiligen harten Flügel in Partei und Gewerkschaft ausgesetzt gewesen. Innerhalb der Partei hatten sich Stefan Olszowski und Tadeusz Grabski als die Spitzenvertreter eines harten Kurs profiliert. Walesa mußte sich wegen seiner Kompromißbereitschaft gegen Vorwürfe aus seiner Gewerkschaft wehren. Besonders die Gewerkschafter aus der Provinz verlangten nach einer unnachgiebigen Haltung gegenüber der Partei. Sie litten auf dem Land und in den Kleinstädten, wo orthodoxe Parteifunktionäre mit dem neuen Wind der Erneuerungsbewegung nicht zurechtkamen noch am stärksten unter Repressalien. Von den Gewerkschaftsvertretern aus der Provinz wurde auch der gemäßigte Flügel, mit Walesa an der Spitze, in der Frage überstimmt, ob regionale Streiks von der Danziger Zentrale genehmigt werden müssen oder nicht.

Die Gewerkschafter drängten nach einer „Säuberung" der Partei und der Ablösung korrupter Funktionäre. In den polnischen Woiwodschaften flammten immer wieder Streiks auf, begünstigt durch die Tatsache, daß die regionalen Gewerkschaftsvorsitzenden nun freie Hand in der Entscheidung über das Streikmittel hatten.

In Bielsko Biala (Bielitz) wuchs sich der Protest gegen den Provinzgouverneur Labudek zu einem Generalstreik aus, der nur durch das Eingreifen der katholischen Kirche, die den Sekretär der Bischofskonferenz Bronislaw Dabrowski als Vermittler in diese Region schickte, beendet werden konnte.

Angesichts der immer neu aufflackernden Unruhen und Streiks in der Provinz verurteilte Parteichef Kania scharf den Trend zu einer „Doppelherrschaft" und „Anarchie". Und auch aus Moskau kamen wieder deutliche Warnungen an die Adresse Polens, vor einem „Chaos in der Volkswirtschaft", vor einer „verantwortungslosen Anwendung von Streiks" und vor „offener antisozialistischer Tätigkeit, die mit Diversionszentren konterrevolutionärer Gruppierungen im Westen verbunden" seien.

## Neue Werbung um Vertrauen

Vor dem Hintergrund dieser Drohung stellte die polnische Parteiführung auf dem 8. Plenum des ZK am 9. Februar selbstkritisch fest, daß sich die Lage im Land, sowohl wirtschaftlich als auch politisch noch verschlechtert habe. Für diese Situation wurde diesmal Ministerpräsident Pinkowski verantwortlich gemacht, durch seinen Mangel an

Entschlossenheit habe die Regierung in den Augen der Bevölkerung an Vertrauen eingebüßt.

Das war eine Formulierung, die nicht nur die streitbaren Gewerkschafter beruhigen, sondern auch die Moskauer Führung besänftigen sollte. Ein weiterer Schritt auf dem Weg zur Stabilisierung der innenpolitischen Verhältnisse war die Ernennung von General Wojciech Jaruzelski zum neuen Ministerpräsidenten. Er war nach Jaroszewicz, Babiuch und Pinkowski der 4. Ministerpräsident innerhalb eines Jahres. Mit diesem neuen Krisenmanager leitete erstmals in der Geschichte Volkspolens ein Militär die Regierungsgeschäfte. Eine neue Situation, die in Polen, wo andere spezifisch nationale Traditionen herrschen, nicht negativ aufgenommen wurde. Die in Analogien denkenden Polen dachten dabei eher an Marschall Pilsudski, Staatsoberhaupt in der Zwischenkriegszeit, der im Jahre 1981 durch neue Gedenktafeln geehrt wurde.

Der 57jährige Jaruzelski hatte eine steile Berufskarriere und eine solide Parteilaufbahn hinter sich, die ihn von jedem Verdacht dunkler Korruptionsaffären freisprach. Er genoß das Vertrauen Moskaus, ohne daß er deshalb zu den orthodoxen Kommunisten gezählt werden konnte.

Jaruzelski stammte aus gutbürgerlichen Kreisen. Bei Ausbruch des Zweiten Weltkrieges war der Jesuitenschüler auf der Flucht vor den Deutschen in die Sowjetunion geraten. Seine militärische Laufbahn begann, als er sich 1943 zu den in der Sowjetunion aufgestellten polnischen Truppenverbänden meldete und zunächst für drei Monate auf die sowjetische Infanterieschule in Rjazan geschickt wurde. Nach der Machtübernahme Gomulkas wurde Jaruzelski mit 33 Jahren der jüngste Brigadegeneral Polens. Dann folgten seine Beförderungen Schlag auf Schlag. 1970 setzte er sich als Verteidigungsminister während der Arbeiterunruhen gegen den Einsatz von Armeetruppen ein und das ZK stellte 1971 bei der Abrechnung mit der Gomulka-Regierung fest, daß es nur der „Besonnenheit und der Zurückhaltung“ einiger Mitglieder des Generalstabs zu verdanken sei, daß „noch verheerendere Folgen“ vermieden werden konnten. 1971 rückte Jaruzelski als Vollmitglied in das Politbüro ein. Im Sommer 1980, während des Streiks im Küstengebiet hielt Jaruzelski den „Falken" in der Partei, die den Notstand ausrufen wollten, den Satz entgegen: „Das sind 500 Festungen und ich habe nicht soviele Soldaten, um sie zu erobern. Außerdem weiß ich nicht, in welche Richtung meine Soldaten schießen würden."

So standen im Februar 1981 zwei Politiker an der Spitze der polnischen Regierung, die sich beide öffentlich für den Erneuerungskurs aussprachen. Andererseits besaßen Kania und Jaruzelski aufgrund ihrer vorherigen Ämter als Chefs des Sicherheitswesens und der Armee auch das Vertrauen Moskaus. Ihre persönliche Integrität bot ihnen grundsätzlich eine Chance, die Vertrauensbasis in der Bevölkerung wiederherzustellen. Jaruzelski kündigte an, solange im Amt zu bleiben, bis er sein Ziel, die innenpolitische Stabilität, erreicht habe. Aber er wollte auch zurücktreten, „wenn meine Regierung die Erwartungen nicht erfüllt".

Ein weiteres Signal für einen Dialog mit der Bevölkerung wurde durch die Personalveränderungen und Umbesetzungen auf Ministerebene gegeben. Piotr Jaroszewicz wurde endgültig aus der Partei ausgeschlossen. Andrzej Jedynak, der lange Zeit Botschafter in Wien gewesen war und Mieczyslaw Rakowski wurden zu stellvertretenden Ministerpräsidenten ernannt. Rakowski, als engagierter Reformanhänger bekannt, sollte vor allem den Kontakt zu den Gewerkschaften und kritischen Intellektuellen halten.

Eine vorläufige Beruhigung der innenpolitischen Situation schien den Kurs der neuen Regierung zu bestätigen. Auch die polnischen Medien registrierten ein neues Klima im Land, eine Atmosphäre der Entspannung. Es wurde die Hoffnung geäußert, daß sich ebenfalls die Beziehungen zwischen Regierung und „Solidarnosc" normalisierten.

Tatsächlich erklärten sich viele Betriebsbelegschaften bereit, in Ruhe zu arbeiten und vorerst Streikaktionen zu unterlassen. Einige Betriebe machten das Angebot an den arbeitsfreien Samstagen freiwillig Schichten anzusetzen und die Bergarbeiter im oberschlesischen Jastrzebie waren bereit, bis Mai Sonderschichten zu fahren. Die Gewerkschafter in Kattowitz sagten einen geplanten Warnstreik ab und die Arbeiter von Jelena Gora (Hirschberg) gaben ihre Arbeitsniederlegung auf, als ihnen die allgemeine Benutzung des vorher für Geheimpolizisten reservierten Erholungsheims „Granit“ zugesichert wurde. Und auch Polens Drucker verschoben ihren Generalstreik, mit dem sie eine Lösung des Zensurproblems erreichen wollten.

Die Bauerndelegierten, die noch am Morgen des 10. Februars in der Warschauer Kirche der Göttlichen Barmherzigkeit für die Registrierung ihrer „Landsolidarität“ gebetet hatten, fanden sich am Nachmittag mit einem abschlägigen Gerichtsbescheid ab und verzichteten auf den angedrohten Ablieferungsstreik. Die Regierung schloß mit den Vertretern der nichtzugelassenen Bauerngewerkschaft, in der sich inzwischen 1 Million von 3,5 Millionen Bauern organisiert hatten, ein Abkommen, das den Privatbesitz verfassungsmäßig garantierte und eine Gleichstellung bei der Zuteilung von Landmaschinen, Baumaterial und Krediten vorsah. Den Bauern wurde gestattet einen „Verband individueller Landwirte“ zu bilden, der einer Kontrolle des Innenministeriums unterstand.

Trotz des abschlägigen Gerichtsbeschlusses und dem Kompromißangebot der Regierung, beschlossen die Bauern Statuten für eine unabhängige Gewerkschaft auszuarbeiten und einen allgemeinen Kongreß vorzubereiten.

Die Studentenunruhen, die von der Universität in Lodz ausgegangen waren und auf Warschau, Krakau und Posen übergegriffen hatten, wurden nun auch durch weitgehende Zugeständnisse der Regierung beendet. Als sich die Studenten bereitfanden, den Verfassungsgrundsatz der führenden Rolle der Partei ausdrücklich in ihren Satzungen festzuhalten, versprach die Regierung die offizielle Anerkennung des „Unabhängigen Studentenverbandes“, dem bereits ein Fünftel aller Hochschüler angehörten. Der obligatorische Russischunterricht und die Pflichtvorlesungen über Marxismus-Leninismus wurden aus den Studienplänen gestrichen und auch die Autonomie der Universitäten wurde wieder hergestellt.

Die neue Regierung hatte gezeigt, daß sie die Anliegen der polnischen Gesellschaft ernst nehmen wollte. Mit dieser positiven Bilanz ging Ministerpräsident Jaruzelski Anfang März an die Planung des außerordentlichen Parteitags, der seit Herbst 1980 immer wieder, auch auf Druck Moskaus verschoben worden war.

## Die Bromberger Krise

Dieser Parteitag, von der unteren Parteibasis, die immer stärker nach Reformen drängte, hoffnungsvoll erwartet, wurde von manchen Spitzenfunktionären und Genossen der mittleren Parteiebene eher gefürchtet, denn er sollte die endgültige „Säuberung" der Partei beschließen. Die Unruhe, die auf die Partei übergegriffen hatte und die zu starken Gegensätzen zwischen den Vertretern des Reformkurses und den Anhängern einer orthodoxen ideologischen Richtung geführt hatte, brachte der neuen Regierung im März 1981 ihren bis dahin größten Konflikt.

Durch die ständigen Drohungen Moskaus, die sich gegen die „antisozialistischen Elemente" und das „Chaos im Land" richteten, fühlten sich örtliche Funktionäre – vermutlich unterstützt von den „Falken" im Politbüro – dazu herausgefordert, gegen „Solidarinosc"-Mitglieder vorzugehen. Die stärkste Belastungsprobe für das Verhältnis zwischen „Solidarinosc" und Parteiführung wurde durch die Ereignisse in Bromberg provoziert.

Am 16. März hatten dort Mitglieder der offiziell nicht zugelassenen Bauerngewerkschaft im Gebäude des Woiwodschaftskomitees der Vereinigten Bauernpartei (ZSL) einen Sitzstreik organisiert, unterstützt von den örtlichen „Solidarinosc". Am nächsten Tag war eine Diskussion mit dem „Volksrat der Woiwodschaft" vorgesehen, in der die

Bauernvertreter ihre Forderungen erläutern wollten. Trotz des Protestes der Ratsmitglieder und der Bauernvertreter ließ der zuständige Woiwode den Sitzstreik abbrechen und rief, als sich die Bauern und ihre Freunde von der „Solidarnosc“ weigerten, den Plenarsaal zu verlassen, nach der Miliz.

Nach Augenzeugenberichten sollen daraufhin etwa 200 ortsfremde Polizisten den Saal geräumt und draußen gezielt mit brutaler Gewalt gegen die Bauernvertreter und Gewerkschafter vorgegangen sein. 27 Personen wurden verletzt. Drei Schwerverletzte, der 37jährige Jan Rulewski, der 25jährige Mariusz Labedowicz und der 68jährige Michal Bartoszcz, die gleichzeitig zu den engagiertesten Vertretern der „Landsolidarität“ gehörten, mußten ins Krankenhaus eingeliefert werden.

Seit August 1980 war es schon mehrfach zu Auseinandersetzungen zwischen Polizei und Gewerkschaftern gekommen, aber noch nie hatte es einen so massiven Milizeinsatz gegeben. Auch der Zeitpunkt dieses Vorfalls ließ politische Beobachter nachdenklich werden. Parteichef Kania war gerade auf einer Beschwichtigungsreise bei seinem ungarischen Amtskollegen Kadar, nachdem er Prag und Ostberlin „schon Freundschaftsbesuche“ abgestattet hatte. Ministerpräsident Jaruzelski hatte mit dem auf polnischem Boden beginnenden Manöver des Warschauer Pakts, „Sojus 81“, und der Betreuung des sowjetischen Marschalls Kulikow zu tun. Sein Stellvertreter Rakowski und Außenminister Czyrek hatten Besuch aus der Bundesrepublik, Außenminister Genscher war gekommen. So konnten zum Zeitpunkt des Bromberger Zwischenfalls alle Spitzenfunktionäre, die für politische Kompromisse gut waren, nicht erreicht werden. Stefan Bratkowski, Vorsitzender des Journalistenverbandes, sprach in einem offenen Brief aus, was viele dachten: Die Bromberger Schlägerei war von den „Falken“ in der Partei provoziert worden, um für die Truppen des Warschauer Pakts, die gerade in Polen ihr Manöver abhielten, ein Argument zum Eingreifen zu liefern. Bratkowski schrieb: „Machen wir uns keine Illusionen. Diese Krise war die letzte Chance für diejenigen, die unsere Partei vom Weg der gesellschaftlichen Vereinbarungen abbringen und unseren Staat und unsere Gesellschaft in die unvermeidliche Katastrophe führen wollen."

Während das Politbüro in einer Erklärung, die vermutlich auf Stefan Olszowski und Tadeusz Grabski zurückging, die Gewerkschaft mit ihren „anarchistischen Zielen" zum Sündenbock der Bromberger Ereignisse stempelte, rief „Solidarnosc" zur Streikbereitschaft auf. Sie forderte eine Aufklärung der Angelegenheit und die Bestrafung der Schuldigen. Auf ihrer Landesdelegiertensitzung entschied sich „Solidarnosc" für einen harten Kurs, der kaum geeignet schien, eine nationale Katastrophe zu verhindern. Am 27. März sollte ein vierstündiger Warnstreik stattfinden, dem am 31. März ein unbefristeter Generalstreik folgen würde, falls die Regierung nicht auf die Gewerkschaftsforderungen einginge. Parteichef Kania war entsetzt und sprach von einem mutwilligen Heraufbeschwören der Gefahr der Selbstzerstörung: „Wer kann heute für so kurzsichtige politische Ziele das Dorf zum Streik anspornen, mit Streiks in der Landwirtschaft drohen, in einer Situation, wo es an Lebensmitteln fehlt? Wer kann es wagen, aus einem lokalen Vorfall ein Problem zu machen, das eine nationale Katastrophe zur Folge haben kann?"

In Warschau trafen sich Walesa und Rakowski im Gebäude des Ministerrates zu Verhandlungen. Der eine mit Auflagen für die Gewerkschaft, die von ihr abgelehnt werden mußten, der andere mit einem Paket von Maximalforderungen, die zum damaligen Zeitpunkt, was jeder wußte, von der Regierung kaum akzeptiert werden konnten.

„Solidarnosc" forderte nicht nur die strafrechtliche Verfolgung jener Personen, die für die Bromberger Vorfälle verantwortlich waren, sondern auch ihre schon mehrfach geforderte Zulassung zu den Medien, sowie die offizelle Registrierung der „Landsolidarität" und – zum erstenmal – die strafrechtliche Rehabilitierung aller politischen Oppositionellen seit 1976.

Die Verhandlungen gerieten zu einem Drahtseilakt für die beiden Delegationsleiter, ohne daß zunächst eine Einigung erzielt werden konnte.

Am 27. März wurde von den ca. 10 Millionen Mitgliedern der „Solidarnosc“ ein Warnstreik durchgeführt, der, bis auf die Eisenbahn und lebensnotwendigen Versorgungsbetriebe, die gesamte Wirtschaft Polens lahmlegte. Walesa hatte sich mit seinen Leuten in das Traktorenwerk Ursus zurückgezogen, in dem auch die Warschauer Abteilung der „Solidarnosc“ ihr Hauptquartier aufgeschlagen hatte. An alle Gewerkschafter war die Aufforderung ergangen, sich in den Betrieben aufzuhalten. Gewerkschaftsvorsitzender Walesa hatte erklärt: „Wir wollen nicht die Partei stürzen, wir wollen nur die Leute loswerden, die sich bei der Erneuerung als Bremser betätigen.“

Zwischen der Bedrohung durch die noch in Polen verbliebenen Manövertruppen des Warschauer Pakts einerseits und einer Bevölkerung andererseits, die nach einer Bestrafung der Schuldigen von Bromberg verlangte und den „Hartköpfen“ im Politbüro das Anzetteln einer „Konterrevolution“ vorwarf, hielt das ZK der Partei zwei Tage vor dem drohenden Generalstreik das 9. Plenum ab. Die Diskussionen machten den Graben deutlich, der quer durch die Partei verlief. Tadeusz Grabski, der zu den „Hartköpfen“ gezählt wurde, warf der Gewerkschaft „Anarchie und Abenteuertum“ vor und machte sie für die Bromberger Vorfälle verantwortlich. Aber die Mehrheit der Parteibasis nahm einen kontroversen Standpunkt zu Grabski und den anderen „Falken“ im Politbüro ein. Das ZK-Mitglied Jadwiga Nowakowska, eine Näherin aus Lodz, machte die Angehörigen der alten Parteielite, die noch Ämter bekleideten, für die innenpolitischen Spannungen haftbar und verlangte im Namen ihrer gleichgesinnten Parteigenossen nicht nur die Bestrafung der Verantwortlichen von Bromberg, sondern auch eine Parteisäuberung.

Angesichts der klaren Bekenntnisse der Parteibasis zur Erneuerungsbewegung boten Olszowski und Grabski ihre

Rücktritte an, die Kania allerdings nicht akzeptierte, da er fürchtete, Moskau könne sich brüskiert fühlen.

Buchstäblich im letzten Augenblick, nur wenige Stunden vor dem drohenden unbefristeten Generalstreik, einigten sich Walesa und Rakowski noch auf einen Kompromiß. Dieser „Sieg der Vernunft" war der Einsicht Walesas und seiner Delegation darüber zu verdanken, daß die wirtschaftliche und politische Situation Polens eine fortgesetzte Kraftprobe nicht aushalten würde. Rakowski hatte diesem Einlenken nachgeholfen, indem er in kritischen Situationen immer wieder auf ein Memorandum sowjetischer Herkunft verwies, das Anweisung für die Regierung im Fall eines unbefristeten Generalstreiks enthielt.*

Konkrete Ergebnisse hatte der erzielte Konsensus nicht gebracht. Er enthielt lediglich eine Willensbekundung der Regierung: Die Bromberger Ereignisse sollten untersucht und die notwendigen Konsequenzen gezogen werden. Aber es waren weder über die Zulassung der Bauerngewerkschaft, noch über eine Öffnung der Massenmedien für die Gewerkschaft klare Vereinbarungen getroffen worden.

Walesa hatte es nicht leicht, sein Verhandlungsergebnis vor dem Landesausschuß der „Solidarnosc" zu vertreten. Jan Rulewski, der Bromberger Gewerkschaftsvorsitzende, schrieb ihm aus dem Krankenhaus vom „Verrat an der gemeinsamen Sache". Die Warschauer Unterorganisation der „Solidarnosc" erklärte den ausgehandelten Kompromiß für unzureichend; ebenso wie der Landesausschuß warf sie der Walesa-Delegation vor, selbstherrlich Entscheidungen getroffen zu haben, ohne daß die Basis über ihre Schritte und Vorhaben informiert worden sei. Trotzdem kam es dann in der Schlußabstimmung zu einer deutlichen Mehrheit für das Verhandlungsergebnis, obwohl das einstimmige Urteil lautete: „Die Vereinbarungen mit der Regierung sind eigentlich nicht zu akzeptieren, aber wir können nun nicht mehr zurück.

* Rakowski erklärte später: „Ich hatte die Vollmacht des ZK, die Auseinandersetzungen mit politischen Mitteln zu beenden. Aber die Formel ‚politische Mittel' ist ja sehr dehnbar, also hing sehr viel von mir ab. Noch nie habe ich die Last der Verantwortung so sehr gespürt."

Anna Walentynowicz verließ das Gewerkschaftspräsidium, und Karol Modzelewski trat als Gewerkschaftssprecher zurück. Beide hatten an der Amtsausübung Walesas harte Kritik geäußert. Modzelewski warf dem Gewerkschaftsvorsitzenden vor, wie ein König mit einem Hofstaat über das Gewerkschaftsvolk zu herrschen und Anna Walentynowicz bemerkte resigniert: „Es gibt keinen Kontakt, kein Gespräch, keine Verständigung – nur Diktatur."

Die schon zuvor schwelende Debatte über die innergewerkschaftliche hierarchische Struktur und die Einstellung zur Macht war endgültig öffentlich geworden. Dieser Konflikt wurde für die Gewerkschaft „Solidarnosc" zu einem großen Problem und ließ die Gewerkschafter vergessen, daß eine politische „Umkehr", die der harte Parteiflügel provozieren wollte, vorerst verhindert worden war.

## Die Folgen der Krise für „Solidarnosc" und Partei

Die Krise von Bromberg, in der Polens Erneuerungskurs seine vorerst größte Zerreißprobe zu bestehen hatte, ebnete nach Ansicht Rakowskis den Weg zu vielen neuen Entschlüssen und trieb im Frühjahr den Reformkurs voran.

Das Interesse der Öffentlichkeit war auf die Demokratisierung der Partei gerichtet, bzw. auf die Versuche der Parteiführung, sich von korrupten Funktionären zu befreien, die einer vertrauensvollen Beziehung zwischen Bevölkerung und Regierung im Weg standen. Die Bromberger Ereignisse, das Bekanntwerden spektakulärer Korruptionsaffären, und die Berichte über das Leben der Jetset-Funktionäre ließen einen Großteil der Bevölkerung nach einer gründlichen „Säuberung" der Partei rufen: Köpfe sollten rollen.

Die Parteiführung unter Kania bemühte sich nach Kräften, diesem Wunsch entgegenzukommen, es ging ja schließlich auch um eine Stärkung der Parteiautorität. Sie gab bekannt, daß Tausende von Mitgliedern aus der Partei ausgeschlossen worden waren, darunter auch ehemalige Politbüromitglieder und Minister. Auch Gierek mußte vor der Untersuchungskommission unter Grabski Rechenschaft ablegen. Die Parteiführung unternahm alles, um die weitreichenden Forderungen der Parteibasis möglichst noch vor dem Parteitag zu neutralisieren. Auf dem bevorstehenden Parteitag sollte dann die Analyse der Ursachen der polnischen Krise und ein endgültiges Programm für ihre Überwindung erarbeitet werden. Und vor dem im Juli stattfindenden außerordentlichen 9. Parteitag, wollte Kania nicht das Risiko eingehen, Argumente im Raum stehen zu lassen, die von der Gewerkschaft genutzt und zu einer neuen innenpolitischen Zerreißprobe führen könnten. Beunruhigt registrierte die Parteispitze auch die Tatsache, daß sich von den drei Millionen Parteimitgliedern inzwischen eine Million auch bei „Solidarnosc" organisiert hatte.

Am 15. April trafen sich in der Universität von Thorn etwa 500 Mitglieder der „Vereinigten Polnischen Arbeiterpartei", größtenteils der unteren Parteiebene zugehörig, um sich für den bevorstehenden Parteitag als Reformflügel zu formieren. An dieser Thorner Konferenz nahmen auch Vertreter der Gewerkschaft „Solidarnosc" teil.

Der „Solidarnosc" waren von der Regierung im Verlauf der eifrigen Bemühungen um die Einhaltung eines Reformkurses einige Zugeständnisse gemacht worden. In der Phase des auf zwei Monate befristeten Steikverbotes (10. April – 10. Juni) wurden zwei wesentliche Forderungen der Gewerkschaft erfüllt. Am 17. April trafen der für Gewerkschaftsfragen zuständige Minister Stanislaw Ciosek und der Vorsitzende des Streikkomitees der Bauerngewerkschaft eine offizielle Vereinbarung, in der die Registrierung der „Landsolidarität" bis zum 10. Mai 1981 nach dem Prinzip der Industriegewerkschaft vorgesehen war. Im Mai wurde der „Solidarnosc" der Zugang zu den Massenmedien in Aussicht gestellt. Einen Monat vorher war das erstemal die neue Gewerkschaftszeitung „Solidarnosc" erschienen, mit dem Chefredakteur Tadeusz Mazowiecki.

Eine eigene Presseagentur hatte man schon im Januar eingerichtet. Sie fungierte als Sammelstelle für Informationen über Streitpunkte und Mißstände, die aus dem ganzen Land einliefen, und leitete wiederum ihrerseits Informationen an die regionalen Verbände der „Solidarnosc" weiter.

Auch im kulturellen Bereich hatte sich die Situation entspannt. Filme, die lange Zeit von der Zensur nicht genehmigt worden waren, kamen auf einmal in die Kinos. Polnische Künstler, die ins Ausland emigriert waren, besuchten Polen und knüpften neue kulturelle Kontakte. Andrzej Wajdas inzwischen fertiggestellter Film „Der Mann aus Eisen", der die Ereignisse des Sommers 1980 zum Thema hat, erntete Lorbeeren in Cannes – zu Ehren der Volksrepublik Polen.

Mit Erleichterung registrierte auch das Ausland, daß die Polen in ihrer Sorge um den Papst nach dem Attentat von Rom und in ihrer Trauer um den im Mai verstorbenen Primas Wyszynski eine zeitlang das Politisieren vergaßen. Aufatmend wurden in Ost und West die Worte des Papstes vernommen, der seine polnischen Landsleute am 31. Mai im Namen des verstorbenen Kardinals zu einem Monat der Besinnung ohne Streikaktionen aufrief.

Doch die Mahnung der, für die Polen, höchsten moralischen Instanz blieb ohne langfristige Wirkung. Die Gewerkschafter, die in den Abkommen des August 1980 nicht nur ihre Forderungen festgeschrieben-, sondern auch versprochen hatten, „die Ärmel aufzukrempeln", um Polens Wirtschaftskrise zu meistern, standen schon wieder in einem Rededuell mit der Regierung. Diesmal ging es um die Behandlung der politischen Gefangenen und die Lockerung der Zensur. Beide Punkte bargen Explosionsstoff. Politisch bewußte Polen warnten in dieser Situation vor einer radikalen Lösung des Zensurproblems, eingedenk der Tatsache, daß 1968 die Aufhebung der Zensurbestimmungen, den Einmarsch der Warschauer Pakt-Staaten in die Tschechoslowakei ausgelöst hatten. Auch die Demonstrationen für eine Freilassung und bessere Behandlung der politischen Häftlinge, die immer häufiger in antisowjetischen Kundgebungen mündeten, brachten Partei- und Regierungsführung an die Grenzen ihres Toleranzspielraums. Und wie ein Paukenschlag wirkte die Drohung von „Solidarnosc“ am 11. Juni (dem ersten Tag nach Ende der verordneten zweimonatigen Streikpause) einen Warnstreik durchzuführen, falls bis dahin die Untersuchung der Bromberger Ereignisse nicht abgeschlossen und der Öffentlichkeit zugänglich gemacht worden sei. Auch der liberale Rakowski warnte jetzt: „Die Grenze der Kompromisse ist erreicht.“

Das war der geeignete Moment für die orthodoxen Parteimitglieder wieder in vorderster Front an den parteipolitischen Auseinandersetzungen teilzunehmen. Stefan Olszowski forderte nachdrücklich ein Zurückdrängen des Reformflügels: „Die Partei muß Partei bleiben.“ Und er fand die spöttische Unterstützung eines oppositionellen Intellektuellen, der erklärte: „Wir beten schon um das Leben der Partei.“

## Die Krise der Partei und ihre „Säuberung“

Als praktische Lebensretter der Partei hatten sich schon Mitte Mai auf dem Kattowitzer Parteiforum ca. 100 Reformgegner unter der Regie des Kattowitzer Parteisekretärs Andrzej Zabinski angeboten. In einer Resolution warfen sie Kania „zu große Nachgiebigkeit und Kompromißbereitschaft“ gegenüber der unabhängigen Gewerkschaft vor. Die Parteiführung sei unfähig, mit den „antisozialistischen Kräften“ fertig zu werden. Wieder wurde die Gefahr einer „Konterrevolution“ beschworen.

Die orthodoxen Kräfte, die sich gegen einen Reformkurs der Partei wandten, begannen sich angesichts des bevorstehenden Parteitags zu sammeln. In Posen bildete sich ein „Kommunistisches Forum“ und in Warschau ein Diskussionsklub „Warszawa 80“, beide hatten eine ähnliche politische Zielrichtung, wie das Kattowitzer Forum.

Am 9. Juni trat das Zentralkomitee der Partei zusammen, nachdem aus Moskau ein massiver Warnschuß gekommen war. In einem siebenseitigen Schreiben wurden Kania und Jaruzelski mit Beschuldigungen überhäuft, die auch schon das Kattowitzer Forum formuliert hatte: die Partei- und Regierungsführung sei „unfähig, die sowjetfeindlichen Aktionen" zu unterdrücken und die „Konterrevolution" abzuwehren. Es war eine konzertierte Aktion mit der die sowjetische Führung, flankiert von Angriffen aus Ost-Berlin und Prag, unterstützt durch die orthodoxen polnischen Kommunisten Einfluß auf den bevorstehenden Parteitag nehmen wollte.

Tadeusz Grabski versuchte sogar noch vor dem Parteitag einen Regierungswechsel zu erreichen. Sein frontaler Mißtrauensantrag gegen Kania ging in seiner Schärfe und Unverblümtheit, noch über die Moskauer Drohung hinaus. Kania konterte diese eindeutige Rücktrittsforderung mit dem Vorschlag, über jedes Politbüromitglied einzeln abzustimmen. Da nach dem Kräfteverhältnis im ZK dabei einige Vertreter des harten Flügels ihre Sitze im Politbüro verloren hätten, fand Kanias Vorschlag keine Mehrheit.

Am 14. Juli begann der außerordentliche 9. Parteitag und 1964 Kongreßdelegierte, die das erstemal in geheimen Wahlen von der Parteibasis bestimmt worden waren, nahmen ihre Plätze ein. Mehr als 400 der Delegierten waren gleichzeitig in der „Solidarnosc" organisiert und über 80 % der Kongreßteilnehmer nahmen das erstemal an einem Parteitag teil.

Im Gegensatz zu den vorhergegangenen massiven Drohungen, reagierten die Sowjetunion und die anderen Warschauer Pakt-Staaten jetzt auffallend zurückhaltend. Dafür fand der Verlauf des Parteitags in den westlichen Medien ein um so größeres Interesse. Doch auf beiden Seiten wurde der polnische Demokratisierungsversuch – von den einen befürchtet und den anderen erhofft – von der Skepsis, daß dies alles in Polen nicht gut gehen könne, begleitet.

Kania behielt auch in seiner Eröffnungsrede den Kurs der Mitte bei. Dem Eingeständnis, die Krise sei darauf zurückzuführen, daß die Parteiführung den Kontakt zur Arbeiterklasse verloren habe, folgte die Pflichtübung, Polen stehe treu zur Sowjetunion und zum sowjetischen Modell. Zur Wiederherstellung des erschütterten Vertrauens der Bevölkerung und um die Parteieinheit wiederzugewinnen, wurden die Sündenregister der Gierek-Mannschaft in einer spektakulären Weise der Öffentlichkeit vorgeführt und ihre offizielle Verdammung verkündet. Der schon längst beschlossene Parteiausschluß Giereks und sechs weiterer ehemaliger Regierungsmitglieder (Edward Babiuch, Zdislaw Grudzien, Tadeusz Pyka, Jan Szydlak, Jerzy Lukaszewicz und Zdislaw Zandarowski) wurde offiziell bestätigt. Ex-Parteichef Gierek mußte darüberhinaus die ihm verliehenen Orden zurückgeben und seine Villa in Kattowitz räumen. Zum erstenmal in der polnischen Nachkriegsgeschichte wurde angekündigt, daß sich die ehemaligen Politiker für ihre schlechte Staatsführung vor einem polnischen Gericht verantworten sollten.

Die Mehrheit der Delegierten wollte sich nicht nur mit einem „Begräbnis politischer Leichen" auf eine gemeinsame Parteilinie einschwören lassen. In endlosen Debatten stritten sie – in der Form über den Reformkurs der Partei, in der Sache über Fehler der Vergangenheit und Gegenwart. Vizepremier Rakowski vereinigte in seiner Kritik, die Beifallsstürme hervorrief, die Meinung vieler Abgeordneter: „Die Partei kann ihre Führungsrolle nur dann wiedergewinnen, wenn sie den antisozialistischen Kräften, die im Land aktiv sind, die Initiative aus der Hand nimmt und selbst mutig und praktisch mit einer Reform beginnt, die bislang nur mit Worten betrieben wird. Polen kommt wegen der Unentschlossenheit von ZK und Politbüro über den Weg der Erneuerung, wegen der Radikalen in der ‚Solidarnosc', die diese Unentschlossenheit ausnutzen und schließlich, weil wir an das Denken nicht mehr gewöhnt sind, nachdem in Polen jahrelang jeder selbständige Gedanke ausgemerzt worden ist, nicht aus der Krise."

Selbständigkeit und Selbstbewußtsein hatten allerdings die Delegierten zu Beginn des fünftägigen Parteitags gezeigt, als sie den Vorschlag Kanias ablehnten, gleich am Anfang des Kongresses die Parteiführung zu wählen. Durch eine Delegiertenabstimmung wurde beschlossen, die Parteiführung am Ende des Parteitags zu wählen, und zwar nicht wie bisher von den Mitgliedern des zuvor vom Parteitag gewählten Zentralkomitees, sondern vom gesamten Parteitagsplenum.

Das erstemal in der Geschichte der sozialistischen Staaten wurde ein Parteichef in einer geheimen Direktwahl mit einem Gegenkandidaten gewählt: Stanislaw Kania wurde mit einer deutlichen Mehrheit, gegen den Gegenkandidaten und Kania-Freund Kazimierz Barcikowski, als Erster Sekretär der PZPR bestätigt. Die beiden Vertreter des rechten und linken Flügels, Rakowski und Olszowski hatten ihre Aufstellung als Kandidaten für das Amt des Parteichefs abgelehnt, der eine mit Rücksicht auf die Sowjetunion, der andere mit Rücksicht auf die Mehrheit der Reformbefürworter.

Einen Tag zuvor war das neue Zentralkomitee mit 200 Vollmitgliedern (bisher 143) und 70 Kandidaten (bisher 108) ebenfalls geheim gewählt worden. Nur 17 der neu gewählten ZK-Mitglieder gehörten auch dem vorigen Zentralkomitee an. General Wojciech Jaruzelski erhielt gefolgt von Kania die meisten Stimmen, eine klare Mehrheit sprach sich auch für Mieczyslaw Rakowski und Stefan Olszowski aus. Tadeusz Grabski und der Nationalkommunist Mieczyslaw Moczar wurden nicht wieder gewählt, auch nicht der als Reformanhänger bekannte Danziger Parteisekretär Tadeusz Fiszbach. Kein einziger der Woiwoden, der regionalen Verwaltungschefs, kam wieder in das ZK und nur acht der 49 Woiwodschaftssekretäre wurden votiert.

Auch in das Politbüro, das sich aus 15 Vollmitgliedern und zwei Kandidaten zusammensetzte, wurden nur vier der ehemaligen Mitglieder gewählt: Regierungschef Jaruzelski, Parteichef Kania und dessen engster Mitarbeiter Barcikowski, ferner Olszowski, der jetzt die Funktion des Chefideologen innehatte. Viel Aufsehen erregte die Wahl von vier Arbeitern in das Politbüro, die in ihrer politischen

Haltung allerdings keine Garanten für die Beibehaltung des Reformkurses darstellten: Der Danziger Docker Jan Labecki, Parteisekretär auf der Lenin-Werft, war im Sommer 1980 der stärkste Kontrahent von Walesa gewesen, der schlesische Bergarbeiter Jerzy Romanik sprach sich gegen jede Reform aus, die auf Kosten der Arbeiter durchgesetzt werde und der Warschauer Arbeiter Albin Siwak war schlicht gegen alle Reformen und galt als größter Widersacher der „Solidarnosc“. Schließlich wurde die Arbeiterin Zofia Grzyb, die in der „Solidarnosc“ organisiert war, eher als Vertreterin der Parteilinie innerhalb der Gewerkschaft und weniger als Vertreterin der Gewerkschaftslinie im Politbüro angesehen.

Der Kurs der Mitte, getragen von Kania und Jaruzelski, war zwar durch die ersten demokratischen Wahlen erfolgreich bestätigt worden, aber die konkreten Ergebnisse des Parteitags waren sehr dürftig. Es hatte hitzige Diskussionen sowohl über den parteipolitischen Kurs gegeben als auch über den Vorschlag Rakowskis, daß in die „Nationale Front“ (die gesellschaftliche Grundbasis der Partei) auch die Kirche, die unabhängige Gewerkschaft „Solidarnosc“ und parteilose Experten aufgenommen werden sollten. Doch von einer realistischen Strategie, die einen Ausweg aus der Krise zeigen sollte, war kaum gesprochen worden.

Der Parteitag hatte unter dem Schatten Moskaus gestanden und das erklärte seine wichtigste Funktion, die Wiederherstellung ungebrochener Parteiautorität. Damit war unausweichlich die Notwendigkeit einer Verschärfung des Parteikurses verknüpft, die sich bereits in der Medienpolitik ankündigte. Die journalistischen Freiheiten, die sich im Zuge der Erneuerungsbewegung Luft gemacht hatten, wurden wieder gedrosselt. Schon kurz vor dem Parteitag hatte der Leiter der Abteilung für Presse, Rundfunk und Fernsehen im ZK, Jozef Klasa unter dem Eindruck der scharfen Kritik an den Auswirkungen der journalistischen Meinungsvielfalt, sein Amt zur Verfügung gestellt. Auch unter personalpolitischem Aspekt wurden auf dem Parteitag die Weichen eher in Richtung eines konservativen

Kurses gelenkt, trotz der Willensbekundungen zur Erneuerungsbewegung. Die spektakulären Parteiausschlüsse konnten nicht darüber hinwegtäuschen, daß an der Basis gerade die reformwilligen Mitglieder aus der Partei austraten. Bis zum August 1981 gaben 200 000 Kommunisten ihr Parteibuch ab. Es kursierte der Witz, sie seien froh, noch jemand im Parteibüro angetroffen zu haben, der ihnen ihr Parteibuch abnehmen konnte. Die Wiederherstellung der Parteiautorität, die mit einer Säuberung der eigenen Reihen einherging, mußte unter dem Druck Moskaus und der wirtschaftlichen Schwierigkeiten in eine orthodoxe politische Richtung führen.

Das Vertrauen, das die Partei in der Bevölkerung wiedergewinnen wollte, war nicht mehr nur durch eine „Demokratisierung" der eigenen Organisation zu erreichen. Im Sommer 1981 zeigte eine Meinungsumfrage der Zeitschrift „Kultura", über die stärkste Autorität im Land, daß die Partei noch hinter der Miliz auf dem letzten Platz lag. Den ersten Platz behauptete die katholische Kirche, gefolgt von der unabhängigen Gewerkschaft „Solidarnosc".

## „Solidarnosc" als Anwalt des Volkes

Während sich „die da oben" bemüht hatten Ordnung in ihre Parteireihen zu bringen und das Einschwören auf eine gemeinsame Linie der Mitte erreicht hatten, waren sich „die da unten" ihrer Macht und Autorität in der Bevölkerung bewußt und zeichneten sich durch ein ungebrochenes Selbstbewußtsein aus.

Die katastrophale Versorgungslage machte aus der Bevölkerung einerseits streitbare Kontingente der „Solidarnosc", andererseits verstand sich wiederum die Gewerkschaft als Sprachrohr und Anwalt der Bevölkerung.

Im Juli kam es zu den ersten sogenannten Hungermärschen. Im August streikten fast eine Million Bergarbeiter im schlesischen Kohlerevier und in Warschau wurde der

Verkehr lahmgelegt als die städtischen Verkehrsbetriebe, die Transportunternehmen und die Stadtreinigung die Arbeit niederlegten. Tausende protestierten gegen den Warenmangel und die Kürzung der Fleischrationen von 3,5 kg auf 3 kg pro Kopf im Monat. Das im April eingeführte Lebensmittelkartensystem hatte fast völlig versagt. Es fehlte nicht nur an Fleisch, sondern auch an allen anderen Grundnahrungsmitteln, wie Butter, Zucker, Mehl, Reis, Essig, sogar Waschpulver, Seife, Zahnpasta und Rasierklingen. Es gab keine Säuglingsnahrung und in der ärztlichen Versorgung herrschte Notstand. Selbst die primitivsten Bestandteile einer Grundausrüstung fehlten in den Krankenhäusern und in den Apotheken war ein Viertel der 2 000 im amtlichen Medikamentenregister aufgeführten Arzneien nur schwer erhältlich.

Die Geschäfte waren leer, aber der Umsatz im Tauschhandel und auf dem Schwarzmarkt blühte. Wer über gute Beziehungen auf dem Land oder zu bestimmten Industriebetrieben verfügte, dem ging es besser. Selbst die Gewerkschaft „Solidarnosc" versuchte einen Riegel vor die allzu perfekte Selbsthilfe zu schieben als bekannt wurde, daß Betriebe mit „attraktiver Ware" offiziell Tauschkontakte mit Bauern und Lebensmittelwerken anboten. So wurden viele Waren auf dem Weg in die Geschäfte schon vorher durch „persönliche Initiativen" in private Haushalte dirigiert. In weiten Teilen der Bevölkerung aber, und auch unter der „Solidarnosc" herrschte die Meinung vor, die Regierung wolle das Volk aushungern, um die Polen so zu disziplinieren.

Das Vertrauen in die Regierungspolitik wurde immer geringer und führte dazu, daß die Forderungen der Arbeiter nach Selbst- und Mitbestimmung in den Betrieben umso absoluter gestellt wurden. Die Auseinandersetzungen um die Wahl der Betriebsdirektoren hatten in Schlesien und auch Warschau wieder Streikaktionen zur Folge. So wollten zum Beispiel die Beschäftigten der polnischen Luftverkehrsgesellschaft den von ihnen gewählten Direktor an ihrer Spitze sehen und sie protestierten gegen den vom

Verkehrsminister Zajfryd eingesetzten Luftwaffen-General Jozef Kowalski. Der Einwand der Regierung, die polnische Fluglinie LOT sei ein wichtiges Glied im Verteidigungssystem des Warschauer Paktes stand für die Beschäftigten gleichberechtigt neben ihrer Forderung nach Mitbestimmung.

Die Verhandlungen zwischen Regierungs- und Gewerkschaftsvertretern, für die sich der neue Primas Polens Bischof Glemp einsetzte, brachten keine konkreten Ergebnisse im Sinne einer Entspannung der innenpolitischen Atmosphäre. Gewerkschaftsvorsitzender Walesa wurde in seiner Kompromißbereitschaft jetzt stärker vom Präsidium der „Solidarnosc" kontrolliert und die Regierung begann eine feindliche Propagandakampagne gegen die Gewerkschaft. „Solidarnosc" war durch Flügelkämpfe und übertriebene Streikandrohungen in die Defensive geraten und die Regierung wollte diese Situation für sich ausnutzen. Als die von der Partei wieder in die Pflicht genommenen polnischen Medien die Gewerkschaft als kooperationsunwilligen Störenfried darstellten, der nach politischer Macht strebe, griff die Gewerkschaft auf eine ihrer Grundforderungen zurück: den Zugang zu den Massenmedien. Damit wollte sie sich durch die staatlichen Medien öffentlich gegen die Regierungsvorwürfe rechtfertigen. Die Regierung zeigte sich grundsätzlich bereit, „Solidarnosc" Sendezeit zur Verfügung zu stellen, aber nur unter der Bedingung, daß eine Staatskommission über den Inhalt und die Form der Sendungen entscheide. Das wollte wiederum die Gewerkschaft nicht, die der Ansicht war: „Wir sind eine Massenorganisation und wollen die Massen über die Massenmedien erreichen". Der Gewerkschaftssprecher Janusz Onyszkiewicz, der mit dem Regierungssprecher Jerzy Urban über die Sendezeiten für „Solidarnosc" in Rundfunk und Fernsehen verhandelt hatte (eine halbe Stunde Sendezeit pro Woche im Fernsehen, eine Stunde im Warschauer Rundfunk und 20 Minuten in den Regionalprogrammen) brach die Gespräche ab. Als unterstützende Maßnahme dieser Verhandlungen hatten am 19. und 20. August die

Drucker einen Warnstreik veranstaltet, der die ganze Presse lahmgelegt hatte, nur die Parteizeitung ‚Trybuna Ludu' und die Armeezeitung ‚Zolnierz Wolnosci' waren erschienen. Nach dem Scheitern der Gespräche kündigte „Solidarnosc" einen einwöchigen Streik der Drucker an. Die Regierung drohte daraufhin das erstemal mit dem Einsatz von Sicherheitskräften, falls die Arbeitsniederlegung stattfinden sollte.

Vor Offizieren der Luftwaffenschule in Koszalin (Köslin) stellte Jaruzelski die rhetorische Frage: „Wie lange sollen wir noch unter dem Fieber leiden, das unsere Gesellschaft und Wirtschaft auffrißt? Unsere Armee hat das staatsbürgerliche und moralische Recht zu sagen: genug ist genug." Und Jaruzelski erklärte, der bevorstehende Kongreß der „Solidarnosc" werde zeigen, „ob die Gewerkschaft auf eine konstruktive Zusammenarbeit oder auf Konfrontation" setze.

Ganz untätig wollte die polnische Partei- und Regierungsführung den Beginn des Gewerkschaftskongresses dann doch nicht abwarten. Die Vorbereitungen zu dem ersten Solidarnosc-Kongreß waren von einem verbalen Sperrfeuer der polnischen Medien, unterstützt von der sozialistischen Presse Moskaus, Ost-Berlins und Prags begleitet. Und während Walesa am Jahrestag des Streikbeginns von 1980 der Menge zurief: „Es wird ein Polen nach unseren Träumen entstehen, das auf sich alleine angewiesen ist", beschloß Moskau für den 4. – 12. September ein umfassendes Herbstmanöver an der Ostseeküste.

Ungerührt vom Aufmarsch sowjetischer Streitkräfte nahe der polnischen Grenze, eröffnete Walesa am 5. September in der Sporthalle von Olivia, einem Vorort Danzigs, die erste Hälfte des Gewerkschaftskongresses. Augenzeugen der politischen Aufbruchstimmung der 912 Delegierten waren, wie schon am Anfang der Streikbewegung von 1980, nur westliche Medien. Das kam einer verspäteten Antwort der Gewerkschaft auf die Auseinandersetzungen um das Informationsmonopol der Partei gleich. Dem Danziger Fernsehen, das noch über die Eröffnungsfeier berichten durfte, entzog „Solidarnosc“ einen Tag später die Akkreditierung, weil es die Auflage verletzt hatte, das aufgezeichnete Material vollständig zu senden. „Solidarnosc“ übte Zensur und ließ weder den polnischen Rundfunk, noch das polnische Fernsehen am politisch brisanten Verlauf des Gewerkschaftskongresses teilnehmen.

Nachdem der Kongreß am 8. September an die Werktätigen der „befreundeten Bruderländer“ die Botschaft übermittelt hatte, es den Solidarnosc-Gewerkschaftern gleichzutun und freie Gewerkschaften zu gründen, verabschiedeten die Delegierten am 10. September eine 7 Punkte umfassende Resolution, die weit über den gewerkschaftlichen Rahmen hinausging.

Der Antrag Jan Rulewskis, Gewerkschaftsvorsitzender aus Bromberg, die Anerkennung der führenden Rolle der Partei aus den Gewerkschaftsstatuten zu streichen, wurde zwar abgelehnt, aber auch so bot der Forderungskatalog der „Solidarnosc“ genug politischen Zündstoff. Im Verlauf des Kongresses war die Gewerkschaft immer weiter in politische Tabu-Zonen vorgestoßen. Sie forderte u.a. die absolute Arbeiterselbstverwaltung, was das Politbüro in einer Stellungnahme strikt ablehnte. Die Betriebsbelegschaften sollten ein Vorschlagsrecht haben, die letzte Entscheidung aber müsse bei der Staatsführung liegen. (Später gestand die Partei, in einem Gesetz über die Arbeiterselbstverwaltung vom 25. September den Arbeitern zu, daß kein Direktor gegen den Willen des Betriebsrates eingesetzt werden dürfe.) Keine Nachgiebigkeit beschloß der Kongreß in seiner ersten Tagungshälfte auch im Kampf um den Zugang zu den Massenmedien und im Kampf um „die Säuberung der polnischen Erziehung und Kultur von Lügen“. Mit seinem Ausspruch: „Wir sind auf die Wahrheit ebenso angewiesen, wie auf Kohlen“, versuchte Walesa klar zu machen, daß eine Mitverantwortung innerhalb des bestehenden Systems für „Solidarnosc“ nur dann möglich sei, wenn die Gewerkschaft via öffentliche Medien der Bevölkerung auch die Gründe für unpopuläre Maßnahmen erklären könne. Und in der ihm eigenen Selbstsicherheit fügte er hinzu: „Wenn es mit der Regierung keine Einigung über den Zugang zu den Medien gibt, bauen wir unsere eigenen Fernsehsender.“

Die eigentliche Zeitbombe, die auf dem Gewerkschaftskongreß gelegt wurde, war noch nicht einmal der Griff nach der Wirtschaftskontrolle, sondern die Forderung nach einem Mehrparteiensystem und freien Parlamentswahlen. Außerdem wurde über das Schreckgespenst eines Referendums diskutiert und die Gewerkschaft beschloß, falls sich die Regierung nicht dazu bereitfinden würde, zur Not selbst die Abstimmungen in den Betrieben durchzuführen.

Nach üblichem Ritual beendeten die Gewerkschafter die erste Phase des Kongresses optimistisch mit der Nationalhymne: „Noch ist Polen nicht verloren“ und dem alten Kirchenlied: „Herr, gib uns zurück, das Vaterland, das freie“.

Während sie so gestärkt in die Kongreßpause gingen, brach ein wahres Bombardement von Drohungen und Verurteilungen aus der Sowjetunion und den verbündeten Staaten über Polen herein. Es war eine Massenmedienkampagne ähnlich der während des Prager Frühlings 1968. Hatte der Appell der „Solidarnosc“ an die Arbeiter der sozialistischen Staaten schon als „empörende Provokation“ und Einmischung gegolten, so wandte sich nun der ganze Zorn der Nachbarn gegen die Grundsatzerklärung der Gewerkschaft. Die Resolution wurde als verdeckte Vorbereitung für die „Machtübernahme der antisozialistischen Kräfte“ ausgelegt. TASS, die sowjetische Presseagentur, bezeichnete den Gewerkschaftskongreß als „antisozialistische und antisowjetische Orgie“. Die sowjetische Führung forderte ultimativ die polnische Regierung auf, „unverzüglich und radikal“, den „Antisowjetismus“ im Land zu unterbinden, der „gefährliche Grenzen“ erreicht habe. Nach diesen Angriffen reagierte dann auch die polnische Parteiführung außerordentlich scharf und warf „Solidarnosc“ vor, die Abkommen vom Sommer 1980 gebrochen zu haben und in ihrem Kampf um die Macht, auch nicht vor der Gefahr „sinnlosen Blutvergießens“ zurückzuschrecken.

Gewerkschaft muß maßhalten. Wir arbeiten nicht für uns, sondern für Polen. Wir müssen ‚Solidarnosc' in einem Polen aufbauen, wie es existiert." Aber außer einem Forderungskatalog hatte auch „Solidarnosc" kein konkretes Programm für eine stufenweise Bewältigung der immer drängenderen wirtschaftlichen Probleme erarbeitet.

## Polen vor dem wirtschaftlichen Zusammenbruch

Angesichts der katastrophalen Ausmaße der polnischen Wirtschaftskrise, die neue gesellschaftliche Spannungen erzeugen mußte, nahm selbst Vizepremier Rakowski in einem Spiegel-Interview Zuflucht in die Märchenwelt: „Wenn hier und heute ein Zauberer erscheinen und die Ladenregale füllen würde – und das konsequent drei Wochen lang – wären drei Viertel des Unmuts sofort verschwunden." Aber es wollte sich weder ein Zauberer noch ein Wunder in Polen einstellen. Realistisch formulierte der Leiter eines Staatsgutes das polnische Dilemma: „Ohne Lebensmittel kann es keine Demokratie geben und ohne Demokratie keine Lebensmittel."

Im Verlauf des Jahres 1981 war die Lebensmittelversorgung ein immer größeres Problem geworden. Von den ausgegebenen Lebensmittelkarten blieben 15 % ohne Deckung. Darüberhinaus gab es in der Verteilung Disproportionen zwischen Land und Stadt. In den großen Industriezentren, die bevorzugt beliefert wurden, konnten die Lebensmittelkarten zu 90 % gedeckt werden, auf dem Land und in den Kleinstädten nur zu 30 – 40 %. Die im Kontingent für Lebensmittelkarten vorgesehenen Fleischrationen waren in der geplanten Menge nicht vorhanden, es fehlten schließlich 40 000 Tonnen Fleisch.

Der Kraftfahrzeugverkehr stand vor dem Zusammenbruch, weil es kaum noch Treibstoff gab und die meisten Konsumgüter waren nur noch auf dem Schwarzmarkt erhältlich. Das mißtrauische Verhalten der Bauern, die ihre

Agrarprodukte zurückhielten und sie lieber privat verkauften, sowie das Organisationstalent vieler Polen, die allein oder mit Hilfe von Beziehungen Waren auf dem Weg in die Geschäfte abfingen, schufen eine chaotische Versorgungslage. Damit hatte die Einführung von Lebensmittelkarten, die eine gerechte Verteilung des Warenangebotes gewährleisten sollte, ihren Sinn verloren, weil es kaum etwas zu verteilen gab. Um die Bedürfnisse der Bevölkerung zu befriedigen, hätte Polen große Lebensmittelmengen importieren müssen. – Allein 7,2 Milliarden DM wären 1981 für die notwendigsten Importe von Getreide, Futtermitteln und Rohstoffen nötig gewesen, aber gerade der Devisenmangel stellte die polnische Regierung vor ihre größten Probleme. Obwohl Anfang 1981 die Löhne um 20 % gestiegen waren, sank das Bruttosozialprodukt um 15 %, da die Industrieproduktion aufgrund der Arbeitszeitverkürzung und der Arbeitsausfälle innerhalb eines Jahres um 12 % gefallen war.

Die Regierung mußte sich zu der unpopulären Maßnahme – zu Preiserhöhungen entschließen. Im Sommer 1981 wurden die Brotpreise etwas angehoben und im Februar 1982 verdoppelten sich die Preise für Grundnahrungsmittel. Brot, Butter und Milchprodukte kosteten jetzt sogar dreimal soviel wie ein Jahr zuvor. Der Vorsitzende der Preiskommission hatte erklärt, daß die Produktionskosten fast aller Lebensmittel in Polen höher seien als der Endverkaufspreis. Beispielsweise hätte die Milch bisher im Laden viermal weniger gekostet als der Bauer für das Produkt erhalten habe. Im Zuge der Preiserhöhungen war ein gestaffelter Lohnausgleich geplant.

Große Probleme ergaben sich 1981 für Polens Wirtschaft durch den Rückgang in der Kohleförderung, dem „polnischen Gold“. Die Kohleproduktion war für das Land immer einer der wichtigsten Devisenbringer gewesen. Aber schon zum Jahresende 1980 lag die Gesamtförderung um 19 Millionen Tonnen hinter dem Plansoll zurück. Darüberhinaus konnten statt 43 Millionen Tonnen Kohle nur 30 Millionen Tonnen exportiert werden. Hier hatte sich die

Verkürzung der Arbeitszeit, die Fünftagewoche, am empfindlichsten ausgewirkt. Nach Angaben des Bergbau- und Energieministers General Czeslaw Piotrowski fehlten dadurch 50 000 Arbeiter im Bergbau. Das Minimum des offiziell angesetzten Plansolls lag 1981 bei insgesamt 168 Millionen Tonnen Kohle. Als die Experten absehen konnten, daß die Kohleförderung weit unter die gesetzte Norm zurückfallen würde, kommandierte der Krisenstab der Regierung 10 000 Soldaten und Wehrpflichtige als Bergarbeiter in die Gruben ab. Die Regierung verlängerte als „flankierende Maßnahme" die Wehrpflicht um zwei Monate. Nach kriegswirtschaftlichen Gesichtspunkten wurde im Herbst 1981 beschlossen, daß bis 1983 ca. 80 000 Beschäftigte, vor allem aus dem Bauwesen, der Schwerindustrie und der Verwaltung in den Kohlezechen eingesetzt werden sollten.

Das Defizit in der Kohleförderung hatte 1981 auch für den polnischen Binnenmarkt verheerende Folgen. Große Betriebe wurden aus Kohlemangel stillgelegt, andere arbeiteten nur mit halber Kraft und die Bevölkerung fror durch die Energieeinsparung in den großen Fernheizwerken.

Eine ganze Reihe von Betrieben wurde auch im Rahmen der neuen rigoros gehandhabten Investitionspolitik stillgelegt. Rund 200 Großprojekte, Prestigesymbole der Ära Gierek wurden eingefroren, um der Landwirtschaft und der Versorgung der Bevölkerung Vorrang einzuräumen. Andererseits aber war die Versorgung der Bevölkerung auch von Produkten abhängig, für deren Herstellung bisher chemische Halbprodukte oder andere Zusatzstoffe importiert worden waren. Jetzt gab es in den Geschäften kein Waschpulver, es fehlten Seife, Zahnpasta und Zigaretten, weil die Regierung kein Talg, Zigarettenpapier und Spezialklebstoff, keine Kreide und andere chemische Zusätze für Devisen einkaufen wollte. Die Notlösung der Regierung, schließlich Fertigprodukte billigster Qualität einzukaufen zeigt, wie ineffizient und schwerfällig die polnische Wirtschaftsplanung noch immer war, denn der Einkauf auch der billigsten Fertigprodukte war noch immer teurer als die Herstellung im eigenen Land.

Angesichts der leeren Regale in den Geschäften und der Stillegung vieler Betriebe hatte die polnische Regierung auch nichts gegen die massenhafte Ausreise der Polen im Sommer und Herbst 1981 einzuwenden. Wenn auch nur jeder dritte Pole zurückkehrte, wurde auf diese Weise die individuelle Versorgungsnot gemildert und die Unzufriedenheit im Land, die durch beschäftigungslose Arbeiter jederzeit geschürt werden konnte, gedrosselt. Außerdem verdiente der Staat an den Auslandsreisen. Das Visum kostete 150 Dollar und bei den Einreisen wurde für bestimmte Güter ein Einfuhrzoll erhoben. Im Herbst 1981 sondierte die polnische Regierung sogar bei den westlichen Staaten die Möglichkeit einer legalen Arbeitserlaubnis für polnische Staatsbürger. „Solidarnosc" forderte für polnische Schwarzarbeiter im Westen den gleichen Status wie für EG-Gastarbeiter.

Der Westen hatte die polnischen „Touristen" großzügig aufgenommen, auch in Kenntnis der Schwarzarbeit. Und obwohl bis zum Dezember 1981 keine berechtigten Gründe einer politischen Verfolgung vorlagen, wurden auch die Asylanträge der polnischen Wirtschaftsflüchtlinge weitgehend positiv bearbeitet.

Mit großen finanziellen Mitteln hatte der Westen versucht Polen zu helfen. Im Verlauf des Jahres 1981 waren ca. 45 000 Tonnen Hilfsgüter, Lebensmittel und Medikamente, als Geschenke aus westlichen Staaten nach Polen geschickt worden. Offiziell hatte sich die Bundesrepublik Deutschland bereiterklärt, 300 Millionen DM für Nahrungsmittel zur Verfügung zu stellen, Frankreich half mit 900 Millionen Francs und Großbritannien mit 15 Millionen Pfund die Versorgungsnot in Polen zu lindern. Die USA hatten versprochen, Weizen im Wert von 670 Millionen Dollar nach Polen zu schicken.

Die Europäische Gemeinschaft hatte sich schon im Dezember 1980 bereitgefunden, Polen mit 54 Millionen Dollar für den Ankauf von Rindfleisch, Getreide und Milch-

Umso beruhigender wirkte die Tatsache auf westliche Bankiers, daß Polen am 10. November 1981 einen Antrag auf Aufnahme in den Internationalen Währungsfond stellte, den die Volksdemokratie 1950 auf Druck Moskaus hatte verlassen müssen. Die westlichen Gläubiger hatten Polen schon öfter gedrängt, sich unter den Schutz des IWF zu stellen, um ihr eigenes Risiko zu verringern. Mit der Mitgliedschaft im IWF würden sich Polens Schulden auf fast alle Länder der westlichen Welt verteilen. Für neue größere Kredite müßte sich Polen allerdings dann den harten Konditionen des IWF unterwerfen und auch alle wirtschaftlichen Details über Volkseinkommen, Import, Export und auch über die wirtschaftlichen Verpflichtungen innerhalb des RGW offenlegen, was in gewisser Weise das Akzeptieren kapitalistischer Spielregeln bedeutete. Aber nur unter dem sicheren Schirm des IWF hätte Polen eine realistische Chance, die Grundlagen einer wirtschaftlichen Umgestaltung und Sanierung zu schaffen. Doch an die für Polen so notwendigen Wirtschaftsreformen war unabdingbar auch an eine Veränderung des politischen Systems geknüpft und hier standen sich in Polen zwei unterschiedliche Ansichten gegenüber. Während die Partei- und Regierungsführung davon ausging, daß allein im Funktionieren der Wirtschaft der Schlüssel zu politischen Reformen liege, war „Solidarnosc" davon überzeugt, daß nur ein politischer Reformkurs auch eine Prosperität der Wirtschaft zur Folge haben könne.

## Die Machtprobe

Im Herbst 1981 war die polnische „Erneuerung" in eine ausweglose Situation geraten. Die Umsetzung der theoretischen Beschlüsse zur Ankurbelung der wirtschaftlichen Produktion erwies sich als schwierig. Um die polnische Wirtschaft aus der Talsohle zu bringen war es unausweichlich, der Bevölkerung unpopuläre Maßnahmen, wie zum

Beispiel Lohnsteigerungsstopp, erhöhte Arbeitsintensität und Preiserhöhungen aufzubürden. Die Regierung brauchte die Autorität von „Solidarnosc", um die Polen von diesen bitteren Notwendigkeiten zu überzeugen und sie suchte daher den Dialog mit der Gewerkschaft. Angesichts der sich ständig verschlechternden wirtschaftlichen Situation, schlug die Regierung der Gewerkschaft am 10. Oktober vor, eine gemischte Kommission aus Vertretern der Behörden und der Gewerkschaft zu bilden. Der Landesausschuß der „Solidarnosc" erklärte sich grundsätzlich bereit, mit der Regierung zu verhandeln, er lehnte aber die Form einer gemischten Kommission unter Führung der Partei, in der die „Solidarnosc"-Vertreter nicht mehr zu sagen hätten, als die Vertreter der alten Branchengewerkschaften, ab.

Die Gewerkschaft „Solidarnosc" war sich ihrer Macht im Staate als „Anwalt" eines großen Teils der Bevölkerung, der immer deutlicher auch politische Forderungen stellte, bewußt und wollte daher gleichberechtigt mit der Regierung über staatsbürgerliche Pflichten verhandeln. Walesa erklärte: „Wir wollen nicht die Macht übernehmen, sondern wir wollen erreichen, daß die Macht der Bevölkerung dient, wir wollen die staatliche Macht kontrollieren." Die Kontrolle der Macht schloß aber für einige Gewerkschafter eine gemeinsame Sache mit der Regierung aus. Sie waren gegenüber dem Dialog-Angebot der Regierung mißtrauisch und befürchteten, das Vertrauen unter ihren Anhängern zu verlieren. „Solidarnosc" sah nur eine Möglichkeit mit der Regierung zusammenzuarbeiten ohne sich in den Augen der Bevölkerung zu desavouieren, indem sie die Regierung zur Aufgabe ihrer Alleinherrschaft, zum Monopolverzicht, zwingt. Während die Partei- und Regierungsführung immer häufiger von einem Machtanspruch der Gewerkschaft und einer „Doppelherrschaft" sprach, wollte sich „Solidarnosc" als reine Kontrollinstanz verstehen, was in der Praxis allerdings die Funktion einer politischen Opposition implizierte.

Es war ein Teufelskreis der Argumentation in dem sich

sowohl die Partei als auch die Gewerkschaft bewegte. Die Frage, wer eigentlich die Macht im Staat habe, stellte sich im Herbst 1981 immer deutlicher.

Nachdem es im Oktober wieder zu regionalen Streikaktionen gekommen war und sich die Regierung den harten Vorwürfen Moskaus ausgesetzt sah, nicht mit den „antisozialistischen und konterrevolutionären Elementen“ fertigzuwerden und eine „Doppelherrschaft“ zu dulden, entschloß sich die Parteiführung zu einem neuen harten Kurs. Parteichef Kania warf der „Solidarnosc“ am 16. Oktober, zu Beginn des 4. Plenums des Zentralkomitees, vor, die Gewerkschaft vertiefe die Wirtschaftskrise, um die Bedingungen für eine Machtübernahme zu schaffen. Das Motto der Gewerkschaftspolitik sei: „Je schlimmer, desto besser“.

Die Partei ging zur direkten Offensive über. Als sie auf dem 4. Plenum des ZK eine 17 Punkte umfassende Resolution verabschiedete, glich diese einer Kampfansage an die Gewerkschaft. Mit der Begründung, „Solidarnosc“ habe die gesellschaftlichen Abkommen einseitig gebrochen und die Rolle einer übergeordneten Kraft an sich gerissen, wurde das erstemal schriftlich die Notwendigkeit einer Notstandsgesetzgebung fixiert: „In einer Situation, wo die Existenz des Staates und die Sicherheit des Volkes gefährdet sind, sollen die höchsten Organe der VR Polen zu den verfassungsmäßigen Vollmachten greifen.“

Das Streikrecht sollte vorübergehend ausgesetzt werden und die Partei kündigte an, „eine großangelegte ideologisch-politische Offensive“ zu starten. Die ideologischen Richtlinien des „reinen“ Marxismus-Leninismus sollten wieder verbindlich sein.

In diesem Sinn konsolidierten sich auch die Parteireihen. Als sei die „Vereinigte Polnische Arbeiterpartei“ zu einem Unvereinbarkeitsbeschluß gekommen, erklärten die ZK-Mitglieder, die gleichzeitig auch in der „Solidarnosc“ organisiert waren, ihren Gewerkschaftsaustritt. Und schließlich gab Stanislaw Kania am 18. Oktober seinen Rücktritt vom Amt des Ersten Sekretärs des ZK der PZPR bekannt.

General Wojciech Jaruzelski wurde als neuer Parteiführer ernannt. Damit hatte ein Militär die beiden wichtigsten Ämter der polnischen Staatsführung inne. Unter der Regierung Jaruzelskis rückten immer mehr Militärs in politische Spitzenpositionen auf. Ende Oktober wurde zum Beispiel Florian Siwicki, Chef des Generalstabs, Kandidat des Politbüros. Siwicki war für den Einsatz der militärischen Sondertruppen verantwortlich, die seit dem 26. Oktober in kleinen Einheiten aus jeweils vier Soldaten unter dem Kommando eines Offiziers in den kleineren Gemeinden die Verteilung von Lebensmitteln und Konsumgütern überwachten. Ursprünglich hatte „Solidarnosc“ als Vertrauensträger der Bevölkerung, diese Kontrollaktion für sich in Anspruch genommen. Durch den Einsatz des Militärs wurde die Gewerkschaft in der Kontrolle der Lebensmittelverteilung genauso übergangen, wie schon Anfang Oktober in der Frage der freiwilligen Schichten im Bergbau, als die Regierung Soldaten in die Zechen abkommandierte. Das Militär hatte jetzt die Aufgabe, die verkrustete Parteibürokratie zugunsten der Bevölkerung auf Trapp zu bringen und gleichzeitig den Einfluß von „Solidarnosc“ zu schmälern.

Das war kein ungeschickter Schachzug der Regierung, denn das Militär genoß in der polnischen Gesellschaft hohes Ansehen. Im Sommer 1981 hatten Umfragen ergeben, daß die Armee in der Wertschätzung der Polen gleich hinter der katholischen Kirche und der Gewerkschaft „Solidarnosc“ stand. Für die in ihrer Geschichte so oft bedrohte polnische Nation stellte das Militär eine der stärksten Kräfte des Patriotismus dar, unabhängig von den politischen Systemen. Für die Polen verkörperten ihre Soldaten staatliche Unabhängigkeit und nicht Unterdrückung. Sie verbanden die militärische Tradition mit den polnischen Legionen im Heer Napoleons, die sich aus den emigrierten Freiheitskämpfern rekrutiert hatten und mit den „Schützenbrigaden“ Jozef Pilsudskis, die im Ersten Weltkrieg auf der Seite Österreichs gegen die Russen Krieg führten. Mit der Machtübernahme des Nationalkommunisten Gomulka

1956 war auch der sowjetische Einfluß in der Armee spürbar zurückgegangen und hatte für nationalpolnische Tradition Raum geschaffen. In keiner Armee des Warschauer Paktes war daher die Bedeutung der Politoffiziere so gering, wie in der polnischen. Als äußeres Zeichen ihrer Eigenständigkeit tragen die polnischen Soldaten ihren Polenadler an den Uniformen und nicht den roten Stern, das sowjetische Revolutionssymbol. Die feierliche Ernennung der Offiziere erfolgt mit einem Degenschlag auf die Schulter und erinnert an mittelalterliche Rituale.

Das polnische Offizierskorps gilt als militärische Elite mit einem ungewöhnlich hohen Bildungsstand: 40 % der Offiziere haben einen akademischen Grad, weitere 40 % eine abgeschlossene technische Ausbildung. Mehr als die Hälfte der 319 500 Soldaten sind Wehrpflichtige aus allen gesellschaftlichen Schichten. Ihr Kontakt zur Bevölkerung ist sehr eng, denn die meisten Wehrpflichtigen leisten ihren Dienst in ihren Heimatregionen. So positiv die Einstellung der polnischen Bevölkerung zu ihrer Armee noch 1981 war, umso skeptischer beurteilten die sozialistischen „Waffenbrüder“, die Bündnistreue ihrer polnischen Genossen im Falle eines Konflikts. Ein Hinweis darauf ist die Ausrüstung der polnischen Armee mit veraltetem Kriegsmaterial. Tatsächlich hatten sich die polnischen Soldaten 1968 während des Einmarsches der Warschauerpakt-Truppen in die Tschechoslowakei als die unwilligsten und widerspenstigsten Truppenteile gezeigt, trotz der bestehenden Animosität gegenüber den tschechischen Nachbarn. Anders als in manchen westeuropäischen Staaten galt das Militär auch unter der polnischen Intelligenz als intakte Organisation, als eine der letzten polnischen Reserven, der man zutraute, eine nationale Katastrophe verhindern zu können, auf die Polen im Herbst 1981 zusteuerte.

Die Gewerkschaft „Solidarnosc“ hatte auf die Ankündigung einer Notstandsgesetzgebung sehr aufgebracht und beunruhigt reagiert. Die radikalen Kräfte sahen darin eine Kriegserklärung der Regierung und suchten nach einer entsprechenden Antwort. Wieder warnten Kirchenvertreter und ehemalige Mitglieder der aufgelösten KOR-Gruppe vor unüberlegten Aktionen. Obwohl sich das neue Präsidium an diesen Rat hielt und alle Regionalverbände zu einem Streikverzicht aufrief, kam es dennoch an mehreren Orten zu kurzfristigen Arbeitsniederlegungen. Während sich die Parteireihen konsolidiert hatten, gelang es „Solidarnosc" kaum mehr, ihre unruhigen Landsleute im Griff zu halten. Immer wieder brachen im ganzen Land regionale, kaum noch zu kontrollierende Streiks aus.

Um Herr der Situation zu werden und die Gewerkschaftsautorität zu wahren, versuchte „Solidarnosc" den Teufel mit dem Belzebub auszutreiben: Das Gewerkschaftspräsidium ordnete für den 28. Oktober einen einstündigen Generalstreik an. Aber die erhoffte disziplinierende Wirkung blieb aus. Die Streikbewegung erreichte trotz der mäßigenden Appelle der Gewerkschaftsführung ihren Höhepunkt; in 36 der 49 Woiwodschaften wurde weitergestreikt. Inzwischen standen große Teile der Bevölkerung – vor allem auf dem Land – nicht mehr hinter der Gewerkschaft. Die Gewerkschaftsführung lief den Aktivitäten der polnischen Arbeiter und Bauern der Provinz hinterher.

Partei- und Regierungschef Jaruzelski drohte offiziell wieder mit dem Streikverbot und warf der Gewerkschaft vor, ihre Autorität überstrapaziert zu haben. Primas Glemp warnte die Regierung eindringlich vor der Einführung der sogenannten Ausnahmegesetze, die den „inneren Frieden erschüttern" könnten und setzte sich engagiert für Gespräche zwischen „Solidarnosc" und Regierung ein, mit dem Ziel, eine „Front nationaler Einheit" zu erreichen. Am 4. November trafen sich Jaruzelski, Glemp und Walesa, um über die Lösung der innenpolitischen Krise zu beraten. Aber auch dieser Dreiergipfel konnte eine Eskalation nicht mehr aufhalten.

Während Gewerkschaftsvorsitzender Walesa nach Warschau gefahren war, um über eine Krisenbewältigung zu verhandeln, befand inzwischen das Gewerkschaftspräsidium in Danzig, daß Gespräche mit der Regierung sinnlos seien. Die angedrohte Notstandsgesetzgebung hatte bei den Gewerkschaften das alte Mißtrauen gegen die Obrigkeit geschürt und ihre Einstellung bestärkt, daß es die Regierung nur darauf angelegt habe, eine politische „Umkehr“ zu erreichen.

Am 17. November tagte der Krisenstab ein zweitesmal. Wieder ohne Erfolg. Die radikalen Kräfte in der Gewerkschaft ließen sich nicht davon abbringen, daß sie von der Regierung getäuscht und belogen würden. Die Studenten waren nicht bereit, ihren landesweiten Vorlesungsboykott abzubrechen, mit dem sie die Durchsetzung eines neuen Hochschulgesetzes forcieren wollten, das allerdings längst vom Sejm beschlossen war und zur Verabschiedung vorlag. Das war für die Regierung Anlaß genug, um noch kompromißloser nach der Verabschiedung von „Sondervollmachten“ zu verlangen, um „Krise und Chaos“ zu bekämpfen.

Am 2. Dezember stellte die Regierung ihren festen Entschluß unter Beweis, sich nicht mehr von Streikaktionen erpressen zu lassen. Sie ließ durch Sondereinheiten der Miliz die von 300 Offiziersanwärtern besetzte Warschauer Feuerwehrakademie räumen. Die Feuerwehrkadetten hatten mit ihrem Streik die Einbindung in das neue Hochschulgesetz erreichen wollen. Da aber die Feuerwehr in Polen, wie die Miliz, als paramilitärische Organisation dem Innenministerium untersteht, wollte und konnte sich die Regierung nicht auf die Forderung der Kadetten nach einem zuvilen Status einlassen und versprach lediglich ein neues Militärhochschulgesetz. Bei der Auflösung des Streiks erschienen die Milizsoldaten das erstemal in einer neuen Ausrüstung, japanischen Helmen und Schutzschildern, aber die Räumung der Fererwehrakademie vollzog sich gewaltlos. Die Kadetten wurden zum Bahnhof abtransportiert und nach Hause geschickt.

Die Regierung hatte das erstemal öffentlich demonstriert, daß sie in Zukunft härter durchgreifen werde, aber damit war die verabschiedung von Notstandsgesetzen noch nicht vom Tisch, sie wurde im Gegenteil auf beiden Seiten immer offensiver diskutiert.

In Radom, wo am 3. Dezember 1981 das Präsidium der „Solidarnosc" mit den Vorsitzenden der Regionalverbände tagte, wurden die bedrohlichen „Sondervollmachten" zum Hauptthema der „Solidarnosc"-Sitzung. Die Gewerkschafter waren sich der Zuspitzung der innenpolitischen Krise bewußt, aber sie reagierten noch immer mit äußerster Selbstsicherheit. Ein Ausnahmezustand schien ihnen „unannehmbar". Walesa erklärte auf der Sitzung: „Konfrontation ist unvermeidlich und Konfrontation wird es geben. Wir dürfen uns keinen Illusionen hingeben. Sie haben von Anfang an versucht, uns an der Nase herumzuführen." Walesas Gegenspieler und ehemaliger Mitbewerber um den Gewerkschaftsvorsitz Jan Rulewski sah schon den Sturz der Regierung voraus, weil sie unfähig sei, mit den elementarsten Verwaltungsproblemen fertig zu werden. Die Fehleinschätzung der eigenen Kräfte und Möglichkeiten wurde durch Rulewskis Erklärung deutlich, nur „Solidarnosc" könne der Sowjetunion die Aufrechterhaltung der Ordnung garantieren, indem sich die Gewerkschaft mit einem Verbleib Polens im Warschauer Pakt einverstanden erkläre. Von Walesa war bekannt, daß er schon im Winter 1980/81 verkündet hatte, er sehne sich zwar nicht nach der Macht, sollte jedoch die bestehende Staatsführung stürzen, würde „Solidarnosc" Anarchie nicht zulassen und die Macht übernehmen.

Es war eher ein theoretisches Notprogramm, das die Gewerkschafter in ihren Köpfen auf der Radomer Sitzung bewegten und in dessen Rahmen sie die Vorstellung einer provisorischen Manager-Regierung entwickelten, die demokratische Parlamentswahlen vorbereiten und die Wirtschaft aus ihrer hoffnungslosen Lage führen sollte. So richtig aber glaubte dort niemand an die Durchsetzung der Notstandsgesetze gegen den Willen der Kirche und der „Solidarnosc". Die meisten Gewerkschafter waren davon überzeugt, daß im Falle eines Ausnahmezustandes weite Teile des Militärs und auch der Miliz die Befehle verweigern würden und es für die Regierung reiner Selbstmord sei, auf die Verhängung eines Ausnahmezustands zu bestehen. Um der Regierung die Gewerkschaftshaltung auch unmißverständlich klar zu machen, kündigte „Solidarnosc" einen Generalstreik an, falls die Regierung doch vom Sejm die geforderten Sondervollmachten erhalte.

Mit kaum aufzuhaltender Zwangsläufigkeit bahnte sich die folgenreichste Konfrontation zwischen „Solidarnosc" und Regierung an, als der Staatsrundfunk Ausschnitte von einem Tonbandprotokoll über die Radomer Diskussion ausstrahlte. Wie auch immer die Regierung in den Besitz des Tonbandes gekommen war – über Abhöranlagen oder Agenten –, der Beweis war öffentlich erbracht, daß die Gewerkschaft „Solidarnosc" die Macht im Staate übernehmen wollte.

Am 11. Dezember richtete Primas Glemp an die Gewerkschaft die Warnung, keine „haßerfüllte Atmosphäre" in Polen zu schaffen, denn „Solidarnosc" hatte zum Gegenschlag ausgeholt und war nun nicht mehr bereit, auf die geopolitische Lage Polens Rücksicht zu nehmen und ihre sich selbst auferlegte Verpflichtung, die führende Rolle der Partei anzuerkennen, aufrechtzuhalten.

Aus mehreren Woiwodschaften wurde berichtet, daß die örtlichen Parteiorganisationen aus den Betrieben gedrängt wurden. Die Arbeiter verlangten, daß die Parteisekretäre nicht mehr wie bisher automatisch auch Funktionen in der Betriebsleitung wahrnehmen sollten. In manchen Betrieben wurde den Parteigruppen die Benutzung der Fabrikräume unter dem Hinweis verboten, die Parteiversammlungen störten den Produktionsablauf. In Schlesien, wo die Gewerkschaft ihre stärkste Gefolgschaft hatte, ließ sie in Fabriken und Zechen darüber abstimmen, ob der Grundsatz der führenden Rolle der Partei aus der Verfassung gestrichen werden sollte. Eine geheime Umfrage soll in diesem Zusammenhang ergeben haben, daß im Fall freier Wahlen, wie sie „Solidarnosc" verlangte, nur 3 % aller Polen kommunistische Kandidaten, 20 % Sozialisten und 43 % Christdemokraten wählen wollten.

Am 12. Dezember kündigte das Gewerkschaftspräsidium an, den Jahrestag der Danziger Arbeiterunruhen von

1970, als „Tag des nationalen Protestes und der Einheit" mit einer Massendemonstration zu begehen und am 21. Dezember einen Generalstreik durchzuführen, falls der Sejm an diesem Tag der Regierung die Vollmachten für einen Ausnahmezustand geben sollte. Da ursprünglich für Februar Kommunalwahlen vorgesehen waren, wollte „Solidarnosc" bis zum 15. Februar per Referendum der Regierung Jaruzelski die Vertrauensfrage stellen.

Die polnische Regierung sah sich vor die Wahl gestellt, entweder nach- und damit aufzugeben oder die Gewerkschaft „Solidarnosc" mit einem Gewaltstreich politisch auszuschalten. Rakowskis Einsicht, die er Ende August 1980 formuliert hatte: „Polen braucht Ruhe und wir selbst brauchen jetzt eine Menge Weisheit", war ein frommer Wunsch geblieben. Eineinhalb Jahre später, im Winter 1981 räsonnierte er: „Die Arbeiterschaft ist gegen uns, die Kirche ist gegen uns, die Intellektuellen sind gegen uns und die Jugend ist gegen uns."

General Jaruzelski sah sich unter den Angriffen der sozialistischen Medien, die jetzt auch Teile der Partei der Konterrevolution verdächtigten, gezwungen, die letzte Karte des polnischen Handlungsspielraums zu ziehen: Die Machtübernahme durch das Militär.

## Die Aktion „Kanarienvogel"

„Polnische Soldaten schießen nicht auf polnische Arbeiter", hatte Walesa zuletzt auf der Radomer Gewerkschaftssitzung Anfang Dezember selbstsicher verkündet. Er hatte damit Regierungschef Jaruzelski zitiert, der mit diesem Einwand während des Arbeiteraufstandes von 1970 ein noch größeres Blutvergießen vermeiden wollte.

Am Morgen des 13. Dezember 1981 gab der Regierungschef in einer Rundfunkansprache seine Niederlage bekannt, als er die polnische Nation über die Verhängung des Kriegsrechts und die Machtübernahme durch den „Militärrat der nationalen Rettung“ informierte: „Unser Vaterland befindet sich am Rande des Abgrundes . . . Nicht Tage, sondern nur noch Stunden trennen uns von der nationalen Katastrophe . . . Möge kein Tropfen polnischen Blutes fließen.“

Zu einem Zeitpunkt als sich Europa nach dem Breschnew-Besuch in Bonn und dem deutsch-deutschen Gipfel in Güstrow mit dem Entspannungsgedanken zu befreunden schien, verschwand Polen in einer Nacht- und Nebelaktion, die den Decknamen „Kanarienvogel“ trug, hinter dem Vorhang des Kriegsrechtes. Uniformen beherrschten das Bild Polens, das bis dahin eine der lebendigsten und farbigsten Volksdemokratien Osteuropas gewesen war. In über dreißig Dekreten wurden alle Bürgerrechte entweder außer Kraft gesetzt oder zumindest eingeschränkt. Der Kontakt zum Ausland war zunächst ganz unterbrochen, es gab keine Fernschreib- und keine Telefonverbindungen. Offiziere hatten die Schaltstellen der Schlüsselindustrie besetzt, Militär kontrollierte die Verkehrswege, die Post und die Parteizeitung „Trybuna Ludu“, neben der Armeezeitung „Zolnierz Wolnosci“, die einzige gedruckte Informationsquelle. Die Bevölkerung hatte nächtliches Ausgehverbot, Schulen und Universitäten waren geschlossen. Theater- und Opernaufführungen und auch Sportveranstaltungen wurden abgesagt. Auf unzähligen Plakatanschlägen konnten die Polen lesen, was unter dem Kriegsrecht gefordert und verboten war. Nach dem Kriegsrecht konnten verdächtige Personen verhaftet, ohne Gerichtsurteil interniert oder zu Zwangsarbeit herangezogen werden. Es bestand Arbeitszwang für alle Männer zwischen 18 und 45 Jahren. Im Falle einer Arbeitsverweigerung drohte die Todesstrafe auch für diejenigen, die gegen das Kriegsrecht in anderer Weise verstoßen sollten. Panzer und Militärposten patroullierten durch die Straßen. Im polnischen Fernsehen verlasen Nachrichtensprecher in Uniform die neuen Ver- und Gebote.

Die Symbole der Gewerkschaft „Solidarnosc“ waren aus dem polnischen Alltagsbild verschwunden, die letzten Gewerkschaftsmitteilungen wurden von Schulkindern von den Häuserwänden entfernt. Aber auch die Hoheitszeichen der Partei waren nicht zu sehen. Statt der roten Fahne des sowjetischen Herrschaftssystems, schmückte die weiß-rote polnische Nationalflagge die Parteizentrale.

Obwohl die Gewerkschafter seit zwei Monaten heftig über den drohenden Ausnahmezustand diskutiert hatten, waren sie von dem Militärcoup, bis auf wenige skeptische Intellektuelle, wie zum Beispiel Jacek Kuron, der noch wenige Tage zuvor vor einer Notstandsgesetzgebung ernsthaft gewarnt hatte, gänzlich überrascht. Auch die Informationen über Truppenbewegungen, die aus den einzelnen Regionen gekommen waren, hatte kaum jemand ernst genommen und erst recht nicht mit diesem Schachzug der Regierung gerechnet. Die ersten Maßnahmen der Militärregierung richteten sich folgerichtig gegen den störenden Machtkonkurrenten: Schon um drei Uhr morgens wurde das Warschauer Gewerkschaftsbüro „Mazowsze“ besetzt und ausgeräumt, die Warschauer Gewerkschaftsführer wurden aus den Betten heraus verhaftet. Ebenso reibungslos gelang es in Danzig der Miliz, die gesamte „Solidarnosc“-Führung nach einer Sitzung des Landesausschusses festzunehmen.

Auf den Verhaftungslisten standen die Namen von Gewerkschaftern der „Solidarnosc“, von Mitgliedern des aufgelösten KOR und der nationalistischen KPN (Vereinigung für ein unabhängiges Polen), von Universitätsprofessoren, Studenten, Journalisten, Arbeitern und auch Geistlichen. Die politischen katholischen Gruppierungen wurden, obwohl sie seit Jahren etabliert und teilweise auch im Parlament vertreten waren, genauso aufgelöst wie der „Unabhängige Studentenverband“.

Um nicht den Anschein zu erwecken, auf einer Seite blind zu sein, wurde schon am 13. Dezember demonstrativ die Verhaftung von Politikern bekannt gegeben. Und wieder mußten dafür die „Sündenböcke“ Exparteichef Gierek und die ehemaligen Ministerpräsidenten Jaroszewicz und Babiuch herhalten; sie standen jetzt unter Hausarrest.

Tausende von Polen wurden verhaftet und in die vorbereiteten Internierungslager gebracht, die man offiziell als „Isolationszentren“ bezeichnete. Vielen prominenten Künstlern und Wissenschaftlern wurden von Sicherheitsorganen sogenannte Loyalitätserklärungen zur Unterschrift vorgelegt, Vordrucke, auf denen sich die Unterzeichnenden von ihrer jüngsten politischen Vergangenheit distanzierten und sich verpflichteten, in Zukunft auf Aktivitäten, die „gegen die Interessen des Staates gerichtet sind“, zu verzichten. Viele von denen, die ihre Unterschrift verweigerten, wurden verhaftet, wie z. B. Andrzej Wajda, der allerdings bald darauf wieder freigelassen wurde. Jacek Kuron und Adam Michnik, die ständig als „Drahtzieher“ der „antisozialistischen Haltung“ verdächtigt worden waren – obwohl sie die realpolitischen Denker und Mahner innerhalb der Erneuerungsbewegung dargestellt hatten – wurden als „Stammgäste“ polnischer Gefängnisse auch wieder interniert.

Eine unangenehme Begleitnote der Verhaftungswellen waren deren antisemitische Tendenzen. Jacek Kuron wurde offiziell als Jude und Rabbinersohn bezeichnet, und den polnischen Fernsehzuschauern wurde beim Verlesen der Namen einer neuen Verhaftungsliste mitgeteilt, daß der festgenommene Geologe Kunicki eigentlich Goldfinger heiße. Der Eingang des Jüdischen Theaters in Warschau wurde einen Tag nach Verhängung des Kriegsrechts mit einem Galgen, an dem ein Davidstern hing, beschmiert und auch die wenigen, im Stadtbild verbliebenen, „Solidarnosc“-Informationen wurden mit antisemitischen Symbolen gekennzeichnet. Doch auch ohne diese peinlichen Randerscheinungen waren in der polnischen Bevölkerung Assoziationen an die Nazi-Okkupation freigesetzt. Als die Studenten und Professoren, die sich aus Protest in der Akademie der Wissenschaften versammelt hatten, verhaftet und abtransportiert wurden, wehrten sie sich gegen die Sicherheitskräfte mit den Rufen „Sachsenhausen lebt“ und „Gestapo“. Auch bei ähnlichen Aktionen wurden Miliz und Sicherheitstruppen mit „Heil Hitler“ empfangen.

Die Kirche blieb ihrer traditionellen Rolle treu und bemühte sich, in den ersten kritischen Stunden an Ruhe und Gehorsam zu mahnen, obwohl sie sich durch die Verhaftung der Geistlichen besonders brüskiert fühlte. Primas Glemp brachte seine Verachtung für das Kriegsrecht unmißverständlich zum Ausdruck, aber er appellierte auch an die Polen, Vernunft zu bewahren: „Ich ersuche Euch darum – auch wenn es auf Knien und barfuß sein muß –, daß kein Pole gegen einen anderen Polen kämpfe. Arbeiter, meine Brüder, gebt nicht Eure Köpfe hin, denn abgeschnittene Köpfe sind nicht viel wert. Jeder Kopf, jede Hand wird jedoch für den Wiederaufbau kostbar sein, der dem Ausnahmezustand folgen wird."

Während die uniformierten Nachrichtensprecher in den ersten Tagen nach Verhängung des Kriegsrechts noch optimistisch die Information verbreiteten, die Lage im Lande stabilisiere sich und die Bevölkerung verhalte sich ruhig, waren ca. 20 % der Arbeiter in den Streik getreten. Zentren des Widerstandes bildeten sich in den großen Industrieanlagen um Warschau, Danzig, Stettin und in Oberschlesien. Dem Gewerkschaftslehrsatz folgend, sich bei Gefahr in die „Festungen" der schützenden Betriebe zurückzuziehen, hatten die Arbeiter Werften und Zechen besetzt und die Produktion lahmgelegt. Aber das Prinzip einer Verschanzung hatte unter dem Kriegsrecht keinen Erfolg mehr. Panzer der regulären Streitkräfte umstellten die besetzten Betriebe, in ihrem Schutz drangen die Miliz- und Sicherheitstruppen vor und räumten die Betriebsgelände. Da sich die Militärregierung bemühte, das Ansehen der Armee zu bewahren, blieben die Truppen der Streitkräfte in der direkten Konfrontation mit der Bevölkerung bei Verhaftungen und Betriebsräumungen im Hintergrund. Die Miliz und die paramilitärischen Sicherheitstruppen, die ohnehin kein Prestige zu verlieren hatten, besorgten die Schmutzarbeit. Bis zum 17. Dezember war die Lenin-Werft, das Stahlwerk „Huta Warszawa" und das Traktorenwerk „Ursus" geräumt. Größeren Widerstand leisteten die Kumpel im oberschlesischen Kohlerevier.

In der Kohlegrube „Piast“ hatten sich über tausend Bergarbeiter aus Protest gegen das Kriegsrecht verschanzt. Kumpel der Zeche „Ziemowit“ sprengten einen Förderturm, versammelten sich unter Tage und drohten den zweiten Grubenausgang zu sprengen, falls Miliztruppen auf das Zechengelände eindringen sollten. Geistliche und Militärvertreter versuchten, die Bergleute zum Aufgeben zu bewegen, um auf friedlichem Weg das Betriebsgelände räumen zu können. Aber die Auflösungen der Betriebsbesetzungen verliefen nicht überall gewaltlos. In seiner Weihnachtsansprache bezeichnete es Jaruzelski als sein „persönliches Drama“, daß bei der gewaltsamen Räumung der oberschlesischen Zeche „Wujek“ Arbeiter nicht nur verletzt, sondern auch getötet worden waren.

Nach offiziellen polnischen Angaben wurden bei den Auseinandersetzungen zwischen Arbeitern und Miliz 465 Polen verletzt und 9 Arbeiter getötet. Die Zahl der Inhaftierten wurde mit 5906 angegeben, davon seien Anfang Januar 806 Polen aus den Lagern wieder entlassen worden. Innerhalb von drei Wochen hatten die Gerichte im Schnellverfahren 1200 Prozesse verhandelt. Die Angeklagten, die schuldig befunden wurden, gegen die Interessen des Staates gehandelt zu haben, wurden zu Strafen bis zu sechs Jahren verurteilt. In der polnischen Presse wurde kaum über die Verfahren gegen die Gewerkschafter berichtet, dafür wurden Prozesse, wie z.B. gegen den ehemaligen Fernsehdirektor Szczepanski, in den Medien groß ausgeschlachtet. Beobachter meinten, daß die Regierung durch die gesteuerte Publicity für die Korruptionsprozesse von den politischen Gewerkschaftsprozessen ablenken wollte.

Die Sowjetunion und die sozialistischen Nachbarstaaten hatten mit der Verhängung des Kriegsrechts sofort ihre Pressekampagnen aufgegeben und mit großer Zufriedenheit auf die neue Situation und die disziplinierenden Maßnahmen des Militärrates reagiert. Großzügig hatten die Sowjetunion und auch die kleineren sozialistischen Staaten Polen „brüderliche Hilfe“ angeboten.

Der Westen reagierte auf den Militärcoup, der schon so

lange heraufbeschworen wurde, überrascht, teilweise sogar panisch. Die Spannbreite der Reaktionen ging über das „Gelähmtsein vor Entsetzen“ bis zu einer vorsichtig-zurückhaltenden Einschätzung der innenpolitischen Krise Polens. Ein Grund für die unterschiedliche emotionale Stärke, mit der auf die Ereignisse in Polen reagiert wurde, lag in der Frage, inwieweit die Warschauer Militärdiktatur als verlängerter Arm Moskaus anzusetzen sei. Handelte es sich um eine verschleierte sowjetische Intervention, oder war es tatsächlich die letzte polnische Chance gewesen, eine Einmischung und damit einen Bürgerkrieg zu verhindern? Daraus resultierte auch der Grundkonflikt zwischen den USA und der Bundesrepublik Deutschland, die jeweils die entgegengesetzte Meinung vertraten.

Die demonstrativen Asylbegehren der polnischen Botschafter Romuald Spasowski (in den USA) und Zdislaw Rurarz (in Japan) hatten die ohnehin schon negative Stimmung gegen das Militärregime in Polen noch verschlechtert. Dabei wurde das Meinungsbild wesentlich von den polnischstämmigen Amerikanern geprägt, die ihrem Antikommunismus jetzt freien Lauf ließen. Die Reagan-Regierung war in ihrem Streben nach Weltprestige fest entschlossen, die Sowjetunion für die Verhängung des Kriegsrechts in Polen zu bestrafen. Um den Kreml entscheidend zu treffen, wollten die USA auch ihre westlichen Partner zu einer einheitlichen und entschlossenen Aktion bewegen. Sie verlangten gemeinsame Sanktionen gegen die UdSSR und die polnische Militärregierung.

Nachdem sich die EG im Dezember 1981 in ihrer Beurteilung des Ausnahmezustandes in Polen sehr zurückhaltend geäußert hatte, schwenkte sie Ende Januar 1982 leicht auf den Kurs der USA ein und lehnte in einer vorsichtigen Annäherung an die Sanktionspolitik der USA, eine verbilligte Nahrungsmittelhilfe für Polen ab; sie versprach allerdings, dem Roten Kreuz finanzielle Mittel für Polen zu übergeben. Das Verhalten der NATO entwickelte sich ähnlich, Ende Januar 1982 beurteilte sie die Lage Polens sehr pessimistisch.

Lagen die durch Polen entstandenen Konflikte zwischen der Bundesrepublik und den USA im Bereich der Großmachtpolitik, so wurden in den westeuropäischen Staaten die Ereignisse in Polen zum Hebel innenpolitischer Auseinandersetzungen. Obwohl sich die westeuropäischen Nationen in einem merkwürdigen Wettbewerb darin maßen, wer lauter und heftiger das Schicksal Polens beklagte, waren sich ihre Regierungen grundsätzlich darin einig, vorerst große Zurückhaltung gegenüber der polnischen Militärregierung zu üben, solange sich nicht klar abzeichnete, wohin das Regime führe.

Am 5. Januar 1982 fand in Washington ein Gespräch zwischen dem US-Präsidenten Reagan und dem deutschen Bundeskanzler Schmidt über die Differenzen zwischen den westeuropäischen Staaten und den USA in der Polenfrage statt. Helmut Schmidt lehnte wieder ein Einlenken auf den Sanktionskurs der USA ab, er ließ sich aber zu einer Verschärfung im Ton drängen und machte nun im Einvernehmen mit Reagan auch die Sowjetunion für das Kriegsrecht in Polen verantwortlich.

Der deutschen Bundesregierung kam es darauf an, die polnische Krise nicht noch von außen durch mögliche Komplikationen zum Schaden der polnischen Bevölkerung zu verschärfen. Außenminister Genscher ließ sich vom polnischen Botschafter in der Bundesrepublik über die Entwicklung in Polen unterrichten und übergab ihm eine Resolution des deutschen Bundestags, in der die Freilassung der Inhaftierten und die Aufhebung des Kriegsrechts gefordert wurde. Gleichzeitig versprach die Bundesregierung Polen finanzielle und materielle Hilfe. Parallel dazu verliefen großangelegte Hilfsaktionen kirchlicher, gewerkschaftlicher und anderer gesellschaftlicher Organisationen. Der Caritas-Verband und das Deutsche Rote Kreuz richteten zentrale Sammelstellen für individuelle Spenden ein, der Deutsche Gewerkschaftsbund gründete für diesen Zweck den gemeinnützigen Verein „Solidarität für Polen" und rief für den 30. Januar 1982, als „Tag der Solidarität", zu Demonstrationen für die Freilassung der Inhaftierten und eine Normalisierung der innenpolitischen Verhältnisse Polens auf.

Im Verlauf des Januars 1982 hatte die Militärregierung die Kriegsrechtsbestimmungen ein wenig gelockert. Westliche Korrespondenten durften – allerdings unter Zensurauflagen – wieder aus Polen berichten, die Verkehrslinien innerhalb Polens wurden freigegeben, die Schulen geöffnet und das Ausgehverbot großzügiger gehandhabt. Die Angehörigen der Inhaftierten durften zu bestimmten Besuchszeiten in die Internierungslager und konnten auch bestimmte Nahrungsmittel mitbringen. Die Kirche fungierte als Kontakt- und Informationszentrale sowohl für jene Polen, die in den Internierungslagern saßen, als auch für die, die unter dem Kriegsrecht ihren täglichen Beschäftigungen nachgingen. Die Kirchen waren Anlaufstelle für Polen, die sich bereiterklärten, Kinder von Inhaftierten, was die Regierung nicht gestattete, aus den Heimen zu sich nach Hause zu nehmen. Sie waren darüberhinaus Sammelplätze für Spenden der polnischen Bevölkerung für die Internierten.

In dieser Krisensituation bestätigte die Kirche wieder einmal ihre soziale Kraft im Einsatz für die Schwächsten und in der Vermittlung zwischen zwei Fronten. Nachdem der Abgesandte des Vatikans, Erzbischof Luigi Poggi, im Dezember während seines Warschau-Besuchs, die Freilassung von zehn Geistlichen durchgesetzt hatte, war auch Primas Glemp die Bildung eines Sozialrates gestattet worden, der sich für die Freilassung weiterer politischer Gefangener und bessere Haftbedingungen einsetzte.

Am engagiertesten bemühten sich die Kirchenvertreter zunächst um die Freilassung Walesas, der isoliert von den anderen Gewerkschaftern in einem Gästehaus der Regierung in Warschau unter Hausarrest stand. Ohne die Freilassung Walesas – für Primas Glemp die Voraussetzung eines nationalen Gleichgewichts – wollte sich die Kirche nicht zu Verhandlungen mit der Regierung bereit finden. Und auch Walesa hatte lange aus seiner isolierten Situation heraus, ohne Berater, Experten und Gewerkschaftskollegen, Gespräche mit Militärvertretern abgelehnt. Die Kirche hatte jetzt, stellvertretend für die nicht mehr vorhandene Gewerkschaft „Solidarnosc“, die politischen Bedingungen für die Aufnahme von Verhandlungen mit der Militärregierung unter Jaruzelski gestellt. Sie forderte präzise Vereinbarungen über ein Wiederbeleben der „Solidarnosc“ als autonome Gewerkschaft.

Aber die ständigen Versicherungen Jaruzelskis, daß der Reformkurs in Polen fortgesetzt werde, hatten innerhalb eines Monats an Glaubwürdigkeit verloren. Bis Mitte Januar war Jaruzelski nicht müde geworden, immer wieder zu versprechen, daß Polen nicht hinter den erzielten Vereinbarungen von Danzig zurückbleiben könne und daß die Gewerkschaft „Solidarnosc“ ihren Platz in der polnischen Gesellschaft behalten werde. Diese Versicherungen standen zunehmend im Widerspruch zu den Behauptungen der sowjetischen Presse: an eine Wiederauferstehung der „Solidarnosc“ sei nicht zu denken. Ende Januar schlossen sich auch orthodoxe polnische Parteigenossen, wie zum Beispiel der Warschauer Arbeiter Siwak, dieser Auffassung an. Er erklärte, daß es eine Wiederbelebung der unabhängigen Gewerkschaft „Solidarnosc“ nicht mehr geben dürfe.

Leszek Kolakowski, der in London lebende polnische Philosoph, hatte in einem Interview kurz nach dem Militärcoup jeden Gedanken an eine Demokratisierung Polens unter der Militärregierung aufgegeben: „Die Behauptung, der Reformkurs werde fortgesetzt, ist lächerlich. Der Kern aller Reformen ist die Erweiterung des Selbstbestimmungsrechts, die Erweiterung von Lebensformen, die vom Staat unabhängig sind und das ist genau das, was die Militärjunta verhindern will. Reformen innerhalb des Systems sind zwar denkbar, aber nur als Resultat des sozialen Drucks, nie aus dem freien Willen der Regierenden. Innere Reformen trägt dieses System nicht in sich, es hat keine selbstregulatorischen Mechanismen.“

Die weiteren Maßnahmen der Militärregierung sprachen für die These Kolakowskis. Die Militärregierung sondierte vorsichtig im Westen die Möglichkeit, unliebsame Gewerkschafter und Intellektuelle aus Polen auszuweisen. Diese moderne Form der politischen Verbannung haben in den letzten Jahren die Sowjetunion, die Tschechoslowakei und die DDR sehr erfolgreich angewandt, Polen bisher jedoch noch nie. Es wurde immer deutlicher, daß die Installierung einer Militärregierung eine letzte Rettungsaktion der kommunistisischen Partei Polens bedeutete. Dazu gehörte die Isolation Walesas und sein späterer „Denkmalsturz“, den Vizepremier Rakowski in einem Interview Ende Januar wie folgt beschrieb: „Für mich gibt es keinen Zweifel daran, daß Walesa ohne Berater wenig bedeutet . . . Für mich ist er ein Mensch, der von den Ereignissen überfordert und überholt worden ist ... Er ist eher ein Romantiker als ein politischer Mensch ... Walesa ist nicht der große Arbeiterführer, den der Westen aus ihm gemacht hat.“ Diese Einschätzung Rakowskis entbehrte sicher nicht einer realistischen Grundlage. Im Verlauf der Reformbewegung 1980 und 1981 hatte der Vizepremier nie eine ähnliche Beurteilung Walesas in der Öffentlichkeit geäußert. Anfang 1982 paßte sie zweifellos gut zu einem neuen politischen Konzept der Militärregierung, das auf eine Spaltung der ehemaligen Gewerkschaft „Solidarnosc“ und auf die Auflösung des einmaligen und so erfolgreichen Bündnisses zwischen Arbeitern und Intellektuellen hinauszulaufen schien. So saßen zum Beispiel Arbeiter und Intellektuelle in verschiedenen Internierungslagern ein: die polnische Intelligenz unter der Kontrolle der noch immer integer handelnden Armee, die Arbeiter, bewacht von der verachteten Miliz und den Sicherheitskräften.

Gleichzeitig bemühte sich die Militärregierung, die Grundlagen für eine neue Gewerkschaftsorganisation zu schaffen, die weder über politische Kompetenzen, noch über die Rolle einer politischen Opposition verfügen darf. In diesem Sinne wurden Anfang des Jahres 1982 in den Betrieben „Sozialkommissionen“ gebildet, die sich nach Wunsch der Regierung möglichst aus Vertretern der alten Branchengewerkschaften und ehemaligen „Solidarnosc“-Mitgliedern zusammensetzen sollten.

Was da von der Regierung als neue Taktik gedacht war, empfahl sich als alte Vorlage, denn nach jedem Machtwechsel in der Nachkriegsgeschichte Polens hatten die neuen Regierungschefs den Arbeitern eine beschränkte Selbstverwaltung zugestanden, deren Aufgaben sich mit schöner Regelmäßigkeit binnen kurzem auf Urlaubsfragen und Ferienplätze reduziert hatten.

Die Schärfe der Formulierungen im Hirtenbrief der polnischen Bischöfe Ende Januar 1982, in der von der Regierung „die Rechte des Volkes“ eingefordert wurden und das Schreiben der polnischen Intellektuellen aus der gleichen Woche, in dem von der Militärregierung ein Ende der „Konfrontation mit dem eigenen Volk“ verlangt wurde, bewiesen ein aufmerksames und kritisches Beobachten der politischen Entwicklung, aber auch eine starke Unnachgiebigkeit.

Polnische Arbeiter und auch Intellektuelle, dem Druck eines Militärregimes ausgesetzt, begannen Anfang 1982, da sie besonders engagiert an der polnischen Reformbewegung teilgenommen hatten und sich sehr wohl der Erfolge einer starken unabhängigen Gewerkschaft bewußt waren, mit der Bildung eines neuen, über ein gutes Informationsnetz verfügenden Untergrundsystems. Wenig später wurde zum Kampf gegen die Militärregierung aufgerufen.

Auf den Druck eines Militärregimes werden die Polen immer mit Gegendruck reagieren. „Der Pole kommt in der Konspiration, die ja auch Ausdruck seines Freiheitsbedürfnisses ist, nicht aus der Übung“, hatte eine Warschauer Literaturwissenschaftlerin behauptet, die auch die Wurzeln des modernen politischen Bewußtseins auf die Romantik zurückführte. Ähnlich charakterisierte der polnische Soziologe Jan Szczepanski das politische Bewußtsein seiner Landsleute, die Mikrosphäre des gesellschaftlichen Lebens ändere sich auch unter sozialistischen Bedingungen nur langsam, ebenso die nationale Haltung und Mentalität gegenüber der Staatsmacht: „Immer noch spielt sich in Polen die Politik in der Sphäre der Emotion ab.“

Diese These wird von höchster kirchlicher Instanz, Papst

Johannes Paul II., gestützt, der sich besonders dem Heiligen Stanislaus verbunden fühlt, einem Schutzheiligen, der es im 11. Jahrhundert gewagt hatte, sich dem König zu widersetzen. Die Verehrung des Heiligen Stanislaus durch den ehemaligen Krakauer Erzbischof Karol Wojtyla gilt weniger dem Märtyrer des Glaubens, als dem Märtyrer der politischen Macht. Und so reiht sich auch Papst Johannes Paul II. in die Reihen derer ein, die Freiheit und Moral über die Staatsräson stellen.

Der junge polnische Dichter Boleslaw Fac, hatte zu Beginn der polnischen „Erneuerungsbewegung", seine kontroversen Gedanken und Empfindungen über die eigene Nation in einem Gedicht ausgedrückt*:

*Mein Volk*

*Manchmal dulde ich mein Volk nur,*
*Manchmal kommt es mir nicht sehr klug vor,*
*Seine Frechheit macht mich hilflos.*
*Dann wieder ärgert mich sein Leichtsinn,*
*Seine idealistischen Dogmen.*
*Auch seine Spießbürger sind in meinem*
*Freundeskreis schwer zu finden.*

*Aber wenn man es nur duldet,*
*Wenn man es in Dummheit hält.*
*Wenn man seine Kühnheit für Frechheit nimmt,*
*Wenn man leichtsinnig seine Ideale verlacht*
*Und seine alten Gebräuche zu zerstören versucht,*
*Dann erhebt es sich,*
*Steht riesengroß*
*Vor den dummen Weltverbesserern,*

*Drohend mit einer duldsamen würdevollen Weisheit.*

*(Gdańsk, September 1980)*

* *Die deutsche Übersetzung erschien in der Zeitschrift „L '80" Nr. 16 (Köln 1980), S. 37.*

# Zeittafel

| | |
|---|---|
| 966 | Annahme des römischen Christentums durch den polnischen Herzog Mieszko I. Polen wird als Staat Mitglied der europäischen mittelalterlichen Völkergemeinschaft. |
| 1000 | Otto III. trifft in Gnesen den polnischen Herzog Boleslaw Chrobry (den Tapferen). Polen wird die Gründung eines eigenen Erzbistums in Gnesen zugestanden. Die Grundlagen eines eigenen, unabhängigen Staates sind geschaffen. |
| 1138–1320 | Teilung des polnischen Reiches in einzelne Fürstentümer. Interne Machtkämpfe. Deutsche Siedler werden ins Land gerufen. Herzog Konrad von Masowien holt 1226 den Deutschen Ritterorden ins Land, um sich mit seiner Hilfe gegen die Einfälle der heidnischen Pruzzen zu wehren. |
| 1320–1370 | Konsolidierung der innenpolitischen Verhältnisse und Zentralisierung der Macht unter den letzten beiden Königen der Piastendynastie: Wladyslaw I. und Kazimierz III. Wielki (der Große). |
| 1370–1386 | Polen gelangt unter die Herrschaft des Hauses Anjou |
| 1386 | Jagiello, Großfürst von Litauen heiratet Jadwiga, Königin von Polen. Er wird zu Wladyslaw II. Jagiello gekrönt. Die Dynastie der Jagiellonen herrscht bis 1572. |
| 1410 | Schlacht bei Tannenberg. Durch seine Niederlage wird der Deutsche Ritterorden das erstemal entscheidend geschwächt. Aber erst durch den dreizehnjährigen |

| | |
|---|---|
| | Krieg 1454–1466 wird der Orden vollständig besiegt. |
| 1569 | Personalunion zwischen Polen und Litauen. Blütezeit des Königreichs Polen. Herausbildung eines adligen Parlamentarismus. |
| 1572–1795 | Polnische Adelsrepublik mit einem Wahlkönigtum. Der Grundsatz des „liberum veto“ (freie Wahl des Königs), der die grundsätzliche Gleichheit der Szlachta (Adel) garantieren sollte, bietet sich als Instrument für die Nachbarstaaten an, in Polen Einfluß zu nehmen. |
| 1772 | Erste Teilung Polens. Preußen erhält das Ermland, das Kulmer Land, das Gebiet von Marienburg und den Netze-Distrikt ohne Danzig und Thorn, Österreich ganz Südpolen, Rußland den Nordosten Polens bis an die Düna und Dnjepr und Polnisch Livland. |
| 1791 | Am 3. Mai wird die erste geschriebene moderne Verfassung vom Sejm (Parlament) verabschiedet. Polen wird in eine Erbmonarchie umgestaltet, das „liberum veto“ abgeschafft. Die Rechte des Bürgertums werden auf Kosten des Adels erweitert. |
| 1792 | In der „Konföderation von Targowica“ rebellieren die polnischen Magnaten gegen die Reformen und rufen Rußland als „Schutzmacht“ zu Hilfe. |
| 1793 | Zweite Teilung Polens durch Rußland und Preußen. Rußland gewinnt Teile Podoliens, sowie die westliche Ukraine und Weißrußland, Preußen, Großpolen mit Posen, Kalisch, Tschenstochau, Thorn und Danzig. |
| 1794 | Polnischer Aufstand gegen die Teilungsmächte unter General Tadeusz Kościuszko. |
| 1795 | Dritte Teilung Polens nach der Niederschlagung des Kościuszko-Aufstandes. Polen wird als Staat von der politischen Landkarte gelöscht. Rußland annektiert den Rest der östlichen Woiwodschaften |

| | |
|---|---|
| | bis zu Niemen und Bug, Österreich, fast ganz Kleinpolen mit Krakau und weiteren Gebietsteilen bis zum Bug. Preußen übernimmt noch einen kleinen Landstrich an der oberen Warthe („Neu-Schlesien“) und Litauen westlich des Niemen („Neu-Ostpreußen“). |
| 1807 | Durch den Frieden von Tilsit entsteht nach dem Krieg gegen Preußen auf Initiative Napoleons aus den ehemaligen preußischen Teilungsgebieten das „Herzogtum Warschau“. |
| 1815 | Auf dem Wiener Kongreß wird nach der Niederlage Napoleons eine Neuaufteilung Polens zugunsten Rußlands unter den alten Teilungsmächten beschlossen. Preußen erhält die Gebiete Großpolens bis zur Prosna und Thorn zurück. Der Rest des „Herzogtums Warschau“ wird als Kongreßpolen in begrenzter Selbständigkeit mit Rußland in Personalunion vereinigt. |
| 1830/31 | Polnischer Novemberaufstand im russischen Teilgebiet. Nach seiner blutigen Niederschlagung im Mai 1831 setzt eine starke Emigration der Polen nach Westeuropa, besonders Frankreich, ein. |
| 1863/64 | Polnischer Januaraufstand, der im April 1864 endgültig scheitert. Das russische Teilgebiet, Kongreßpolen, verliert auch die letzten Sonderrechte und wird zu einer russischen Provinz. |
| nach 1864 | Die Polen gehen in ihrem Widerstand gegen die Teilungsmächte zum Prinzip der „organischen Arbeit“ über. Nach der Gründung des Deutschen Reiches 1871 wehren sich im ehemals preußischen Teilungsgebiet Adel, Klerus und Bürgertum gegen die Germanisierungsbestrebungen. |
| 1887 | In der Schweiz wird die nationaldemokratisch ausgerichtete „Liga Polska“ (Polnische Liga) gegründet, die sich 1894, unter der Führung Roman Dmowskis in „Liga Narodowa“ (Nationale Liga) umbenennt. |
| 1892 | In Paris bildet sich die Polnische Sozialistische Partei, PPS, unter Jozef Pilsudski, |

| | |
|---|---|
| | von der sich später die linksradikale Sozialdemokratie SDKPiL (zu der auch Rosa Luxemburg gehörte) abspaltete. |
| 1917 | Die Russische Provisorische Regierung proklamiert nach der Februarrevolution am 30. März die Anerkennung der polnischen Unabhängigkeit. |
| 1918 | Präsident Wilson nimmt am 8. Januar die Forderung nach der Wiederherstellung eines geeinten, unabhängigen Polen in den 14-Punktekatalog der USA auf. Am 11. November ruft der aus deutscher Festungshaft zurückgekehrte Jozef Pilsudski die Unabhängige Polnische Republik aus. |
| 1919 | Am 28. Juni erhält Polen durch den Vertrag von Versailles den größten Teil der Provinzen Posen und Westpreußen. Danzig wird „Freie Stadt". Über die Zugehörigkeit von Masuren, einem Teil von Westpreußen und von Oberschlesien soll ein Volksentscheid bestimmen. Als provisorische Ostgrenze wird am 8. Dezember die sogenannte Curzon-Linie festgelegt. |
| 1920/21 | Polnisch-sowjetischer Krieg, der mit der vollständigen Niederlage Sowjetrußlands, dem „Wunder an der Weichsel" endet. Im Frieden von Riga wird am 18. März 1921 die polnische Ostgrenze 150 km weiter östlich festgelegt als vorgesehen. Am 11. Juli 1920 ergibt die Volksabstimmung in Allenstein und Marienwerder eine klare Mehrheit für den Verbleib bei Deutschland. |
| 1921 | Am 17. März wird die parlamentarische Verfassung der 1. Polnischen Republik angenommen. Die Abstimmung in Oberschlesien am 20. März ergibt eine überzeugende Mehrheit für Deutschland. Dennoch verfügt am 20. Oktober die Botschafterkonferenz eine Teilung Oberschlesiens, bei der die wirtschaftlich wichtigsten Gebiete Polen zugeteilt werden. |
| 1926 | Militärputsch Pilsudskis, der sich ein Jahr zuvor ins Privatleben zurückgezogen hatte und nun einen Obristenstaat aufbaut. |

| | |
|---|---|
| 1932 | Am 25. Januar schließt Pilsudski einen Nichtangriffspakt mit der Sowjetunion. |
| 1934 | Am 26. Januar schließen Hitler und Pilsudski einen Nichtangriffspakt und beenden damit den „Zollkrieg“. |
| 1935 | Am 23. März wird durch die Annahme einer neuen Präsidialverfassung der Einfluß des Sejm eingeschränkt und die Macht in der Hand des Staatspräsidenten zentralisiert. |
| 1939 | Ende März verschärfen sich die Spannungen im deutsch-polnischen Verhältnis, nachdem sich Polen geweigert hatte, einer Integration Danzigs in das Deutsche Reich zuzustimmen. Am 27. März kündigt Hitler den Nichtangriffspakt mit Polen. Am 1. September folgt der deutsche Angriff auf Polen. Nach einem 18tägigen Blitzkrieg wird Polens Westen dem Deutschen Reich eingegliedert. Der östliche Teil wird als Generalgouvernement unter deutsche Besatzung gestellt, das am 28. September in die Sowjetrepubliken Ukraine und Weißruthenien eingegliedert wird. In Frankreich bildet sich am 30. September eine polnische Exilregierung unter General Sikorski, die eine polnische Armee aufstellt. 1940 siedelt die Exilregierung nach England über. |
| 1941 | Deutscher Angriff auf die Sowjetunion am 22. Juni. Die polnische Exilregierung verständigt sich mit der Sowjetunion. Die USA greifen in den Krieg ein. |
| 1943 | Auf der Konferenz von Teheran, 28. November – 1. Dezember, wird wieder die Curzon-Linie als sowjetisch-polnische Grenze vorgesehen. In der Sowjetunion werden polnische Divisionen aufgestellt. |
| 1944 | Bildung des „Polnischen Komitees der Nationalen Befreiung“, PKWN, das später als „Lubliner Komitee“ den kommunistischen Gegenpart zur Exilregierung in London beansprucht. Auf polnischem Territorium formiert sich die „Armija Krajowa“ (Heimatarmee). |

| | |
|---|---|
| 1944 | Am 1. August gibt die polnische Exilregierung das Signal zum Warschauer Aufstand, der am 3. Oktober niedergeschlagen wird. Ende des Jahres kommt es zum Abbruch der diplomatischen Beziehungen zwischen der Londoner Exilregierung und der Sowjetunion. |
| 1945 | Am 17. Januar nimmt die Rote Armee Warschau ein. Das Lubliner Komitee tritt als provisorische polnische Regierung auf. Auf der Konferenz von Jalta, 4.–11. Februar, wird die Curzon-Linie endgültig als neue polnische Ostgrenze festgelegt. Die USA und Großbritannien erkennen am 5. Juli das Lubliner Komitee als provisorische Regierung Polens an. Auf der Potsdamer Konferenz, 17. Juli – 2. August, wird die Oder-Neiße-Linie als vorläufige Westgrenze Polens festgelegt. |
| 1945–1947 | Schrittweise kommunistische Machtübernahme in Polen. Nach lange andauernden Untergrundkämpfen setzen sich die kommunistischen Gruppierungen durch. |
| 1947 | Bei den Parlamentswahlen am 4. Februar wird die bürgerlich-demokratische Opposition durch Manipulationen des Wahlrechts ausgeschaltet. Boleslaw Bierut, der bisherige Präsident des Landesnationalrates (KRN) wird Staatspräsident. |
| 1948 | Die Vereingte Polnische Arbeiterpartei (PZPR) wird durch die Fusion der Polnischen Arbeiterpartei (PPR) und der Polnischen Sozialistischen Partei (PPS) gebildet. |
| 1949 | Machtkampf zwischen den Nationalkommunisten und den streng sowjetisch orientierten Kommunisten. Gomulka verliert seine Ämter. |
| 1950 | Kirchenkampf. Abkommen zwischen Kirche und Staat. Im Görlitzer Vertrag erkennt die DDR die Oder-Neiße Grenze als Westgrenze Polens an. |
| 1952 | Am 22. Juli wird die Verfassung der VR Polen angenommen. |
| 1953 | Kardinal Wyszynski wird inhaftiert. |

1955 Beitritt der VR Polen zum Warschauer Pakt.

1956 Chruschtschow leitet im Februar auf dem XX. Kongreß der KPdSU die Entstalinisierung ein. Im März stirbt der polnische Parteichef Bierut. Im Juni kommt es in Posen zu Arbeiterunruhe als die Regierung Preiserhöhungen im Lebensmittelbereich anordnet. Gomulka wird rehabilitiert und im Oktober neuer Parteichef. Kompromiß zwischen Kirche und Staat. Die Inhaftierung Kardinal Wyszynskis wird aufgehoben.

1960 Beginn des Kulturaustausches mit westlichen Staaten.

1963 Einrichtung einer Handelsmission der Bundesrepublik Deutschland.

1968 Studentendemonstrationen in Warschau. Innenminister Moczar inszeniert eine antisemitische Kampagne. Bonn signalisiert Bereitschaft, die polnische Westgrenze bis zum Abschluß eines endgültigen Friedensvertrages anzuerkennen. Durch den Einmarsch der Sowjetunion in die CSSR werden im August die Verständigungsbestrebungen gestoppt.

1970 Im Februar beginnen Verhandlungen zwischen der Bundesrepublik Deutschland und der VR Polen. Am 7. Dezember wird in Warschau der deutsch-polnische Vertrag unterzeichnet. Wenig später folgenschwere Arbeiterunruhen an der Ostseeküste. Ende Dezember wird Gomulka aus dem Politbüro abgewählt. Edward Gierek wird sein Nachfolger als Parteichef.

1975 Am 9. Oktober werden in Warschau eine Reihe von Abkommen über die langfristige Zusammenarbeit mit der Bundesrepublik Deutschland unterzeichnet.

1976 Novellierung der Verfassung der VR Polen. In Warschau und Radom kommt es nach der Erhöhung der Lebensmittelpreise zu Arbeiterunruhen. Oppositionelle Intellektuelle gründen das Komitee zur Verteidigung der Arbeiter, KOR, das sich später in Komitee zur gesellschaftlichen Selbstverteidigung, KSS, umbenennt.

1977 Die Partei- und Regierungsführung zeigt beim ersten offiziellen Treffen zwischen Parteichef Gierek und Kardinal Wyszynski ihre Verständigungsbereitschaft mit der Kirche.

1978 Am 16. Oktober wird der Krakauer Erzbischof Karol Wojtyla zum Papst gewählt.

1979 Im Juni unternimmt Papst Johannes Paul II. seine erste Auslandsreise und besucht Polen.

1980 Am 1. Juli werden die Fleischpreise erhöht.

Juli
August In verschiedenen Regionen Polens kommt es zu Unruhen und Streiks. Am 14. August legen die Arbeiter der Danziger Lenin-Werft die Arbeit nieder. Immer mehr Betriebe schließen sich in den Städten an der Ostseeküste der Streikbewegung an.

Auf der Lenin-Werft wird am 15. August ein überbetriebliches Streikkomitee unter Vorsitz des ehemaligen Werftarbeiters Lech Walesa gebildet, das u.a. die Zulassung freier Gewerkschaften, Meinungs- und Informationsfreiheit und die Freilassung von politischen Gefangenen verlangt. Am 23. August beginnen die Verhandlungen mit der Regierungsdelegation unter Leitung des stellvertretenden Ministerpräsidenten Mieczyslaw Jagielski über die 21 Forderungen der Arbeiter. In Stettin verhandelt der stellvertretende Ministerpräsident Kazimierz Barcikowski über einen 28-Punktekatalog. Am 24. August wird Ministerpräsident Edward Babiuch entlassen, zu seinem Nachfolger wird Jozef Pinkowski gewählt.

In Danzig wird am 31. August von Jagielski und Walesa ein Abkommen unterzeichnet, in dem sich die Regierung verpflichtet, alle 21 Forderungen der Arbeiter zu erfüllen. Einen Tag zuvor waren in Stettin die Verhandlungen mit entsprechenden Vereinbarungen abgeschlossen worden. In Oberschlesien erreichen die streikenden Bergar beiter die Unterzeichnung des Abkommens von Jastrzebie.

September — Am 6. September wird Parteichef Gierek gestürzt, Stanislaw Kania wird zum neuen Ersten Sekretär der PZPR ernannt.

Oktober — Gewerkschaftskomitees aus ganz Polen beschließen am 17. Oktober die Gründung der „Solidarität".

November — Nach heftigen Auseinandersetzungen über die rechtliche Zulassung der unabhängigen Gewerkschaft entscheidet am 10. November der Oberste Gerichtshof endgültig positiv über die Registrierung der „Solidarnosc".

1981

Februar — Auf dem 8. Plenum des ZK am 9. Februar wird Ministerpräsident Pinkowski abgesetzt, an seine Stelle tritt General Wojciech Jaruzelski. Mieczyslaw Rakowski, Chefredakteur der angesehenen Wochenzeitung ‚Polityka' wird am 12. Februar zum stellvertretenden Ministerpräsidenten ernannt. Am 22. Februar fahren Kania und Jaruzelski nach Moskau. Am 9. März gründen Privatbauern die „Land-Solidarität", eine Bauerngewerkschaft.

In Bromberg vertreiben am 19. März Milizsoldaten Gewerkschafter, die über die Zulassung der Bauerngewerkschaft mit den Behörden diskutieren wollen, gewaltsam aus dem Regierungspräsidium. Am 27. März findet wegen der Bromberger Ereignisse ein vierstündiger Warnstreik statt.

April — In Thorn halten am 15. April reformwillige Parteimitglieder aus ganz Polen einen Kongreß ab.

Mai — Am 12. Mai wird die Bauerngewerkschaft „Land-Solidarität" registriert. Am 28. Mai stirbt Primas Kardinal Stefan Wyszynski.

In Kattowitz versammeln sich am 30. Mai die Gegner eines Reformkurses in der Partei. Die Partei- und Regierungsführung wird von den „Falken" im Politbüro unter der Führung von Stefan Olszowski und Tadeusz Grabski heftig attakiert.

| | |
|---|---|
| Juni | Am 7. Juni wird die polnische Führung in einem Schreiben vom Moskauer Zentralkomitee wegen zu großer „Nachgiebigkeit" heftig kritisiert. |
| Juli | In Warschau beginnt am 14. Juli der außerordentliche 9. Parteitag, zu dem die Delegierten zum erstenmal in geheimen und freien Wahlen gewählt wurden. Edward Gierek, Edward Babiuch und vier weitere ehemals hohe Funktionäre werden aus der Partei ausgeschlossen. Am 18. Juli wird Stanislaw Kania in geheimer Wahl vom gesamten Parteitag und gegen den Mitbewerber Kazimierz Barcikowski als Parteichef bestätigt. |
| Juli/August | Im Juli und August kommt es aufgrund der katastrophalen Versorgungslage zu Demonstrationen, sogenannten Hungermärschen und Streiks. Die Regierung erhöht die Preise für Brot und Getreideprodukte. |
| August | Die polnischen Drucker führen am 19. August einen Generalstreik durch, um die Forderung von „Solidarnosc" nach einem Zugang zu den öffentlichen Medien zu unterstützen. |
| September | Am 3. September findet ein umfangreiches Land- und Seemanöver der Streitkräfte des Warschauer Pakts an der Ostseeküste statt. Erster Kongreß der „Solidarnosc" am 5. September in Danzig. Die Gewerkschafter rufen in einem Brief die Arbeiter der anderen sozialistischen Staaten zur Bildung unabhängiger freier Gewerkschaften auf. Im zweiten Teil des Kongresses gibt KOR, das Komitee zur gesellschaftlichen Selbstverteidigung, seine Selbstauflösung bekannt. Am 2. Oktober wird Walesa nach harten Diskussionen und Angriffen vom radikalen Flügel als Gewerkschaftsvorsitzender bestätigt. |
| | Stanislaw Kania tritt am 18. Oktober vom Amt des Parteichefs zurück, General Jaruzelski übernimmt neben seinem Amt als Regierungsführer auch die Parteiführung. In der Folge rücken immer mehr Militärs in |

politische Spitzenfunktionen auf. Am 26. Oktober werden „Operationsgruppen" der Armee zur Kontrolle der Lebensmittelverteilung in die Provinz geschickt. Die Gewerkschaft „Solidarnosc" führt am 28. Oktober einen einstündigen Warnstreik durch, um die verschiedenen Streikaktionen im Land zu beenden. Trotz der Appelle des Gewerkschaftspräsidiums kommt es in der Provinz zu immer neuen Streiks.

November — Am 4. und 17. November finden „Dreiergipfel" zwischen Jaruzelski, Walesa und Primas Glemp statt, um über einen Ausweg aus der Krise zu beraten. Jaruzelski schlägt eine „Front nationaler Verständigung" vor. Am 10. November stellt Polen den Antrag auf Aufnahme in den Internationalen Währungsfond.

Am 28. November verlangt das Zentralkomitee auf seiner Plenumssitzung Sondervollmachten für die Regierung, um Chaos und Krise wirkungsvoll bekämpfen zu können.

Dezember — Am 2. Dezember geht die Regierung das erstemal mit Gewalt gegen eine Streikaktion vor. Milizeinheiten räumen die von Offiziersanwärtern besetzte Feuerwehrakademie. In Radom drohen am 3. Dezember die Gewerkschafter auf einer Sitzung des Landesausschusses mit einem Generalstreik, falls die Regierung die Sondervollmachten vom Sejm erhält. Die Gewerkschafter diskutieren über eine Machtübernahme und die Bildung einer Provisorischen Regierung. Am 12. Dezember beschließt in Danzig der Landesausschuß der „Solidarnosc" den 17. Dezember als „Tag des nationalen Protestes" mit einer Massendemonstration zu begehen und am 21. Dezember einen Generalstreik durchzuführen, falls die Sondervollmachten durchgesetzt werden. Die Gewerkschaft verlangt freie Wahlen und kündigt die Durchführung einer Volksabstimmung zur Frage des Vertrauens in die Regierung an. General

Jaruzelski ruft am Sonntag, dem 13. Dezember, den Ausnahmezustand aus. Polen steht unter Kriegsrecht.

# Personenregister

## BILDNACHWEIS

Die abgebildeten Fotos wurden von folgenden Bildarchiven zur Verfügung gestellt:
dpa (Nr. 12, 15, 19, 20, 21, 25, 26, 27, 28, 31, 32, 33, 35),
action press (Nr. 10, 13, 22, 23, 24, 29, 34),
Sven Simon (Nr. 11),
Stern (Nr. 16 Foto Schmitt, Nr. 30 Foto Rolke),
Jens Schumann (Nr. 17, 18).
Der Rest stammt von der Autorin.

O S T S E E
Klaipeda
(Memel)
Rügen
Kaliningrad
(Königsberg)
Gdańsk
(Danzig)
Szczecin
(Stettin)
Olsztyn
(Allenstein)
Bydgoszcz
(Bromberg)
Berlin
Warszawa
(Warschau)
Poznan
(Posen)
Weichsel
Oder
Dresden
Lódz
(Lodsch)
Lubli
Radom
Wrocław
(Breslau)
Częstochowa
(Tschenstochau)
Elbe
Katowice (Kattowitz)
Prag
Kraków
(Krakau)
Moldau
TSCHECHOSLOWAKEI
Donau
Wien
UNGARN
ÖSTERREICH
Budapest